KB200666

존 파이퍼는 이 책에 강해에 대한 소신을 잘 담았다. 설교자들에게 진리를 말하지만 말고 성경이 그 진리를 확립하는 방식까지 보여 주라고 권면하는 대목이 그렇다. 그러나 우리의 예상을 벗어나는 부분도 있다. 목사로서 그는 강단에서 벌어지는 강해에서 줄곧 범하는 오류를 지적한다. '무조건 행하라'는 도덕 오류와 '우리 힘으로 안 되니 그냥 칭의로 전가된 의를 누리라'는 대체 오류가 그것이다. 끝으로 그가 꼭 필요하다고 주창하며 촉구하는 설교가 있다. 모든 강해는 '십자가로부터 직행하여 부활로, 성령을 부으심으로, 피로 사신 거듭남의 기적으로, 우리 안에 계신 그리스도의 비밀 곧 영광의 소망으로, 그리스도로 충만해져서 정신 차려 근신하고 사랑하고 원망 없이 대접하여 그분을 높이는 그 아름다움으로 나아가야' 한다는 것이다. 성경 전체에 충만한 복음의 영광스러운 능력을 드높이는 훌륭한 저작이다.

브라이언 채플 일리노이 그레이스장로교회 목사, 커버넌트신학교 명예총장

이 책을 마틴 로이드 존스에게 헌정했다니 참 어울린다. 로이드 존스의 《설교와 설교자》가 이전 여러 세대에 유례없이 그랬듯이 이 책 또한 현세대에 교훈과 도전과 감화를 끼쳐 겸허하게 할 테니 말이다. 여기 열기와 빛이 결합되어 있으니 로이드 존스의 표현으로 하자면 "불붙는 논리"다. 이 책은 파이퍼 특유의 강조점을 총망라한다. 즉 설교는 하나님 중심으로 그리스도께 초점을 맞추어 성령에 이끌려야 하며, 성경 본문에 철저히 주목하고 신학적 확신이 뜨거워야 한다. 파이퍼는 솔직함으로 우리를 사로잡을 뿐 아니라 참된 예배의 표지인 영광의 무게를 감지할 줄 안다. 이 책이 말하는 설교에서 무대 중앙은 오직 하나님 자리다. 《강해의 희열》은 경이로운 발언이며 우리를 더 갈급하게 만드는 책이다. 설교자를 바닥에 엎드리게 했다가 다시 일으켜 세워 하나님을 위해 더 나은 사람이 되어 더 잘 살아가고 싶게 만든다. 복음을 설교하는 사람이라면 누구나 꼭 읽어야 한다.

싱클레어 퍼거슨 리폼드신학교 조직신학 교수

20대 초반, 존 파이퍼가 설교하는 성경을 처음 들었다. 그때껏 나는 그런 열정과 능력을 경험한 적이 없었다. 본문에 굳게 뿌리박고 본문을 벗어나지 않는 열의는 내가 본받을 청사진이 되었다. 30년 넘는 '강해의 희열'을 후대를 위해 이렇게 훌륭한 교훈으로 집필해 준 그에게 고맙다. 금광을 품은 책이다. 이 책으로 복음의 차세대 전령들이 빚어지기를 간절히 바란다. 지금처럼 심각한 시대일수록 진정한 설교가 절실하다.

매트 챈들러 댈러스 빌리지교회 수석목사, 액츠29교회개척네트워크총재

파이퍼의 이야기처럼 참된 설교와 참된 예배는 아주 자연스럽게 짝을 이룬다. 그러려면 설교자가 신중히 연구하여 성령의 기름 부으심을 통해 본문을 주해하고 성령에 붙들려 강단에 서야 한다. 목표는 각 성경 본문 배후의 영적 실체를 드러내 성경 기자가 그와 같이 기록한 의도를 살려 내고, 본문을 감화하신 성경의 진정한 저자 하나님의 영광을 높이는 데 있다. 그것이 《강해의 희열》의 주제다. 이 책을 천천히 읽고 내용을 잘 소화한 뒤 그 원리를 삶에서 경건하게 실천하라.

미구엘 누녜스 도미니카공화국 산토도밍고인터내셔널침례교회 담임목사

설교에 대한 존 파이퍼의 신간은 마침내 실현된 꿈이다. 나는 이 책을 20년 가까이 기다렸다. 설교에 대한 파이퍼의 첫 책도 기념비적이었지만 이 책은 더 좋다. 기다린 보람이 있다.

제이슨 C. 마이어 미니애폴리스 베들레헴침례교회 설교목사

파이퍼의 저서가 50권도 넘는데 이 책이 최고라고 말한다면 약간 억지스러운 면이 있다. 하지만 일리 있는 주장이다. 파이퍼와 같은 설교자인 내가 이 책의 통찰을 통해 사역에 대한 깊은 교훈과 책망과 격려와 큰 희망을 얻었다. 앞으로도 존의 책이 더 많이 나오겠지만 내 생각에 이 책이야말로 그가 목회 사역에 기여한 정점이다. 목사나 설교자가 아니더라도 어쨌든 이 책을 읽으라. 전임 사역자라면 설교학의 통찰이 담긴 이 엄청난 보고寶庫를 깊이 파라. 그러면 하나님의 말씀에 접근하는 방식과 말씀을 전하는 열정이 근본적으로 달라지리라 확신한다.

샘 스톰즈 오클라호마시티 브리지웨이교회 설교목사

주제가 설교인데 설교 기법에 대한 내용은 거의 없고 설교의 본질과 우리가 받아 누리는 황송한 특권에 대한 성경의 가르침에 초점을 맞춘 책을 읽으니 시원한 변화가 느껴진다. 무엇보다 하나님의 위엄에 중점을 두었는데, 우리는 바로 그분의 종이며 그분의 영광을 선포하도록 부름받았다. 아마도 수많은 설교자들이 나처럼 이 책에 자극받아 성경을 설명하고 하나님을 기뻐하는 엄숙하고도 즐거운 직무에 계속 헌신할 것이다.

본 로버츠 영국 옥스퍼드 세인트에비스교회 목사

Expository Exultation: Christian Preaching as Worship
Copyright © 2018 Desiring God Foundation
Published by Crossway
a publishing ministry of Good News Publishers
Wheaton, Illinois 60187, U.S.A.

This Korean Edition Copyright © 2019 by Duranno Ministry
38, Seobinggo-ro 65-gil, Yongsan-gu, Seoul, Republic of Korea
This edition published by arrangement with Crossway through rMaeng2, Seoul, Republic of Korea
All rights reserved.

이 한국어판의 저작권은 알맹2 에이전시를 통하여 Crossway와 독점 계약한 두란노서원에 있습니다.
신 저작권법에 의하여 한국 내에서 보호 받는 저작물이므로 무단 전재와 무단 복제를 금합니다.

강해의 희열

지은이 | 존 파이퍼
옮긴이 | 윤종석
초판 발행 | 2019. 7. 17
3쇄 발행 | 2020. 8. 19
등록번호 | 제1988-000080호
등록된 곳 | 서울특별시 용산구 서빙고로65길 38
발행처 | 사단법인 두란노서원
영업부 | 2078-3333 FAX | 080-749-3705
출판부 | 2078-3332

책값은 뒤표지에 있습니다.
ISBN 978-89-531-3530-7 03230

독자의 의견을 기다립니다.
tpress@duranno.com www.duranno.com

두란노서원은 바울 사도가 3차 전도 여행 때 에베소에서 성령 받은 제자들을 따로 세워 하나님의 말씀으로 양육하던 장소입니다. 사도행전 19장 8-20절의 정신에 따라 첫째 목회자를 돕는 사역과 평신도를 훈련시키는 사역, 둘째 세계선교™와 문서선교단행본·잡지 사역, 셋째 예수문화 및 경배와 찬양 사역, 그리고 가정·상담 사역 등을 감당하고 있습니다. 1980년 12월 22일에 창립된 두란노서원은 주님 오실 때까지 이 사역들을 계속할 것입니다.

고귀하고
위대한 소명,
설교

강해의 희열

존 파이퍼 지음

윤종석 옮김

두란노

하나님의 말씀으로 장난치지 않은
마틴 로이드 존스에게

우리는 수많은 사람들처럼
하나님의 말씀을 혼잡하게 하지 아니하고
곧 순전함으로 하나님께 받은 것같이
하나님 앞에서와 그리스도 안에서 말하노라
……
속임으로 행하지 아니하며
하나님의 말씀을 혼잡하게 하지 아니하고.
— 사도 바울 (고후 2:17; 4:2)

Contents

5부

'성경'을
더욱 깊이 파라

본문에 충실하기

6부

전체를 관통하는
'핵심 실체'를 설교하라

모든 설교에 충만해야 할 세 가지

7부

신약 시대에 하는
구약 설교

'성경적으로' 설교한다는 것의 참의미

머리말

하나님의 말씀을 맡은
이 시대 설교자들에게

— 행복한 짐, 강해의 희열

30년 가까이 런던 웨스트민스터채플에서 사역한 마틴 로이드 존스 (Martyn Lloyd-Jones, 1899-1981) 목사에게 이 책을 헌정했다. 로이드 존스처럼 내 안에 설교의 위대함을 일깨워 준 설교자는 없다. 그가 설교할 때면 하나님의 말씀 자체를 선포하는 영광의 무게가 느껴졌다. 1969년 웨스트민스터 신학교에서 그는 설교학을 기꺼이 강의하는 이유를 두 가지로 말했다.

아주 선뜻 이런 강의를 맡는 이유는 설교하는 일이야말로 내가 보기에 사람이 부름받을 수 있는 가장 고귀하고 위대하고 영광스러운 소명이기 때문이다. 여기에 무언가 더 부연하라 한다면 주저 없이 이렇게 말하겠다. 오늘날 기독교 교회에 가장 시급한 것은 참된 설교이며, 이는 교회에 절실하고 가장 시급한 만큼이나 당연히 이 세상에도 절실히 필요하다.[1]

로이드 존스는 평소 최상급 표현을 즐겨 썼을 뿐 다른 소명을 경시할 의도는 없었다. 마지막 날 주께서 상 주실 기준이 직분이 아니라 충성임을 그도 누구 못지않게 잘 알았다. 크고자 하는 사람은 모두의 종이 되어야 한다는 사실은 물론이고, "심는 이나 물 주는 이는 아무것도 아니로되 오직 자라게 하시는 이는 하나님뿐"(고전 3:7)이라는 것을 그는 잘 알았다.

동시에 그는 영원하신 왕의 대사 직분이 어마어마한 특권이자 동시에 부담이라는 것도 알았다. 사도 바울의 입에서 하나님 말씀의 충성된 종을 "배나 존경할 자로 알되 말씀[설교]과 가르침에 수고하는 이들에게는 더욱 그리할 것"(딤전 5:17)이라는 말이 나오게 만든 그 영광을 그도 맛보았다. "너희는 선생된 우리가 더 큰 심판을 받을 줄 알고 선생이 많이 되지 말라"(약 3:1)는 경고 앞에 그도 떨었다. 한편으로는 자신에게 주어진 소명의 이런 초자연적 특성을 경이로워했다. "우리는 …… 하나님께 받은 것같이 하나님 앞에서와 그리스도 안에서 말하노라"(고후 2:17).

로이드 존스는 하나님의 백성이 불같이 뜨거운 예배를 드리도록 이끄는 것이 설교의 궁극적인 목적임을 알았다. 이 예배는 작거나 옹색하거나 지엽적인 일이 아니다. 이 예배는 매주의 공예배 자리와 매일의 일상에서 사랑의 희생으로 드려지다가 마침내 그리스도의 신부와 그 우주적인 거처가 완성될 때 온전하게 드려질 것이다. 이렇듯 그는 이 예배가 마음 깊은 곳의 갈망만큼이나 개인적이고, 우주만큼이나 광활하고, 영원만큼이나 끝이 없으며, 사랑의 광채와 창조 세계의 회복만큼이나 보면 알아볼 수 있는 것임을 알았다.

그는 성경이 진리이며 하나님의 영광을 위해 존재함을 알았다. 그러므로 성경 읽기와 설교는 그분의 영광이라는 목표에 동참하는 일이다. 로이드 존스는 하나님 말씀의 영광을 매우 진지하게 다루었는데, 진지한 기쁨에 문외한인 듯한 이 세상을 사는 나는 이 점에 크게 감화를 느꼈다. 20세기 중반에 그를 일으켜 세우시고, J. I. 패커(J. I. Packer)가 다음과 같이 한 말뜻에 공감하게 하신 하나님께 깊이 감사드린다. 패커는 로이드 존스의 설교가 자신에게 감전感電의 위력으로 다가와 "어느 누구보다도 더 하나님의 임재를 느끼게" 해 주었다고 고백했다.[2]

3부작의 마무리

—

이 책은 이전에 펴낸 두 권에서 이어진 유기적 파생물이며 합해서 3부작을 이룬다. 우선 《존 파이퍼의 성경과 하나님의 영광》(A Peculiar Glory, 두란노 역간)은 성경이 하나님의 말씀이며 온전한 진리임을 어떻게 알 수 있는지에 초점을 맞추었다. 그다음 책 《존 파이퍼의 초자연적 성경 읽기》(Reading the Bible Supernaturally, 두란노 역간)에서는 성경을 읽는 법을 이야기했다. 특히 세상 모든 민족이 불같이 뜨거운 사랑으로 하나님을 예배한다는 성경 자체의 궁극적 목표에 걸맞게 성경 읽는 법을 중점적으로 다루었다. 그리고 마지막으로 이《강해의 희열》이 던지는 질문은 이것이다. "성경이 온전한 진리이며 예배에 걸맞게 초자연적으로 읽어야 한다면, 이 말씀을 설교한다는 것은 무슨 의미이고 그 일을 어떻게 해야 하는가?"

설교에 대한 담론, '공예배'가 첫단추다

대다수 설교자들이 회중에게 매주 공예배로 모여야 한다고 강조한다. 하지만 정작 시간을 내고 수고를 들여 이를 실천해야 하는 까닭을 신약에서 확인하는 사람은 많지 않다. 그냥 당연시하는 것이다. 더불어 대다수 목사는 그런 공예배에는 설교도 포함되어야 한다고 전제한다. 이 또한 대체로 당연시된다. 물론 뻔한 이유로 설교를 경시하는 이들이 어느 세대에나 있다.

우리가 예배로 모여야 하며 예배에는 설교가 있어야 한다는 두 가지 전제 모두 사실은 그 기초가 명백히 성경에 있다. 적어도 설교자는 그 기초를 알아야 한다. 회중은 무슨 근거로 예배로 모이며, 설교는 왜 예배의 일부인가?

설교 관련 책을 쓰면서 짐작해 보건대 세상 모든 설교의 95퍼센트는 공예배 중에 이루어질 것이다. 신자 여남은 명이 나무 그늘에 모였든, 5천 명이 현대식 강당에 모였든 몇 명인지 어디인지는 상관이 없다. 지금부터 나는 바로 그런 모든 공예배 중에 이루어지는 설교를 변호하고, 기술하고, 찬미하려 한다.

초점을 거기에 두는 이유는 노상이나 경기장이나 캠퍼스 잔디밭이나 감옥이나 대통령이나 왕 앞에서는 설교하면 안 된다고 생각해서가 아니다. 그런 데서도 얼마든지 설교해도 되며 당연히 그런 일이 더 많았으면 좋겠다. 다만 나는 공예배 안에 자리한 설교가 교회의 건강과 사명에 반드시 필요하다고 전심으로 믿는다. 단언하는데 하나님이 예배 속에 배치해 두신 설교는 세상에 그분이 바라시는 궁극적인 목표를 이루시는 위대한 수단이다.

왜 공예배에
설교가 필수인가

그리스도인이라고 해서 예배와 설교에 대한 내 생각에 다 동의하는 건 아닐 것이다. 공예배에 설교가 반드시 필요하다고 생각지 않는 그리스도인도 있다. 그래서 먼저 기독교 회중은 공예배로 모여야 하며, 그 모임에 설교가 포함되어야 함을 성경으로 입증하는 데서 시작하려고 한다. 이것이 1-2부의 주제다.

1부에서는 공예배를 기술하고 변호했다. 설교를 다루는 책에서 이토록 많은 지면을 공예배에 할애하는 게 이상해 보일 수도 있지만, 당신도 나처럼 다음과 같이 믿는다면 그 생각이 금세 사라질 것이다. 공예배는 하나님의 백성에게 유일무이하고 꼭 필요한 영향을 미치도록 그분이 정하신 것이고, 설교는 그 예배를 보조하고 표현하도록 그분이 특별히 고안하신 것이다. 여기서 가장 중요하게 정립해야 할 것은 공예배의 본질이다. 예배 형식은 전 세계 수많은 문화에 따라 늘 수많은 변이가 있게 마련이다. 그렇다면 변하지 않는 본질은 무엇인가? 그것이 1부의 과제이며 2부는 거기서 자연스럽게 귀결된다. 즉 예배의 본질을 알 때 비로소 그리스도의 백성이 공예배로 모이는 것이 얼마나 잘 어울리는 일인지도 알게 된다.

2부에는 설교가 무엇이며 왜 공예배의 일부인지 밝히려 했다. 설교와 예배가 반드시 필요하며 공존해야 하는 당위성은 그 둘의 정체 자체에 있다. 그래서 "설교"라는 비범한 소통 방식, (내 표현으로는) "강해의 희열"(Expository Exultation)이 어떻게 성경에서 규범으로 공인하는 공예배의 일부가 되었는지 2부에서 살펴볼 것이다. 그 이유는 역사적이고도 신학적이며(3-4장) 하나님의 삼위일체 속성에까지 이른다(5장).

예배로서의 설교,
예배를 위한 설교

—

이 책의 목표 중 하나는 설교가 예배를 도울 뿐 아니라 설교 자체가 예배임을 밝히는 것이다. 제목을 "강해의 희열"로 지은 것도 다음 사실을 알리기 위해서다. 즉 설교라는 독특한 소통 형태는 성경말씀에 계시된 실체를 지적으로 강해하는 일이면서, 또한 설교자가 자신이 강해 중인 말씀에 느끼는 희열을 통해 그 실체의 가치를 구현하는 일이다. 설교자는 하나님의 영광에 대한 희열에 설교가 곁들여진 것이 예배라고 생각해서는 안 된다. 오히려 강해의 희열, 즉 예배로서의 설교가 함께 가면서 노래, 기도, 낭독, 고백, 성례 등 음악적인 희열과 전례典禮의 희열을 거든다고 생각해야 한다. 음악이 심령의 희열을 불러일으켜 유지시키듯이 설교도 그렇다. 차차 설명하겠지만 설교는 그 자체로 예배이며 또한 예배를 돕는다.

영원히 삶 전체로

드리는 예배

—

설교가 예배를 돕는다는 말은 설교가 공예배만을 돕는다는 뜻이 아니다. 세상 모든 민족이 불같이 뜨거운 사랑으로 하나님을 예배하는 것이 성경과 설교의 궁극적 목표라는 말은 모든 하나님 백성의 온전한 변화, 그리고 천지가 탈바꿈하는 혁신과 회복을 가리킨다(롬 8:19-23). 이렇게 하나님의 백성이 변화되고 우주가 새롭게 되면 그에 따른 가장 큰 결과는 하나님의 최고 가치와 탁월성이 극대화된다는 것이다.

차차 성경적 논증으로 더 자세히 살펴보겠지만, 예배란 하나님의 최고 가치와 아름다움을 의식적으로 알고 귀중히 여기고 드러내는 일이다. 설교는 바로 그 예배를 돕는다. 이 예배는 아래 세 가지로 표현 가능하다.

○ 이 예배는 공예배로 표현할 수 있다(시 34:3). 우리는 함께 예배한다. 즉

하나님을 참으로 알아 노랫말과 기도문 등으로 바른 교리를 표현하고, 하나님의 탁월성에 대한 사랑이 깨어나 그분을 중시하며, 진심 어린 노래와 기도와 듣기를 통해 이를 드러낸다. 즉 공예배에 걸맞은 모든 형식에 참여한다.

○ 하나님의 최고 가치와 아름다움을 알고 귀중히 여기고 드러내는 이 예배는 살든지 죽든지 그리스도를 존귀하게 할 때도 이루어진다(빌 1:20). 즉 우리는 남을 사랑하는 고통스러운 희생을 통해 하나님의 주권적 돌보심을 기뻐한다(마 5:11-12; 빌 3:8-10). 우리의 물리적 실존은 온통 "하나님이 기뻐하시는 거룩한 산 제물" 곧 "영적 예배"가 된다(롬 12:1).

○ 이런 예배는 마지막 부활 때 온전히 완성된다. 그때 우리는 주께서 나를 아신 것같이 온전히 알고(고전 13:12), 하나님을 귀중히 여기는 우리의 기쁨도 완성되며(시 16:11), 그 기쁨이 죄에 막히지 않고 온전히 겉으로 드러난다(히 12:23; 빌 3:12).

하나님을 영화롭게 하고 그리스도를 높이며 성령께서 붙들어 주시는 예배가 바로 설교 즉 "강해의 희열"의 목표이자 이 책의 목표다.

서두에 밝혔듯이 설교의 목표는 전혀 작거나 옹색하거나 지엽적이지 않다. 그것은 마음 깊은 곳의 갈망만큼이나 개인적이고, 우주만큼이나 광활하고, 영원만큼이나 끝이 없으며, 희생적 사랑과 창조 세계의 회복만큼이나 보면 알아볼 수 있다. 그러면서도 그 초점은 철저히 하나님이다. 이제부터 영원까지 성경은 하나님의 영광을 위해 존재하며 성경 읽기와 설교는 그 목표를 이루는 데 힘을 보탠다.

설교, 하나님의 손안에 있으면서도
설교자의 전심전력을 요한다

—

예배는 단지 자연적 행위가 아니라 성령의 초자연적 역사다. 그래서 설교가 곧 예배며 예배를 돕는다는 말에서 두 가지 의문이 생긴다. 하나는 설교자가 어떻게 초자연에 붙들리느냐와 관계있다. 또 하나는 설교자가 어떻게 자연적 능력을 모두 구사하여 예배라는 기적에 일조하느냐와 관계있다. 우선 첫째 질문은 이렇다. "인간의 행위인 설교가 어떻게 하나님의 역사이기도 하며, 하나님의 역사를 도울 수 있을까? 설교자가 어떻게 설교해야 설교자 자신이 아닌 하나님이 하시는 일이 될까?(고전 15:10) 어떻게 그는 하나님의 도구가 되고 그의 설교는 예배 행위이자 예배를 깨우는 수단이 될까?" 이것이 3부의 초점이다.

둘째 질문이다. "설교자가 구사하는 자연적 능력은 어떤가? 초자연적 목적을 추구하기에 가장 알맞는 자연적 수단은 무엇인가? 설교의 목표가 성령께서 하나님의 백성에게 주시는 예배라면 인간의 사고와 설명과 언변은 정당할 수 있는가? 정당하지 않다면 설교에 남는 게 무엇인가? 정당하다면 자연적 능력 구사는 어떻게 초자연적 예배의 신성한 수단이 되는가?" 이런 의문을 4부에 다루었다.

본문을 설교하는가,
본문 속 실체를 설교하는가

—

5부의 주제는 이런 질문이다. 우리가 설교할 것은 본문인가, 아니면 본문에 계시한 실체인가? 이 책을 쓰면서 내가 느낀 부담 중에 서로 역설 관계인 두 가지가 있다. 예수 그리스도의 신성과 인성의 관계만큼이나 이 또한 역설적이다. 예수는 살과 뼈를 입으신 인간이면서 동시에 훨씬 그 이상이셨다. 하지만 성육신하신 인성을 알면 더 많은 것을 알 수 있다. 그래서 바울은 "예수 그리스도의 얼굴에 있는 하나님의 영광"(고후 4:6)을 말했다. 성경도 그런 면에서 성육신과 같다. 성경의 단어와 구와 절과 논리와 내러티브는 인간의 것이다. 하지만 성경도 훨씬 그 이상이다. 성경에 담겨 전달되는 실체는 어구를 무한히 벗어난다. "성경의 어구에 있는 하나님의 영광"이라 할 만하다.

그러므로 "우리는 본문을 설교한다"는 말로는 부족하다. "본문 배후의 실체를 설교한다"는 말로도 부족하다. 이 두 불충분한 관점 때문에 나도 두 가지 부담이 있었다.

하나는, 설교자들에게 본문의 어구에 치열하게 주목하라고 당부하는 일이다. 그래야 설교자가 지적하려는 실체가 본문에 어떻게 계시되어 있는지를 청중이 볼 수 있다. 다른 하나는, 설교자들에게 어구가 가리키는 실체 속으로 깊이 뚫고 들어가도록 호소하는 일이다. 인간 본성, 하나님의 속성, 구원의 길, 악의 참상, 섭리의 신비 등 이런 실체는 심오하다. 설교의 목표는 이런 실체를 청중 스스로 본문 속에서 보게 하는 것이다. 실체를 제대로 확실히 보려면 설교자의 견해가 아니라 성경 본문에 주목해야 한다. 그래서 5부에 "실체"라는 요인을 다루면서, 본문에 치열하게 주목하는 일과 실체 속으로 철저히 침투하는 일의 관계를 조명하려 한다.

성경 기자의 포괄적 실체관을 알아야 한다

—

6부에서는 더 구체적인 질문으로 들어간다. 우리가 설교할 실체는 무엇인가? "본문이 말하려는 실체를 설교하라"는 답으로는 충분치 못하다. 틀린 답은 아니지만 "성경 기자가 지닌 포괄적 실체관 가운데 이번 본문 강해에 포함시켜야 할 측면은 무엇인가?"라는 질문에 답하는 데는 도움이 안 된다. 성경 기자의 폭넓은 실체관을 염두에 두어야 한다(12장). 그렇지 않으면 자칫 본문에 있지도 않은 추론을 이끌어 낼 수 있다. 성경 기자의 폭넓은 실체관은 바로 앞뒤 문맥에 나와 있을 때도 있고, 그렇지 않을 때도 있다.

모든 설교의 가장 중요한 세 가지 관심사

—

성경 기자의 전체적 실체관을 꼭 염두에 두어야 한다면, 설교자는 그 포괄적 실체관 중 자신의 설교에 포함시켜야 할 측면이 무엇인지 어떻게 정할까? 세 가지 가정에 기초한 세 가지 추가 질문으로 이 질문에 답하려 한다(6부).

첫째, 성경 기자가 의도한 전체 목표가 궁극적일수록 특정 본문 설교에 이를 통합하는 게 그만큼 더 중요해진다. 그렇다면 "성경 기자들의 궁극적 목표는 무엇인가?"

둘째, 사도 바울이 자신의 설교에 없어서는 안 된다 여긴 요소라면 우리의 설교에도 반드시 있어야 한다. 그렇다면 "바울이 자신의 설교에 없어서는 안 된다고 말한 요소는 무엇인가?"

셋째, 그리스도인이 삶을 살아가는 방식에는 최종 구원에 이르는 길도 있고 멸망에 이르는 길도 있으며, 이를 알아야 모든 본문을 제대로 다룰 수 있다. 그렇다면 "최종 구원에 필요한 생활 방식은 무엇인가?"

첫째 질문의 답으로, 성경 기자들의 궁극적 목표는 하나님의 영광이다(13-14장). 둘째 질문의 답으로, 바울은 십자가에 달리신 그리스도를 선포하는 것이 자신의 설교에 빠질 수 없다고 말했다(15-16장). 셋째 질문의 답으로, 최종 구원에 필요한 생활 방식은 오직 믿음으로 말미암는 칭의로 시작되어 믿음과 성령의 능력을 통해 사랑 가운데 행함으로 지속된다. 이런 생활 방식을 "믿음의 순종"(롬 1:5; 16:26, ESV) 즉 거룩함이라고 표현할 수 있으며 이것이 없이는 아무도 주님을 볼 수 없다(17-18장).

보다시피 우리가 설교하는 실체는 삼위일체로 기술된다. 즉 우리는 하나님의 영광을 위해 살고, 십자가에 달리신 그리스도를 존귀하게 하며, 성령으로 행한다. 차차 논증하겠지만 이 세 가지 실체를 성경 본문의 구체적 어구와 분리해서 생각하면 본문의 실체가 똑똑히 보이지 않는다. 하나님의 영광이나 그리스도의 십자가나 성령의 능력이라는 실체를 설교하기 위해서 특정 본문을 벗어나거나 비약하면, 그 설교는 하나님의 권위와 영적 능력에서 단절된다. 설교자의 권위는 성령께서 감화하신 성경 본문에 있다. 이러한 실체의 계시가 가장 생생하고 신빙성 있게 폭발적으로 빛을 발하는 곳은 바로 성령께서 감화하신 본문의 어구 자체에서다.

성령께서 감화하신 구약에도 충실해야 한다

끝으로 답해야 할 질문이 있다. "우리의 일관된 강조점인 하나님의 영광과 그리스도의 십자가와 믿음의 순종을 구약 본문에서 도출한다면, 이는 '성령의 감동하심을 받은'(벧후 1:21) 구약 기자들의 의도에 충실한 것일까?" 이 물음에 답하는 게 7부의 취지이며 내 대답은 긍정이다. 우리는 그들의 의도에 충실할 수 있다. 사실 구약 기자들은 자신의 가르침에 함축된 앞일을 더 분명히 보기를 갈망했다(벧전 1:10-12). 따라서 메시아의 21세기 사신들이 구약으로 설교하면서 마치 그분이 오지 않으신 양 접근한다면, 구약의 기자들은 이를 자신의 의도에 반한다고 여길 것이다.

기독교 경전의 존재와 읽기와 설교는 단 하나 목표에서 비롯되었다. 바로 모든 민족과 언어와 부족과 나라에서 피로 사신 그리스도의 신부들이 불같이 뜨겁고 영원한 예배로 하나님의 한이 없는 가치와 아름다움을 높이는 것이다. 가장 위대한 그 목적에 따라 나는 《존 파이퍼의 성경과 하나님의 영광》을 써서 성경이 하나님의 무오한 말씀임을 어떻게 알 수 있는지 탐구했고, 동일한 목적을 위해 《존 파이퍼의 초자연적 성경 읽기》를 써서 그 무오한 말씀의 의미를 어떻게 발견할 수 있는지 밝혔다. 끝으로 이 책 《강해의 희열》에서는 설교가 어떻게 성령의 역사로 피로 사신 예배가 되고, 또 하나님의 가치와 아름다움을 예배하게 하는지 살펴보려 한다.

'불같이 뜨거운 예배'라는 하나님의 궁극의 목표가 그분의 백성들의 꾸준한 모임, 매일 삶에서 행하는 희생적 사랑, 내세의 영원한 희락 속에 성취될 때까지 성경을 초자연적으로 읽고 성경의 실체를 성령으로 설교하는 일을 이 땅에서 중단해서는 안 된다. 하나님이 그렇게 정하셨다. 성경에 흠뻑 젖어 그리스도를 높이는 하나님 중심의 교회들을 통해 이 땅에 하나님의 목적이 묵묵히 진척된다. 매주 그런 교회들에서 강해의 희열의 힘으로 영원한 예배의 예행연습이 이루어지고 예배의 장중함과 기쁨이 깨어난다.

1 부

'예배'하러 모이는
하나님의 사람들

설교의 배경

1

우리는 왜
'예배'하는가

예배의 본질

이 책의 주제는 예배 중에 이루어지는 설교다. 설교는 그 자체로 예배이며 예배를 돕는다. 그러나 모든 그리스도인이 하나님 백성들이 매주 갖는 모임을 예배로 여기지는 않는다.[1] 이렇게 생각하는 이들도 있다. "신약에 교회의 정기 모임을 '예배'나 '공예배'라 칭한 적이 없으므로 우리가 매주 모이는 것을 예배로 봐야 한다는 주장은 부질없다."

당신도 그런 입장이라면 좀 더 당신의 주목을 끌까 하여 내 낚싯바늘에 도발적인 미끼를 끼워 보겠다. '예배'라는 말을 우리가 서로 다른 의미로 쓰고 있을 수 있다. 나의 예배관을 명확히 밝히면 당신이 한편에 '교육'이나 '건덕'(edification; 덕을 세움)이나 '권면'을 위한 봉사를 모아 두고 그것들과 '예배'와의 사이에 그어 놓은 선이 달라질 수도 있다. 나의 도발적인 미끼란 이런 말이다. 예배는 않고 교육을 위해 매주 모이려는 계획은 성관계 없는 결혼 계획과 같다. 맛없는 음식, 기쁨 없는 발견, 경이감 없는 기적, 감사 없는 선물, 두려움 없는 경고, 뉘우침 없는 회개, 열의 없는 결심, 만족 없는 그리움, 음미 없는 구경 등과 같다.

참된 예배,
하나님의 영광을 음미하는 것
—

나처럼 성경 진리의 영적 아름다움을 보고도 이를 음미하지 않는 것이 '죄'라고 믿는 사람은 쉽사리 예배를 덜 중요해 보이도록 축소하지 않을 것이다. 예배는 교회가 모이는 이유이며, 사실은 근본적인 이유다. 나는 하나님의 영광을 음미하는 게 참된 예배의 본질이라 믿는다.

당신도 거기에 동의할지 궁금하다. 그리스도 안에서 하나님의 영광을 음미하거나 예수 안에서 당신을 위한 하나님의 전부로 만족하는 게 예배의 내적 본질이라고 동의하는가? 아니면 그건 너무 주관적인가? 나는 예배의 전부라 하지 않고 본질이라는 단어를 썼다. 하나님을 보고 음미하는 게 예배의 전부는 아니지만 예배의 본질이라는 말이다. 그게 없으면 헛된 예배가 되고 만다(마 15:8-9).

하나님은 설교를 그리스도의 백성이 꾸준히 모이는 예배의 일부로 계획하셨다. 이를 성경으로 논증하려면 먼저 그런 모임의 필연성부터 성경으로 논증해야 한다. 그래서 이런 주장을 전제로 2장에서 논증을 펼칠 것이다. 예배의 본질은 마음에서 경험한 사랑에 이끌려 하나님의 가치와 아름다움을 칭송하는 것이다. 이는 예배를 그리스도께 순종하는 일상생활로 보든, 교회 사역의 과제로 보든, 함께 찬송하는 모임으로 보든 변함없는 사실이다.

다른 내 책에서 자세히 논했듯이[2] 신약의 예배는 구약의 예배에 비해 지극히 단순하고 내적이다. 그리고 삶과 전례로 나타나는 외적 표현은 고금의 수많은 문화에 맞게 다양하게 변화할 수 있다. 구약에 규정한 세세한 의식儀式이 '와서 보는' 종교에 적합한 데 반해(왕상 10:1-13) 신약의 예배는 '가서 말하는' 열방 종교에 어울리는 특성을 취했다(마 28:18-20). 다시 말해 신약에 나타난 예배는 외적 형식은 특별히 규정하지 않으면서 심령의 내적 경험을 철저히 극대화한다.

이를 가리키는 근거가 있다. 예수께서 말씀하신 요한복음 4장 23절을 보자. "아버지께 참되게 예배하는 자들은 영과 진리로 예배할 때가 오나니 곧 이때라 아버지께서는 자기에게 이렇게 예배하는 자들을 찾으시느니라." "영"으로 예배한다는 말은 참된 예배는 성령으로 말미암아 지속되며 주로 몸의 외적 사건이 아니라 영의 내적 사건이라는 의미다(요 3:6). 또 "진리"로 예배한다는 말은, 참된 예배란 올바른 하나님관에 대한 반응이며 곧 올바른 하나님관을 길잡이 삼아 드려진다는 의미다.

그 밖에도 여러 이유로 예수님은 '예배'와 '외적이고 국지적인 단체' 사이에 닿아 있던 연결 고리를 단호히 끊으셨다. 그만큼 예배는 내적인 일이며 특정 지역과는 무관하다. "이 산에서도 말고 예루살렘에서도 말고 너희가 아버지께 예배할 때가 이르리라"(요 4:21). 예배의 이런 내적 본질을 염두에 두고 그분은 "이 백성이 입술로는 나를 공경하되 마음은 내게서 멀도다 …… 나를 헛되이 경배하는도다"(마 15:8-9)라고 말씀하셨다. 마음이 하나님에게서 멀면 아무리 형식을 갖추어도 그 예배는 헛되고 공허하여 아무것도 없는 것이나 같다. 심령의 경험이야말로 예배를 규정짓는 반드시 필요한 본질이다.

이처럼 신약에 나타난 예배는 제도와 지역과 외형을 크게 벗어났다. 중심축이 예식과 절기와 장소와 형식에서 벗어나 심령에서 벌어지는 일로 옮겨 갔다. 일요일만이 아니라 매일 매 순간 삶 전체가 예배의 장場이다.

삶 전체에서
하나님을 향하는 것
—

이렇게 삶 전체에서 내적으로 하나님을 향해야 한다는 뜻으로 바울은 "그런즉 너희가 먹든지 마시든지 무엇을 하든지 다 하나님의 영광을 위하여 하라"(고전 10:31), "또 무엇을 하든지 말에나 일에나 다 주 예수의 이름으로 하고 그를 힘입어 하나님 아버지께 감사하라"(골 3:17)라고 말했다. 이것이 예배다. 예배란 하나님의 영광과 주 예수의 이름을 존중하는 마음을 드러내는 행위다. 하나님의 최고 가치와 아름다움을 의식적으로 알고 귀하게 여기고 드러낸다는 뜻이다.

그런데 방금 언급한 예배에 대한 신약의 이 위대한 문장들에서 우리가 흔히 떠올리는 그 정규 예배를 전혀 언급하지 않는다. 그저 삶을 기술할 뿐이다. "오직 성령으로 충만함을 받으라 시와 찬송과 신령한 노래들로 서로 화답하며 너희의 마음으로 주께 노래하며 찬송하며 범사에 우리 주 예수 그리스도의 이름으로 항상 아버지 하나님께 감사하며"(엡 5:18-20)라고 명할 때도 바울은 시간이나 장소를 정해서 드리는 정규 예배를 언급하지 않는다.

오히려 핵심 단어는 "범사에"와 "항상"이다. "또 무엇을 하든지 말에나 일에나 다 주 예수의 이름으로 하고 그를 힘입어 하나님 아버지께 감사하라"(골 3:17). 물론 공예배 시간에도 그래야겠지만, 바울이 굳이 우리에게 하려는 말은 예배가 철저히 내적 진정성을 띠고 삶 전체에 두루 배어들어야 한다는 것이다. 장소와 형식은 본질이 아니다. 영과 진리가 가장 중요하다.

결론적으로 신약은 예배의 외적 형식이나 장소에는 하나도 관심이 없다. 대신 예배는 끝없이 삶 전체에 배어드는 내적, 영적 경험으로 철저히 극대화된다. 신약의 이런 전환은 신약이 세세하게 기록한 전례 규정집이 아니기 때문이기도 하다. 신약은 수많은 문화 속에서 기독교 신앙을 실천하게 하는 안내서다. 신약에 나오는 예배의 영적, 도덕적 실체에 문화마다 마음껏 살을 입힐 수 있다. 내가 신약의 이런 예배관을 하필 선교에 관한 책에 가장 상세히 논증한 이유도 그래서다.[3] 구약의 상세한 외적 예배 형식이 신약에서는 예배의 내적 본질을 표현하는 융통성 있는 형식으로 바뀌는

데, 이는 신학적 이슈일 뿐 아니라 선교학적 이슈이기도 하다.

죽는 순간에도
예배할 수 있다?

———

그리스도 안에서 하나님의 영광을 음미하거나 예수 안에서 우리를 위한 하나님의 전부로 만족하는 것이 어떻게 성경에 예배의 내적 본질로 계시되어 있는지 보여 주는 성경의 예를 한 가지만 들겠다.

우선 나는 심령의 내적 행위든, 일상적 순종의 외적 행위든, 단체로 모인 회중의 행위든 예배가 하나님을 칭송하는 행위라고 생각한다. 즉 예배는 하나님의 위엄을 '의식적으로' 드러내는 행위다. 달과 별도 하나님의 위엄을 드러내지만 의식이 없으므로 예배가 아니다. 내적으로든 외적으로든 예배는 하나님이 얼마나 위대하고 영광스러운 분인지를 드러내거나 표현하는 의식적 행위다. 하나님의 가치를 알고 귀하게 여기고 드러내는 것이 예배다. 예배의 내적 본질을 잘 드러내는 본문 중 하나가 바로 빌립보서 1장 20-23절이다.

> [20] 나의 간절한 기대와 소망을 따라 아무 일에든지 부끄러워하지 아니하고 지금도 전과 같이 온전히 담대하여 살든지 죽든지 내 몸에서 그리스도가 존귀하게 되게 하려 하나니 [21] 이는 내게 사는 것이 그리스도니 죽는 것도 유익함이라 [22] 그러나 만일 육신으로 사는 이것이 내 일의 열매일진대 무

엇을 택해야 할는지 나는 알지 못하노라 23 내가 그 둘 사이에 끼었으니 차라리 세상을 떠나서 그리스도와 함께 있는 것이 훨씬 더 좋은 일이라 그렇게 하고 싶으나.

바울의 평생 소원은 살든지 죽든지 자기 몸으로 하는 일이 늘 예배가 되는 것, 즉 "그리스도가 존귀하게"(20절) 되는 것이다. 여기서 의문이 생긴다. 바울은 그리스도를 그런 식으로 높이는 내적 경험이 무엇인지 우리에게 말해 주는가? 바울은 21절과 22절의 연결 방식을 통해 그게 무엇인지 보여 준다.

잘 보면 20절의 "살든지"와 "죽든지"는 각각 21절의 "사는"과 "죽는"에 상응한다. 그런데 두 구절의 연결 방식을 보면, 21절에 생사 간에 그리스도께서 칭송받으실 수 있는 근거를 제시한다. "나의 간절한 기대와 소망을 따라 …… 살든지 죽든지 내 몸에서 그리스도가 존귀하게 되게 하려 하나니 이는[왜냐하면] 내게 사는 것이 그리스도니 죽는 것도 유익함이라."

21절에 예배의 본질이자 그리스도를 높이는 내적 경험을 기술했다. "죽든지"와 "죽는"을 짝지어 보면 이를 알 수 있다. "나의 …… 소망을 따라 …… 죽든지 내 몸에서 그리스도가 존귀하게 되게 하려 하나니 이는 내게 …… 죽는 것도 유익함이라." 만일 죽음이 내 유익을 위한 것이라면 내 죽음을 통해서 그리스도께서 칭송받으신다. 죽음으로 그리스도를 높이는 내적 경험이란 곧 죽음을 유익으로 경험하는 것이다.

하지만 왜 그럴까? 죽음을 유익으로 경험하면 왜 그리스도의 위대하심이 칭송받는 것일까? 23절에 답이 나온다. "차라리 세상을 떠나서[즉 죽어서]

그리스도와 함께 있는 것이 훨씬 더 좋은 일이라 그렇게 하고 싶으나." 죽음은 우리를 "그리스도와 함께" 있게 한다. 그리스도를 더 풍성히 경험하게 한다. 바울은 우리가 세상을 떠나 그리스도와 함께 있는 게 유익이라 했다. 죽음을 그런 식으로 경험하는 사람은 그리스도를 높여 그분의 위엄을 드러낸다는 말이다. 죽음으로써 그리스도를 유익으로 경험하면 그분이 칭송받으신다. 이것이 죽음의 때에 드릴 수 있는 예배의 본질이며, 빌립보서 3장 8절에 보듯이 살 때도 마찬가지다.

하나님으로
온전히 만족할 때

—

이제 우리는 이렇게 말할 수 있다. 예배의 내적 본질은 그리스도를 유익으로, 실제로 가정과 직업과 은퇴와 명예와 음식과 친구 등 삶이 줄 수 있는 그 무엇보다도 더 큰 유익으로 소중히 여기는 것이다. 예배의 본질은 그분을 삶의 모든 것보다 더 큰 이로움으로 경험하는 것이다. 그리스도를 음미하고 귀중히 여기고 그리스도로 만족한다는 내 표현이 바로 그런 뜻이다. 이것이 예배의 내적 본질이다. 죽을 때도 그리스도를 유익으로 경험하면, 바울의 말대로 그 죽음을 통해 그리스도가 칭송받으시기 때문이다.

"기독교적 희락주의"라는 내 표현을 나는 "우리가 하나님 안에서 가장 만족할 때 그분이 우리 안에서 가장 영광을 받으신다"는 문장으로 즐겨 요약한다. 이 문장의 출처는 빌립보서 1장 20-21절이다. 내가 죽을 때조차 그리스도로 만족하면(그분을 얻기에 죽음을 유익으로 경험하면) 그분이 내 죽음을 통해 높임받으신다. 다시 말해서 그리스도를 찬송하는 본질은 그분을 귀히 여기는 것이다. 내가 죽을 때도 그분을 내 생명보다 귀하게 여기면 그분이 내 죽음을 통해 찬송을 받으신다. 예배의 내적 본질은 그리스도를 가치 있게 여기는 것이다. 그분을 소중히 여기고 그분을 중요하게 대하며 그분으로 만족하는 것이다.

공예배는 꼭 필요한가

하나님의 백성이 꾸준히 모이는 공예배가 필수 내지 규범이라는 것까지는 아직 입증하지 못했다. 그러나 공예배의 중요성을 성경으로 입증할 수 있다면 예배의 내적 본질이 우리의 행위와 설교에 깊은 영향을 미칠 것이다. 설교를 비롯해 예배 순서마다 우리는 "하나님을 열심히 추구할" 것이다. 즉 하나님으로 만족하기를 열심히 추구하고, 하나님을 우리의 상급과 보화와 영의 양식과 마음의 기쁨과 심령의 낙으로 삼아 그분을 열심히 추구할 것이다. 그리스도를 최고의 유익으로 경험하는 것이 곧 그분을 칭송하고 높이고 예배하는 일임을 빌립보서 1장 20-21절과 3장 8절을 통해 알기 때문이다. 거리에서든 예배당에서든 마찬가지다.

이제 우리의 논증은 다음 단계로 넘어간다. 기독교의 지역 교회들이 꾸준히 모이는 공예배가 하나님의 백성이 이 세상에 그분의 목적을 이루는 데 꼭 필요한가? 그렇게 믿을 성경적 근거가 있는가?

2

우리는 왜
'모여서' 예배하는가

공예배의 중요성

이 책은 그리스도인들이 꾸준히 모이는 공예배 중에 이루어지는 설교의 본질과 방법을 중점적으로 다룬다. 따라서 그런 모임이 기독교 교회 생활에 왜 반드시 필요한지 설명하는 게 중요하다. 앞 장에 논했듯이 예배의 내적 본질은 그리스도 안에서 우리를 위한 하나님의 전부로 만족하는 것, 그리스도 안에서 하나님의 영광을 음미하는 것이다. 예배의 내적 본질이라는 표현에는 예배란 그 본질 이하가 아니라 이상이라는 의미가 깔려 있다. 이 내적 본질에는 뿌리도 있고 가지도 있어 양쪽 다 공예배에 반드시 필요하다.

기독교 성경의 삼위일체 하나님의 최고 가치와 아름다움을 알고 귀중히 여기고 드러내는 일이 예배다. 여기서 하나님의 행위와 방법을 비롯한 그분의 영광을 아는 것은 예배의 내적 본질의 뿌리다. 그렇게 아는 다양한 영광을 귀중히 여기는 것 즉 음미하는 것은 내적 본질이다. 그리고 그렇게 귀중히 여기는 내면을 겉으로 드러내는 모든 방식이 바로 내적 본질의 가지다.

도덕적 아름다움에 근거한 논증

다음은 이번 장에서 다룰 질문이다. 하나님의 최고 가치를 왜 꾸준히 모이는 공예배를 통해서도 드러내야 하는가? 우리가 알고 귀중히 여기는 그분의 영광을 왜 하필 예배 시간에 겉으로 표현해야 하는가? 내가 이 물음에 답하는 논거는 그런 모임이 아름답게 합당하기 때문이다. 우선 시편 147편 1절에 이 같은 선례가 있다.

할렐루야 우리 하나님을 찬양하는 일이 선함이여 찬송하는 일이 아름답고 마땅하도다.

"마땅하도다"로 옮겨진 히브리어 단어 "나와"(nāwāh)는 아가서 1장 5절 "내가 비록 검으나 아름다우니"와 2장 14절 "네 얼굴은 아름답구나"에서처럼 "아름답다, 어여쁘다"라는 뜻이다. 그런데 단순한 물리적 아름다움에서 도덕적 아름다움으로 단어의 뜻이 확장되었다. 예컨대 "그것은 아름다운 사랑과 희생의 행위였다"처럼 쓰인다. 이렇게 아름다움의 개념이 단순한 물리적 차원을 넘어 실체의 영적 또는 도덕적 차원으로 확장되면 "마땅하도다"의 의미가 분명해진다. 보이지 않는 궁극의 도덕적 아름다움이란 본연의 모습이 아니고 무엇이겠는가? 즉 궁극의 실체에 들어맞는 상태다.

그래서 이 "나와"는 "알맞고 합당하고 적합한" 상태에 쓰인다. 또 한 예로 잠언 17장 7절에 보면 "지나친 말을 하는 것도 미련한 자에게 합당하지[나와] 아니하거든 하물며 거짓말을 하는 것이 존귀한 자에게 합당하겠느냐"라고 했다. 지나친 말도 어떤 사람이 하면 혹 유익할지 모르나 미련한 자가 입에 올리면 어울리지도 합당하지도 적합하지도 않고 흉하다. "아름다운 여인이 삼가지 아니하는 것은 마치 돼지 코에 금 고리 같으니라"라고 한 잠언 11장 22절 말씀과 같다. 어떤 것은 어울리지 않고, 또한 아름답지 못하다.

그래서 꾸준히 모이는 공예배를 나는 아름다운 합당성에 근거하여 옹호할 것이다. 꼭 성경에 그런 선례가 있어서만은 아니다. 무엇이든 그것의 궁극적 본질에 내재된 도덕적 합당성이야말로 가장 심도 깊은 근거다. 하나님이 무언가를 궁극적으로 합당하다고 계시하신다면 그분이 하실 수 있는 가장 궁극적인 말씀을 하신 셈이다. 이는 그분의 속성과 방식에 부합하며, 그분의 성품과 그분이 설계하신 우주에 완벽하게 합당하고 또한 아름답다. 아름다움이란 하나님의 성품과 온전히 조화를 이루는 성질이다.

이것이 공예배를 하나님이 명하셨다는 논리보다 더 근원적인 근거다. 공예배는 그분이 명하시기 이전부터 아름답게 합당하다. 예배란 그분이 명하셔서 아름다워지는 게 아니라 궁극적으로 아름답기 때문에 그렇게 명해졌다. 즉 예배는 하나님의 하나님 되심과 그분이 창조하신 인간 본연의 모습과 온전히 조화를 이룬다.

선하고 아름답고
마땅하기에
—

대다수 기독교 교회는 적어도 매주 한 번씩 으레 공예배로 모이는데, 이 2천 년의 전통을 뒷받침하는 성경적 근거는 얼마든지 있다. 게다가 그런 교회의 절대다수는 모임의 주목적을 주저 없이 예배라는 단어로 표현해 왔다. 이 또한 그만한 성경적 근거가 있다.

그리스도인의 꾸준한 공예배가 아름답게 합당하다는 우리의 논증을 이런 관측으로 시작해 보자. 그런 예배가 구약 시대에 합당했다면 하나님의 영광이 그리스도 안에서 우리에게 이토록 더 풍성히 계시된 신약 시대에는 오죽 더 합당하겠는가? 구약에 분명히 나와 있듯이 하나님은 개개인만 아니라 공동체로도 그분을 예배하도록 정하셨다. 찬송받기에 합당하신 하나님을 그리스도 안에서 이토록 더 깊이 알게 된 그분의 새 언약 백성에게 공예배가 이전보다 덜 합당하리라고는 상상하기 어렵다. 출애굽을 통해 계시된 하나님은 함께 모여 연합한 회중에게 명백히 찬송받기에 합당하셨는데, 예수를 죽은 자 가운데서 살리신 하나님이 공적으로 연합한 그런 예배를 받지 않으셨다고 밝혀진다면 이는 말이 안 된다.

시편 기자들이 분명히 밝혔듯이 하나님의 뜻은 하나님의 백성이 공예배로 모이는 것이다. "내가 …… 회중 가운데에서 주를 찬송하리이다"(22:22). "큰 회중 가운데서 나의 찬송은 주께로부터 온 것이니"(22:25). "내가 대회 중에서 주께 감사하며 많은 백성 중에서 주를 찬송하리이다"(35:18). "내가 많은 회중 가운데에서 의의 기쁜 소식을 전하였나이다 여호와여 내가 내 입술을 닫지 아니할 줄을 주께서 아시나이다 …… 내가 주의 인자와 진리를 많은 회중 가운데에서 감추지 아니하였나이다"(40:9-10). "대회 중에 하나님 곧 주를 송축할지어다"(68:26). "백성의 모임에서 그를 높이며 장로들의 자리에서 그를 찬송할지로다"(107:32).

하나님이 자기 백성을 감화하여 이렇게 그분을 예배하게 하시는 이유는 그게 선하고 아름답고 마땅하기 때문이다. "할렐루야 우리 하나님을 찬양하는 일이 선함이여 찬송하는 일이 아름답고 마땅하도다"(147:1). "너희 의인들아 여호와를 즐거워하라 찬송은 정직한 자들이 마땅히 할 바로다"(33:1).

하나님의 백성들이 드리는 찬송이 선하고 아름답고 마땅하다는 말은 그들이 혼자로든, 수많은 회중 가운데에서든 제멋대로 찬송하는 게 아니라는 뜻이다. 찬송은 자의적이거나 변덕스럽지 않다. 하나님은 알맞지 않은 일을 하지 않으신다. 찬송은 궁극적인 실체에 아름답고 즐겁게 들어맞는

다. 그래서 선하다. 예배는 하나님의 속성과 (혼자든 공동체로든) 인간 심령의 속성에 합당하다. 적절하고 알맞고 적합하고 타당하며 지당하고 안성맞춤이고 아름답다.

이스라엘 백성이 "큰 회중 가운데에서" 하나님의 구원에 감사하며 그분을 송축하고 찬송하는 게 마땅하고 선하고 아름다웠다면 그리스도인이 모여 똑같이 하는 것은 더더욱 마땅하고 선하고 아름답다. 그래서 우리는 2천 년 동안 그렇게 해 왔다.

하나님이 공예배에서 받으시는 특별한 영광

하나님 백성의 공예배가 합당한 또 다른 이유는 일개 개인이 혼자 하나님을 예배할 때보다 연합하여 드릴 때 하나님께서 받으시는 영광이 더 크기 때문이다.

물론 하나님은 이기적인 마음에서 해방되어 다른 무엇보다도 하나님을 귀중히 여기는 한 사람 한 사람의 그리스도인을 통해서도 영광을 받으신다. 주께 돌아온 영혼은 다 주권적 은혜의 산물이며(행 18:27) 하나님의 뜻대로 "그의 은혜의 영광을 찬송하게"(엡 1:6) 된다. 찬송의 열매를 맺는 좋은 나무마다 "여호와께서 심으신 그 영광을 나타낼 자"(사 61:3)이다.

그럼에도 불구하고 하나님의 영광은 다양한 백성의 마음과 뜻과 행동이 연합한 공예배에서 더 많이 음미되고 드러난다. 두 가지 방식으로 주님은 개인 예배보다 공예배에서 더 큰 영광을 받으신다.

연합의 어려움을 극복한 데서 오는 영광

첫째, 개개인이 흩어져 저마다의 방식대로 하나님을 찬송하는 것보다 이런 연합을 이루기가 훨씬 더 어렵다. 참되신 하나님을 향한 한 사람의 모든 진정한 찬송은 주권적 은혜가 낳은 신기한 기적이다. 그러나 그런 개개인들이 사망에서 생명으로 옮겨질 뿐 아니라 사망의 불화에서 생명의 연합으로 옮겨지는 것은 더 큰 기적이다. 주님은 마땅히 그런 연합된 예배를 받으셔야 한다. 보다 큰 권능으로 그런 연합된 공예배를 만들어 내신 그분을 공경하는 것이 합당하고 선하고 아름답기 때문이다.

새로운 차원의 아름다움에서 오는 영광

둘째, 다양한 인간이 연합한 공예배에는 혼자만의 예배에 존재하지 않는 아름다움이 생겨나 하나님을 영화롭게 한다. 음악, 스포츠, 군대 등 일상생활에서 일어나는 친숙한 예에서 이를 알 수 있다. 음악의 경우 4부 합창으로 만들어 내는 화음은 힘찬 제창 소리가 주는 아름다움과는 다르다. 많은 악기가 어우러진 교향악단의 아름다움도 거장이 독주할 때의 아름다움과 또 다르다.

스포츠의 경우 스타급 농구 선수의 화려한 개인기도 아름답지만 팀 전체의 손발이 척척 맞는 시합은 또 다른 아름다움이다. 골대 밑의 합동 지원으로 외곽 슛이 완성될 때가 더 아름답다. 군대의 경우 영웅 한 사람의 전과戰果도 아름답지만, 완벽하고 정확한 지휘하에 병력이 대이동하여 전군을 승리로 이끌 때의 아름다움은 다르다.

마찬가지로 민족과 배경과 취향과 기대와 갈망과 선호와 성미와 감동과 욕구가 제각각인 인간들이 마음과 뜻과 목소리와 행동을 합하여 예수 그리스도를 통해 유일하신 참하나님을 함께 예배할 때, 아름답게 합당한 하나의 실체가 탄생한다. 이 실체는 하나님의 능력과 가치에 적합하다. 그분의 영광은 다양한 백성들이 자기 자신을 잊은 채 겸허한 찬송을 온전히 드리게 한다.

하나님 백성의
공동체적 성격

—

그리스도의 백성이 드리는 꾸준한 공예배를 합당하게 하는 또 다른 실체는 교회의 본질이다. 신약에서 교회를 기술할 때 쓰인 은유들 속에 그 본질이 잘 나타난다. 몸, 권속, 신부, 양 무리, 교회, 성전, 집, 제사장, 족속, 나라, 소유, 백성 등의 용어 말이다. 각 은유마다 하나님 백성의 공동체적 성격이 잘 드러난다. 또 정도 차이는 있지만 그리스도의 백성이 모여 그리스도를 예배하는 게 얼마나 합당한 일인지를 저마다 잘 보여 준다.

몸

이는 이방인들이 복음으로 말미암아 그리스도 예수 안에서 함께 상속자가 되고 함께 [같은 몸의, ESV] 지체가 되고 함께 약속에 참여하는 자가 됨이라 (엡 3:6).

참이스라엘의 남은 자들과 더불어(2:12) 이방인 신자들은 성령으로 말미암아 그리스도 안에서 "한 몸"이다. "우리가 유대인이나 헬라인이나 종이나 자유인이나 다 한 성령으로 세례를 받아 한 몸이 되었고 또 다 한 성령을 마시게 하셨느니라"(고전 12:13). 교회를 "몸"으로 표현하면서 두 가지를 강조한다. 하나는 우리가 서로 지체가 되었다는 것이고(롬 12:5; 엡 4:25) 또 하나는 예수 그리스도께서 "교회의 머리"(골 1:18)시라는 것이다.

바울은 몸에 머리가 있다는 사실을 예수께서 예배받으셔야 한다는 뜻으로 보았다. 골로새서 1장 18절은 이렇게 이어진다. "그는 몸인 교회의 머리시라 그가 근본이시요 죽은 자들 가운데서 먼저 나신 이시니 이는 친히 만물의 으뜸이 되려 하심이요." 다시 말해서 공동체적 정체성 때문에 마땅히 우리의 생각은 절대적 으뜸이요 머리이신 예수 그리스도께로 향해야 한다. 그리스도의 몸이란 으뜸이신 머리에 몸의 삶을 의존하면서 그 머리를 칭송하도록 지음받은 백성을 뜻한다. 그러므로 이 몸의 각 지체(고전 12:12, 21)가 으뜸이요 머리이신 예수 그리스도를 귀히 여겨 찬송하고자 한 몸으로 모이려 애쓰지 않는다면 이는 합당하지 못하다.

권속 household

"하나님의 자녀"(요 1:12; 롬 8:16; 고후 6:18)와 "형제"(마 23:8; 히 2:11)도 권속이라는 단어에 포함된다.

그러므로 이제부터 너희는 외인도 아니요 나그네도 아니요 오직 성도들과 동일한 시민이요 하나님의 권속이라(엡 2:19, 딤전 3:15 참조).

이 은유는 한 가족과 같이 친밀해야 한다는 공동체적 실체만 아니라 그 가족과 하나님 및 그리스도와의 관계까지 함축한다. 가족의 "아버지는 한 분"(마 23:9)이시고, 권속에는 "집주인"(마 10:25)이 있으며, "많은 형제 중에서 맏아들"(롬 8:29)로 으뜸이신 형도 있다. 이런 각각의 관계에서 특별한 가정 예배가 자연스레 뒤따라온다.

우선 아버지는 가정에서 특별히 공경받을 존재다. "네 아버지를 공경하라"(엡 6:2). "내가 아버지일진대 나를 공경함이 어디 있느냐"(말 1:6). 집주인 또한 다른 식구보다 더 공경받아 마땅하다. "집주인을 바알세불이라 하였거든 하물며 그 집 사람들이랴"(마 10:25). 이 논리가 성립되려면 집주인이 다른 식구보다 마땅히 더 공경받는 대상이어야 한다는 전제가 필요하다. 그런데 알다시피 이 권속의 식구는 다 인간이고 집주인은 하나님이시니 양쪽의 격차는 실로 어마어마하다. 따라서 우리는 예배하는 권속이 되어 그분을 공경함이 마땅하다.

비슷하게 바울은 "형제" 중에서 그리스도를 예배함을 지적하며 로마서 8장 29절에 이렇게 말했다. "하나님이 미리 아신 자들을 또한 그 아들의 형상을 본받게 하기 위하여 미리 정하셨으니 이는 그로 많은 형제 중에서 맏아들이 되게 하려 하심이니라." 모든 식구를 예정하여 하나님의 독특한 외아들을 본받게 하신 목적은 그분을 "맏아들"(헬라어로 프로토토콘, prōtokon)로 삼으시기 위해서였다. 여기에 암시된 내용을 골로새서 1장 18절에는 이렇게 기록한다. "그가 근본이시요 죽은 자들 가운데서 먼저 나신 이[프로토토코스, prōtotokos]시니 이는 친히 만물의 으뜸이 되려 하심이요."

교회를 권속에 비유함으로써 교회의 공동체적 실체만 아니라 하나님의 이런 의도까지 짚어 준다. 즉 성부 하나님과 성자 예수님(아버지, 주인, 맏아들)은 생명을 주시고 보호하시는 분, 만물의 소유주이자 감독자, 절대적 으뜸이신 존재로서 마땅히 공경받으셔야 한다는 것이다. 다시 말해서 이 가족이 아버지를, 주인을, 으뜸이신 형을 진심으로 공경하여 이를 모여서 표현하지 않는다면 이는 합당하지 못하다.

신부

예수는 일부다처주의자가 아니시다. 그분의 신부는 하나뿐이다.

> 일곱 대접을 가지고 마지막 일곱 재앙을 담은 일곱 천사 중 하나가 나아와서 내게 말하여 이르되 이리 오라 내가 신부 곧 어린양의 아내를 네게 보이리라 하고(계 21:9).

여기에는 그리스도의 백성의 놀라운 단일성과 공동체적 정체성이 함축되어 있다. 개개의 그리스도인, 특히 남자가 그리스도를 개인적으로 자기 남편이라 말하는 게 얼마나 부적절한지 잠시 생각해 보면 그게 더 분명해진다. 그리스도의 백성을 그분의 "신부"라 부를 때 거기에 함축된 의미는 신자 한 사람 한 사람의 로맨스가 아니라 공동체 차원의 머리 됨과 복종, 희생적 사랑과 경외다.

²² 아내들이여 자기 남편에게 복종하기를 주께 하듯 하라 ²³ 이는 남편이 아내의 머리 됨이 그리스도께서 교회의 머리 됨과 같음이니 그가 바로 몸의 구주시니라 ²⁴ 그러므로 교회가 그리스도에게 하듯 아내들도 범사에 자기 남편에게 복종할지니라 ²⁵ 남편들아 아내 사랑하기를 그리스도께서 교회를 사랑하시고 그 교회를 위하여 자신을 주심같이 하라 ²⁶ 이는 곧 물로 씻어 말씀으로 깨끗하게 하사 거룩하게 하시고 ²⁷ 자기 앞에 영광스러운 교회로 세우사 티나 주름 잡힌 것이나 이런 것들이 없이 거룩하고 흠이 없게 하려 하심이라 ²⁸ 이와 같이 남편들도 자기 아내 사랑하기를 자기 자신과 같이 할지니 자기 아내를 사랑하는 자는 자기를 사랑하는 것이라 ²⁹ 누구든지 언제나 자기 육체를 미워하지 않고 오직 양육하여 보호하기를 그리스도께서 교회에게 함과 같이 하나니 …… ³³ 그러나 너희도 각각 자기의 아내 사랑하기를 자신같이 하고 아내도 자기 남편을 존경하라(엡 5:22-29, 33).

아내와 남편의 관계를 교회와 그리스도의 관계에 비유하면서 바울은 역할을 뒤바꾸지 않는다. 그리스도와 교회를 서로 맞바꿀 수는 없다. 이 비유는 그래서 성립된다. 그리스도는 머리로서 이끄신다(22-23절). 친히 목숨을 버려(25절) 자신의 신부를 구원하시고(23절) 거룩하게 하시고(26절) 양육하시고(29절) 영광스럽게 하신다(27절). 이 모두는 신부가 그분께 즐거이 복종하며(22절) 그분을 경외하게 하시기 위해서다. 33절에 "존경하라"로 번역한 원어 "포베타이"(phōbētai)는 보통 "두려워하다"라는 뜻이지만, 여기서는 문맥상 "존경하다, 공경하다"로 옮겨야 할 것이다. 이렇듯 교회를 신부로 빗대어 표현한 것은 교회 공동체가 그리스도께 품어야 할 존중심과 존경과 복종이 무엇인지 확실하게 보여 준다.

또 바울의 어조에서 알 수 있듯이 앞 본문에 그는 이 관계를 즐거운 예배 관계로 제시했다. 물론 경외와 복종도 있으나 이 모두를 포괄하는 게 있다. 즉 그리스도는 교회를 사랑하여 자신을 주시고, 깨끗하고 거룩하게 하시고, 모든 흠과 티와 주름을 제하시며(영원한 청춘!), 양육하여 보호하시고, 자기 앞에 세우신다. 교회가 정말 자신을 이렇게 본다면, 이 기쁨과 다가오는 어린양의 혼인 잔치(계 19:9)에 대한 기대감을 공동체적으로 표현할 모임이 없다는 게 가당키나 한 말인가?

양 무리

14 나는 선한 목자라 나는 내 양을 알고 양도 나를 아는 것이 15 아버지께서 나를 아시고 내가 아버지를 아는 것 같으니 나는 양을 위하여 목숨을 버리노라 16 또 이 우리에 들지 아니한 다른 양들이 내게 있어 내가 인도하여야 할 터이니 그들도 내 음성을 듣고 한 무리가(양 무리가, ESV) 되어 한 목자에게 있으리라 17 내가 내 목숨을 버리는 것은 그것을 내가 다시 얻기 위함이니 이로 말미암아 아버지께서 나를 사랑하시느니라 18 이를 내게서 빼앗는 자가 있는 것이 아니라 내가 스스로 버리노라 나는 버릴 권세도 있고 다시 얻을 권세도 있으니 이 계명은 내 아버지에게서 받았노라(요 10:14-18. 벧전 5:1-3 참조).

온 세상에 흩어진 모든 양(요 11:52)이 목자의 음성을 듣고 그리스도께 인도되면 그때 "한 무리"(10:16)가 이루어진다. 역시 공동체를 강조하는 은유다. 그러나 강조점은 모든 평범한 목자의 능력을 초월하는 이 목자의 경이로운 권능과 권위다. 세상 어디에 있든지 양은 그분께 오기 전부터 이미 그분의 것이다(14절). "나는 내 양을 알고"(14절). "다른 양들이 내게 있어"(16절). 자기 양을 부르시는 그분의 음성은 불가항력적이다. "그들도 내 음성을 듣고"(16절). "내가 인도하여야 할 터이니"(16절)라는 말씀이 바로 그런 뜻이다. 그 음성만 듣고도 그들은 목자에게로 모여든다.

상상을 초월하는 그다음 말씀에는 비할 데 없는 사랑과 권위가 담겨 있다. "나는 양을 위하여 목숨을 버리노라"(15, 17절). "이를 내게서 빼앗는 자가 있는 것이 아니라 …… 나는 버릴 권세도 있고 다시 얻을 권세도 있으니"(18절). 이분은 평범한 목자가 아니며, 이 양 무리의 반응도 결코 평범하지 않다. 위대하신 목자께서 친히 양을 위해 죽으시고 부활하여 온 세상의 양을 모으심은 상상할 수 없이 경이로운 일이다. 그만큼 양 무리가 그런 사랑과 권위와 권능을 한목소리로 찬송함도 지극히 합당하다. 이런 목자에 대한 놀라움을 주체할 수 없어 당연히 목장에 자주 모일 수밖에 없다.

모임, 교회

신약에서 그리스도의 백성을 가리키는 가장 흔한 헬라어 단어는 "에클레시아"(ekklēsia)다. 그 단어를 100회 이상 "처치"(church)라는 영어 단어로 번역했다. 그러나 처치는 대다수 사람에게 에클레시아의 의미를 전달해 주지 못한다. 처치는 "주의"나 "주께 속한"이라는 고어에서 왔으므로 아마도 "주의 집"이나 "주의 백성"을 뜻할 수 있다. 하지만 어근 자체에 "집"과 "백성"의 의미는 없다. 그래서 처치의 영어 어원에서는 별로 도움을 얻을 게 없다.

에클레시아는 단순히 "모임"을 뜻한다. 사람이 모인 집단으로, 모인 목적은 세상사일 수도 있고 종교일 수도 있다. 사도행전 19장에서는 이 단어를 세 번이나 "세상 모임"이라는 의미로 썼다(32, 39, 41절). 왜 신약에서는 그리스도의 백성을 지칭하는 가장 흔한 말로 하필 이 단어를 선택했을까?

아마 이스라엘의 회중 모임을 가리키던 히브리어 단어 "카할"을 히브리어 구약의 헬라어 역본(칠십인역이라 하며 로마 숫자 LXX로 약칭한다)이 에클레시아로 즐겨 번역했기 때문일 것이다. 칠십인역에서는 시편에 쓰인 카할 중 열의 아홉을 에클레시아로 번역했다. 예를 들어 보자.

> 내가 대회[에클레시아] 중에서 주께 감사하며 많은 백성 중에서 주를 찬송하리이다(35:18, LXX 34:18).

> 내가 많은 회중[에클레시아] 가운데에서 의의 기쁜 소식을 전하였나이다 여호와여 내가 내 입술을 닫지 아니할 줄을 주께서 아시나이다(40:9, LXX 39:10).

> 할렐루야 새 노래로 여호와께 노래하며 성도의 모임[에클레시아] 가운데에서 찬양할지어다(149:1).

신약에서 그리스도의 백성을 가리켜 가장 흔히 쓰인 단어(church, 교회)

는, 이렇듯 예배 모임을 포함하여 이스라엘 백성의 모임을 지칭하던 구약의 단어와 연계되어 있다. 적어도 교회(에클레시아)라는 단어에 공예배라는 뜻이 없지는 않다는 말이다.

성전, 집, 제사장, 족속, 나라, 소유, 백성

신약에 나타난 교회의 은유를 개괄하는 우리에게 사도 베드로는 공예배와 명백히 연관시켜 여섯 가지 은유(집, 제사장, 족속, 나라, 소유, 백성)를 한데 묶어 제시한다.

> 4 사람에게는 버린 바가 되었으나 하나님께는 택하심을 입은 보배로운 산 돌이신 예수께 나아가 5 너희도 산 돌같이 신령한 집으로 세워지고 예수 그리스도로 말미암아 하나님이 기쁘게 받으실 신령한 제사를 드릴 거룩한 제사장이 될지니라 …… 9 그러나 너희는 택하신 족속이요 왕 같은 제사장들이요 거룩한 나라요 그의 소유가 된 백성이니 이는 너희를 어두운 데서 불러내어 그의 기이한 빛에 들어가게 하신 이의 아름다운 덕을 선포하게 하려 하심이라 10 너희가 전에는 백성이 아니더니 이제는 하나님의 백성이요 전에는 긍휼을 얻지 못하였더니 이제는 긍휼을 얻은 자니라(벧전 2:4-10).

이는 신약에서 공예배에 대한 하나님의 목적이 교회와 가장 명확히 연결된 본문일 것이다. 베드로의 말대로 그리스도인들은 "신령한 집으로 세워지고 예수 그리스도로 말미암아 하나님이 기쁘게 받으실 신령한 제사를 드릴 거룩한 제사장이"(5절) 되어 간다. 여기 하나님이 개개의 산 돌들로 "신령한 집" 즉 교회를 세우시는 이유를 밝혔다. 바로 그들이 예수 그리스도로 말미암아 하나님이 기쁘게 받으실 신령한 제사를 드리게" 하시기 위해서다 (5절). 그런 제사의 의미를 공예배로 국한시킬 것까지야 없겠지만 집과 제사장의 은유로 보아 공예배 개념도 틀림없이 들어 있다.

이어 베드로는 9절에 교회의 동일한 목적을 표현만 바꾸어 다시 기술한다. "너희는 택하신 족속이요 왕 같은 제사장들이요 거룩한 나라요 그의 소유가 된 백성이니 이는 너희를 어두운 데서 불러내어 그의 기이한 빛에 들어가게 하신 이의 아름다운 덕을 선포하게 하려 하심이라." 그는 우리의 공동체적 실체인 새로운 족속, 왕 같은 제사장, 거룩한 새 나라(에스노스, ethnos), 하나님의 소유라는 존귀한 신분 등을 모두 한데 묶어 우리의 목적과 결부시킨다. 그 목적이란 바로 그분의 아름다운 덕을 선포하는 일이다.

"선포하다"라는 단어가 공예배 특유의 어휘라고 주장하려는 게 아니다. 오히려 나는 베드로의 의중에 하나님의 아름다운 덕을 더 넓은 세상 전반에 선포하는 언행까지 함축되어 있음을 말하고 싶다(벧전 2:12). 다만 내 요지는 이 본문에 공예배의 은유와 목적이 가득하다는 것이다. 이처럼 베드로가 보기에 교회의 존재와 본질 자체에 예배하는 백성이 되어야 할 교회의 소명이 내포되어 있다. 개개의 산 돌들로 공동체 단위가 세워진 목적이 찬송의 제사를 드리기 위함인데, 이 "신령한 집"이 생전 모여 그 일을 하지 않는다면 정말 이상하며 합당하지 못하다.

서로 화답하며
하나님께 노래하며

—

그리스도인의 꾸준한 공예배의 아름다운 합당성을 사도 바울의 글에서 더 찾아볼 수 있다. 그는 이를 두 번의 직설적 권면으로 표현했다.

18 술 취하지 말라 이는 방탕한 것이니 오직 성령으로 충만함을 받으라 19 시와 찬송과 신령한 노래들로 서로 화답하며 너희의 마음으로 주께 노래하며 찬송하며 20 범사에 우리 주 예수 그리스도의 이름으로 항상 아버지 하나님께 감사하며(엡 5:18-20).

16 그리스도의 말씀이 너희 속에 풍성히 거하여 모든 지혜로 피차 가르치며 권면하고 시와 찬송과 신령한 노래를 부르며 감사하는 마음으로 하나님을 찬양하고 17 또 무엇을 하든지 말에나 일에나 다 주 예수의 이름으로 하고 그를 힘입어 하나님 아버지께 감사하라(골 3:16-17).

두 권면 모두 서로에게 그리고 하나님께 "시와 찬송과 신령한 노래"(엡 5:19)를 부를 것을 촉구한다. "노래들로 서로 화답하며 …… 주께 노래하며." "모든 지혜로 피차 가르치며 …… 하나님을 찬양하고"(골 3:16). 사람과 하나님을 향한 이 양방향의 노래 때문에 공예배는 공동체의 예배가 된다. 우리가 너무 뿔뿔이 멀리 흩어져 서로의 노래를 들을 수 없다면 공동체가 아니고, 주께 (또는 주님에 관해) 노래하지 않는다면 예배가 아니다.

예배와 건덕을 떼어 놓으면
둘 다 망가진다

—

그 점을 강조할 필요가 있다. 이쯤해서 다음과 같은 피상적 주장 쪽으로 방향을 트는 이들이 있기 때문이다. 즉 신약 시대 그리스도의 백성이 예배하러 모이지 않고 사람의 덕을 세우기 위해서만 모였다는 것이다. 그들에 따르면 그 모임이 지금처럼 "예배"라 불린 적이 없으므로 그런 호칭 자체가 왜곡이다. 그것이 예배가 아니라서 왜곡이고, 우리가 모여야 할 이유 또한 그게 아니라서 왜곡이다.

내가 이를 피상적 주장이라 칭하는 데는 세 가지 이유가 있다. 우선 이 주장은 에베소서 5장 18-20절과 골로새서 3장 16-17절에 나오는 바울의 말을 진지하게 대하지 않는 듯하다. 이 두 본문에는 그리스도인이 모여서 하는 일과 모이는 이유를 적어도 일부는 명확히 기술했다. 그들이 모이는 이유 중에는 찬송도 있는데, 이 노래가 그리스도인다운 예배인 까닭은 "주께" 노래하기 때문이다. "주께" 드리는 노래를 그것이 주위 사람에게 미치는 영향 때문에만 의미 있다고 주장한다면, 이는 사람들에게 감사를 가르치기 위해서만 선물에 고마움을 표한다든지 자녀에게 결혼의 의미를 교육하기 위해서만 아내와 입맞춤을 한다는 말이나 같다.

바울은 위선을 권한 게 아니라 주님을 그분 자체로 진심으로 음미할 것을 권하고 명했다. "너희의 마음으로 주께 노래하며." 마음으로 하라! 주께 하라! 이것이야말로 예배다. 그리고 함께 모였으니 공예배다.

사람을 세우려는 목적이 무엇인가

신약의 그리스도의 백성들이 예배하러 모이지 않고 건덕을 위해서만 모였다는 주장이 피상적인 둘째 이유는, 건덕이 무엇이며 수직적 초점인 하나님과 어떻게 이어지는지를 이 주장이 충분히 꿰뚫어 보지 못하기 때문이다. "덕을 세우다"(오이코도메오, oikodomeō)라는 단어를 "신령한 집으로 세워지고 예수 그리스도로 말미암아 하나님이 기쁘게 받으실 신령한 제사를 드릴 거룩한 제사장이 될지니라"(벧전 2:5)라는 말로 설명 가능하다면 어쩌겠는가? 건덕의 의미가 "무엇을 하든지 다 하나님의 영광을 위하여 하는 사람"(고전 10:31), "다 주 예수의 이름으로 하는 백성"(골 3:17)을 세운다는 뜻이라면 어쩌겠는가? 건덕의 의미가 사람들을 도와 철저히 하나님 중심으로 그리스도를 높이게 하는 데 있다면 말이다.

성경적으로 생각해 보면 건덕(오이코도메, oikodomē)이 예배의 대안이라는 증거는 전무하다. 건덕은 예배의 대안이 아니요, 제대로 이해하면 건덕도 예배 행위다. 예배란 하나님의 영광을 알고 누리고 드러내는 일이며, 건덕은 하나님을 알고 존중하는 이유와 경위를 드러내는 방식의 하나다.

건덕을 예배의 대안으로 삼으려 하면 양쪽 다 알맹이를 잃는다. 공동체가 하나님을 향한 찬송과 감사를 진리에 기초하여 진정성 있게 마음으로 표현하면, 그 영향으로 사람들의 덕이 세워진다. 그들도 자극을 받아 다른 신자들처럼 진리를 보고 가치를 느끼게 된다. 하지만 이런 영향이 가능한 이유는 바로 초점을 인간이 아닌 하나님께 두기 때문이다. 그렇지 않으면 찬송과 감사는 진정성을 잃고 일종의 조종 수단으로 변한다. 심령의 변화인 건덕은 열렬하고도 기쁘게 하나님께 집중할 때 나타나는 결과다. 예배

대신 사람에게 집중해야 건덕이 가능하다고 주장하면, 하나님 중심의 수직적 예배가 미묘하게 또는 확연하게 수평적 행사로 변질되는 경향이 있다. 이로써 공예배는 알맹이를 잃고 만다.

마찬가지로 건덕도 예배와 단절되면 알맹이를 잃는다. 그런 단절 상태는 건덕의 목표가 예배 아닌 다른 데 있다는 뜻인데 이는 잘못이다. 건덕의 노력을 통해 사람들 안에 세우려는 게 사랑, 희락, 화평, 오래 참음, 자비, 양선, 충성 그 가운데 무엇이든, 그리스도 안에서 하나님의 영광을 위한 열정으로 말미암아 지탱하는 일이 불가하다면 (즉 예배의 표현으로써의 건덕이 아니라면) 그런 특성 역시 그리스도인다운 것은 아니다. 예배와 건덕을 떼어 놓으면 둘 다 망가진다.

고린도 교회의 찬송과 감사와 건덕

신약의 그리스도 백성이 예배하러 모이지 않고 건덕을 위해서만 모였다는 주장이 피상적인 셋째 이유는 이것이다. 이 주장은 고린도 교회의 건덕과 예배에 대한 바울의 가르침을 신중하게 다루지 못한다. 고린도전서 12-14장에서 그들의 모임을 거론한다. 바울은 덕을 세우는 일(오이코도메)을 이 공동체 모임의 목표로 중시했다.

> 3 그러나 예언하는 자는 사람에게 말하여 덕을 세우며 권면하며 위로하는 것이요 4 방언을 말하는 자는 자기의 덕을 세우고 예언하는 자는 교회의 덕을 세우나니 5 만일 방언을 말하는 자가 통역하여 교회의 덕을 세우지 아니하면 예언하는 자만 못하나라 …… 12 그러므로 너희도 영적인 것을 사모

하는 자인즉 교회의 덕을 세우기 위하여 그것이 풍성하기를 구하라 ……
17 너는 감사를 잘하였으나 그러나 다른 사람은 덕 세움을 받지 못하리라
…… 26 모든 것을 덕을 세우기 위하여 하라.

보다시피 아주 명확하다. "모든 것을 덕을 세우기 위하여 하라." 하지만
여기서 예배 아닌 덕을 세움이 목표라고 결론짓는다면 이는 외형만을 보는
것이다. 앞서 보았듯이 건덕의 본질 자체가 예배의 표현이기 때문이기도
하지만, 바울이 건덕과 예배의 관계를 설명한 말 때문에도 그렇다. 고린도
전서 14장 15-17절을 생각해 보라.

> 15 …… 내가 영으로 찬송하고[프살로, psallō] 또 마음으로 찬송하리라 16 그
> 렇지 아니하면 네가 영으로 축복할[율로게스, eulogēs; 감사할] 때에 알지 못
> 하는 처지에 있는 자가 네가 무슨 말을 하는지 알지 못하고 네 감사[유카리
> 스티아, eucharistia]에 어찌 아멘 하리요 17 너는 감사를 잘하였으나 그러나
> 다른 사람은 덕 세움을 받지[오이코도메이타이, oikodomeitai] 못하리라.

여기서 바울이 이해하고 경험한 수직적 예배와 수평적 건덕의 관계를
엿볼 수 있다. 고린도의 모임에는 "지혜의 말씀 …… 지식의 말씀 …… 예
언함 …… 각종 방언 말함 …… 방언들 통역함"(고전 12:8-10), "계시나 지식이
나 예언이나 가르치는 것"(14:6) 등 다양한 부류의 발언이 포함되었다. 그 모
든 형태의 말에 수직적 찬송과 감사도 들어 있었다. 고린도전서 14장 15-
16절에 그렇게 말하면서 바울은 이렇게 묻는다. "너희나 내가 하나님을 찬

송하고 그분께 감사하되 남들이 알아들을 수 없는 말로 한다면, 어떻게 그들이 '아멘' 할 것이며 어떻게 덕 세움을 받겠는가?"(16-17절)

여기 아주 분명한 사실이 하나 있다. 바울은 건덕의 출처로 하나님께 수직적으로 표현하는 예배를 빼놓을 수 없었다. "[알아듣게 말하지 않으면] 너는 감사를 잘하였으나 그러나 다른 사람은 덕 세움을 받지 못하리라"(17절). 하나님을 향한 열정을 공예배에서 진정성 있고 알아듣게 표현하면 사람들이 세움을 받는다는 뜻이다. 이는 지극히 자연스러운 일이다. 건덕의 의미 자체가 하나님 중심으로 그리스도를 높이는 진정한 예배의 삶으로 사람들을 이끄는 것이라면 말이다. 사람은 진정한 예배자 옆에 있을 때 진정한 예배자로 변화된다. 그리스도인의 모임에 들어오는 외부인의 경우도 마찬가지다. "그 마음의 숨은 일들이 드러나게 되므로 엎드리어 하나님께 경배하며 하나님이 참으로 너희 가운데 계신다 전파하리라"(14:25).

공예배는 아름답게 합당하다

지금까지 살펴본 이번 장 전체에 입각하여 내린 결론은 이렇다. 그리스도의 백성들이 꾸준히 공예배로 모이는 일은 아름답게 합당하다. 여기서 예배란 철저히 하나님 중심으로 그리스도를 높이는 경험, 즉 예수 그리스도를 통해 하나님의 영광을 알고 귀중히 여기고 드러내는 경험이다. 이런 공예배가 교회에 미치는 좋은 영향은 수없이 많다. 다만, 그런 영향이 가능한 이유는 바로 그 자체가 궁극의 초점이 아니기 때문이다. 목사가 다른 좋은 영향을 목적으로 예배를 유도하려 하면 이미 예배가 아니다. 좋은 영향이 반드시 따르지만 그 자체에 초점을 둘 때에는 아니다. 좋은 영향은 예배 시간의 초점을 하나님의 영광이라는 무한한 가치에 둘 때에야 나타난다.

얼마나 자주 모여 예배해야 할까

교회가 언제, 얼마 동안, 얼마나 자주 공예배로 모여야 하며 교회 모든 모임마다 철저히 수직적 초점으로 일관해야 하는지 등은 아직 구체적으로 논하지 않았다. 여기서 간단히 언급만 하고 이번 장을 마치려 한다.

초대 교회는 적어도 일주일에 한 번씩 매주 첫날인 일요일에 모였던 것 같다. 그날이 예수께서 죽은 자 가운데서 부활하신 날이기 때문이다. "매주 첫날에 너희 각 사람이 수입에 따라 모아 두어서"(고전 16:2). 매주 첫날 가난한 이들을 위해 헌금했다는 이 언급은 순교자 저스틴(Justin Martyr, AD 약 100-165)이 2세기에 매주의 예배를 기술한 글에도 똑같이 등장한다. 바울이 이 본문에 말한 것이 사적인 행위가 아니라 예배 모임의 일환인 공적인 행위였음이 그 글에 암시되어 있다. 저스틴은 이렇게 썼다.

일요일이라 불리는 날에[테 투 헬리우 레고메네 헤메라, τῇ τοῦ Ἡλίου λεγομένῃ ἡμέρᾳ] 도시나 시골에 사는 사람이 다 한곳에 함께 모여 시간이 허락되는 대로 사도들의 글이나 선지자들의 책을 낭독한다. 낭독자가 다 마치면 회장이 그런 좋은 점을 본받도록 말로 가르치고 권면한다. 이어 다 함께 일어나 기도하고 기도가 끝나면 앞서 말했듯이 빵과 포도주와 물을 내와서 역시 회장이 능력대로 감사 기도를 올리고 사람들은 아멘으로 화답한다. 이미 감사드린 성찬을 각자 나누어 참여하고 결석자 몫은 집사들을 통해 집으로 보낸다. 형편이 되는 이들이 각기 마음에 정한 대로 자원하여 헌금해서 그 돈을 회장에게 맡기면 회장이 고아와 과부, 병이나 다른 이유로 가난해진 사람, 옥살이 하는 사람, 잠시 그 지역에 머무는 나그네까지 구제한다. 이렇게 모든 어려운 이들을 돌본다.[1]

정당한 근거가 있는 전통

─

이렇듯 기독교 2천 년 동안 이어 온 이 전통에는 정당한 근거가 있으며, 우리 또한 적어도 매주 한 번씩 온 교회가 공예배로 모여 열심히 집중해서 예수 그리스도를 통해 하나님을 예배해야 한다. 교회 역사상 영적 대각성 시기에는 모임 횟수가 늘어났다. 또한 신약에 보면 온 교회가 모여 예배하는 시간 외에 더 작은 모임들도 암시적으로 요구하는데, 성경에 서로 간에 하라고 명한 많은 일을 전 교인이 그런 소그룹에 속하여 수행할 수 있다. 나는 히브리서 10장 24-25절을 그 범주에 넣는다.

서로 돌아보아 사랑과 선행을 격려하며 모이기를 폐하는 어떤 사람들의 습관과 같이 하지 말고 오직 권하여 그 날이 가까움을 볼수록 더욱 그리하자.

물론 마땅히 그리스도인은 대소 간의 공식 모임에서만 아니라 매일의 교류를 통해서도 꾸준히 서로 권면해야 한다. "오직 오늘이라 일컫는 동안에 매일 피차 권면하여 너희 중에 누구든지 죄의 유혹으로 완고하게 되지 않도록 하라"(히 3:13).

영광의 무게를 겸비한
기쁨
—

신약에 보면 교회 모임의 빈도, 시간, 기간, 장소 등에 대해서는 다양성과 융통성의 여지를 남겨두었다. 틀림없이 의도적인 조치리라. 하나님이 전 세계 수많은 다양한 문화에 그분의 교회가 토착화되기를 원하시기 때문이다. 교회에 모여서 할 일이 많지만, 호소하건대 적어도 매주 한 번은 모임의 우선순위를 공예배에 두어야 한다. 규모가 크든 작든 이 예배의 초점은 철저히 하나님의 영광에 있어야 한다.

일주일은 168시간인데 그중 대부분은 수평적인 일에 집중하며 보낸다. 그래서 웬만한 사람은 이 즐거운 진지함에 낯설다. 그것 덕분에 능히 하나님께 영적으로 집중하여 깊은 감격을 누릴 수 있는데도 말이다. 큰 고난을 겪어 보지 않은 이상 대다수 현대인은 진지함(영광의 무게)을 겸비한 기쁨에 문외한이다. 하지만 이것이야말로 우리의 목표다. 즉 하나님과 그분 방식의 가치와 아름다움을 알고 귀중히 여기고 드러내야 한다. 그 일을 함께 공동체로 해야 한다. 위대하신 하나님과 그분의 경이로운 방식, 그분이 택하신 백성의 본질, 그분의 임재 안에서 누릴 수 있는 무한한 기쁨 등을 생각할 때 그렇게 하는 것이 아름답게 합당하다.

예배의 아름다움에서
설교의 유익으로

—

이제 우리는 공예배의 본질과 합당성에서 다음 질문으로 넘어간다. 설교란 무엇이며 왜 공예배에 반드시 필요한 요소인가? 세상에 기쁜 소식을 선포하는 일이 어떻게 하나님 백성의 예배 속에 들어왔는가? 그것이 2부 첫 장인 3장의 주제다.

EXPOSITORY
EXULTATION

공예배에 '설교'가
꼭 필요한가

설교의 기원과 합당성

3

설교,
강해의 희열이다

교회 안에 울려 퍼지는 복음

———

그리스도인이 공예배로 꾸준히 모이는 일이 아름답게 합당하다면 그 모임에 설교가 그토록 중요한 까닭은 무엇인가? 그것은 설교 자체가 예배이며, 또 예배를 깨우고 강화하도록 하나님이 정하셨기 때문이다. 설교는 성경말씀을 통해 전달되는 실체(the reality)를 선포함으로써 그 일을 한다. 성경은 예배를 창출하고 지속시키기 위해 기록되었다.

다시 말해서 설교자는 성경의 의미를 설명함과 동시에 그 의미에 담겨 하나님을 영화롭게 하는 실체에 기쁨을 느낀다. 설명 없는 희열은 설교가 아니며 희열 없는 설명도 설교가 아니다. 그래서 설교(강해의 희열)는 특히 기독교 공예배에 어울린다. 예배가 하나님의 최고 가치와 아름다움을 알고 귀중히 여기고 드러낸다는 뜻이기 때문이다. 설교는 그 일을 함으로써 사람들도 그렇게 하도록 돕는다. 설교는 성경의 의미를 밝힘과 동시에 그 의미에 담긴 하나님의 영광을 소중히 여기고 표현함으로써 그분의 최고 가치를 드러낸다.

강해란 무엇인가

나는 설교를 "강해의 희열"이라 칭한다. 강해의 의미는 여러 장에 걸쳐 차차 더 말하겠지만 여기서 간략한 정의를 내놓는 것도 좋겠다. 다음은 존 스토트(John Stott)가 말한 핵심인데 내가 생각하는 강해의 의미도 이와 같다.

기독교의 모든 진정한 설교는 강해 설교라는 게 내 논지다. 물론 "강해" 설교가 긴 성경 본문을 한 구절씩 설명한다는 의미라면 정말 가능한 설교법은 그것뿐이겠지만, 이는 단어를 잘못 쓴 것이다. 제대로 말하자면 "강해"의 의미는 훨씬 넓다. 강해는 설교 방식(주해의 연속)이 아니라 설교 내용(성경 진리)을 가리킨다. 성경 강해란 **본문에 있는 내용을 끄집어내 보여 주는** 일이다. 강해자는 닫힌 듯한 데를 비집어 열고, 애매한 데를 명확히 밝히고, 엉킨 데를 풀고, 꽉 찬 데를 펼친다. 강해의 반대는 본문에 있지도 않은 것을 억지로 갖다 붙이는 견강부회다. 다만 문제의 "본문"은 한 구절이나 문장이나 심지어 단어일 수 있다. 마찬가지로 한 문단이나 장이나 책 한 권일 수도 있다. 중요한 것은 본문의 양이 아니라 본문을 어떻게 다루느냐다. 본문이 길든 짧든 이를 파헤쳐 본문 스스로 메시지를 분명하고 알기 쉽고 정확하고 시의성 있게 가감이나 왜곡 없이 말하게 하는 게 강해자의 책임이다.[1]

스토트는 '본문에 있는 내용을 끄집어내 보여 주어야 한다'고 했거니와 그 일을 하는 다양한 방법은 이 강해의 정의에 얼마든지 여지가 남아 있다.

두 가지 분명히 해 둘 게 있다. 우선 본문의 길이만 아니라 본문의 개수도 상관없기는 마찬가지다. 한 설교에 본문이 여러 개여도 된다. 다시 말해서 주제별로 강해할 수도 있으므로 죽음, 사랑, 희망, 결혼을 다루는 강해 설교가 가능하다. 강해의 요건은 본문이 하나뿐이라는 게 아니라 성경 본문으로 설교하면서 본문의 참뜻을 "끄집어내 보여 줄" 수 있어야 한다.

또 하나 부연하고 싶은 점은, 메시지의 내용이 본질상 성경 본문이 아니라(그 자체도 세세한 부분까지 다 불가결하지만) 본문이 전달하려는 실체라는 사실이다. 설교 내용이 "성경 진리"라는 스토트의 말에서 "진리"라는 단어가 가리키는 것은, 문법적이고 역사적인 명제만이 아니라 그 속에 담긴 실체다. 즉 그것의 본질과 가치며 현재의 실생활에 미치는 의미다. 예를 들어 본문이 "하나님은 사랑이시라"면 설교는 하나님의 실체, 사랑의 실체, 그리고 그 둘이 등치된 관계의 실체를 "끄집어내 보여 준다." 설교는 그런 실체가 무엇이고 왜 어떻게 소중한지 보여 준다. 그런 실체에 함축된 의미를 부각시키고, 그런 실체가 우리 삶에 어떤 가치가 있는지 밝히려 한다. 본문과 실체의 관계는 5부에서 집중적으로 살펴보겠지만 일단 이 정도면 강해의 의미를 밝히기에 충분하다.

'강해'와 '희열'이 합해질 때

이번 장의 초점은 강해로서의 설교가 아니라 희열로서의 설교 즉 예배로서의 설교다. 이런 설교는 강해와 희열이 떼려야 뗄 수 없는 관계임을 놓치지 않는다. 희열은커녕 자신이 믿지도 않는 본문으로도 강해는 가능하다. 그래서 나는 강해 자체를 설교의 결정적 표지로 간주하지 않는다. 마귀도 성경을 강해할 수 있고, 본문이 전하려는 참명제를 말할 수도 있다. 하지만 마귀는 성경의 의미에 담긴 하나님의 영광을 희열할 수 없고 오히려 혐오한다. 그래서 마귀는 설교할 수 없다.

물론 생각 없는 열성파는 성경 본문의 의미를 완전히 무시하고도 설교에 희열을 느낄 수 있다. 그러나 이는 본문의 참뜻과 그 배후 실체에서 비롯한 희열은 아니다. 따라서 희열 자체도 설교의 결정적 표지는 아니다. 그러나 양쪽, 성경의 참뜻을 밝히는 강해와 그 의미 속에 담긴 하나님의 영광을 공공연히 중시하는 희열이 합해지면 설교다운 설교가 나온다.

설교에 해당하는 단어

—

설교가 '강해의 희열'이라는 주장을 뒷받침하는 성경의 근거로 우선 신약에서 "설교"에 해당하는 단어부터 살펴보려 한다.

ESV(English Standard Version) 성경에 "프리치"(Preach)라는 단어나 그 변형이 80회 나오는데 거의 다 헬라어의 "유앙겔리조마이"(euangelizomai; 기쁜 소식을 전하다")[2]나 "케뤼소"(Kēryssō; 전파하다, 선포하다)를 번역한 것이다. 두 단어 모두 대부분 메시지 공표를 가리키며, 대상은 예배하러 모인 교회만이 아닌 세상이다.

세상과 교회에 '선포'하는 일

—

그래서 고든 휴겐버거(Gordon Hugenberger)는 이렇게 썼다.

> 이 두 어군을 "프리치"로 번역하기에는 다소 부적절하다. 두 헬라어 원어가 의미하는 공적이고 권위적인 성격은 그 번역어에서 정확히 전달된다. 그러나 영어 통속어에서 그 단어가 신도를 대상으로 한 정식 설교를 가리킨 다는 점은 잘못된 번역이다. 신약에 쓰인 케뤼소와 유앙겔리조마이는 둘다 (전적으로는 아니어도) 주로 비그리스도인을 대상으로 한 전도 활동을 가리킨다.[3]

이런 관측을 나는 두 가지 면으로 해석한다. 물론 오늘날의 설교(preaching)는 대개 교회 내의 설교를 가리키며(나도 이 단어를 그런 뜻으로 쓴다), 신약의 케뤼소와 유앙겔리조마이는 대개 비신자들 앞에서 하는 공개 발언을 가리킨다. 그러나 케뤼소와 유앙겔리조마이라는 발언에 담긴 고유의 특성은, 기독교 목사가 하나님의 말씀을 신도에게 전하는 일에 특히 적합할 수 있다.

앞서 인용한 휴겐버거의 글에서 괄호 안에 있는 "전적으로는 아니어도"라는 말을 잘 보라. "케뤼소와 유앙겔리조마이는 둘 다 (전적으로는 아니어도) 주로 비그리스도인을 대상으로 한 전도 활동을 가리킨다." 이 구절을 중요하게 보는 것은, 바울이 공적으로 전도할 때만 아니라 교회에 모인 신자에게도 케뤼소와 유앙겔리조마이에 해당하는 담화를 솔선했고 또 명했기 때문이다.

신약에서 헬라어 케뤼소와 유앙겔리조마이를 주로 "설교"로 번역한 사실은 설교가 특이한 형태의 담화로써, 부분적으로나마 그 성격이 공적인 선포 행위에서 기원했음을 암시한다. 설교는 평범한 대화가 아니며 가르치는 일 또한 아니다. 유앙겔리조마이와 케뤼소에는 둘 다 공표의 성질이 들어 있다. 그런데 기독교에서 공표하는 구체적인 내용은 뿌리부터 가지까지 온통 그리스도의 구원 사역이라는 기쁜 소식이므로, 공표의 성격은 비난이나 냉담이 아니라 칭찬과 순응이다.

다시 말해서, 교회사의 공예배에서 하나님의 백성에게 으레 전하던 말이 "설교"로 불렸다는 사실은 전혀 잘못되거나 부적절한 게 아닐 수 있다. 공예배에서 하나님의 백성에게 그분의 영광에 대한 메시지를 전할 때 케뤼소와 유앙겔리조마이의 핵심 특성이 꼭 필요해서 그렇게 되었을 수 있다.

유앙겔리조마이에 담긴 의미

유앙겔리조마이에 함축된 담화에서 말하는 사람의 동력은 지루하거나 재미없거나 우울한 소식이 아니다. "기쁜 소식"이다. 그런 분위기를 아래 예로 든 본문에서 감지할 수 있다.

> 천사가 이르되 무서워하지 말라 보라 내가 온 백성에게 미칠 큰 기쁨의 좋은 소식을 너희에게 전하노라[유앙겔리조마이] 오늘 다윗의 동네에 너희를 위하여 구주가 나셨으니 곧 그리스도 주시니라(눅 2:10-11).

> 주의 성령이 내게 임하셨으니 이는 가난한 자에게 복음을 전하게[유앙겔리사스타이, euangelisasthai] 하시려고 내게 기름을 부으시고 나를 보내사 포로된 자에게 자유를, 눈먼 자에게 다시 보게 함을 전파하며[케뤼사이, kēryxai] 눌린 자를 자유롭게 하고 주의 은혜의 해를 전파하게[케뤼사이] 하려 하심이라(4:18-19).

> 보내심을 받지 아니하였으면 어찌 전파하리요 기록된 바 아름답도다 좋은 소식을 전하는[유앙겔리조메논, euangelizomenōn] 자들의 발이여 함과 같으니라(롬 10:15).

케뤼소에 담긴 의미

1세기의 일반적 용법에서 케뤼소에 함축된 담화의 핵심은 높은 권위에서 나온 매우 중요하고 긴급한 전언이었다. "보내심을 받지 아니하였으면 어찌 전파하리요[케뤽소신, kēryxōsin]"(롬 10:15)라는 바울의 반문에 바로 그런 전제가 깔려 있다. 즉 메시지의 배후에 높은 권위가 존재한다는 뜻이다. 휴겐버거가 요약한 연구를 다시 보자.

> (흔하지는 않지만) 가장 넓은 의미의 일반 용법에서 케뤼소는 "크게 외쳐 주목을 끌다, 말로 공개 발표하다"라는 뜻이며, 따라서 단순히 "선포하다"(proclaim)로 번역할 수 있다. 성경의 한 예로 주께 찬송을 기쁘게 "부를 지어다"(케뤼소)라고 이스라엘에게 명한 칠십인역 스바냐 3장 14절이 있다(출 32:5; 호 5:8; 욜 2:1; 슥 9:9; 계 5:2) …… 케뤽스[전령, kēryx]는 왕의 메시지를 전한다. 케뤼소 어군이 이렇게 협의로 쓰인 용례가 성경에도 수없이 나온다(출 36:6; 왕하 10:20; 대하 36:22; 단 5:29, 칠십인역).[4]

평범한 방식의 말이 아니다

이렇듯 영어 신약에서 "프리치"의 주요 원어인 유앙겔리조마이와 케뤼소는 둘 다 정보 전달 이상이고, 다른 출처에서 온 진리를 설명하는 것 그이상이다. 둘 다 기쁜 소식, 큰 중요성, 높은 권위에 어울리는 담화를 의미한다.

둘 다 기쁨과 무게감이 있다. 기쁨은 유앙겔리조마이에 있고 무게감은 케뤼소에 있다. 둘 다 진지하고 묵직하다. 어느 쪽도 하찮거나 경박하거나 사소하지 않다. 자신의 전언이 사소하다는 인상을 풍긴다면 이는 메신저답지 못한 말투다. 이런 담화(유앙겔리조마이와 케뤼소)를 위임받은 자신의 소명에 어긋나는 행위다.

유앙겔리조마이나 케뤼소와 함께 쓰인 '가르침'이라는 단어

—

이 두 가지 담화와 "가르침"(디다스코, didaskō/ 디다스칼리아, didaskalia)의 관계를 생각해 보면 그 점이 더 명확해진다. 우선 설교(선포, 공표, 전파)와 가르침이 똑같지 않음부터 드러난다. 그러나 교회 모임에서 하는 설교의 역할에 집중할수록 이런 발언이 서로 맞물려 있음이 더 뚜렷해진다.

가르침을 케뤼소나 유앙겔리조마이와 나란히 언급할 때는, 적어도 어느 정도는 케뤼소나 유앙겔리조마이와 구별되면서 거기에 더해지는 것으로 간주된다. 예를 들어 보자.

가르침+케뤼소

예수께서 온 갈릴리에 두루 다니사 그들의 회당에서 가르치시며 천국 복음을 전파하시며[케뤼손, kēryssōn] 백성 중의 모든 병과 모든 약한 것을 고치시니(마 4:23).

예수께서 열두 제자에게 명하기를 마치시고 이에 그들의 여러 동네에서 가르치시며 전도하시려고[케뤼세인, kēryssein] 거기를 떠나가시니라(11:1).

바울이 온 이태를 자기 셋집에 머물면서 자기에게 오는 사람을 다 영접하고 하나님의 나라를 전파하며[케뤼손] 주 예수 그리스도에 관한 모든 것을 담대하게 거침없이 가르치더라(행 28:30-31).

이를 위하여 내가 전파하는 자[케뤽스]와 사도로 세움을 입은 것은 참말이요 거짓말이 아니니 믿음과 진리 안에서 내가 이방인의 스승이 되었노라(딤전 2:7).

가르침+유앙겔리조마이

하루는 예수께서 성전에서 백성을 가르치시며 복음을 전하실새[유앙겔리조메누, euangelizomenou] 대제사장들과 서기관들이 장로들과 함께 가까이와서(눅 20:1).

그들이 날마다 성전에 있든지 집에 있든지 예수는 그리스도라고 가르치기와 전도하기를[유앙겔리조메누] 그치지 아니하니라(행 5:42).

바울과 바나바는 안디옥에서 유하며 수다한 다른 사람들과 함께 주의 말씀을 가르치며 전파하니라[유앙겔리조메노이, euangelizomenoi](15:35).

여기 인용한 사례들에 설교와 가르침을 별개로 언급하긴 했으나 둘을 완전히 분리시킨다면 억지가 될 것이다. 소통 자체의 성질 때문에 하는 말이다. 전령이 읍내를 오가며 기쁘게 외치기를, 누구든지 회개하고 왕에게 충성을 맹세하는 반역자에게는 왕이 사면을 내린다고 공표할 수 있다. 그런데 말하는 도중에 사람들 얼굴 표정으로 보아 충성과 반역자와 사면의 뜻을 설명해 주어야 함을 깨달을 수 있다. 다시 말해서, 대체로 앞서 인용한 본문에 선포와 가르침이 어느 정도 구별되어 있지만 이 둘은 불가피하게 맞물릴 수 있다.

'선포'를 교회에 들여온 바울

—

다음 질문으로 넘어가면 그 맞물리는 성질이 더 분명해진다. "신약에서 교회 모임의 정황에도 설교가 등장하는가? 그런 설교를 명하는가? 교회가 공예배로 모여서 하는 일 가운데 설교(케뤼소와 유앙겔리조마이에 함축된 담화)도 들어가야 하는가? 만일 그렇다면 가르침과는 무슨 관계인가?"

사도 바울은 공적인 설교와 선포에 해당하는 세 단어를 교회 정규 모임에 적용한다. 유앙겔리조마이와 케뤼소 외에도 그는 카탕겔로(katangellō; 신약에 쓰인 18회 중 17회는 "전파하다"로 번역했다)를 일반 세상의 비신자에게만 아니라 신자를 향한 담화로 취급한다. 이번 장 나머지에서는 바울의 그런 본문 중 세 군데에 집중할 것이다.

카탕겔로: "나는 전파한다"

우선 "나는 전파한다"라는 뜻의 카탕겔로로 시작한다. 바울의 골로새서 1장 27-28절에 그 말이 나온다.

> 하나님이 그들로 하여금 이 비밀의 영광이 이방인 가운데 얼마나 풍성한지를 알게 하려 하심이라 이 비밀은 너희 안에 계신 그리스도시니 곧 영광의 소망이니라 우리가 그를 전파하여[카탕겔로멘, katangellomen] 각 사람을 권하고[누툰테스, nouthountes] 모든 지혜로 각 사람을 가르침은[디다스콘테스, didaskontes] 각 사람을 그리스도 안에서 완전한 자로 세우려 함이니.

원문을 보면 "전파하여"가 동사고 "권하고"와 "가르침은"은 이를 수식하는 말이다. 전파와 가르침이 완전히 별개는 아니라는 뜻이다. 오히려 가르침도 바울의 전파에 한몫했다. 아울러 이는 그가 비신자를 회심시키려 할 때만 아니라 신자를 성숙시키려 할 때도 그분을 전파했다는 뜻이다.

"우리가 그를 전파하여 …… 각 사람을 가르침은 각 사람을 그리스도 안에서 완전한 자로 세우려 함이니"(28절)라는 말에 그런 의미가 담겨 있다. 다시 말해서 회심만이 아니라 신자를 그리스도 안에서 성숙하게 하는 목적도 있다. 본문에서 그 성숙을 이루는 과정의 주된 활동은 전파다. 카탕겔로가 주동사고 나머지 두 동사("권하고"와 "가르침은")는 전파하는 방식의 다른 면이다. 헬라어 원문에 세 동사(전파하다, 권하다, 가르치다)가 다 현재 시제라는 사실은 그게 신자들 사이에 지속적으로 진행되는 일임을 강조해 준다.

골로새서 3장 16절에도 "그리스도의 말씀이 너희[그리스도인] 속에 풍성히 거하게" 하는 방법으로 똑같은 두 단어(디다스콘테스와 누툰테스)가 쓰여 초점이 교회 모임임을 확증해 준다. "피차 가르치며 권면하고[디다스콘테스 카이 누툰테스]"(골 3:16). 그뿐 아니라 1장 28절과 3장 16절에 둘 다 "모든 지혜로"라는 말이 쓰여 이런 말씀 사역이 어떻게 이루어지는지를 보여 준다. 이로써 추론컨대 바울은 자신의 지속적인 "전파" 사역을 예배 모임에서 그리스도인에게 발언하는 방법 중 적어도 하나라 믿었으며, 그 전파에는 "모든 지혜로" 가르치고 권면하는 일이 포함된다.

유앙겔리조마이: "나는 기쁜 소식을 전한다"

바울은 또 기쁜 소식(복음)을 공적으로 알린다는 통상적 의미의 단어(유앙겔리조마이)를 교회 안의 신자들을 향한 자신의 사역에 적용했다. 로마서 1장 13-15절에서 이를 볼 수 있다.

> 13 형제들아 내가 여러 번 너희에게 가고자 한 것을 너희가 모르기를 원하지 아니하노니 이는 너희 중에서도 다른 이방인 중에서와 같이 열매를 맺게 하려 함이로되 지금까지 길이 막혔도다 14 헬라인이나 야만인이나 지혜 있는 자나 어리석은 자에게 다 내가 빚진 자라 15 그러므로 나는 할 수 있는 대로 로마에 있는 너희에게도 복음 전하기를[유앙겔리사스타이, euangelisasthai] 원하노라.

"너희 중에서도 다른 이방인 중에서와 같이 열매를 맺게 하려 함"(롬 1:13)이라는 바울의 말을 그가 이방인 회심자들이 나오기를 바랐다는 뜻으로 볼 수도 있다. 그러나 바울 서신에 열매라는 단어가 여기 말고도 10회 더 나오는데 회심자를 가리키는 경우는 한 번도 없다. 거룩함에 이르는 열매(롬 6:22), 성령의 열매(갈 5:22), 의의 열매(빌 1:11), 후히 드림의 열매(4:17) 등은 있어도 회심자를 열매로 표현한 적은 없다.

바로 앞 구절에 그는 "내가 너희 보기를 간절히 원하는 것은 어떤 신령한 은사를 너희에게 나누어 주어 너희를 견고하게 하려 함이니 이는 곧 내가 너희 가운데서 너희와 나의 믿음으로 말미암아 피차 안위함을 얻으려 함이라"(롬 1:11-12)라고 말했다. 따라서 바울이 "너희 중에서도" 맺으려 한 "열매"란 더 견고한 믿음과 그에 따른 변화된 삶이라는 열매로 보는 게 한결 자연스럽다.

바울은 이 열매를 어떻게 맺으려 했는가? 15절에 답이 나온다. "나는 할 수 있는 대로 로마에 있는 너희에게도 복음 전하기를[유앙겔리사스타이] 원하노라." 보다시피 그는 "너희에게"(후민, humin) 즉 신자에게 기쁜 소식을 선포하기를 원했다. 이것이 바울이 그들 가운데 "열매를 맺게 하려"던 방법 중 하나였다.

신자들 가운데의 복음을 바울은 그런 식으로 생각했다. 즉 회심만 아니라 신자를 변화시켜 견고하게 하려면 복음을 전하여(유앙겔리조마이) 적용하는 일을 지속적으로 이어 가야 했다. 예컨대 빌립보 교인들에게 그는 "오직 너희는 그리스도의 복음에 합당하게 생활하라"(빌 1:27)라고 썼다. 다시 말해서 "복음에 합당하게 생활하도록" 도우려면 복음이 그리스도인을 변화시키는 방식대로 신자를 권면하고 교육해야 한다. 마찬가지로 안디옥에서 "복음의 진리를 따라 바르게 행하지 아니한" 베드로를 보았을 때도 바울은 베드로의 마음속에 복음의 실체를 다시 일깨워 주어야 했다(갈 2:14).

이렇듯 바울에게 그리스도인의 삶의 "열매"란 곧 "그리스도의 복음에 합당한 생활"이다(빌 1:27). 이 열매를 맺으려면 복음으로 회심하게 할 뿐만 아니라 복음이 역사하는 방식을 신자에게 계속 전해야 한다. 그래서 그는 로마의 "형제들"에게 "나는 할 수 있는 대로 너희에게도 복음 전하기를 원한다"고 말했다.

복음은 교회 안에도 전해져야 한다

요컨대 신약의 유앙겔리조마이라는 단어가 대개 공적인 전도를 가리키 므로 목사가 성도 가운데 "열매를 맺게" 하려는 방식에는 그게 해당하지 않 는다는 말은 오류다. 로마서 1장 15절과 골로새서 1장 28절에 보면 오히려 그 반대다. 유앙겔리조마이와 카탕겔로라는 발언에 내포된 고유의 특성은 이미 회심한 회중을 향한 목사의 설교에도 안성맞춤이다.

케뤼소: "나는 선포한다"

앞서 말했듯이 케뤼소는 대개 높은 권위를 대신하여 중대 사안을 공적 으로 선포할 때 쓰였다. 단순히 정보를 전달하거나 애매한 부분을 설명하 는 차원의 소통이 아니었다. 이와 같은 소통은 내용의 중요성을 받들고 출 처의 권위도 받드는 태도로 행해야 했다. 전령(케뤽스)이 왕을 공경하지 않 거나 메시지를 중시하지 않는 자세로 전달한다면 이는 반역에 가까웠다.

전령의 말을 통해 진리 자체만 아니라 메시지의 가치와 메시지를 준 배후 권위의 위엄까지 전해져야 했다.

설교는 명령된 일이다

이제 교회를 상대로 발언해야 할 방식을 바울이 이런 단어(케뤼소)로 기술한 셋째 예로 넘어간다. 사실 이번에는 기술이 아니라 명령이다. 신약에서 디모데후서 4장 2절은 설교(케뤼소나 유앙겔리조마이나 카탕겔로의 표현을 통틀어)를 그리스도인의 공동체 모임에서 하도록 명령한 유일한 곳이다. 그래서 이 본문은 설교의 배경과 내용, 본질, 중요성을 이해하는 데 대단히 중요하다. 설교의 그 네 가지 측면을 명백히 밝히려면 가장 직결되는 문맥은 디모데후서 3장 16절부터 4장 4절까지다.

> 16 모든 성경은 하나님의 감동으로 된 것으로 교훈과 책망과 바르게 함과 의로 교육하기에 유익하니 17 이는 하나님의 사람으로 온전하게 하며 모든 선한 일을 행할 능력을 갖추게 하려 함이라 1 하나님 앞과 살아 있는 자와 죽은 자를 심판하실 그리스도 예수 앞에서 그가 나타나실 것과 그의 나라를 두고 엄히 명하노니 2 너는 말씀을 전파하라 때를 얻든지 못 얻든지 항상 힘쓰라 범사에 오래 참음과 가르침으로 경책하며 경계하며 권하라 3 때가 이르리니 사람이 바른 교훈을 받지 아니하며 귀가 가려워서 자기의 사욕을 따를 스승을 많이 두고 4 또 그 귀를 진리에서 돌이켜 허탄한 이야기

를 따르리라.

설교의 배경

설교하라는 명령은 4장 2절 맨 앞에 나온다. "너는 말씀을 전파하라"(케뤽손 톤 로곤, kēryxon ton logon). 이미 바울은 디모데에게 여행자를 위해 바른 길을 내는(오르토토문타, orthotomounta; 잠언 3장 6절과 11장 5절의 용례를 참조하라) 가이드처럼 "진리의 말씀을 옳게 분별"(딤후 2:15)하기를 힘쓰라고 말했다. 그가 염두에 둔 청중은 "택함받은 자들"(10절), 곧 교회다.

진리를 전파(설교)하는 게 디모데가 "진리의 말씀을 옳게 분별"(4:2)할 방법 중 하나다. 설교하라는 명령에 그를 준비시키기 위해 바울은 "성경" 즉 디모데가 어려서부터 배운 구약 성경이 얼마나 믿을 만한지를 상기시킨다. 성경은 "능히 너로 하여금 그리스도 예수 안에 있는 믿음으로 말미암아 구원에 이르는 지혜가 있게"(3:15) 한다.

이어 바울은 성경이 그토록 효과적으로 디모데를 지혜롭게 하며 그리스도를 믿음으로 말미암아 구원에 이르게 하는 이유를 제시한다. 바로 성경이 하나님의 감동으로 되었기 때문이다.

> 모든 성경은 하나님의 감동으로 된 것으로 교훈과 책망과 바르게 함과 의로 교육하기에 유익하니 이는 하나님의 사람으로 온전하게 하며 모든 선한 일을 행할 능력을 갖추게 하려 함이라(16-17절).

구약에 쓰인 76회의 예로 미루어 볼 때 "하나님의 사람"이라는 말의 초점은 디모데에게 있을 것이다. 성경이 온전하게 능력을 갖추어 줄 그 수혜자는 우선 디모데다. 하지만 그가 성경을 옳게 분별하면 본인만 아니라 그의 청중도 변화된다는 의미 또한 분명히 함축되어 있다. 디모데 자신이 성경을 통해 온전하게 갖추어지면 자기 교회의 길동무들에게도 능히 곧은길을 내 줄 수 있다(2:15).

요컨대 "말씀을 전파하라"(4:2)고 곧이어 디모데에게 명할 때 바울이 염두에 둔 배경은 교회 모임이라 추론할 수 있다. 이때는 그가 디모데에게 "전도자의 일을 하라"고 말한 게 아니라 하나님의 백성에게 성경을 설교하라고 말했다(5절).

잘못된 길로 빠지는 교회에 설교하라. 설교의 청중에게는 경책과 경계와 권면과 오래 참음 등의 가르침이 필요하다(2절). 이는 비신자와의 공적인 접촉이 아니라 인내하며 가르쳐야 할 신자와의 지속적인 접촉을 가리킨다. 뒤이어 바울은 말씀을 충실히 설교해야 할 이유를 더 제시한다. 즉 지금 바른 교훈에 순종하는 이들도 앞으로는 달라질 수 있기 때문이다.

> 때가 이르리니 사람이 바른 교훈을 받지 아니하며 귀가 가려워서 자기의 사욕을 따를 스승을 많이 두고 또 그 귀를 진리에서 돌이켜 허탄한 이야기를 따르리라(3-4절).

바울은 말씀을 설교하라는 자신의 명령이 이미 허탄한 이야기에 빠져 있는 비신자 무리를 위해서라고 말하지 않았다. 그가 디모데에게 "말씀을 전파하라"고 명한 이유는 교회가 하나님 말씀의 진리에서 돌이켜 허탄한 이야기를 따를 위험이 있기 때문이다. 즉 설교는 교회를 보호하기 위한 것이다.

결론적으로 이 설교의 배경은 이를 들으러 모인 하나님의 백성이다. 바울이 설교의 의미로 선택한 단어(케뤼소)는 대개 높은 권세자의 중대한 진리를 세상에 선포한다는 뜻이다. 교회에 필요한 담화의 의미를 그는 이 단어에서 찾았다. "너는 말씀을 전파하라."

설교의 내용

바울은 "말씀을 전파하라"(딤후 4:2) 명했다. 바울의 저작에서 말씀(로곤, logon)이라는 단어는 어느 하나만을 뜻하는 전문 용어가 아니다. 목회서신(디모데전·후서, 디도서)에도 그는 이 단어를 20회 썼는데 예컨대 믿을 만한 말(딤전 1:15), "믿음의 말씀"(4:6), "우리 주 예수 그리스도의 말씀"(6:3), "바른 말"(딤후 1:13), "하나님의 말씀"(2:9), "진리의 말씀"(15절) 등을 가리킨다.

전파할 "말씀"의 의미가 바로 두 구절 전에 언급한 성경말씀이 아니라는 주장은 근거가 없다. 이 몇 구절 사이의 장 구분은 잘못되었다. 구분 없이 읽으면 이렇게 된다. "너는 배우고 확신한 일에 거하라 …… 성경을 알았나니 …… 모든 성경은 하나님의 감동으로 된 것으로 …… 엄히 명하노니 너는 말씀을 전파하라"(3:14-4:2). 다시 말해서 성경을 설교하라. 모든 성경이다. 모든 성경이 하나님의 감동으로 되어 유익하기 때문이다. 모든 성경은 예수 안에서 구원에 이르는 지혜를 주고 교회를 움직여 선을 행하게 한다.

이 말씀은 기록되어 있다. 명확하지만 쉽게 간과하는 사실을 강조하자면, 이는 설교할 말씀이 우리에게 기록 형태로, 즉 책으로 주어졌다는 뜻이다. "모든 성경은 하나님의 감동으로 된 것으로"에서 "모든 성경"(파사 그라페, pasa graphē)은 앞 절에 언급된 "성경"(히에라 그람마타, hiera grammata) 즉 거룩한 기록물을 가리킨다. 이 경우 유대교 경전인 구약이다. 그렇다면 설교 준비도 다분히 책으로 하는 일이라는 뜻이다. 설교할 내용을 그 책에서 찾아야 한다.

물론 설교가 죽어 있는 탁상공론이 되어서는 안 된다. 하지만 설교는 그 책에서 비롯하여 그 책에 충실해야 한다. 그 책에 푹 적셔지고 그 책으로 균형을 이루어야 한다. 차차 보겠지만 설교는 성령께서 주시고 빚으시고 이끄시고 전하신다. 그런데 성령은 한 특정한 책을 감화하셨고 그 책을 심사숙고하시며 늘 그 책의 그리스도를 높이신다(요 16:14). 요컨대 이 책을 충실히 대변하는 게 바로 우리가 설교할 내용이다.

이 말씀에는 신약도 포함된다. 구약만 아니라 신약도 우리가 설교할 말씀임이 문맥에 암시되어 있다. 그다음 구절(딤후 4:3)에 보면 바울은 말씀을 전파할 이유를 "때가 이르리니 사람이 바른 교훈을 받지 아니하며"라고 제시한다. 바른 교훈이 늘 사랑받지만은 않을 테니 말씀을 전파하라. 여기 "바른 교훈"은 무엇을 가리키는가? 디모데후서 1장 13절에 답이 나온다. "너는 그리스도 예수 안에 있는 믿음과 사랑으로써 내게 들은 바 바른 말을 본받아 지키고." 4장 3절의 "바른 교훈"은 사도 바울이 디모데에게 전수한 "바른 말"을 가리킨다. "내게 들은 바 바른 말을 본받아 지키고."

1장 13절의 "내게"와 "바른 말을 본받아"라는 두 문구는 설교 내용에 시사하는 바가 크다. 바른 교훈의 "본" 내지 기준이 존재한다. 이는 초대 교회 때 사도들의 지도하에 일정한 교리(가르침) 체계가 정비되어 여러 교회에 충실히 전해지고 있었다는 뜻이다. 4장 3절의 "내게"가 그런 의미다. 바울을 비롯한 사도들은 모든 교회가 본받을 "바른 말"의 공인 수호자였다.

부탁한 아름다운 것, 바른 말, 교훈의 본, 하나님의 모든 뜻. 이런 가르침의 체계를 여러 본문에 다른 문구로 표현했다. 디모데전서 6장 20절과 디모데후서 1장 14절에 바울은 "네게 부탁한 아름다운 것을[텐 칼렌 파라테켄, tēn kalēn parathēkēn] 지키라"고 디모데에게 말한다. 로마서 6장 17절에는 "하나님께 감사하리로다 너희가 본래 죄의 종이더니 너희에게 전하여 준 바 교훈의 본을[투폰 디다케스, túpon didachēs] 마음으로 순종하여"라고 했다. 사도행전 20장 26-27절에는 그가 에베소 교회 장로들에게 "모든 사람의 피에 대하여 내가 깨끗하니 이는 내가 꺼리지 않고 하나님의 뜻을 다[파산 텐 불렌 투 테우, pasan tēn boulēn tou theou] 여러분에게 전하였음이라"고 말했다.

이상 네 문구("바른 말을 본받아", "부탁한 아름다운 것", "교훈의 본", "하나님의 뜻을 다")는 당시 출현한 통합된 교리 체계를 가리킨다. 이것이 교회에 주어질 것을 예수께서 이미 다음 말씀에서처럼 약속하셨다. "보혜사 곧 아버지께서 내 이름으로 보내실 성령 그가 너희에게 모든 것을 가르치고 내가 너희에게 말한 모든 것을 생각나게 하리라 …… 그가 너희를 모든 진리 가운데로 인도하시리니"(요 14:26; 16:13). 성령께서 주신 이 일정하게 통합된 교리 체계를 바울은 고린도전서 2장 7절에 "하나님의 지혜"라 부르면서, 그것이 "성령께서 가르치신 것으로[말로]"(고전 2:13) 사도들을 통해 교회에 주어진다고 썼다.

신약이라는 책에 그 일관된 진리 체계가 담겨 있다.[5] 디모데후서 3장 16절에 언급한 구약 성경과 더불어 이 신약으로 말씀이 완성되는데, "말씀을 전파하라"는 바울의 말은 함축적으로 그 완성된 말씀을 가리킨다.

설교의 본질

"선포하다"에 해당하는 디모데후서 4장 2절의 단어("말씀을 전파하라"; 케뤽손 톤 로곤, kēryxon ton logon)에 그다음 구절의 "바른 교훈"(후기아이누세스 디다스칼리아스, hugiainousēs didaskalias)이 병치된 데서 설교의 중요한 본질을 볼 수 있다. "너는 말씀을 전파하라 때를 얻든지 못 얻든지 항상 힘쓰라 …… 가르침[디다케, didachē]으로 …… 때가 이르리니 사람이 바른 교훈을 받지 아니하며"(딤후 4:2-3) "전파하라"(케뤽손)와 "교훈"(디다스칼리아스), 이 두 단어의 중요하고도 서로 다른 함의를 어느 쪽도 사장시켜서는 안 된다.

성경말씀 선포에 상당량의 가르침이 포함되어야 함은 사안의 본질에 속한다.[6] 선포하는 실체는 분명히 밝혀야 하고, 사용하는 성경 본문은 설명해야 한다. 아울러 이 가르침이 수시로 선포 즉 설교의 형태로 이루어짐도 사안의 본질에 속한다. 바울이 쓴 어휘(카탕겔로, 케뤼소, 유앙겔리조마이)를 보더라도 그렇다.

전령인 설교자의 메시지는 단지 이해해야 할 사실의 집합이 아니라 귀중히 여겨야 할 영광의 별자리다. 피해야 할 무서운 폭풍우일 때도 있다. 설교자의 메시지를 태평한 설명으로 전달할 수 있다고 생각한다면 바울이 말한 "말씀을 전파하라", "기쁜 소식을 전하라", "그리스도를 선포하라"와 같은 문구의 취지를 놓치고 만다. 설교는 정확한 가르침이자 마음에서 우러난 선포다. 강해의 희열이다.

설교, 왜 중요한가

—

지금까지 디모데후서 3장 16절부터 4장 4절까지를 고찰하면서 이 본문에서 가장 놀라운 부분을 건너뛰었다. 가장 놀랍다 함은 성경 다른 어디에도 그런 게 없기 때문이다. "너는 말씀을 전파하라"는 명령의 도입부를 이루는 4장 1절을 두고 하는 말이다. 성경에서 이렇게 길고 높고 강한 도입부로 시작되는 다른 명령을 나는 알지 못한다(디모데전서 5장 21절이 가깝기는 하다[7]).

바울은 2절에서 "말씀을 전파하라" 명령하면서 다섯 가지를 강조했다. 하나같이 설교하라는 명령의 중요성을 강화하고 심화하고 극대화하기 위해 고른 말이다. 바울이 여기에 일깨우려 한 중대성은 아무리 강조해도 지나치지 않다.

> 1 하나님 앞과 살아 있는 자와 죽은 자를 심판하실 그리스도 예수 앞에서 그가 나타나실 것과 그의 나라를 두고 엄히 명하노니 2 너는 말씀을 전파하라(딤후 4:1-2).

비할 데 없는 도입부

하나님 앞과. "하나님 앞에서 …… 엄히 명[증언]하노니"(딤후 4:1). 여기서 우리는 "말씀을 전파하라"는 명령을 증언할 때의 바울의 심리적 배경을 엿볼 수 있다. 그는 하나님의 임재 안에 있다. 이 증언에 특별히 예의주시하시는 그분을 의식하고 있다. 여기에서는 이 명령의 권한을 하나님이 부여하셨음을 암시한다. 하나님이 직접 위임하셨다는 점에서 이것은 증언이다. 바울은 이 명령의 배후에 하나님이 계시다는 사실을 증언한다. 증언 시행을 하나님이 유심히 지켜보신다. 이 증언의 절차에 그 이상의 권위와 배석자는 없다. "하나님 앞에서 엄히 증언하노니."

살아 있는 자와 죽은 자를 심판하실. "하나님 앞과 살아 있는 자와 죽은 자를 심판하실 그리스도 예수 앞에서 …… 엄히 명하노니." 예수에 대해 할 수 있는 말이 수없이 많은 중에 바울은 살아 있는 자와 죽은 자를 심판하실 예수를 말한다. 왜 그럴까? 설교에 걸려 있는 게 이생에서의 상벌보다 높다는 요지로 보인다. 설교할 때 우리가 상대하는 사람들과 실체들은 이 세상보다 무한히 더 중대하다. 실체들의 존재와 사람들이 받을 상벌은 현세를 넘어선다. 그리스도는 이 세상에서 활동하시며 살아 있는 자를 다스리시고, 이 세상 너머에서도 영원히 활동하시며 이미 죽은 자를 공정하게 다루신다. 이 영광스러우신 인격체를 살아서도 피할 수 없고 죽어서도 피할 수 없다. 조만간 모든 사람이 그분을 심판자로 만난다. 이것이야말로 설교의 중대사이기에 바울은 우리도 그 무게를 느끼기를 원했다.

그리스도 예수 앞에서. "하나님 앞과 …… 그리스도 예수 앞에서 …… 엄히 명하노니." 말씀을 전파하라는 엄숙한 증언에 그리스도 예수를 배석자로 더한다 해서 권위가 더해지는 것은 아니다. 하나님보다 높은 권위는 없다. 그러나 설교에 중대하게 걸려 있는 인격체는 둘로 늘어난다. 하나님은 설교할 말씀의 저자이시고, 예수 그리스도는 그 이야기의 내용이시다. 디모데에게 진지하게 명하여 말씀을 전파하게 하려면, 모든 설교(사실은 모든 실체)의 저자이자 주제이신 분 앞에서 하는 명령이라고 말해 주면 된다.

그가 나타나실 것과 그의 나라를 두고. "하나님 앞과 살아 있는 자와 죽은 자를 심판하실 그리스도 예수 앞에서 그가 나타나실 것과 그의 나라를 두고 엄히 명하노니." 신약에 "나타나심"(에피파네이안, epiphaneian)이라는 단어가 6회 쓰였는데 그중 5회는 목회서신에 나온다. 최소한 1회는 예수께서 역사 속에 성육신하여 나타나신 일을 가리키고(딤후 1:10), 최소한 2회는 미래에 재림하실 그리스도를 가리킨다(딤전 6:14; 딛 2:13). 나머지 2회는 둘 중 어느 쪽이든 가능한데 이번 본문(딤후 4:1, 8)도 그런 경우다. 아마 의도적인 중의성일 것이다. 당신은 그분의 나타나심(과거와 미래)을 사모하는가?(딤후 4:8) 하나님이 친히 역사 속에 나타나심(과거와 미래)이 설교에 미치는 무게가 느껴지는가?

설교자는 자신이 선포하는 말씀이 장차 오실 우주의 왕의 말씀임을 명심해야 한다. 그분은 처음에는 심판자가 아니라 구원자로 오셨으나(요 3:17) 이제 심판하러 오실 것이다. 우리는 그 두 나타나심 사이의 현시대에 설교하도록 부름받았다. 당장 나타나지 않으시는 그분이 지금은 멀어 보일 수 있으나, 반드시 설교자는 그분이 이미 나타나셨고 또 나타나실 것을 알고 결코 잊지 말고 설교해야 한다.

마침내 다시 오실 때 그분은 왕으로서 나라를 세우실 것이다. "내 나라는 이 세상에 속한 것이 아니니라"(18:36)라고 더는 말씀하지 않으실 것이다. 막힘없이 공공연히 다스리실 것이다. 그분의 모든 적은 바깥 어두운 데로 던져져(마 22:13; 25:30) 더는 변수가 되지 못한다. 당신이 설교한 모든 진리는 공식적으로 신원될 것이고, 귀가 가려워서 진리에서 돌이킨 이들은 다 수치를 당할 것이다.

엄히 명하노니.　원어로는 "증언하다"(디아마르투로마이, diamarturomai)이며 접두사 "디아"는 의미를 강조하고 무게를 더해 준다. 알다시피 바울은 지금 설교하라는 명령을 수식하는 중이다. 그런데 자신의 권면에 "엄히 증언하노니"라는 말을 썼다. "엄히 증언하노니 너는 말씀을 전파하라"는 말은 무슨 뜻인가? 그가 "엄히 지시하노니 너는 말씀을 전파하라"고 하지 않았음에 주목하라. 증언한다는 단어에는 중대한 문제로 법정에서 발언한다는 의미가 담겨 있다. 증언이란 한갓 개인의 의견이 아니라 직접 보고 들은 내용이다. 바울은 자기가 보고 들은 내용을 증언한다. 그 보고 들은 만남이 워낙 엄중했기에 이런 묵직한 강조어가 줄줄이 앞에 붙은 것이다.

"[디모데여,] 하나님 앞과 살아 있는 자와 죽은 자를 심판하실 그리스도 예수 앞에서 그가 나타나실 것과 그의 나라를 두고 엄히 증언하노니 너는 말씀을 전파하라." 말씀을 전파하라는 명령 앞의 이 길고 높고 강한 도입부는 비범하다. 그래서 설교(명확한 설명과 선포, 강해의 희열)의 중요성도 비범하다.

그리스도인의 예배 같은 모임은 없다

앞 장에서는 그리스도인들이 꾸준히 공예배로 모이는 게 아름답게 합당함을 성경으로 논증했다. 즉 그들은 자신이 삼위일체 하나님을 알고 다른 무엇보다 존중함을 공동체로 드러내려고 모인다. 이번 장에서는 설교의 본질에 초점을 맞추어 이런 식의 발언이 꾸준히 모이는 공예배에 어째서 그토록 중요한지 밝히려 했다. 더 구체적으로 사도 바울이 어떻게 전파, 공표, 선포와 같은 공적인 소통을 교회 안에 들여와 기독교 신자를 위한 말씀 사역에 쓰이게 했는지에 집중했다.

왜 이렇게 되었을까? 바울이 설교를 그렇게 구축하는 쪽으로 끌린 것은 설교가 하나님의 본질, 성경의 본질, 공예배의 본질에 내적으로 합당하여 조화를 이루기 때문이다. 하나님은 최고로 아름답고 존귀하신 분이다. 그분이 감화하신 말씀인 성경의 목표는, 하나님을 아는 참지식을 깨우고 지속시켜 우리가 그분을 누리고 또 그분을 세상에 드러내게 하는 것이다. 그리고 이 지식과 누림과 드러냄을 눈으로 볼 수 있도록 합심하여 표현하는 게 바로 공예배다.

이런 실체를 통해 변화된 사도 바울은 교회의 예배 모임에 적합한 발언 방식이 독특함을 보았다. 이런 모임은 세상에 다시없다. 그들은 하나님이 소유하신 백성이고(벧전 2:9), 창세전부터 택함받았고(엡 1:4), 하나님의 아들을 본받도록 정해졌고(롬 8:29), 예수께서 자기 피로 사셨고(행 20:28), 하늘 법정에서 사면되어 받아들여졌으며(롬 5:1; 15:16), 땅에서 새로운 피조물이고(고후 5:17), 우주의 창조주께서 내주하시고(고전 6:19), 예수의 몸으로 말미암아 거룩해졌고(히 10:10), 영원한 영광으로 부름받았고(벧전 5:10), 세상의 상속자이고(롬 4:13; 고전 3:21-23), 그리스도와 함께 다스릴 자이며(계 3:21), 천사를 판단할 것이다(고전 6:3). 유사 이래 이런 모임은 없었고 이 땅에서 찾아볼 수가 없다.

모임만 독특한 게 아니라 책도 독특하다. 그리스도 백성의 모임에 대한 이 모든 영광스러운 진리는 그 책에 계시되어 보전되었고, 사도들이 "부탁한 것"도 그 책의 초석이 되었다. 하나님과 이 책이 비할 데 없듯이, 그 책에 계시된 하나님의 권위 아래 모인 백성도 비할 데 없다. 이런 하나님, 이런 책, 이런 백성은 없었다. 이를 본 바울은 이 백성의 모임에 걸맞은 소통 방식이 다른 어떤 소통과도 다름을 알았다. 거기에 설교가 포함된다.

설교 같은 소통은 없다

측량할 수 없는 그리스도의 풍성함을 전파하고, 큰 기쁨의 좋은 소식을 공표하고, 절대 주권자이신 왕의 화목하게 하시는 메시지를 선포하면서 바울이 깨달은 사실이 있다. 이 비범한 책에 계시된 비범한 하나님 아래서 이 비범한 백성이 예배로 모일 때에도 이런 전파와 공표와 선포 방식을 버려서는 안 된다는 것이다. 그 백성의 모임 가운데서 말한다는 이유로 영광의 풍성함, 좋은 소식, 진리의 무게, 그리고 이 모두의 배후 권위가 줄어들기는커녕 오히려 더 증폭되었다.

그래서 바울은 하나님의 백성에게 그리스도를 전파하고 기쁜 소식을 선포하는 데 솔선했을 뿐 아니라, 하나님이 감화하신 성경을 교회에서 선포하도록 명하기까지 했다. "너는 말씀을 전파하라"(딤후 4:2). 강조하건대 이 명령(증언)은 자의적인 게 아니라 바울이 한편으로 하나님과 성경과 예배의 본질과 다른 한편으로 그에 걸맞은 발언 방식 사이에 느꼈던 합당성과 조화에서 비롯되었다.

부활하신 그리스도를 위한 바울의 공개 발언은 전파와 공표와 선포의 성질을 띠었는데, 그는 그 속에 경축과 열렬한 긍정과 경이로움이 담겨 있음을 보았다. 메시지의 출처가 전령이 아니라 왕이라는 겸손한 인식도 공존했다. 배후 권위는 전령이 아니라 그의 주권자셨다. 메시지의 영광과 가치는 왕이신 그분의 영광과 가치에 정비례했다. 그러므로 메신저는 메시지를 주신 왕께 냉담하지 않고는 메시지에 냉담할 수 없다. 이는 무한한 보물을 중시하지 않음만큼이나 상상할 수 없는 일이다.

설교도 아름답게 합당하다

그러므로 이 왕의 백성 가운데에서 왕의 메시지를 제시하고 설명하고 묵상하고 적용하면서 자연스레 희열이 따르는 것은 더할 나위 없이 합당하다. 이 합당성이야말로 바울이 세상에 선포하는 음악의 조調를 옮겨 예배 중의 설교에 원용한 배후다. 그는 강해의 희열로서의 설교가 그리스도인의 공예배에 묘하게 들어맞음을 보았다. 공예배란 하나님의 최고 가치와 아름다움을 가시적 연합 상태에서 보고 귀중히 여기고 드러내는 일이기 때문이다. 설교가 그 모임에 합당함은 설교가 하는 일도 똑같기 때문이다. 설교는 성경을 열어 하나님의 영광을 알리고 그 영광을 최고 가치로 귀중히 여김으로써 하나님의 최고 가치를 드러낸다. 강해의 희열은 하나님이 예배받기 합당하신 분임을 드러내고 실제로 그분을 예배함으로써 공예배를 돕는다.

생각보다 더 깊은 설교의 뿌리

이번 장에서는 설교에 해당하는 바울의 어휘(카탕겔로, 케뤼소, 유앙겔리조마이)에 함축된 의미를 집중적으로 살펴보았다. 그는 이런 단어에 담긴 공표와 선포의 성격을 하나님의 집 안으로 들여와야 한다는 확신을 초대 교회에 권위 있게 표명했다. 앞서 보았듯이 하나님의 말씀을 선포하려면 상당량의 가르침이 수반된다. 선택한 성경 본문을 설명해야 하고 선포하는 실체를 분명히 밝혀야 한다. 그러나 이때 설교자의 메시지는 단순히 밝혀야 할 사실의 집합이 아니라 귀중히 여겨야 할 영광의 별자리다. 설교자의 메시지를 태평한 설명으로 전달할 수 있다고 생각한다면 바울이 말한 "말씀을 전파하라", "기쁜 소식을 전하라", "그리스도를 선포하라"와 같은 문구의 취지를 놓치고 만다. 설교는 정확한 가르침이자 마음에서 우러난 선포다. 강해의 희열이다.

예배를 위한 설교이자 예배 행위인 설교의 뿌리는, 바울이 원용한 카탕겔로와 케뤼소와 유앙겔리조마이보다 깊다. 이 뿌리는 역사에 나타난 하나님의 섭리 속으로 그리고 성경과 믿음과 영광을 통해 아들의 형상대로 그분의 백성을 빚으시는 하나님의 계획 속으로 뻗어 내려간다. 심지어 삼위일체 하나님의 영원한 속성으로까지 뻗어 있다. 다음 두 장에서 그런 뿌리를 살펴볼 것이다.

4

설교,
예배를 깨우면서
그 자체로 예배다

탄탄한 역사적, 신학적 뿌리들

2장에서 공예배에 대한 가장 깊은 논증이 "찬송은 정직한 자들이 마땅
히 할 바로다"(시 33:1)였다면, 3장에서 설교에 대한 가장 깊은 논증은 설교
가 예배에 마땅하다는 것이다.

설교하라는 명령 때문에 설교가 아름답게 합당해지는 게 아니라 설교
자체의 아름다운 합당성에서 설교하라는 명령이 나왔다. "말씀을 전파하

라"(딤후 4:2)는 말은 자의적 권고가 아니다. 하나님 백성의 모임에서 설교하라고 명하는 것은 설교가 공예배에 합당하기 때문이다. 이 합당성은 하나님과 인간의 본질, 하나님의 통치 방식, 그리고 그분이 자기 백성을 변화시키시는 방식에서 흘러나온다.

이번 장의 취지는 그 주장을 뒷받침할 근거를 더 제시하는 것이다. 그리스도인의 예배에 설교가 합당한 네 가지 뿌리를 중점적으로 다루고자 한다. 우선 기독교 설교의 역사적 뿌리는 구약과 회당 예배에 있다. 아울러 이 합당성은 설교와 성경의 관계, 설교와 믿음의 관계, 설교와 사람의 변화의 관계에서 비롯한다.

기독교 설교의 역사적 뿌리

하나님이 정하신 세상 이치가 으레 그렇듯이 설교도 초대 그리스도인의 예배 모임에 난데없이 등장한 게 아니다. 합당성과 조화가 유일한 이유는 아니라는 말이다. 그전에 역사적 뿌리와 선례가 이미 있었다. 사실 그래야만 합당하다. 하나님은 예수 그리스도를 통해 역사 속에 침투하실 뿐 아니라 역사 속의 섭리로 그 침투를 준비하시는 분이기 때문이다. 기독교 설교가 예배에 들어온 역사적 뿌리를 간략히 개괄하면 다음과 같다.

에스라, 강해, 예배

느헤미야 8장 5-8절에 기록한 바와 같이 성경에 입각한 권면이 구약에 이미 등장했고, 배경은 이스라엘 백성이 예배로 모인 자리였다.

> 5 에스라가 모든 백성 위에 서서 그들 목전에 책을 펴니 책을 펼 때에 모든
> 백성이 일어서니라 6 에스라가 위대하신 하나님 여호와를 송축하매 모든
> 백성이 손을 들고 아멘 아멘 하고 응답하고 몸을 굽혀 얼굴을 땅에 대고 여
> 호와께 경배하니라 …… 7 레위 사람들은 백성이 제자리에 서 있는 동안
> 그들에게 율법을 깨닫게 하였는데 8 하나님의 율법책을 낭독하고 그 뜻을
> 해석하여 백성에게 그 낭독하는 것을 다 깨닫게 하니.

여기 하나님이 공인하신 "책"(5절) 곧 "율법"(7절)이 나온다. 또 레위 사람
들은 에스라를 도와 "율법책을 낭독하고 그 뜻을 해석하여"(8절) 백성에게
깨닫게 했다(7절). 끝으로 이 모두가 예배 정황 속에 이루어졌다. 에스라가
하나님을 송축하자 백성은 "아멘 아멘" 하며 손을 들고 엎드려 얼굴을 땅에
댔다(6절).

회당의 중요성
예배 정황 속에서 성경을 낭독하고 설명한 예가 한두 번뿐이라면 우리
주장은 힘을 잃을 것이다. 그러나 이는 한두 번에 그치지 않고 신구약 중간
기 400년 동안 부상한 유대교 회당 예배의 틀이 되었다. 에드윈 찰스 다아
간(Edwin Charles Dargan)은 《설교의 역사》(A History of Preaching, 솔로몬 역간)에
그것을 이렇게 지적했다.

예언의 목소리는 약속되신 분이 오실 새 시대의 여명을 기다리며 오랜 세월 침묵에 잠겼다. 그 기간에 유대교 예배에 매우 중요한 발전이 있었는데 설교 역사에 특히 의미가 있다. 회당 예배와 연계해서 성경을 강해하여 격려한 것이다. …… 이렇듯 그 백성의 신성한 담화에 기독교 설교의 기초가 명확히 규명되어 있으며, 하나님의 섭리 가운데 그들로부터 기독교가 출현했다.[1]

그래서 신약이 열리면 예수께서 사역 초기에 회당에 들어가 그 틀을 따라 성경을 읽고 "그 뜻을 해석"하신다.

예수께서 그 자라나신 곳 나사렛에 이르사 안식일에 늘 하시던 대로 회당에 들어가사 성경을 읽으려고 서시매 선지자 이사야의 글을 드리거늘 책을 펴서 이렇게 기록된 데를 찾으시니 곧 주의 성령이 내게 임하셨으니 이는 가난한 자에게 복음을 전하게 하시려고 내게 기름을 부으시고 나를 보내사 포로 된 자에게 자유를, 눈 먼 자에게 다시 보게 함을 전파하며 눌린 자를 자유롭게 하고 주의 은혜의 해를 전파하게 하려 하심이라 하였더라 책을 덮어 그 맡은 자에게 주시고 앉으시니 회당에 있는 자들이 다 주목하여 보더라 이에 예수께서 그들에게 말씀하시되 이 글이 오늘 너희 귀에 응하였느니라 하시니(눅 4:16-21).

사도행전에 나타난 틀

동일한 틀이 사도행전에도 나온다. "이는 예로부터 각 성에서 모세를 전하는[케뤼손타스 오톤; kērýssontas autòn] 자가 있어 안식일마다 회당에서 그 글을 읽음이라 하더라"(15:21). 회당에서 모세의 글을 읽었을 뿐 아니라 그를 선포하기까지 했다. 이는 나중에 바울이 동일한 특수 단어(케뤼소)로 교회에 명한 좋은 예다. "너는 말씀을 전파하라[케뤽손]"(딤후 4:2).

그런가 하면 바울 자신도 회당의 이 틀을 활용하여 비시디아 안디옥에 서 예수를 메시아로 제시했다.

> 14 [바울과 바나바가] …… 안식일에 회당에 들어가 앉으니라 15 율법과 선지 자의 글을 읽은 후에 회당장들이 사람을 보내어 물어 이르되 형제들아 만 일 백성을 권할 말이 있거든 말하라 하니 16 바울이 일어나 손짓하며 말하 되 이스라엘 사람들과 및 하나님을 경외하는 사람들아 들으라(행 13:14-16).

틀림없이 바울은 다소에서 성장할 때부터 그 틀이 몸에 익었고, 방방곡 곡 순회하며 설교할 때도 으레 그 틀을 따랐다. 성경 낭독 이후 설명하고 이어서 삶에 적용했다. 안식일마다 꾸준히 유대인의 정규 예배 모임에서 그렇게 했다(13:14; 18:4).

그러므로 내 결론도 다아간과 같다. 정규 공예배 정황에서 성경을 강해 하는 기독교 전통의 뿌리는 유대교 회당에서 비롯했고, 그 뿌리는 다시 구 약으로 더 거슬러 올라간다. 회당의 정규 공예배에서 성경을 읽고 모세를 선포했다는 사실에 놀라서는 안 된다. 기독교의 영광이 예수와 사도들로부 터 처음 생겨난 게 아니기 때문이다. 그 뿌리는 구약에 있다. 그러므로 회 당이나 거기서 파생된 기독교에나 설교(강해의 희열) 비슷한 게 출연함은 당연한 일이다.

섭리, 역사, 설교

다시 다아간의 말이다. "그 백성[이스라엘]의 신성한 담화에 기독교 설교의 기초가 명확히 규명되어 있으며, 하나님의 섭리 가운데 그들로부터 기독교가 출현했다."[2] 다시 말해서 기독교 설교가 출현한 궁극 원인은 이스라엘 역사와 기독교 교회를 향한 하나님의 섭리다. 그래서 설교는 역사에 뿌리를 두고 있으면서도 기독교 예배에 아름답게 합당하다. 그러나 공예배에 설교가 합당한 뿌리는 하나님의 섭리로 인한 회당의 역사적 선례보다 훨씬 깊다. 이제 거기로 넘어간다.

설교와 성경

—

앞 장에서 보았듯이 바울이 디모데에게 "말씀을 전파하라"(딤후 4:2)고 한 명령에서 "말씀"은 성경 전체를 가리키며, 함축적으로 신구약을 다 아우른다.[3] 그 직전에 바울은 "모든 성경은 하나님의 감동으로 된 것으로 …… 유익하니"(3:16)라고 말했고, 그다음 문장의 절정이 바로 "말씀을 전파하라"다.

바울이 이런 식으로 설교자에게 성경을 선포하라고 말한 데는 설교자가 하나님의 대언자가 되어 그분이 성경을 감화하고 보전하신 목적을 실현해야 함이 암시되어 있다. 《존 파이퍼의 초자연적 성경 읽기》에 역설했듯이 성경의 궁극적인 목표는 성경 자체에 나와 있다. 바로 모든 민족과 언어와 부족과 나라에서 피로 사신 그리스도의 신부가 불같이 뜨거운 영원한 예배로 하나님의 한이 없는 가치와 아름다움을 높이는 것이다. 물론 이 책 머리말에 밝혔듯이 여기서 "예배"는 예배 시간만을 가리키지 않는다. 예배는 그리스도 안의 신인류가 시간과 영원 속에서 (개인으로, 공동체로, 우주적으로) 하나님의 아름다움과 가치를 알고 누리고 드러내는 모든 방식을 포괄한다.

성경의 목표가 곧 설교의 목표

바울이 우리에게 성경을 설교하라 했으므로 성경의 본질과 목표가 곧 설교의 본질과 목표를 규정한다. 성경과 설교는 둘 다 예배가 목표이며 그 자체로 예배다. 설교와 성경은 둘 다 하나님의 영광과 가치라는 진리를 가르치며, 둘 다 가르침에 그치지 않고 속속들이 하나님을 가장 중대시한다. 설교자의 마음에는 자신이 드러내는 그 무한한 가치가 넘쳐흐르며, 성경의 저자이신 하나님과 인간 기자들의 마음에도 마찬가지다. 성경은 하나님의 아름다움과 가치를 설명함과 동시에 그 가치와 아름다움에서 느끼는 성경 기자들의 희열을 전달한다. 성경은 항상 진리이며 결코 중립적이지 않다.

그래서 설교도 성경과 똑같이 궁극적 목표가 예배이기에 하나님의 영광과 가치를 설명하고 그분의 영광과 가치에 희열한다. 설교는 늘 진리를 추구하며 경이로운 실체에 결코 중립 입장을 취하지 않는다. 설교자는 성경의 겸손하고 진정성 있는 대리인으로서 말하고, 자신이 성경이 이루려는 목표대로 되기를 추구하며, 성경이 말하는 예배를 구현하려 힘쓴다(요 4:23). 그러면서 입을 열어 성경에 나타난 하나님의 영광을 최대한 명확하고 아름답게 제시한다. 성령을 통해 받은 은혜대로 설교자는 강해의 희열에 헌신한다.

설교의 목표는 예배다

이렇듯 분명히 설교는 공예배에 자연스레 맞아든다. 설교 자체가 예배이며 예배에 힘쓴다. 성경에 충실하기 때문이다. 하나님이 성경을 감화하신 목적은 모든 민족과 언어와 부족과 나라에서 피로 사신 그리스도의 신부에게 불같이 뜨거운 예배를 깨우고 양육하여 그 예배를 최종 완성하시기 위해서다. 그분이 의도하신 설교는 성경을 선포하고 성경의 목적을 진척시키기 위한 것이다. 그래서 설교의 목표는 예배다. 즉 하나님의 영광과 가치를 알고 누리고 드러내는 백성을 낳고 지속시키는 게 설교의 목표다.

설교는 성경의 영광에 냉담하지 않다. 설교는 예배 행위가 됨으로써 예배를 지향한다. 진리를 명확히 밝히면서 진리의 가치를 소중히 여긴다. 설명하면서 희열한다. 설교자는 예수께 "입술로는 나를 공경하되 마음은 내게서 멀도다"(마 15:8)라는 책망을 듣는다고 생각만 해도 덜덜 떨린다. 설교자의 마음은 하나님의 진리의 불에서 멀지 않다. 거의 불꽃에 삼켜질 정도다. 그는 "켜서 비추이는 등불"(요 5:35)이다.[4] 희열로 켜 있고 강해로 비춘다.

설교와 믿음

———

설교가 예배에 자연스레 맞물림은 설교의 목표가 믿음인 데서도 알 수 있다. 하나님은 믿음을 통해 자신의 영광이 나타나도록 정하셨다. 하나님의 언약에서 믿음이 주요 요건인 까닭은 믿음이 우리를 낮추면서 하나님이 얼마나 믿을 만한 분이시며 또 모든 것을 채우실 수 있는 분이신지 부각시키기 때문이다.

바울은 설교, 특히 선포(케뤼그마, kērygma)라는 단어를 그 목표인 믿음과 나란히 둘 때가 많다. 예를 들어 보자.

> 듣지도 못한 이를 어찌 믿으리요 전파하는(케뤼손토스, kēryssontos) 자가 없이 어찌 들으리요 …… 그러므로 믿음은 들음에서 나며 들음은 그리스도의 말씀으로 말미암았느니라(롬 10:14, 17).

> 하나님의 지혜에 있어서는 이 세상이 자기 지혜로 하나님을 알지 못하므로 하나님께서 전도(케뤼그마토스, kērygmatos)의 미련한 것으로 믿는 자들을 구원하시기를 기뻐하셨도다(고전 1:21).

> 내 말과 내 전도함(케뤼그마)이 설득력 있는 지혜의 말로 하지 아니하고 다만 성령의 나타나심과 능력으로 하여 너희 믿음이 사람의 지혜에 있지 아니하고 다만 하나님의 능력에 있게 하려 하였노라(2:4-5).

> 그러므로 나나 그들이나 이같이 전파하매(케뤼소멘, kēryssomen) 너희도 이같이 믿었느니라 …… 그리스도께서 만일 다시 살아나지 못하셨으면 우리가 전파하는 것(케뤼그마)도 헛것이요 또 너희 믿음도 헛것이며(15:11, 14).

왜 믿음이 설교의 목표인가

이 말씀들에서 우리는 설교의 목표가 하나님과 예수 그리스도를 믿는 믿음을 낳고 지속시키는 것이라고 분명히 말할 수 있다. 자기 백성을 향한 하나님의 계획에서 믿음의 비중이 이토록 큰 이유를 묻는다면 답을 찾기란 어렵지 않다. 우리는 믿음으로 살아야 한다(갈 2:20). 즉 모든 쓸 것을 채워 주실 하나님을 범사에 의존해야 한다. 그럴 때 하나님이 신뢰할 만한 분이시며 모든 것을 하실 수 있는 분이심이 찬송받기 때문이다. 우리가 믿음으로 행할 때 하나님의 능력과 자비와 선하심과 지혜에 주의가 집중된다. 믿음은 하나님을 영화롭게 하며, 이는 성경 전체에 나와 있는 명백한 사실이다.

일례로 바울은 그 사실을 로마서 4장 20절에 아브라함의 믿음과 관련하여 이렇게 강조했다. "믿음이 없어 하나님의 약속을 의심하지 않고 믿음으로 견고하여져서 하나님께 영광을 돌리며." 백 세 남편과 생리가 끊어진 아내가 아들을 낳는 일처럼 우리 힘으로 할 수 없는 일을 하나님이 하시리라 믿을 때 그분께 큰 영광이 돌아간다. "믿음으로" 순종한 히브리서 11장의 모든 성도처럼 우리가 모든 순종 배후의 결정적 힘이 하나님이심을 신뢰할 때 그분의 위대하심이 높이 칭송받는다.

베드로전서 4장 11절에서 베드로의 요지도 그것이다. "누가 봉사하려면 하나님이 공급하시는 힘으로 하는 것같이 하라[즉 우리의 봉사를 통해 결정적으로 역사하실 하나님을 신뢰하라] 이는 범사에 예수 그리스도로 말미암아 하나님이 영광을 받으시게 하려 함이니." 다시 말해서 우리가 상시 공급되는 그분의 능력을 받아 믿음으로 봉사하면 하나님이 영광을 받으신다. 그래서 믿음은 하나님과의 구원 관계에 꼭 필요하다. 믿음은 하나님을 영화롭게 하며 믿음직스러움과 힘과 은혜와 지혜 등 그분의 참모습이 드러나게 한다. 예배의 뿌리로 빼놓을 수 없는 게 믿음이다.

불신의 의미

성경은 믿음의 반대인 불신의 진의를 보여 줌으로써 이 진리를 강조한다. 예컨대 민수기 14장 11절에 하나님은 모세에게 "이 백성이 어느 때까지 나를 멸시하겠느냐 내가 그들 중에 많은 이적을 행하였으나 어느 때까지 나를 믿지 않겠느냐"라고 말씀하신다. 다시 말해서 하나님의 은총과 권능의 증거가 지천인데도 그분을 믿지 않고 신뢰하지 않음은 곧 그분을 멸시함과 같다. 그분을 영화롭게 함의 반대다.

민수기 20장 12절에는 하나님이 모세와 아론에게 이렇게 말씀하신다. "너희가 나를 믿지 아니하고 이스라엘 자손의 목전에서 내 거룩함을 나타내지 아니한 고로." 다시 말해서 하나님의 약속을 믿지 않으면 그분의 거룩함을 욕되게 한다. 그분을 영화롭게 함의 반대다. "당신을 믿지 않는다"는 말은 참 기분 상하는 말이다. 하물며 상대가 하나님이라면 더 말할 것도 없다.

예수께서는 유대인 지도자들이 그분을 믿지 못하는 이유를 이렇게 설명하셨다. "너희가 서로 영광을 취하고 유일하신 하나님께로부터 오는 영광은 구하지 아니하니 어찌 나를 믿을 수 있느냐"(요 5:44). 다시 말해서 하나님의 영광보다 사람의 영광을 앞세우는 것은 믿음과 상극이다. 하나님의 영광을 사랑하는 마음과 우리를 구원하는 참믿음의 경험은 우리 마음에서 함께 생겨난다. 이처럼 하나님의 영광을 사랑함과 하나님을 신뢰함은 서로 떼려야 뗄 수 없는 관계다. 그러므로 믿음은 예배의 원천이다.

선물 때문에 신뢰하는 것 그 이상

사실 구원하는 믿음의 핵심은 그리스도 안에서 하나님의 아름다운 영광을 가치 있게 여기는 영적 인식이다. 믿음은 복음 안에서 그리스도의 최고 진리와 아름다움을 보는 동시에 음미한다. 인식하는 동시에 가치 있게 생각한다. 바울은 그것을 이렇게 표현했다. "이 세상의 신[사탄]이 믿지 아니하는 자들의 마음을 혼미하게 하여 그리스도의 영광의 복음의 광채가 비치지[보이지] 못하게 함이니 그리스도는 하나님의 형상이니라"(고후 4:4). 그런데 "하나님께서 예수 그리스도의 얼굴에 있는 하나님의 영광을 아는 빛을 우리 마음에 비추"시면(6절) 믿음이 생겨난다. 복음 안에서 그리스도의 영광을 인식하고 가치 있게 여긴다. 우리는 보는 동시에 음미한다. 알고 사랑한다. 바라보고 받아들인다.

그래서 예수께서는 요한복음 6장 35절에 믿음을 이렇게 말씀하셨다. "나는 생명의 떡이니 내게 오는 자는 결코 주리지 아니할 터이요 나를 믿는 자는 영원히 목마르지 아니하리라." 보다시피 와서 주림을 채우는 일과 믿어서 목마름을 채우는 일은 결국 하나다. 주림과 목마름은 똑같이 허한 영혼을 가리키고 믿는 것과 오는 것은 똑같이 영혼의 행위다. 예수를 믿는다는 말은 그분께 와서 영혼의 허기와 갈증을 푼다는 뜻이다. 그리스도를 믿으면 예수 안에서 우리를 위한 하나님의 전부로 만족하게 된다.

믿음을 위한 설교는 곧 예배를 위한 설교다

바울이 분명히 밝혔듯이 설교의 목표는 믿음을 깨우고 지속시키고 강화하는 것이다. 믿음의 정수는 예수 안에서 우리를 위한 하나님의 전부를 보고 음미하고 만족하는 것이다. 설교자가 설교 전반에서 이를 경험하고 청중이 설교를 통해 이를 경험할 때 설교자도 청중도 하나님의 소중하신 가치를 칭송한다. 이런 믿음은 하나님을 영화롭게 한다. 그래서 예배다. 설교자의 예배이고 청중의 예배다. 이런 믿음이 불러일으켜 지속시키고 이끄는 행동이라면 무엇이든 다 삶 전체에서 예배가 된다.

설교가 깨우고 지속시키려는 게 바로 그것이다. 주제와 본문이 무엇이든 설교의 목표는 그런 믿음이다. 예수 안에서 우리를 위한 하나님의 전부로 만족하는 마음을 영혼에 심어 주려는 게 설교다. 그렇게 만족할 때 하나님의 충족한 영광이 칭송받는데, 바로 그게 예배이기 때문이다. 그래서 설교는 사람들이 예배하려고 모인 자리에 잘 어울린다.

설교와 변화

믿음은 하나님이 신자를 이기적인 존재에서 사랑의 사람으로 변화시키시는 굵직한 수단이다. 하나님의 영광을 위해 생생한 믿음을 깨우고 지속시키려는 설교자는 그 사실을 안다. 바울은 그리스도를 신뢰함과 이웃 사랑을 이렇게 연관시켰다. "그리스도 예수 안에서는 할례나 무할례나 효력이 없으되 사랑으로써 역사하는 믿음뿐이니라"(갈 5:6). 우선 구원과 칭의의 믿음이 우리를 그리스도께로 연합시킨다. 그리고 나면 그 믿음은 사랑을 죽이는 두려움과 탐욕으로부터 우리를 성령의 능력으로 해방시킨다. 믿음은 "사랑으로써 역사"한다.

예수께서는 희생적 사랑으로 자아를 부인하는 우리의 아름다운 행실을 다른 사람들이 보고 하나님께 영광을 돌린다고 말씀하셨고(마 5:16) 베드로도 똑같이 말했다(벧전 2:12). 그러므로 믿음은 하나님의 믿음직하심과 지혜와 능력을 드러내서 그분을 영화롭게 할 뿐 아니라 또한 "사랑으로써 역사"하여 그분을 영화롭게 한다. 사랑의 역사 덕분에 사람들은 하나님의 영광을 보고 감탄한다. 그래서 설교의 목표가 믿음이면, 그리스도인의 달라진 행실을 통해 하나님의 영광을 공적으로 드러내는 일도 자연히 목표가 된다.

영광을 보면 영광스러워진다

여기서는 설교와 그리스도인 삶의 도덕적 변화가 무슨 관계인가에 대한 바울의 색다른 관점을 개괄하려고 한다. 설교와 사람의 변화의 연관성을 보는 이 관점 또한 하나님의 영광에 기초한 것으로, 설교 행위 자체가 예배의 한 방식이고 기독교 공예배의 핵심 요소임을 더욱 명확히 밝혀 준다.

여기서 내가 생각하는 설교는 말로 그리스도를 그려 내는 일이다. 그 그림이 어찌나 생생한지 바울은 그리스도의 영광을 직접 볼 때와 같은 결과가 나타난다고 말했다. 즉 보는 것의 위력이 보는 사람을 변화시킨다. 핵심 본문은 고린도후서 3장 18절인데 설교와의 연관성에 주목하려면 문맥도 중요하다. 바울은 "우리가 다 수건을 벗은 얼굴로 거울을 보는 것같이 주의 영광을 보매 그와 같은 형상으로 변화하여 영광에서 영광에 이르니 곧 주의 영으로 말미암음이니라"라고 썼다. 잠시 후 자세히 살펴보겠지만 우선 알아 둘 것이 있다. 바울이 그리스도를 볼 때 나타나는 변화 효과를 강조한 곳은 여기만이 아니다.

"너희 눈앞에"서 십자가에 못 박히신 그리스도

갈라디아서 3장 1절에 그는 "어리석도다 갈라디아 사람들아 예수 그리스도께서 십자가에 못 박히신 것이 너희 눈앞에 밝히 보이거늘 누가 너희를 꾀더냐"라고 말했다. 그들을 어리석다 한 이유는 그들이 복음을 떠나는 듯 보였기 때문이다. 바울이 이를 당혹스러워했다는 사실(그들은 꾐에 넘어간 게 분명했다!)에서 알 수 있듯이, 그는 십자가에 못 박히신 그리스도를 본 사람이라면 당연히 변화된다고 굳게 믿었다. 바울의 설교를 통해 그들은 십자가에 못 박히신 그리스도를 "눈앞에"서 보았다!

리처드 롱에네커(Richard Longenecker)가 말했듯이 "'십자가에 못 박히신 그리스도'라는 문구는 복음의 약칭으로 바울의 입에 붙어 있었다"(고전 1:23; 2:2; 1:13; 2:8; 고후 13:4 참조).[5] 바울의 설교에서 이게 핵심이었다. "우리는 십자가에 못 박힌 그리스도를 전하니[케뤼소멘]"(고전 1:23). "내가 너희 중에서 예수 그리스도와 그가 십자가에 못 박히신 것 외에는 아무것도 알지 아니하기로 작정하였음이라"(2:2). 따라서 "예수 그리스도께서 십자가에 못 박히신 것이 너희 눈앞에 밝히 보이거늘"(갈 3:1)이라는 바울의 말은, 자신이 십자가에 못 박힌 그리스도를 전할 때 그 일이 일어났다는 뜻이다. 설교의 목표는 그리스도를 영적으로 보게끔 제시하는 것이다. 이 보는 것의 위력에 힘입어 청중은 보고 그분과 같은 형상으로 변화된다.

설교를 통해 영광을 본다

고린도후서 3장 18절 문맥에서 설교와의 연결 고리는 4장 5절에 나온다. 이 고리를 보는 게 매우 중요하다. 다시 말하지만 성경은 본래 장 구분을 하지 않았으며, 이번 경우처럼 잘못될 소지가 많다. 3장 18절 바로 다음 문장은 "그러므로 우리가 이 직분을 받아 긍휼하심을 입은 대로 낙심하지 아니하고"(고후 4:1)이다. "이 직분"이란 바울이 3장 초반부터 말했던 "영의 직분"(8절), "의의 직분"(9절)이다. "이 직분"에는 모세 언약보다 "더욱 영광"(8절)이 따라온다. "영광이 더욱 넘치리라"(9절).

우리가 보는 "주의 영광"(18절)도 그 우월한 영광의 일부다. 이 영광을 보는 사람은 변화된다. 따라서 4장 1절에 새로운 주제가 시작되는 게 아니라 주제는 여전히 "더욱 영광"(3:18) 즉 보면 변화되는 주의 영광이 수반되는 "영의 직분"이다. 4장 1-3절에 바울이 강조하는 바는 자신이 이 영광과 관련하여 "하나님의 말씀"을 다룰 때 말씀을 변질시키지 않았다는 것이다. 오히려 그는 전혀 숨김없이 말씀을 솔직히 드러냈다. 진리를 나타냈다(고후 4:2).

일을 숨기는 쪽은 바울이 아니라 마귀다. "만일 우리의 복음이 가리었으면 망하는 자들에게 가리어진 것이라 그중에 이 세상의 신[마귀]이 믿지 아니하는 자들의 마음을 혼미하게 하여"(3-4절). 바울은 설교를 통해 어떻게든 그리스도의 영광을 드러내려 했고, 사탄은 어떻게든 이를 가리려 한다. 바울의 목표는 청중이 '주의 영광을 보는 것'이다(고후 3:18). 이어 4장 4-5절에 설교와의 연관성을 명시했다.

> 4 그중에 이 세상의 신이 믿지 아니하는 자들의 마음을 혼미하게 하여 그리스도의 영광의 복음의 광채가 비치지[보이지] 못하게 함이니 그리스도는 하나님의 형상이니라 5 우리는 우리를 전파하는[케뤼소멘] 것이 아니라 오직 그리

스도 예수의 주 되신 것과 또 예수를 위하여 우리가 너희의 종 된 것을 전파함이라.

여기서 3장 18절과 4장 4절의 연관성을 볼 수 있다. 양쪽 다 주의 영광 또는 그리스도의 영광을 본다는 말이 나온다. 바울은 이를 애써 드러내고 (3:18) 사탄은 가린다(4:4). 바울은 그리스도의 영광을 다름 아닌 설교를 통해 드러내려 애썼는데, 이를 분명히 보여 주는 두 가지 근거가 있다. 하나는 4장 4절에 언급한 "복음"이다. 그는 "그리스도의 영광의 복음의 광채가 비치지[보이지]"(4절)라고 말했다. 다시 말해서 그리스도의 영광은 복음 이야기 속에 보인다. 복음이 전파되면 십자가에 못 박히시고 부활하신 그리스도의 영광이 "밝히 보인다"(갈 3:1).

바울의 설교와 그가 드러내는 그리스도의 영광 사이의 연결 고리를 보여 주는 또 다른 근거는 4장 5절에 명시된 선포라는 단어다. 마귀가 가리려는 영광을 우리는 전파 즉 선포한다. "우리는 우리를 전파하는[케뤼소멘; 선포하는] 것이 아니라 오직 그리스도 예수의 주 되신 것[을] …… 전파함이라." 여기 선포에 해당하는 아주 중요한 단어가 또 등장한다. 십자가에 못 박히신 그리스도는 곧 부활하신 주님이다. 그분을 우리는 선포한다!

요컨대 고린도후서 3장 18절부터 4장 5절에 나타난 바울의 사고 흐름에서 나는 이런 추론에 도달한다. 변화에 대한 3장 18절의 중대한 진술은 곧 하나님이 설교를 통해 이루시려는 일을 기술한 것이다. "우리가 다 수건을 벗은 얼굴로 거울을 보는 것같이 주의 영광을 보매 그와 같은 형상으로 변화하여 영광에서 영광에 이르니 곧 주의 영으로 말미암음이니라." "우리가 다"라는 표현에서 보듯이, 바울 자신을 포함시킨 이유는 바울도 변화되려면 주의 영광을 보아야만 했기 때문이다. 다만 자신이 본 경험을 그가 다른 사람들에게로 퍼뜨린 방식은 바로 십자가에 못 박히신 그리스도를 보여 주고(갈 3:1) 주 되신 그리스도 예수를 전파하는 것이었다(고후 4:5).

설교하고, 보고, 예배한다

설교가 공예배에 지극히 합당한 이유는 그리스도의 영광을 드러내 사람을 그 영광에 이르도록 변화시킬 목적으로 하나님이 이를 합당하게 하셨기 때문이다. 진정한 예배에는 항상 이런 변화가 어느 정도 따라온다. 그렇지 않으면 우리는 위선자다. 따라서 진정한 예배가 되려면 그리스도 안에 있는 하나님의 영광을 항상 드러내야 한다.[6] 바울은 "하나님의 말씀"을 선포하여 "진리를 나타냄으로"(고후 4:2) 그 영광을 드러냈으며, 우리에게도 똑같이 "말씀을 전파하라"(딤후 4:2)고 명했다.

보면 예배가 깨어난다

하나 더 짚어 둘 게 있다. "주의 영광을 보는 일"은 그저 육안으로 보이는 것 또는 마귀에게도 보이는 것을 본다는 뜻이 아니다(고후 3:18). 바울은 이 세대의 통치자들이 그리스도의 영광을 참으로 보았다면 "영광의 주를 십자가에 못 박지 아니하였으리라"(고전 2:8)고 말한 뒤 이런 설명을 부연했다. "육에 속한 사람은 하나님의 성령의 일들을 받지 아니하나니 이는 그것들이 그에게는 어리석게 보임이요, 또 그는 그것들을 알 수도 없나니 그러한 일은 영적으로 분별되기 때문이라"(14절).

"영적으로 분별"된다는 말은 그러한 일의 참아름다움과 가치를 성령의 도움으로 분별한다는 뜻이다. "육에 속한 사람"(자연인)도 예수와 관련한 놀라운 사실을 많이 볼 수 있다. 유다도 분명히 그랬다. 그러나 자연인은 그리스도의 불가항력적인 아름다움과 가치를 "분별"하지 못한다. 그리스도의 복음이 그들에게는 어리석게만 보인다. 그들에게 그분은 모든 소유를 팔아서라도 손에 넣어야 할 밭에 감추인 보화가 아니고(마 13:44), 극히 값진 진주도 아니며(46절), 이에 비하면 나머지는 다 배설물로 보일 정도로 "가장 고상한" 존재도 아니다(빌 3:8). 이런 식의 "보는" 눈을 언급하며 예수는 "그들이 보아도 보지 못하며"(마 13:13)라고 말씀하신다.

반면 '주의 영광을 보고 변화되어 영광에서 영광에 이른다'는 바울의 말은 고린도전서 2장 14절의 영적 분별을 가리킨다. 마음의 눈으로 보고(엡 1:18) 마땅히 알 것을 안다는 뜻이다(고전 8:2). "능히 모든 성도와 함께 지식에 넘치는 그리스도의 사랑을 알고 그 너비와 길이와 높이와 깊이가 어떠함을 깨달아"(엡 3:18-19) 아는 기적을 가리킨다. 그리스도 주변을 맴돌기만 하는 게 아니라 그분을 맛본다는 뜻이다. 베드로도 "너희가 주의 인자하심을 맛보았으면 그리하라"(벧전 2:3)라고 말했다. 그래서 바울은 변화가 "주의 영으로 말미암음이니라"(고후 3:18)라고 했다. 그래서 기적이다.

설교 자체가 예배여야 한다

주의 영광을 보는 데는 이처럼 초자연적 성격이 있다. 이는 영광을 보여 주어 기적의 변화를 낳는 게 설교의 목표이므로, 먼저 설교 자체가 그 영광을 보았어야 한다는 뜻이다. 생각에도 없는 일을 목표로 삼을 수는 없다. 그런데 자연인은 그리스도의 영광을 영적으로 본다는 개념이 없다. 그 래서 설교는 영적일 수밖에 없다. "주의 영으로 말미암음이니라." 그러려면 설교자가 먼저 맛보고, 마땅히 알 것을 알고(고전 8:2), 영적으로 분별해야 한 다. 나머지는 다 배설물로 여기고 진주와 보화를 얻기 위해 모든 소유를 버 려야 한다(눅 14:33). 즉 설교자는 이 보화를 설교하면서 자신도 이를 중시하 고, 진주를 들어 보이면서 자신도 이를 귀히 여기며, 잔치에 초대하면서 스 스로 만찬을 즐긴다. 그렇지 않으면 그는 위선자요 "육에 속한 사람"이며 이 직분에 합당하지 않다.

그러므로 "말씀을 전파하라"(딤후 4:2)는 말은 하나님의 영광이 최고의 가 치임을 보여 주라는 뜻이다. 그러면 사람들이 그 영광을 보고 중시하며 변 화될 수 있다. 그러려면 설교자가 목표를 예배에 두고 직접 예배해야 한다. 그리스도의 가치를 경험하고 드러내고 설명하고 칭송해야 한다. 강해의 희 열이라는 행복한 짐을 져야 한다.

하나님의 백성에게 주신 선물

이번 장에서 보았듯이 "말씀을 전파하라"(딤후 4:2)는 바울의 명령은 자의 적인 게 아니며, 그 뿌리는 기독교 예배의 일부인 강해의 희열(설교)의 아름 다운 합당성에 있다. 하나님의 무한히 지혜로운 섭리 가운데 기독교 설교 는 안식일마다 모세를 전하던 회당 예배에서 싹텄다(행 15:21). 하나님은 그 분의 교회가 그분의 아들을 알고 신뢰하고 닮아 갈 방법을 아름답게 설계하셨는데, 바로 설교를 통해 성경을 열고 믿음을 깨우고 영광을 드러내도록 정하신 것이다. 어느 경우든 의도된 결과는 예배다. 설교는 교회에 주신 귀한 선물이요, 그분을 예배하는 백성에게 아름답게 합당한 선물이다.

우주의 궁극적인 목표는 하나님의 하나님 되심을 예배하는 것인데, 이제 우리는 설교가 그 목표에 아름답게 합당한 어쩌면 가장 놀라운 이유로 넘어간다. 바로 강해의 희열의 뿌리가 되시는 삼위일체 하나님이다.

5

설교,
'삼위일체 하나님'의 속성과 맞닿아 있다

근본 중의 근본

설교가 공예배에 아름답게 합당함을 예찬하려면 아직 한 단계가 더 남아 있다. 이 단계에서 강해의 희열의 뿌리를 하나님의 삼위일체 속성과 영존永存이라는 불가해한 영역으로 추적해 올라간다. 설교가 예배에 합당한 궁극적인 이유는, 설교라는 독특한 소통 형태가 영원 전부터 삼위일체로 자신을 아시고 자신을 즐거워하시는 하나님의 속성과 일치하기 때문이다.

예배라는 단어에는 대개 작은 존재가 더 큰 존재를 높인다는 의미가 담겨 있으므로 하나님이 자신을 예배하신다는 말은 부적절할 것이다. 그럼에도 불구하고 사람이 드리는 예배의 뿌리는 성부께서 영원 전부터 성자를 온전히 아신 방식과 두 분이 서로를 지극히 즐거워해 오신 방식에까지 거슬러 올라간다. 우리의 예배가 진리를 알고 아름다움과 가치를 귀중히 여기는 방식으로 이루어지는 이유는 하나님이 자신을 그렇게 아시고 귀중히 여기시기 때문이다. 아버지께서 그분께 영과 진리로 예배하는 자들을 찾으신다는 예수의 말씀(요 4:23)을 맨 밑바닥까지 파고들어 간다면, 그런 의미가 함축되어 있을 것이다.

조나단 에드워즈가 생각한
삼위일체

—

조나단 에드워즈(Jonathan Edwards)의 삼위일체 개념은 성경적 근거가 탄탄하고 훌륭하며, 그것이 예배에 합당한 설교에 시사하는 의미도 설득력 있다. 여기서는 개괄로 그칠 수밖에 없지만 모든 목사들이 그의 "삼위일체론"을 읽어 보기를 권한다. 30쪽밖에 되지 않으니 무리한 권고도 아니며[1] 인터넷에서 무료로 접할 수 있다. 듣기에 확연히 철학적인 이 개념을 정리하려고 그가 능숙하게 풀어내는 성경 본문들을 보면 당신도 놀랄 것이다. 그의 말이 끝나는 부분에서부터 우리의 개괄을 시작해 보자. 그는 결론을 이렇게 요약했다.

우리가 성경에서 읽는 복되신 삼위일체란 내 생각에 이렇다. **성부**는 근본적이고 어디서 발생한 것도 아닌 가장 절대적인 방식으로 존속하신다. 즉 직접적으로 존재하시는 하나님이다. **성자**는 하나님이 자신의 이해력으로 자신에 대한 관념을 품으시고 그 관념 속에 존속하심으로 의해 태어나시는 하나님이다. **성령**은 행위 안에 존속하시는 하나님이다. 즉 자신을 향한 무한한 사랑과 기쁨 안에 신적 본질이 넘쳐흐르고 내쉬어진다. 내가 믿기로 이 신적 본질 전체는 하나님의 관념과 하나님의 사랑 둘 다 안에 구별되어 존재하며, 그리하여 세 분은 각각 철저히 구별된 위격이시다.[2]

성자의 영원한 출생

———

다시 말해서 성자는 하나님이 "그분 자신에 대한 관념을 품으심" 안에 영원히 존재하신다. 이 관념은 그분 자신에 대한 지식이므로, 그 속에 신의 실체가 충만하여 관념 자체가 신성의 인격체 즉 온전하신 하나님이 된다. 많은 사람이 이 말을 이상하고 부당하게 여기다 보니 에드워즈가 우리의 이해를 도우려고 다음과 같은 주장을 폈다.

사람이 과거 특정 기간 (예컨대 바로 직전 한 시간) 동안 머릿속에서 지나간 모든 일을 절대적으로 완전한 관념으로 품을 수 있다면, 즉 모든 종류의 관념과 운동을 순서와 정도와 정황 모든 점에서 완전하게 그릴 수 있다면 정말 그는 어느 면으로 보나 다시 직전 시간의 그 존재가 될 것이다. 사람이 한 시간 동안 머릿속에서 벌어지는 모든 일을 그 일이 처음 직접 존재하는 바로 그 시각에 그대로 반사하여 완전하게 관상할 수 있다면, 즉 한 시간 내내 모든 생각과 운동을 그 생각과 운동이 벌어지는 바로 그 시점에 완전한 관념으로 반사하거나 관상할 수 있다면, 그 사람은 정말 둘이 될 것이다. 과연 분신처럼 동시에 두 번 존재할 것이다. 자신에 대해 품는 관념이 다시 자신이 될 것이다.[3]

그러므로 완전하게 명확하고 충만하고 강하신 하나님이 자신을 이해하고 자신의 본질(그 안에는 실체와 행위의 구분이 없이 전적으로 실체이고 전적으로 행위다)을 관조하시면, 하나님이 자신에 대해 품으시는 그 관념은 곧 절대적으로 그분 자신이다. 하나님의 속성과 본질의 이 반사상은 다시 하나님의 속성과 본질이다. 이렇듯 하나님이 신격을 생각하시면 그 신격은 반드시 발현될 수밖에 없다. 이로써 또 하나의 위격이 태어나신다. 무한하고 영원하고 전능하고 가장 거룩한 또 하나의 동일한 하나님이다. 똑같은 하나님의 속성이다.[4]

이 위격이 바로 삼위일체의 제2위격인 하나님의 독생자요 지극히 사랑받으시는 아들이다. 그분은 하나님이 자신에 대해 품으시는 영원하고 필연적이고 완전하고 인격적인 관념이요 실체다. 이 사실은 하나님의 말씀으로 충분히 확증 가능하다.[5]

성자에 대한 다음과 같은 성경 본문들을 떠올려 보면 위 견해의 의외성이 얼마간 덜할 것이다.

이는 하나님의 영광의 광채시요 그 본체의 형상이시라(히 1:3).

그는 보이지 아니하는 하나님의 형상이시요(골 1:15).

그는 근본 하나님의 본체시나 하나님과 동등됨을 취할 것으로 여기지 아니하시고(빌 2:6).

그리스도의 영광의 복음의 광채가 …… 그리스도는 하나님의 형상이니라(고후 4:4).

태초에 말씀이 계시니라 이 말씀이 하나님과 함께 계셨으니 이 말씀은 곧 하나님이시니라(요 1:1).

어떤 의미에서 성자 하나님은 성부 하나님의 반사상이다. 영원 전부터 하나님은 자신의 모든 완전하심에 더할 나위 없이 명확하고 충만한 관념을 품으셨다. "보이지 아니하는 하나님의 형상"이 그분께 있었다. 이 하나님의 형상이 워낙 온전하고 완벽하여 아예 그 자체로 성자 하나님이라는 인격체가 된다.

이렇듯 성자 하나님은 창조되거나 지음받지 않고 성부와 함께 영원히 공존하신다. 형상이 원형에 의존하듯 그분도 성부께 의존하시지만, 신의 속성 면에서는 무엇 하나도 열등하지 않으시다. 완전하신 성부의 온전한 형상으로 살아 계시기 때문이다. 물론 이는 엄청난 신비다. 성부의 관념이나 반사나 형상이 어떻게 그 자체로 정말 인격체가 될 수 있단 말인가. 감히 무한의 세계를 다 이해할 수는 없다.

성령의 영원한 발현發現

—

성부와 성자께서 항상 서로를 극진히 사랑하시고 즐거워하시기 때문에 삼위일체의 제3위격이신 성령도 영원히 존재하신다. 두 분에게서와 두 분 사이에서 나오신 성령도 그 사랑 덕분에 늘 독자적 인격체로 존재하신다. 에드워즈의 설명을 들어 보자.

> 이렇게 자신에 대해 품으신 하나님의 관념에서 신격이 태어나 그 관념 속에 존속하는 구별된 인격체가 되시면, 거기서 지극히 순전한 행위가 발현된다. 성부와 성자 사이에 무한히 거룩하고 아름다운 에너지가 생성된다. 두 분의 사랑과 기쁨은 서로를 사랑하고 기뻐하는 상호적인 것이다. "내가 …… 날마다 그의 기뻐하신 바가 되었으며 항상 그 앞에서 즐거워하였으며"라고 한 잠언 8장 30절과 같다. 이는 하나님의 속성의 영원하고 가장 완전하고 본질적인 행위이며, 그 안에서 신격은 무한한 정도로 그리고 가능한 가장 완벽한 방식으로 행하신다. 하나님은 모든 행위가 되시고 신적 본질 자체가 넘쳐나시며 말하자면 사랑과 기쁨 속에 호흡하신다. 그 점에서 하나님은 또 다른 존속 방식으로 존재하시고, 거기서 삼위일체의 제3위격인 성령이 발현되신다.[6]

성부와 성자 사이의 사랑이 워낙 완전하고 불변하며 두 분 자신의 전부를 완벽하게 담고 있기에 그 사랑 자체가 독자적 인격체가 된다.

C. S. 루이스(C. S. Lewis)는 이를 이해하기 쉬운 비유에 담아내려 했다. 어디까지나 비유일 뿐이다.

> 알다시피 인간도 가족이나 동호회나 노동조합으로 모이면 그 가족이나 동호회나 노동조합의 "정신"(spirit)에 대해 말한다. 그런 정신을 말하는 이유는 각자 따로 지낼 때는 없던 특별한 말투나 행동 방식이 구성원끼리 모이면 생겨나기 때문이다. 마치 일종의 공동 인격체가 태어나는 것 같다. 물론 진짜 인격체는 아니고 인격체와 비슷할 뿐이다. 하지만 이 부분에서도 하나님은 우리와 다르시다. 성부와 성자의 공동생활에서 출현하는 정신 내지 영은 진짜 인격체시다. 실제로 삼위일체의 제3위격이신 성령 하나님이시다.[7]

역시 거대한 신비다. 하지만 하나님을 알고 사랑하려면, 하나님이 오직 한 분이신데 세 인격체로 존재하신다는 우리의 고백과 관련해 다만 얼마라도 머릿속에 실제적인 개념이 서 있는 게 유익하다. 위대하신 하나님을 흠모하는 게 우리의 본분이요 기쁨인데 무지한 흠모는 몸짓에 불과할 수 있기에 그분께 영광이 되지 않는다. 삼위일체 하나님을 흠모하려면 어느 만큼의 지식이 있어야 한다. 그렇지 않으면 우리가 흠모하는 대상은 진짜 하나님이 아니다.

강해의 희열의 기초,
삼위일체 하나님

—

이런 삼위일체 개념이 강해의 희열인 설교와는 무슨 관계가 있는가? 방금 보았듯이 창조 전에 하나님은 두 가지 방식으로 자신을 대하셨다. 자신을 아셨고 사랑하셨다. 즉 자신을 존중하셨고 즐거워하셨다. 자신을 아심으로써 자신의 충만하고 온전한 인격적 형상이신 성자를 낳으셨고, 자신을 사랑하심으로써 성부와 성자로부터 성령께서 나오셨다.

그러므로 하나님의 형상대로 창조된 우리에게도 당연히 알고 사랑하는 능력이 있으며, 알고 사랑할 최고의 대상은 바로 하나님이다. 그분을 더 깊게 분명히 알고 더 진정으로 뜨겁게 사랑할수록 모든 진리와 아름다움의 총합이신 그분께 더 영광이 된다.

하나님의 삼위일체 생활에서 알 수 있는 심오한 진리가 있다. 하나님을 알고 사랑하는 우리의 능력이 바로 삼위일체의 속성에서 기원했다는 사실이다. 하나님을 알고 사랑하여 결국 그분을 영화롭게 하는 능력이 우리에게 주어졌기에 지식과 사랑 이 둘을 최대한 활용하여 그분의 진리와 아름다움과 가치를 드높이는 일을 우리의 목표로 삼아야 한다.

하나님을 알고 즐거워할 때
그분이 영광을 받으신다

—

에드워즈는 우리가 하나님을 알고 사랑할 때 그분이 영화롭게 되는 이치를 다음과 같이 설명했다.

> 하나님이 피조물을 향하여 자신을 영화롭게 하시는 방식도 두 가지다. 첫째, 그들이 이해할 수 있도록 …… 자신을 나타내신다. 둘째, 그들의 마음에 자신을 전달하여 자신의 나타내심을 기뻐하고 즐거워하고 누리게 하신다. …… **하나님은 우리가 그분의 영광을 볼 때만 아니라 그 영광을 즐거워할 때 영화롭게 되신다.** 영광을 보기만 할 때보다 보고 즐거워할 때 더 영화롭게 되신다. 그분의 영광을 우리 영혼 전체로 즉 이해와 마음 둘 다로 받아들이기 때문이다.[8]

하나님은 우리가 그분을 참으로 알고 마땅히 즐거워하며 드리는 예배로써 영광을 받으신다. 반면에 하나님을 부실하게 알면 우리의 부실한 지식 때문에 그분의 영광이 축소된다. 하나님을 즐거워하는 마음이 제한되거나 막히거나 꺾이면 우리의 잘려 나간 기쁨만큼 그분의 영광도 축소된다. 하나님을 영화롭게 하려면 반드시 그분을 똑똑히 보고 깊이 음미해야 한다.

이것이 삶과 예배에 미치는 의미는 엄청나다. 이 실체는 수많은 차원에서 수많은 방식으로 우리에게 영향을 미치므로 아무도 그 모든 함의를 깨달아 알 수는 없다. 그러나 이 책을 쓰는 입장에서 볼 때 한 가지 함의만은 분명하다. 그리스도인이 예배로 모일 때 설교자를 포함해 모든 예배 인도자의 목표는 예배자들의 머릿속에 최대한 참되고 명확한 하나님관을 제시하여 예배자들의 마음속에 하나님을 향한 가장 순수하고 합당한 감정을 깨우는 것이라야 한다.

여기서 "합당한 감정"이란 머릿속에 하나님에 대한 무슨 진리가 제시되든 이에 적절히 상응하는 모든 가능한 정서를 가리킨다. 예를 들어 기쁨(빌 4:4), 자족(히 13:5), 즐거움(시 37:4), 뜨거운 형제 사랑(벧전 1:22), 소망(시 42:5), 두려움(눅 12:5), 평강(골 3:15), 근면과 열심(롬 12:11), 근심(고후 7:10), 슬픔(약 4:9), 갈망(벧전 2:2), 긍휼(엡 4:32), 감사(엡 5:19-20), 겸손(빌 2:3) 등이다.

진리에 뿌리를 두지 않은 채 정서가 너무 강하면 "감정주의"라 하여 아무런 가치가 없다. 반면 하나님에 대한 아름답고 귀중한 진리는 명확한데 마음의 반응이 별로 없으면 이는 오히려 그분을 욕되게 한다. 에드워즈의 표현으로 "하나님은 우리가 …… 영광을 보기만 할 때보다 보고 즐거워할 때 더 영화롭게 되신다." 마음이 머리를 따라가지 못해 하나님이 덜 영화롭게 되시면 예배가 위태로워진다.

진리로 감정을 불러일으킨다

에드워즈는 이것이 설교에 미치는 함의를 누구 못지않게 강력하고 신중하게 표현했다. 다시 그의 말이다.

> 청중의 감정을 너무 높이 불러일으킨다고 목사를 비난해서는 안 된다고 본다. 감정의 출처에 그만한 가치가 있고 또 감정을 불러일으키는 정도가 그 감정의 비중이나 가치보다 과하지만 않다면 말이다. 그래서 나는 청중의 감정을 최대한 높이 불러일으키는 게 내 의무라 생각한다. 단 감정의 출처는 오직 진리여야 하고, 감정의 종류가 그 출처의 성격에 어긋나지 않아야 한다.[9]

그는 청중의 감정을 최대한 높이 불러일으키는 게 자신의 "의무"라 했다. 그 말만 보면 조명과 암전과 음악과 각종 기교로 군중의 감정을 자극한다는 말처럼 들린다. 그러나 그는 "감정의 출처는 오직 진리여야 하고, 감정의 종류가 그 출처의 성격에 어긋나지 않아야 한다"고 덧붙였다. 감정을 불러일으키는 데 두 가지 조건을 단 것이다. 하나는 행위의 원인이 진리여야 하고, 또 하나는 감정의 종류가 특정한 진리의 내용에 걸맞아야 한다는 것이다.

예컨대 지옥에 관한 진리를 듣고 청중이 느낄 감정은 두려움이나 슬픔이나 연민이나 분노여야지 행복이 아니며 장난기 섞인 즐거움은 더욱 아니다. 또 우리를 영원한 영광으로 부르셨다는 진리(벧전 5:10)의 말씀에 청중은

설교, '삼위일체 하나님'의 속성과 맞닿아 있다

소망과 기쁨과 열심과 사랑을 느껴야지 권태나 혐오감을 느껴서는 안 된다. 하나님과 관련된 참되고 분명한 실체관에 반응하는 정서만이 그분을 영화롭게 한다. 하나님을 영화롭게 하는 정서의 성격은 그 정서를 깨우는 실체의 성격에 걸맞아야 한다.

강해의 희열과
하나님의 속성

—

결론적으로 강해의 희열인 설교의 뿌리는 삼위일체 하나님께 있다. 그분은 자신을 아시기에 성부와 성자로 존재하시고, 성부와 성자는 서로를 즐거워하시기에 성부와 성자와 성령으로 존재하신다. 알고 즐거워하심은 하나님의 본질적 속성이다. 인간에게도 알고 즐거워하는 똑같은 능력이 있다. 하나님이 우리에게 그 능력을 주신 궁극적인 목적은 그분을 알고 즐거워함으로써 그분의 아름다움과 가치를 묵상하고 칭송하게 하시기 위해서다. 바로 그것이 예배다. 하나님의 가치와 아름다움을 참으로 알고 마땅히 즐거워하며 결국 이를 드러내는 게 예배다.

그러므로 하나님의 백성이 모이는 공예배는 성격상 특별한 소통 방식이 필요하며, 하나님의 진리를 명확히 밝히고 그분의 가치를 소중히 여기도록 하는 것이 이 소통의 목표다. 이 특별한 소통 방식을 신약에서 "설교"(preaching)라 칭한다(딤후 4:2). 설교는 가르침 이상이며 감정의 자극 이상이다. 삼위일체 하나님의 속성이 지식이나 즐거움 둘 중 하나만이 아니라 양쪽 다이기 때문이다. 그분은 영원 전부터 아시고 즐거워하신다. 그렇지 않으면 하나님이 아니시다. 우리도 양쪽을 다 경험한다. 그렇지 않으면 예배가 아니고 본래 지음받은 우리가 아니다. 설교도 양쪽을 다 구현한다. 그렇지 않으면 설교가 아니다. 양쪽을 다 구현하는 설교가 내가 말하는 "강해의 희열"이다. 즉 강해로 진리를 구현하고, 희열로 기쁨을 구현한다. 설교가 하나님 백성의 공예배에 독특하게 합당한 까닭은 예배를 깨우면서 그 자체로 예배이기 때문이다.

설교는 기적이다

예배는 단지 전례 행위가 아니고, 예배의 일부인 설교도 단지 사람의 행위가 아니다. 예배와 설교는 둘 다 사람이 할 수 있는 차원을 벗어난다. 그래서 이제 우리는 3부와 4부에서 다음 질문으로 넘어간다. 설교는 어떻게 예배라는 기적의 수단이 되는가? 3부는 설교자가 설교 전반에서 성령의 초자연적 능력을 경험하는 방식에 중점을 두었고, 4부는 설교자가 설교의 초자연적 결과를 침해하지 않으면서도 자신의 자연적 능력을 총동원하여 사고하고 말하는 방식에 초점을 맞추었다.

EXPOSITORY
EXULTATION

3 부

설교, '성령'이
하시는 일이다

'성령의
초자연적 능력'으로
설교하기

6

설교, 일상을 바꾸는
초자연적인 기적

영적인 일

———

　이번 장과 다음 장에서는 예배와 설교가 왜 인간적으로 불가능하며, 이 두 기적에 동참하기 위해 설교자는 어떤 일을 할 수 있는지 밝히고자 한다.

공예배의 아름다움

하나님의 사람들이 매주 모이는 공예배는 아름답게 합당하다. 그 자리에서 그들은 삼위일체 하나님을 진리에 기초하여 알고 있음을 합심하여 표현한다. 또 예수 안에서 자신들을 위한 하나님의 모든 것을 보화로 받았기에 사랑도 고백한다. 그들은 하나님과 그분의 방식의 지극한 아름다움을 마음의 눈으로 보았고(엡 1:18), 이 보화의 최고 가치를 소중히 여긴다(마 13:44; 빌 3:8). 하나님의 영광을 공예배에서 높이고 나서도 예배는 매일의 수많은 일과에서 계속된다. 거기서도 그리스도의 최고의 가치가 그들의 삶을 다스린다. 그리스도인이란 바로 그런 존재다.

누구나 곤고할 때가 온다

그러나 그리스도인도 늘 충만한 상태를 유지하지는 못하며, 예배로 모이는 주일마다 저절로 기쁜 찬송이 넘쳐흐르는 것은 아니다. 하나님은 충만한 상태로 오는 이들의 예배를 통해서만 아니라, 한없이 곤고하여 그분과의 만남 외에는 소망이 없는 이들의 예배를 통해서도 영광을 받으신다. 충만할 때 "감사합니다. 주님을 찬양합니다"라고 예배하는 사람이 공허할 때는 "주님이 필요합니다. 갈급하게 주님을 사모합니다"라고 고백하기도 한다. 양쪽 다 그분을 음미하고 귀중히 여기는 예배다.

공예배는 충만한 이들만을 위한 모임이 아니다. 충만한 이들은 넘쳐흐를 수 있다. 그것도 예배다. 그러나 기진한 이들도 생명을 살리는 하나님 말씀의 샘에 와서 마신다. 이 또한 예배다. 이로써 하나님의 필요성과 매력이 극대화된다. 또 굶주린 영혼도 성경의 풍성한 곳간에서 차려내는 잔칫상에 와서 먹는다. 이 또한 예배다.

"받으러 온다"고 청중을 책망하며 제대로 공급하지 않는 목사에게 화 있을진저! 굶주린 이들이 하나님을 얻으러 온다면, 그 굶주림 덕분에 영혼을 채워 주시는 하나님의 아름다움과 가치가 극대화된다. 그러나 교인들이 매주 재미를 얻으러 온다면 목사는 그 원인을 그들이 아니라 자신에게서 찾아야 한다.

진정한 그리스도인이라도 이처럼 얼마든지 곤고해질 수 있음을 아시기에 하나님은 우리를 다른 사람들에게 의존하도록 계획하셨다. 그들이 우리의 예배(하나님을 알고 귀중히 여기는 것)를 깨우고 지속시키고 강화해 준다. 신약에 이를 분명히 보여 주는 근거가 많이 있다.

서로를 통해 굳게 서도록
지으셨다
—

첫째, 하나님은 교회에 목사와 교사를 두도록 정하셨고(엡 4:11) 그들에게 "가르치기를 잘할" 것을 요구하셨다(딤전 3:2). 이는 하나님이 우리에게 각자 혼자서만 읽고 기도할 게 아니라 말씀 사역자인 다른 사람들의 도움을 받도록 계획하셨다는 뜻이다.

둘째, 자신이 개척한 교회들을 굳건하게 해 준 바울의 모본을 통해서도 우리에게 다른 사역자들이 필요함을 분명히 볼 수 있다.

> 루스드라와 이고니온과 안디옥으로 돌아가서 제자들의 마음을 굳게 하여
> 이 믿음에 머물러 있으라 권하고 또 우리가 하나님의 나라에 들어가려면
> 많은 환난을 겪어야 할 것이라 하고(행 14:21-22).

하나님은 마음을 굳게 해 줄 다른 사역자 없이 그리스도인의 믿음이 강건해지고 예배가 뜨거워지도록 계획하지 않으셨다.

셋째, 끝까지 기쁘고 충실하고 거룩하게 예배를 지속하려면 다른 그리스도인들이 우리에게 하나님 말씀의 진리로 거듭 권면해 주어야 한다.

> 형제들아 너희는 삼가 혹 너희 중에 누가 믿지 아니하는 악한 마음을 품고
> 살아 계신 하나님에게서 떨어질까 조심할 것이요 오직 오늘이라 일컫는 동
> 안에 매일 피차 권면하여 너희 중에 누구든지 죄의 유혹으로 완고하게 되
> 지 않도록 하라(히 3:12-13).

완고한 마음을 면하고 죄를 죽이며 믿음으로 기쁘게 인내하려면 다른 신자들의 권면이 필요하다. 그들의 말씀 사역 없이 혼자 힘으로 살아남는 것은 하나님의 계획이 아니다.

넷째, 우리에게 다른 사람의 섬김이 필요함은 하나님이 그리스도의 몸 된 교회를 그렇게 설계하셨기 때문이다. 그래서 바울은 우리에게 서로가

필요하다고 말했다.

> 이제 하나님이 그 원하시는 대로 지체를 각각 몸에 두셨으니 만일 다 한 지체뿐이면 몸은 어디냐 이제 지체는 많으나 몸은 하나라 눈이 손더러 내가 너를 쓸 데가 없다 하거나 또한 머리가 발더러 내가 너를 쓸 데가 없다 하지 못하리라(고전 12:18-21).

본문에 쓰인 바울의 "쓸 데"라는 단어에서 알 수 있듯이, 그는 그리스도인이 서로 의존하기에 하나님께 의존하지 못한다는 단점으로 보지 않았다. 하나님의 은혜에 전적으로 의존한다 해서 그분이 허락하신 은혜의 통로에 의존하면 안 된다는 뜻은 아니다. 하나님을 때로는 매개 없이 직접 의지하고, 때로는 매개를 통해 간접적으로 의지하는 게 그분의 뜻이다. 따라서 둘 중 어느 경우든 하나님께 전적으로 의존하기는 똑같다. 우리의 물리적 생명은 하나님과 그분이 주시는 양식 둘 다에 의존한다. 인내라는 정서적 자원도 성령과 그분이 주시는 편안한 쉼 둘 다에 영향을 받는다. 마찬가지로 영적인 힘도 하나님의 말씀과 그분이 보내 주시는 사역자 둘 다에 의존한다.

다섯째, 다른 그리스도인의 말씀 사역이 우리에게 필요한 명백한 이유를 성경에서 찾는다면, 바울이 디모데에게 "너는 말씀을 전파하라"(딤후 4:2)고 명했기 때문이다. 이는 괜한 명령이 아니다. 설교를 명한 이유는 설교가 필요하기 때문이다.[1]

고갈된 예배자를 돕다

—

하나님의 백성이 서로를 도와 믿음에 인내하고 기쁜 예배의 삶을 영위하게 하는 방법이야 많지만, 여태 논증했듯이 설교는 공예배에 반드시 필요한 역할을 하도록 특별히 고안되었다. 사람들이 모여 하나님을 아는 지식과 그분을 향한 사랑을 합심하여 표현할 때, 하나님의 독특한 계획대로 설교는 회열로써 그 사랑의 본을 보이고, 강해로써 그 지식과 사랑 양쪽 모두를 돕는다.

이처럼 모여서 예배할 때 설교의 도움이 필요함은 각자의 경험이나 주변 모든 그리스도인을 보더라도 분명해진다. 그리스도인이라도 삶은 으레 고갈되게 마련이며 우리는 어제의 자비를 추억하며 살아가는 존재가 아니다.

> 여호와의 인자와 긍휼이 무궁하시므로 우리가 진멸되지 아니함이니이다
> 이것들이 아침마다 새로우니 주의 성실하심이 크시도소이다(애 3:22-23).

날마다 그날 몫의 괴로움이 우리를 고갈시키고(마 6:34) 날마다 그날 몫의 긍휼이 우리를 회복시킨다(애 3:23). "내 영혼을 소생시키시고"(시 23:3)라는 다윗의 고백에는 그만큼 영혼의 회복이 자주 필요하다는 뜻이 담겨 있다. 그래서 우리는 "주의 구원의 즐거움을 내게 회복시켜 주시고"(51:12), "하나님이여 우리를 돌이키시고 주의 얼굴빛을 비추사 우리가 구원을 얻게 하소서"(80:3), "우리 구원의 하나님이여 우리를 돌이키시고"(85:4)라고 부르짖는다.

모든 그리스도인이 보편적으로 이를 경험하며, 이는 우리가 죄인이기

때문이다. 옛 본성이 우리 영혼을 대적하여 파멸에 떨어뜨리려 한다(갈 5:17; 골 3:5; 벧전 2:11). 고갈 역시 그 전투의 한 면이다. 우리에게 다른 사람의 격려와 지원이 필요한 또 다른 이유는 우리가 피조물이기 때문이다. 우리는 평생 피조물이기에 평생 하나님의 은혜가 필요하다. 심지어 죄가 없는 내세에 영화롭게 완성된 성도도 다른 성도의 섬김에서 유익을 누린다. 그렇지 않으면 의미 있는 관계가 존재할 수 없다. 그러므로 자신을 죄인으로 생각하든 피조물로 생각하든 예배의 마음을 유지하려면 도움이 필요하다.

하나님은 공예배에서 설교를 그런 도움의 중심 요소로 특별히 고안하셨다. 강해의 희열은 공예배의 본질에 부합한다. 그분의 계획대로 설교 내용과 태도 모두 하나님을 아는 지식(강해)과 그분을 향한 열정(희열)을 회복하고 더 키우기에 안성맞춤이다. 그 일을 이루기 위해 강해의 희열은 경기 중에 사이드라인 바깥에 있는 코치나 연극 중에 무대 뒤에 있는 연출자처럼 예배 경험 바깥에 머무는 게 아니라 예배 경험 자체의 일부가 된다. 설교는 그 자체로 예배가 됨으로써 예배를 돕는다.

자연적 수사법의
변종이 아니다

—

강해의 희열이 어떻게 그리스도인의 진정한 예배를 돕는지를 더 구체적으로 밝히는 것이 이번 장의 목표다. 여기서 예배란 예배 시간만 아니라 일상생활까지 포괄한다. 양쪽 모두에서 하나님의 가치와 아름다움을 드러내는 게 그분의 뜻이다(고전 10:31; 롬 12:1-2).

이게 초미의 문제인 까닭은 진정한 예배, 즉 전례와 일상생활 모두가 그저 자연적 원인의 산물이 아니라 기적이기 때문이다. 앞서 1장에서 말했던 진정한 예배의 본질을 놓치지 말라. 한낱 행위로써의 "예배 시간"은 그저 자연적 원인의 산물일 수 있으나, 예배자 안에 예배의 본질을 경험하고 있다면 그럴 수 없다. 예수 안에서 우리를 위한 하나님의 전부로 만족하는 일(그것이 내가 정의하는 예배의 본질이다)은 그저 자연적 원인의 산물이 아니다.

따라서 우리의 질문은 "자연적 지식과 자연적 감정을 높이기 위해 설교자가 할 수 있는 자연적인 일은 무엇인가?"가 아니다. 그런 질문이라면 나는 조금도 관심이 없다. 설교는 자연적 수사법의 변종이 아니며, 말로 자연적 사고를 설득하여 행동을 고치려는 수단도 아니다. 수사법으로 자연적 사고를 신기하게 움직일 수는 있고, 그런 화술로 큰 사회 운동을 일으킬 수도 있다. 그러나 그런 식으로 사고에 미치는 영향에는 하나님의 아름다움과 가치를 보는 안목이 결여되어 있을 수 있다.

설교는 그런 설득에 관심이 없다. 설교의 목표는 그리스도 안에서 하나님의 영광을 영적으로 보게 하는 것이다. 하나님이 최고의 아름다움이자 만족이심을 "맛보도록" 영혼을 깨우고 유지시키는 것이다. 이것이 빠진 채 그럴듯해 보이는 수사법만으로 이룩한 성공은 오히려 교회에 치명적이다.

육에 속한 사람은
알 수 없는 영역

—

4장에 보았듯이 "육에 속한 사람은 하나님의 성령의 일들을 받지 아니하나니 이는 그것들이 그에게는 어리석게 보임이요, 또 그는 그것들을 알 수도 없나니 그러한 일은 영적으로 분별되기 때문"(고전 2:14)이다. "하나님의 성령의 일들"이란 참된 설교 내용을 가리킨다. 그것은 곧 십자가에 못 박히고 부활하여 통치하시는 그리스도의 영광이고, 또 그분 안에서 우리를 위한 하나님의 모든 것이다. 바울이 설교를 통해 알게 한 이런 내용을 바로 앞에서 언급했다.

십자가의 도가 멸망하는 자들에게는 미련한 것이요 구원을 받는 우리에게는 하나님의 능력이라(고전 1:18).

하나님의 지혜에 있어서는 이 세상이 자기 지혜로 하나님을 알지 못하므로 하나님께서 전도의 미련한 것으로 믿는 자들을 구원하시기를 기뻐하셨도다(1:21).

내가 너희 중에서 예수 그리스도와 그가 십자가에 못 박히신 것 외에는 아무것도 알지 아니하기로 작정하였음이라(2:2).

우리가 이것을 말하거니와 사람의 지혜가 가르친 말로 아니하고 오직 성령께서 가르치신 것으로 하니 영적인 일은 영적인 것으로 분별하느니라 (2:13).

"육에 속한 사람"(자연인)은 이를 깨달을 수 없다. 이런 일은 "영적으로 분별되기" 때문이다. 이 세대의 통치자들도 여기에 무지하여 하나님의 아들을 죽였다. "이 지혜는 이 세대의 통치자들이 한 사람도 알지 못하였나니 만일 알았더라면 영광의 주를 십자가에 못 박지 아니하였으리라"(고전 2:8).

설교의 주목표이자 궁극적 목표인 사람들을 이끌어 그리스도의 영광과 및 그분 안에서 우리를 위한 하나님의 전부를 보고 맛보고 드러내게 하는 일은 "육에 속한" 설교자를 통해서는 성취될 수 없고 "육에 속한" 백성 안에는 경험될 수 없다. 자극과 설득의 수사법으로 놀라운 일을 이룰 수는 있다. 하지만 설교의 목표는 그게 아니다. 설교 자체가 기적이자 기적의 통로다. 이것이 설교의 독특성이다. 설교가 경험하고 이루려는 주된 기적은 성경에 계시된 하나님의 영광을 영적으로 보고 맛보는 것이다.

'육신의 생각'의 반대,
성령의 임재

—

고린도전서 2장 14절의 "영적"이라는 단어("영적으로 분별되기"; 프뉴마티코스 아나크리네타이, pneumatikōs anakrinetai)는 "종교, 신비주의, 피안"을 뜻하지 않는다. 성령에게서 기원하여 성령의 속성을 닮았다는 뜻이다. 로마서 8장 7-9절에서 이를 볼 수 있는데, 거기 보면 고린도전서 2장 14절의 "육에 속한 사람"
은 "육신의 생각"을 한다고 되어 있다. 그런 사람은 하나님의 영광스러운 우
월성에 완고히 저항할 뿐 아니라 그분을 맞아들여 기쁘시게 할 능력도 없다.

> 육신의 생각은 하나님과 원수가 되나니 이는 하나님의 법에 굴복하지 아니
> 할 뿐 아니라 할 수도 없음이라 육신에 있는 자들은 하나님을 기쁘시게 할
> 수 없느니라 만일 너희 속에 하나님의 영이 거하시면 너희가 육신에 있지
> 아니하고 영에 있나니 누구든지 그리스도의 영이 없으면 그리스도의 사람
> 이 아니라.

그런데 보다시피 "육신의 생각"(7절)의 반대는 막연한 영성이 아니라 성
령의 임재다. "만일 너희 속에 하나님의 영이 거하시면 너희가 육신에 있지
아니하고 영에 있나니"(9절). 자연인의 반대는 종교적인 신비주의자가 아니
라 성령께서 내주하시는 사람이다. 성령께서 영적 분별이라는 기적을 이루
신다.

성령으로만 이룰 수 있다

그러므로 설교의 주목표이자 궁극적 목표는 성령의 기적적인 역사하심
을 떠나서는 불가능하다. 그분이 초자연적으로 역사하지 않으시면 설교자
도 청중도 하나님의 아름다움과 가치를 보거나 맛볼 수 없다. 반면에 성령

께서 기적을 행하시면 죽은 자도 살아난다(엡 2:5). 그분은 "혈육"의 한계를 초월하여 그리스도의 진리를 계시하신다(마 16:17). 우리 눈의 비늘을 벗겨 그리스도의 영광을 보게 하신다(고후 4:4). "예수 그리스도의 얼굴에 있는 하나님의 영광을 아는 빛을 우리 마음에 비추신다"(6절). 마음의 눈을 밝히신다(엡 1:18). 우리 얼굴의 수건을 벗기시고, 예수님의 아름다움과 가치를 드러내시고, 보는 자를 변화시키신다. "곧 주의 영으로 말미암음이니라"(고후 3:18).

다시 말해서 하나님의 영께서 주권적으로 생명을 주시고, 눈뜨게 하시고, 마음에 빛을 비추시고, 영광을 계시하시지 않는 한, 강해의 희열인 설교는 목표를 성취하기는커녕 존재할 수도 없다. 설교는 예배이며 예배를 추구한다. 설교도 예배도 그야말로 그리스도의 아름다움을 보고 맛보는 기적이다. 그런데 자연인에게는 그게 어리석게 보인다. 그는 최고로 아름답고 존귀하신 그리스도를 있는 그대로 보지 못하기 때문이다.

설교자는 어떻게 성령께서 청중의 마음속에 예배의 기적을 행하시는 통로가 될 수 있는가? 성령은 어떻게 그를 통해 청중이 그리스도의 아름다움과 가치를 보고 맛보고 드러내게 하시는가? 이에 답하고자 나는 바닥부터 시작할 것이다. 이 "바닥"은 워낙 기초라서 그것 없이는 모든 게 모래 위에 세운 집이 된다. 그 실체가 밑을 떠받치지 않는 한 나머지는 다 역효과를 낸다. 성령을 제한하거나 예배를 가로막는다. 먼저 그 실체가 제자리에 있어야 다른 일도 가능해진다. 그렇지 않으면 아무것도 영적이지 못하며 영적인 실체를 낳지도 못한다. 이 기초가 없이는 성령을 공급받을 수 없다.

성령께서 설교자를 통해 청중의 마음속에 예배의 기적을 이루시려면 바로 믿음이 기초가 되어야 한다. 설교자의 모든 필요를 하나님이 채워 주신다는, 피로 사신 약속들에 대한 믿음이다. 근거는 주로 갈라디아서 3장 5절이다. "너희에게 성령을 주시고[공급하시고] 너희 가운데서 능력[기적]을 행하시는 이의 일이 율법의 행위에서냐 혹은 듣고 믿음에서냐." 지금 바울은 성령을 어떻게 공급받는가라는 물음에 답하는 중이다. 그의 반문에 암시된 답은 "우리가 믿음으로 들을 때 하나님이 성령을 공급하신다"는 것이다. 그래서 바울은 설교를 통해 기적을 행하실 성령을 공급받고 싶다면 '듣고 믿으라'고 조언한다.

그가 말한 "듣고"를 나는 "하나님의 말씀을 듣고"로 해석하며, 특히 사역의 순간마다 우리의 필요를 채워 주신다는 그분의 약속들로 본다. 본문 문맥상 우리는 무엇보다도 그리스도의 복음을 듣는다. 그러나 그리스도의 희생적 복음의 혜택 즉 피로 사신 그 혜택에는 하나님의 모든 약속이 포괄된다. "하나님의 약속은 얼마든지 그리스도 안에서 예가 되니"(고후 1:20). 믿는 그리스도인은 누구나 "그리스도 안에" 있으며, 바로 거기서 하나님의 모든 약속은 "예"가 된다.

로마서 8장 32절에 그것을 황홀하게 표현했다. "자기 아들을 아끼지 아니하시고 우리 모든 사람을 위하여 내주신 이가 어찌 그 아들과 함께 모든 것을 우리에게 주시지 아니하겠느냐." 또 바울은 빌립보서 4장 19절에 "나의 하나님이 그리스도 예수 안에서 영광 가운데 그 풍성한 대로 너희 모든 쓸 것을 채우시리라"고도 말했다. "모든 것", 즉 하나님의 뜻을 행하고 그분을 영화롭게 하는 데 필요한 "모든 쓸 것"을 예수께서 피로 사서 우리에게 확보해 주셨다.

다시 갈라디아서 3장 5절로 돌아간다. 하나님이 우리에게 성령을 공급하시고 우리 안에 그리고 우리와 우리의 설교를 통해 기적을 행하심은 바로 "듣고 믿음에서"다. 즉 성령을 공급받으려면 하나님이 피로 사신 약속들을 믿어야 한다. 성령의 능력으로 설교하고 싶은가? 그렇다면 관련된 하나님의 약속들을 정확히 집어내 설교를 준비할 때부터 강단에 설 때까지 시시각각 거기에 의지해야 한다.

*

여기서 논의를 끝낼 수도 있다. 내 나름대로 예배와 설교가 인간적으로 불가능한 이유도 밝혔고, 그 두 기적에 동참하기 위해 설교자가 무엇을 할 수 있는지도 답했으니 말이다. 즉 하나님의 약속들을 신뢰하여 성령을 공급받으면 된다. 우리가 '듣고 믿으면' 성령께서 기적을 행하신다. 하지만 과거에 나는 꽤 여러 해 동안 믿음으로 설교하라는 이런 처방을 듣고도 막상 실제로 어떻게 하는지를 몰라 좌절을 맛보았다. 그래서 당신을 비슷한 좌절 속에 남겨 두고 싶지 않다. 다음 장에서 지난 30년간 이 처방을 실천해 온 내 경험 속으로 당신을 안내하여 최대한 실질적인 도움을 제시하려 한다.

7

설교, 성령 안에서
믿음으로만 할 수 있다

내가 경험한 APTAT

이번 3부에서 우리는 예배와 설교가 왜 인간적으로 불가능하며, 예배와 설교라는 기적에 동참하기 위해 설교자가 할 수 있는 일이 무엇인지를 밝히는 중이다. 앞서 6장에 보았듯이 예배는 우리 뜻대로 할 수 있는 사람의 행위가 아니다. 예배는 그리스도 안에 있는 초자연적 새 생명의 열매이며, 예배의 본질은 예수 안에서 우리를 위한 하나님의 전부로 만족하는 것이

148 • 강해의 희열

다. 하나님의 영광을 맛볼 줄 아는 이런 영적 안목은 타락한 인간이 타고난 게 아니라 하나님이 주신 선물이다. 새 생명도 새로운 영적 안목도 모두 기적이다.

우리는 또 설교가 회중을 지배하여 새로운 생각으로 대업에 착수하게 하는 자연적 수사법의 일종이 아님도 보았다. 그거라면 예부터 많은 웅변가가 성령의 능력 없이도 해 온 일이다. 그것은 강해의 희열이 아니다. 강해의 희열의 목표는 하나님 손안의 도구가 되어 성경의 영광을 보고 맛보고 드러냄으로써, 교회도 영적으로 깨어나 똑같이 보고 맛보고 드러내게, 즉 예배하게 하는 것이다.

갈라디아서 3장 5절에 보았듯이 기적을 행하시는 성령을 공급받는 열쇠는 하나님의 약속, 곧 하나님의 말씀을 '듣고 믿는 것'이다. 이로써 우리는 성령의 인도하심을 받고 성령으로 행하여 성령의 열매를 맺을 수 있다. 즉 "듣고 믿음"으로써 우리는 내가 하는 게 아니라 나를 통해 하나님의 은혜가 드러나게끔 행동하는 기적을 경험할 수 있다(고전 15:10). 바로 설교의 기적을 경험할 수 있다.

나는 이렇게 접근했다
—

이번 장에 나는 33년을 한 교회에서 목회하며 설교한 내 경험을 바탕으로 설교의 기적에 살을 입혀 보려 한다. 초점은 메시지 준비가 아니라 설교 행위 자체에 있다. 성경 본문과 직접 씨름하며 의미를 분별하는 준비 단계에 대해서는 《존 파이퍼의 초자연적 성경 읽기》에 대부분 다 말했다.[1]

준비부터 전달까지 다 성령으로 하려 애쓰므로 공통된 부분도 많다. 나는 둘 다에 APTAT라는 단계를 따른다. 이 약어는 설교만 아니라 모든 일을 성령으로 하려는 내 방향의 길잡이다. "성령으로 행할지니"(갈 5:25). "성령을 따라 행하라"(16절). "성령의 인도하시는 바가 되라"(갈 5:18. 롬 8:14 참조). 성령으로 "몸의 [악한] 행실을 죽이라"(롬 8:13). "성령으로 봉사하라"(빌 3:3).

APTAT는 인정한다(Admit), 기도한다(Pray), 신뢰한다(Trust), 행동한다(Act), 감사한다(Thank)의 약자다. 우리의 설교 행위에 하나님이 성령을 주시려면 우리 쪽에서 이런 조치를 취해야 한다. 그 일이 어떻게 이루어지는지는 거대한 신비다. 인간에게 타자의 힘으로 무언가를 하라는 명령이 주어졌다. 즉 우리가 성령으로 설교해야 한다. 우리가 하되 타자가 우리를 통해 해야 한다. 지극히 초자연적이고 기이한 일이다. 이것이야말로 삶의 원대한 목표다. 내가 살되 내 안에 그리고 나를 통해 타자가 살아서 영광이 그 타자에게 돌아가야 한다.

내가 했지만
내가 한 게 아니다

—

"나지만 내가 아니다"라는 이 역설은 그리스도인의 삶과 사역을 보는 바울의 관점에 깊이 배어 있다.

내가 그리스도와 함께 십자가에 못 박혔나니 그런즉 이제는 내가 사는 것이 아니요 오직 내 안에 그리스도께서 사시는 것이라 이제 내가 육체 가운데 사는 것은 나를 사랑하사 나를 위하여 자기 자신을 버리신 하나님의 아들을 믿는 믿음 안에서 사는 것이라(갈 2:20).

내가 나 된 것은 하나님의 은혜로 된 것이니 내게 주신 그의 은혜가 헛되지 아니하여 내가 모든 사도보다 더 많이 수고하였으나 내가 한 것이 아니요 오직 나와 함께하신 하나님의 은혜로라(고전 15:10).

나는 심었고 아볼로는 물을 주었으되 오직 하나님께서 자라나게 하셨나니 그런즉 심는 이나 물 주는 이는 아무것도 아니로되 오직 자라게 하시는 이는 하나님뿐이니라(3:6-7).

두렵고 떨림으로 너희 구원을 이루라 너희 안에서 행하시는 이는 하나님이시니 자기의 기쁘신 뜻을 위하여 너희에게 소원을 두고 행하게 하시나니 (빌 2:12-13).

이는 그리스도인의 삶의 귀한 신비이자 사역의 신비다. 그래서 설교의 신비이기도 하다. "이제는 내가 설교하는 것이 아니요 오직 내 안에 그리스도께서 설교하시는 것이라." "내가 설교한 것이 아니요 오직 나와 함께하신 하나님의 은혜로라." "내가 설교했으나 설교한 이는 아무것도 아니로되 오직 자라게 하시는 이는 하나님뿐이니라." "설교하라. 이는 하나님이 너희로 하여금 소원을 두고 설교하게 하시나니."

그래서 설교 방법 관련해서 나의 가장 큰 질문은 이것이었다. "어떻게 전적으로 내가 행하고도 내가 아닐 수 있을까? 어떻게 내 모든 능력을 전면 가동하여 메시지에 혼신을 다하고도 내가 아니라 나와 함께하신 하나님의 은혜일 정도로 성령을 경험할 수 있을까? 어떻게 설교자는 성령께서 청중의 마음속에 예배의 기적을 행하시는 통로가 되는가?"

내가 경험한
APTAT
—

내가 발견한 답은 바로 **APTAT**다. 예배당 맨 앞줄에 앉아 있는 내 모습을 상상해 보라. 설교하러 올라가기 1-2분 전이다. 사회자가 본문을 낭독한다. 이 설교를 준비하는 과정에 이미 **APTAT**를 여러 번 적용했지만 지금이 제일 절박하다. 머릿속으로 APTAT를 얼른 훑으면서 최대한 진지하고 성실하게 해 달라고 하나님께 도움을 구한다.

A 인정한다 속으로 이렇게 아뢴다. "아버지여, 강단에 올라서려는 지금 제가 주님께 철저히 의존하는 존재임을 인정합니다. 주님의 섭리가 아니면 제게 목숨이나 호흡이나 아무것도 없습니다(행 17:25). 주께서 제 설교를 초자연적으로 돕지 않으시면 그리스도께로 회심할 사람이 이 자리에 아무도 없습니다. 영적인 죽음에서 살아날 사람도 없습니다. 굳은 마음이 제해지고 부드러운 마음이 심겨질 사람도 없습니다. 이 본문의 참뜻을 깨달을 사람도 없습니다. 영적인 아름다움을 볼 사람도 없습니다. 주님의 무한

한 가치를 음미할 사람도 없습니다. 주님을 닮은 모습으로 변화될 사람도 없습니다." 자진해서 철저히 그렇게 인정한다.

P 기도한다　　이어 도움이 필요하다고 기도한다. 그냥 "도와주세요!"라고 아뢸 수도 있지만 대개는 특별한 부담이나 도전이나 약함이나 필요가 느껴진다. 그래서 도움을 구체적으로 구한다. "아버지여, 저 자신을 잊고 겸손하게 하소서. 생각과 표현을 명료하게 하소서. 원고에서 자유롭되 흐름을 놓치거나 헷갈리지 않게 하소서. 악한 자가 말씀을 훔쳐 가지 못하게 사탄으로부터 보호하여 주소서. 진리를 말하며 기뻐하게 하시고, 본문의 진지함이나 기쁨에 상응하는 사랑을 제게 주소서. 주의 백성을 사랑하게 하시고, 잃어버린 바 된 연약한 영혼들에게 긍휼을 품게 하소서. 진실하게 하소서."

T 신뢰한다　　이 단계가 결정적이다. 신뢰는 6장에서 살펴보았던 갈라디아서 3장 5절과 연결된다. "너희에게 성령을 주시고[공급하시고] 너희 가운데서 능력[기적]을 행하시는 이의 일이 율법의 행위에서냐 혹은 듣고 믿음에서냐." 하나님은 설교를 통해 성령을 공급하시고 기적을 행하시되 우리가 '듣고 믿을 때' 그리하신다. 하나님이 도우신다는 피로 사신 약속 중 하나를 우리가 듣고 믿으면 이를 통해 성령께서 임하신다.

이 단계에서 막연한 일반론에 머물다가 하나님의 풍성한 복을 놓치는 사람이 많다. 성경의 아주 구체적인 특정한 약속에 집중하기는커녕 아예 아무런 약속에도 집중하지 않는다. 하나님의 선하심이나 능력을 뭉뚱그려 생각하는 것이다. 그 자체가 잘못은 아니지만, 하나님은 우리에게 더 좋은 것을 주신다. 적어도 내게는 그것이 사실로 입증되었다. 지난 세월 내게 습관으로 자리 잡은 놀라운 세 가지 실천이 있다.

신뢰하는 습관 1

첫째, 예배 시작 30분쯤 전에 기도실에서 다른 기도하는 이들과 함께 베드로전서 4장 11절을 상기한다. 이 말씀은 예배 시간 전에 우리 기도회에서 가장 자주 인용한 본문이다.

> 만일 누가 말하려면 하나님의 말씀을 하는 것같이 하고 누가 봉사하려면 하나님이 공급하시는 힘으로 하는 것같이 하라 이는 범사에 예수 그리스도로 말미암아 하나님이 영광을 받으시게 하려 함이니 그에게 영광과 권능이 세세에 무궁하도록 있느니라 아멘.

이 권면과 약속이 나는 참 좋다. 잠시 후에 있을 일을 설교 몇 분 전에 더 간절하게 마지막으로 준비시켜 준다. 보다시피 분명히 설교자인 내가 말하고 봉사해야 하되 내 말과 봉사를 "하나님이 공급하시는 힘으로" 해야 한다. 그게 왜 중요한지도 분명히 나와 있다. "이는 범사에 …… 하나님이 영광을 받으시게 하려 함이니." 메시지로 인한 영광은 힘을 주시는 분의 몫이다. 지난 세월 이 본문이 수백 편에 달하는 내 메시지의 발사대가 되었다.

신뢰하는 습관 2

둘째, 소중한 약속들을 내 기억 속에 비축해 둔다. APTAT의 이 단계(첫째 T인 신뢰 단계)에서 당장이라도 정확히 신뢰할 수 있도록 말이다. 이 약속들은 범위가 아주 넓어 설교의 정황이나 주제와 무관하게 언제나 시의적절하다. 다음은 그중 세 가지다.

> 두려워하지 말라 내가 너와 함께함이라 놀라지 말라 나는 네 하나님이 됨이라 내가 너를 굳세게 하리라 참으로 너를 도와주리라 참으로 나의 의로운 오른손으로 너를 붙들리라(사 41:10).

> 주 외에는 자기를 앙망하는 자를 위하여 이런 일을 행한 신을 …… 눈으로 본 자도 없었나이다(64:4).

> 나의 하나님이 그리스도 예수 안에서 영광 가운데 그 풍성한 대로 너희 모든 쓸 것을 채우시리라(빌 4:19).

이런 약속들을 기억하기에 설교 중에 어떤 도전을 만나도 그때그때 이를 신뢰할 수 있다. 그렇게 신뢰하면 그 약속을 통로로 삼아 언제라도 성령을 공급받는다.

신뢰하는 습관 3

셋째, 일요일 새벽에 혼자 기도하고 묵상할 때 하나님이 주실 특별한 약속을 성경에서 찾는다. 다시 말해서 평소처럼 오늘의 말씀을, 또는 범위를 넓혀 읽으면서 구체적인 맞춤형 약속을 살핀다. 바로 그날 아침에 꼭 맞게 특별하고 개인적인 방식으로 하나님이 그 약속을 내게 적용해 주실 수 있다.

예컨대 지난 며칠간 심하게 부부 싸움을 했다고 하자. 나는 죄책감이
들고 낙심해 있다. 화해를 청하긴 했지만 내 죄의 습성 때문에 자괴감이 든
다. 이것이 큰 장애물로 다가와 기쁘고 자유로운 설교를 막는다. '이제 어
떻게 설교할 수 있을까?' 이런 패배감이 들 때 어떻게 주님의 도움을 의지
할 수 있을까? 주님께 도와 달라고 부르짖는데 그분이 나를 시편 25편으로
인도하신다. 거기 이런 말씀이 나온다.

> 여호와는 선하시고 정직하시니 그러므로 그의 도로 죄인들을 교훈하시리
> 로다 온유한 자를 정의로 지도하심이여 온유한 자에게 그의 도를 가르치시
> 리로다(8-9절).

주님이 이 말씀으로 내게 설교하신다(그런 적이 많다). 비록 내가 죄인이어
도 주께서 친히 내 설교를 인도하실 것을 상기시켜 주신다. "그의 도로 죄
인들을 교훈하시리로다." 분명히 성경에 그렇게 나와 있다. 여기 내 상황
에 딱 맞으면서 구체적인 약속이 있다. 하나님 말씀의 이런 구체성은 내 머
릿속의 두루뭉술한 은혜(그것도 영광스럽긴 하지만)보다 내게 늘 더 위력적이었
다. 어쩌면 이는 내 약점일 수 있다. 그렇지 않아야 하는지도 모른다. 하지
만 하나님이 수많은 상황에 대해 성경에 구체적인 특정 약속을 수없이 많
이 주신 이유는, 바로 그 약속들로 우리를 붙드시기 위해서다. 신뢰할 만한
아주 구체적인 말씀을 우리에게 주시기 위해서다.

사실 설교자에게 적용 가능한 맞춤형 약속이 많이 있다. 설교가 흐지부

지하거나 약할까 봐 염려될 때는 그분이 내게 이런 약속을 주실 수 있다.

> 너희를 넘겨 줄 때에 어떻게 또는 무엇을 말할까 염려하지 말라 그때에 너
> 희에게 할 말을 주시리니(마 10:19).

내 설교의 열매가 거의 없어 보여 낙심된다면 주께서 내게 이런 약속을
주실 수 있다.

> 이는 비와 눈이 하늘로부터 내려서 그리로 되돌아가지 아니하고 땅을 적셔
> 서 소출이 나게 하며 싹이 나게 하여 파종하는 자에게는 종자를 주며 먹는
> 자에게는 양식을 줌과 같이 내 입에서 나가는 말도 이와 같이 헛되이 내게
> 로 되돌아오지 아니하고 나의 기뻐하는 뜻을 이루며 내가 보낸 일에 형통
> 함이니라(사 55:10-11).

내가 하려는 말이 중요하지 않아 청중이 무시하리라는 생각이 나를 공
격해 올 때면 하나님이 내게 이런 약속을 주실 수 있다.

> 여호와의 교훈은 정직하여 마음을 기쁘게 하고 여호와의 계명은 순결하여
> 눈을 밝게 하시도다 …… 금 곧 많은 순금보다 더 사모할 것이며 꿀과 송이
> 꿀보다 더 달도다(시 19:8, 10).

내가 적대적인 환경에 있어 설교 중에 목숨이 위태롭다면 하나님이 이

런 약속을 주실 수 있다.

> 두려워하지 말며 침묵하지 말고 말하라 내가 너와 함께 있으매 어떤 사람
> 도 너를 대적하여 해롭게 할 자가 없을 것이니 이는 이 성중에 내 백성이
> 많음이라(행 18:9-10).

몸이 아파 콧물이 흐르고 목이 따끔거려 기침이 나려 할 때는 그분이 내
게 이런 약속을 주실 수 있다.

> 내 은혜가 네게 족하도다 이는 내 능력이 약한 데서 온전하여짐이라(고후
> 12:9).

교회에 오기 직전에 이메일을 읽는 실수를 저질렀는데 거기 나의 소신을
신랄하게 비판하는 말이 있었다면 주께서 내게 이런 약속을 주실 수 있다.

> 인자로 말미암아 사람들이 너희를 미워하며 멀리하고 욕하고 너희 이름을
> 악하다 하여 버릴 때에는 너희에게 복이 있도다 그날에 기뻐하고 뛰놀라
> 하늘에서 너희 상이 큼이라(눅 6:22-23).

아직 맨 앞줄에 앉아 나는 성령의 도움이 없이는 내가 철저히 무력함을 인정하고(A), 기도로(P) 내게 특별히 필요한 도움을 구하고, 신뢰할(T) 약속을 붙드는 데까지 왔다. 진짜 시험은 지금부터다. 실제로 설교하는 이 시간에 나는 하나님의 약속들을 신뢰할 것인가? 바울의 말대로 성령이 공급되는 시점은, 필요를 인정하는 A 단계나 기도로 도움을 구하는 P 단계가 아니라 피로 사신 약속을 신뢰하는 T 단계다(로마서 8장 32절에 근거하여 "피로 사신"을 강조하는 이유는 내 확신의 근거가 내 행위가 아니라 그리스도께서 이루신 일에 있기 때문이다).

설교하기 직전까지 예배당 맨 앞줄에서 나는 이미 골라 둔 약속을 내 영혼에 되뇐다. 주님께 "주님을 신뢰합니다"라든지 어떤 때는 "내가 믿나이다 나의 믿음 없는 것을 도와주소서"(막 9:24)라고 아뢴다. 이때는 나 자신을 생각하지 않는다. 그 시점에서 하는 자기성찰은 자멸 행위다. 자기 영혼의 모습이 부족하다는 회의야 언제나 들게 마련이기 때문이다. 이때는 약속만을 바라보며 다시 되뇐다. 강단으로 걸어가는 동안에도 그럴 때가 많다.

마치 하나님이 내게 말씀하시듯 나 자신에게 그 약속을 말해 준다. 내게 말씀하시는 그분의 음성을 들으려 한다. 그런 순간 하나님이 친히 내게 개인적으로 해 주시는 말씀에 나는 각별한 애정을 느낀다. 하나님의 인격적인 "결심과 의지"를 마냥 기뻐했던 찰스 스펄전(Charles Spurgeon)에게 나도 공감한다. 창세기 9장 16절을 본문으로 한 "무지개"라는 설교에서 그는 이렇게 말했다.

사랑하는 여러분, 이런 능하신 결심과 의지를 생각하면 우리 마음에 기쁨
이 깃듭니다. 하나님의 결심과 의지는 죽음과 지옥이 흔들 수 없는 부동의
기둥입니다.[2]

그래서 나는 하나님이 성경에 하신 말씀으로 내게 말한다. "내가 너를
도와주리라." "너를 굳세게 하리라." "너를 붙들리라." "할 말을 너에게 주
리라." "악한 마귀로부터 너를 보호하리라." "네 말을 헛되지 않게 하리라."
"내가 너를 사랑하노라." "내가 너를 불렀노라." "너는 내 것이라." "여태도
내가 수없이 너를 돕지 않았느냐?" "이제 가라! 강하고 담대하라. 내가 너와
함께하며 네 입에 함께 있으리라." 강단으로 걸어가면서 이런 말이나 혹은
그와 비슷한 말을 실제로 나 자신에게 한다. 그래야만 나중에 사도 바울처
럼 이렇게 고백하는 기쁨을 누릴 수 있다. "주께서 내 곁에 서서 나에게 힘
을 주심[과거시제]은 나로 말미암아 선포된 말씀이 온전히 전파되[게] ······ 하
려 하심이니"(딤후 4:17).

이제 설교 행위를
할 차례다

—

A 행동한다   이 행동은 일대 역설이다. 바울은 "너희 구원을 이루라 너
희 안에서 행하시는 이는 하나님이시니 ······ 너희에게 소원을 두고 행하게
하시나니"(빌 2:12-13)라고 했다. 당신이 행함은 하나님이 행하게 하시기 때

문이다. 그분이 말의 기적을 창출하여 성령으로 지속시켜 주시기에 당신이 기적을 행한다.[3] 조나단 에드워즈는 이 역설을 이렇게 표현했다.

> 여기서 우리는 그저 수동적이지 않으며, 그렇다고 하나님이 일부를 하시고 나머지는 우리가 하는 것도 아니다. 하나님도 전부를 하시고 우리도 전부를 한다. 하나님은 다 **이루시고** 우리는 다 **행한다**. 우리의 행위까지도 그분이 이루신다. 하나님만이 본연의 **창시자**요 근원이시며 우리는 본연의 **행위자**일 뿐이다. 각기 다른 의미에서 우리는 완전히 수동적이면서 완전히 능동적이다.[4]

나는 하나님이 이 설교의 결정적 권능이시라는 약속을 신뢰한다. 그럼에도 내 사고로 때를 기다렸다가 내 의지로 강단에 올라서기로 결심하고 내 다리 근육으로 거기까지 이동한다. 내 사고와 의지와 목청으로 "기도합시다"라고 말한다. 즉 내가 행동한다. 하나님의 약속들을 믿고 "하나님이 공급하시는 힘으로"(벧전 4:11) 봉사한다.

강단에 서기 전에 붙들었던 약속을 설교 도중에 다시 떠올리는 경우는 드물다. 눈앞의 본문과 강해에 완전히 몰두하느라 중간에 다른 본문을 생각할 마음의 여유가 거의 없다. 가끔 그럴 때가 있긴 하다. 때로 잠깐 방향을 잃고 난감하여 갈피를 잡으려 할 때가 그런 경우다. 그럴 때면 한순간 그 약속이 뇌리를 스치며 나를 격려해 준다. 하지만 대개는 당면 과제에 전면 집중한다. 약속을 의식하지는 못할지라도 약속의 실체에 의지하면서 말이다. 직접 의식되지 않는 실체를 의지하다니 이 또한 신비다.

처음의 약속을 설교 도중에 다시 의식하는 경우는 드물지만, 중간에 하나님께 속으로 기도할 마음의 여유는 흔히 있는 편이다. 대개는 1-2초 동안 도움을 구하는 아주 짧막한 기도인데, 내용이 전반적일 때도 있지만 무언가 기억나지 않거나 청중 가운데 하나님의 손길이 필요해 보이는 사람이 있어 구체적으로 구할 때도 있다. 내 생각에 이런 기도는 단순히 믿음이 밖으로 흘러나온 것이다. 그 순간 나는 믿음으로 서 있다.

하나님이 역사하고 계심을
신뢰하라
—

갈라디아서 3장 5절에 확언하듯이 성령은 내 믿음을 통해 역사하신다. 너무 중요해서 다시 인용할 만하다. "너희에게 성령을 주시고[공급하시고] 너희 가운데서 능력[기적]을 행하시는 이의 일이 율법의 행위에서냐 혹은 듣고 믿음에서냐." 이것이 설교의 기적이며 여기가 초자연적 실체가 발생하는 지점이다. 예사롭지 않게 "거룩한 기름부음"이 느껴질 수도 있고 그렇지 않을 수도 있다. 전율은 약속된 바 없으며, 성령이 공급되어 기적을 행하신다는 약속뿐이다.

성령께서 역사하신다는 증거가 청중 가운데 즉각 보일 때도 있다. 겉모습만 보고 영적인 반응이라 단정하지 않는 게 좋다. 설교에 기름부음이 있어도 영적이지 못한 반응이 많은데, 이는 중대해 보여도 사실은 그렇지 않다. 반대로 눈에 보이지 않는 기적도 있다. 그냥 하나님이 역사하고 계심을 신뢰하는 게 좋다. 설교 후에는 대화나 기도를 원하는 사람에게 시간을 내주라.

메시지를 마친 뒤

T 감사한다 드디어 메시지를 마치고 강단에서 물러난다. 회중 찬송에 이어 내가 축도한다. 그 후에는 사람들과 대화하거나 기도하려고 서 있는다. 마지막 노래를 부르는 동안 마음으로 "주님, 감사합니다"라고 아뢴다. APTAT의 두 번째 T다. 사람들과 대화하는 중에도 가끔 속으로 주님께 감사를 고백한다. 집으로 걸어갈 때도 자주 11번가 다리 위에서 "주님 감사합니다! 감사합니다!"라고 큰 소리로 외친다.

이 메시지를 통해 하나님이 하셨거나 앞으로 하실 모든 선한 일을 나는 모른다. 그러나 내가 살아 있다는 사실만은 분명하다. 나는 메시지를 완전히 망치지는 않았다. 때에 따라 정도 차이는 있지만 그분의 자유와 은총을 느꼈다. 설교하는 중에도 본문의 새로운 내용이 보였다. 준비할 때보다 막상 전할 때 본문의 진리가 더 달고 진하게 느껴졌다. 몇몇 사람이 도움이 되었다고 말해 주었다. 우주의 왕이신 그분의 대사라는 막대한 특권이 이 글을 쓰는 지금도 느껴진다. 그래서 다시 고백한다. "주님, 감사합니다."

성령으로 설교하라

—

나는 청중을 이제부터 영원까지 성령으로 예배하도록 돕기 위해 성령으로 설교하려 애써 왔다. 청중을 재미있게 해 주거나 단지 교리적 진리를 납득시키는 일은 내 관심 밖이다. 재미와 교리라면 마귀가 나보다 뛰어나다. 마귀는 거기서 아무런 유익도 얻지 못할뿐더러 이로써 선을 행하지도 못한다. 마귀의 일이자 마귀가 나보다 더 잘하는 일에 내 평생을 바칠 마음은 없다.

지극히 아름답고 존귀하신 그리스도의 영광을 보는 일만은 마귀가 할 수 없다. 그는 이 아름다움을 다른 무엇보다도 더 음미할 수 없고 생전 이를 알릴 수도 없다. 그런데 이 아름다움이야말로 우주가 존재하는 이유, 교회가 존재하는 이유, 공예배가 존재하는 이유, 설교가 존재하는 이유다. 성령의 초자연적 역사가 없이는 예배와 설교의 목표가 무산될 수밖에 없다. 그래서 하나님은 공예배에서 인간의 설교 활동이 성령의 능력으로 이루어지도록 설계하셨다. 이런 설교는 예배가 되어 예배를 깨운다. 성령으로 말미암아 설교는 성경의 영광스러운 진리를 보고 말하고 음미하고 찬미한다. 먼저 진리의 영광을 보고 음미한 설교 덕분에 듣는 이들도 똑같이 한다. 그래서 강해의 희열인 설교는 성령 안에서 예배함으로써 예배를 촉진한다.

삶이 되는

기적

—

이번 3부에서는 설교의 초자연적 차원을 다루었다. 초자연적인 일은 회중 가운데에도 벌어진다. 목사의 설교와 청중의 예배는 다 기적이다. 그래서 설교가 "성령 안에서" 이루어진다는 성경의 가르침을 쭉 훑어보면서, 그 가르침을 실천할 방법을 내가 경험한 APTAT를 통해 예시했다.

이제 초점을 초자연에서 자연적 차원으로 옮긴다. 설교는 인간의 언어와 논리를 구사하여 역사와 신학을 설명하고 순종의 길을 밝힌다. 목표는 늘 초자연적이다. 즉 하나님의 가치와 아름다움을 마음의 눈으로 보고 영적 안목으로 음미하고 성령께서 빚어 주시는 행동으로 드러내도록 사람들을 돕는 게 설교자의 목표다. 이 모두가 성령의 초자연적 역사를 떠나서는 불가능하다. 그런데도 설교자는 자연적 능력을 설교에 모두 쏟아부어 이 기적에 협력해야 할까? 그게 4부의 주제다.

4 부

설교, '사람'을 통해 하는 일이다

8

'명쾌한 사고'와
'논리적 일관성'을 갖추라

허위 전제와 억지 추론의 함정

진정한 예배는 초자연적 경험이며 그 예배를 지속시키고자 하나님이
사용하시는 설교도 마찬가지다. 예배란 삼위일체 하나님의 최고 가치와 아
름다움을 보고 맛보고 드러내는 일이며, 설교는 그 예배의 한 행위다. 그러
나 인간은 성령의 초자연적 역사를 떠나서는 하나님을 최고의 보화로 보
거나 맛보거나 드러낼 수 없다. 성령께서 하나님의 영광을 계시하시고(고후

4:6), 마음의 눈을 밝히시고(엡 1:18), 닫힌 마음을 열어 주시고(눅 24:45), 자연인으로서는 지각할 수 없는 그리스도의 영광을 조금이나마 보게 하신다(마 16:17).

이것이 3부에서 살펴본 내용이다. "인간의 설교 행위가 어떻게 하나님의 일인 예배를 깨울 수 있을까?" 이 질문에 우리는 이렇게 답했다. "설교자는 자신의 무력함을 인정하고, 기도로 하나님의 능력을 구하며, 초자연적으로 개입하실 하나님의 약속들을 신뢰하고, 인간의 행동으로 실제로 설교하고, 그 뒤에 하나님께 감사한다." 앞서 말했듯이 이는 일대 역설이다. 설교의 목표와 예배 경험은 초자연적인데, 설교는 한낱 인간의 행위다. 설교는 성령의 일만이 아니라 인간 의지와 이성의 진정한 노력이기도 하다.

당신의 자연적 능력을
십분 활용하라

—

4부의 8장과 9장에서는 설교자의 모든 자연적 능력을 구사하는 일을 중점적으로 살펴보고자 한다. 설교 행위에서 초자연과 자연적 요소는 어떻게 서로 맞물리는가? 예배를 깨우고 지속시킨다는 목표는 성령의 초자연적 능력으로만 가능하지만, 이번에 강조하고자 하는 것은 설교자가 설교에 자신의 자연적 능력을 십분 활용하는 게 하나님의 뜻이라는 사실이다.

여기서 자연적 능력이란 설교자와 청중이 평범한 인생 경험을 비롯하여 기초 교육을 받은 사람이라는 이유만으로 행할 수 있는 모든 일을 가리킨다.[1] 예컨대 설교자와 청중은 말하고 듣는 자연적 능력이 있다. 단어와 구와 절의 존재를 식별할 수 있고(구나 절이란 용어를 모를지라도), 말이나 글에서 화자나 기자의 의도를 파악할 수 있다. 그렇지 않고는 주변 사람과 소통이 불가능하다. 그들은 또 들으면서 전후 관계를 알 수 있고, 새로 배우는 내용을 기존에 알던 사실과 연결시킬 수 있다. 이미 깨달은 사실을 기억해 낼 수 있고, 충분한 수면과 음식과 운동(또는 커피)으로 맑은 정신과 체력을 유지하여 제반 능력을 떠받칠 수 있다. 책을 통해서든 직접 만나서든 남의 도움을 구할 수도 있다. 그 밖에도 많다. 내가 말하는 자연적 능력이란 그런 뜻이다.

초자연적 은혜는 은혜의 통로를 밀어내지 않는다

하나님이 자기 백성의 심령에 그분의 영광을 계시하시는 통상적 방법은 자연적 능력을 제쳐 두시는 게 아니라 오히려 이를 초자연적 발견의 통로로 쓰시는 것이다. "아들과 또 아들의 소원대로 계시를 받는 자 외에는 아버지를 아는 자가 없느니라"(마 11:27)는 예수의 말씀은 인간이 그분을 보고 듣는 자연적 능력을 구사하지 말아야 한다는 뜻이 아니다. 예수께서 온전한 만족을 주시는 하나님의 아들이심을 알아보는 기적은, 그분을 보고 듣는 자연적 행위를 함으로써 가능하다. 자연적 능력을 구사해야 초자연적 시각이 열린다. 초자연적 은혜는 은혜의 통로를 밀어내지 않는다.

설교도 마찬가지다. 누가복음 24장 45절에 예수께서 "그들의 마음을 열어 성경을 깨닫게 하셨다"는 말은 이 기적이 그들의 자연적 성경 지식을 떠나 이루어졌다는 뜻이 아니다. 읽고 듣는 자연적 능력을 통해 초자연적 이해가 이루어졌다. 그래서 바울은 "그것을 읽으면 내가 그리스도의 비밀을 깨달은 것을 너희가 알 수 있으리라"(엡 3:4)고 말했다. 그들의 이 앎은 초자연적인 것으로, 하나님이 마음의 눈을 밝혀 주신 결과였다(1:18). 그런데 자연적 독서를 통해서 왔다.

설교에 투입되는 사람의 의지와 사고와 육체의 노력은 초자연적 결과를 내시려는 하나님의 목적과 모순되지 않는다. 그래서 이번 장에 호소하건대 설교자는 혼신의 노력과 모든 이성적 능력으로 사고하고², 설명하고, 논증하고, 예시하여 성경 기자들의 의도를 설득력 있게 밝혀야 한다. 동시에 우리는 그분의 영광을 보고 맛보고 드러낸다는 소기의 결과가 하나님의 초자연적 은혜로만 가능함을 안다.

'인간의 사고'와 '하나님의 조명'은
양자택일이 아니다

잘 설교하고 잘 들으려면 잘 생각해야 한다. 사도 바울이 밝혔듯이 인간의 사고라는 노력과 하나님의 조명이라는 선물은 양자택일이 아니라 서로 짝을 이룬다. 이 둘이 어떻게 협력하는지를 그는 디모데에게 이렇게 설명했다. "내가 말하는 것을 생각해 보라 주께서 범사에 네게 총명을 주시리라"(딤후 2:7). 우리가 힘써 생각하면 하나님이 거저 총명을 주신다. 둘 중 하나가 아니라 양쪽 다다.[3]

설교자에 따라 앞 구절의 어느 한쪽으로 치우치는 경우가 있다. 어떤 사람은 "내가 말하는 것을 생각해 보라"는 전반부에 중점을 두어 이성과 사고의 필수 역할을 강조한다. 지성으로 진리의 영광을 보고 받아들일 수 있다며 하나님의 초자연적 영광을 축소시킨다. 어떤 설교자는 "주께서 범사에 네게 총명을 주시리라"라는 후반부에 중점을 두어 이성 무용론을 내세운다. 그래서 이들의 설교는 감정 조종이나 신비주의로 흐른다.

기도와 믿음으로
사고를 흠뻑 적시라

—

그러나 바울은 세심한 묵상과 초자연적 조명 사이에 끼여 있지 않았다. 그에게 이는 둘 중 하나가 아니라 양쪽 다였다. "내가 말하는 것을 생각해 보라 [왜냐하면] 주께서 범사에 네게 총명을 주시리라." "왜냐하면"이라는 단어에 주목하라(저자가 사용하는 ESV 역본과 헬라어 원문에 이 단어가 있다 - 옮긴이주). 준비할 때나 전할 때나 설교자를 향한 하나님의 계획이 다음과 같다는 뜻이다. 즉 우리는 총명이 하나님의 선물임에 기초하여, 우리의 사고로 그 총명을 얻고자 노력해야 한다. 그분의 초자연적 베푸심은 우리의 자연적 사고를 밀어내는 게 아니라 오히려 장려하고 지원한다. "사고로 이해하려 힘쓰라. 주께서 총명을 주시기 때문이다." 말하는 설교자나 그 말을 이해하려는 청중이나 똑같이 그래야 한다.

바울은 하나님이 총명을 주시니 성경을 상고하느라 시간을 낭비하지 말라고 말하지 않는다. 오히려 기도와 믿음으로 사고를 대체할 게 아니라 기도와 믿음으로 사고를 흠뻑 적시라고 우리에게 권한다. 20세기 초의 위대한 신학자 벤저민 워필드(Benjamin Warfield)는 이렇게 말했다. "열 시간의 독서보다 10분의 기도로 하나님을 더 참되고 깊고 실속 있게 알 수 있다는 말이 가끔 들린다. 여기에는 이런 반응이 제격이다. '무슨 소리인가! 열 시간의 기도하는 독서보다도 그러한가?'"[4]

그렇다고 바울은 "전적으로 네 이성적 능력에 달려 있고 하나님이 사고를 조명해 주지 않으시니 내 말을 골똘히 생각해라"라고도 말하지 않는다. 천만의 말이다. 단호히 그는 하나님의 선물인 조명을 우리가 하는 고찰의 기초로 삼는다. 우리가 몰이해의 어둠에서 벗어나려 노력하는 이유는 하나님이 빛을 선물로 주시기 때문이라는 것이다. "내가 말하는 것을 생각해 보라 [왜냐하면] 주께서 범사에 네게 총명을 주시리라."

'사고하는 성숙한 회중'을 목표로
사고하라

—

그래서 설교자는 성경을 치열하게 사고하는 습관을 길러야 하며 청중에게도 그런 습관을 길러 주어야 한다. 목사의 설교는 사고가 명쾌해야 하며, 장기적으로 청중을 성경의 의미를 신중히 생각하는 습관 쪽으로 끌어

들여야 한다. 바울이 디모데에게 사도의 가르침을 생각하라고 한 말(딤후 2:7)은 마치 청중을 대신해 사고를 도맡는 게 목사의 책임인 양 청중은 사고할 필요가 없다는 뜻이 아니다. 바울은 온 교회를 향해 "지혜에는 아이가 되지 말고 악에는 어린아이가 되라 지혜에는 장성한 사람이 되라"(고전 14:20)라고 말했다.

성경 진리에 대해 성숙한 사고력을 갖춘 백성이 되도록 이끄는 일이야말로 목회 사역의 목표 중 하나다. 바울은 에베소서 4장 12-14절에 목사의 목표를 이렇게 명시했다.

> 이는 성도를 온전하게 하여 봉사의 일을 하게 하며 그리스도의 몸을 세우려 하심이라 우리가 다 하나님의 아들을 믿는 것과 아는 일에 하나가 되어 온전한[성숙한] 사람을 이루어 그리스도의 장성한 분량이 충만한 데까지 이르리니 이는 우리가 이제부터 어린아이가 되지 아니하여 사람의 속임수와 간사한 유혹에 빠져 온갖 교훈의 풍조에 밀려 요동하지 않게 하려 함이라.

다시 말해서 미성숙한 사고의 특징은 불안정이다. 그런 사람은 교리의 풍조에 "밀려 요동"한다. 왜 그럴까? 성숙한 사고가 갖추어지지 않았기 때문이다. 그래서 준비해서 전하는 설교자나 듣고 묵상하는 청중이나 양쪽 다 신중히 생각해야 한다. 주의 깊게 사고를 구사하여 논리의 오류를 잡아내야 하고, 일관성 있는 논리로 명쾌하고 설득력 있게 제시되는 진리에 희열해야 한다.

설교에 명쾌하고 설득력 있고 치열한 사고가 수반되어야 한다는 내 호소가 문화의 시류에 역행한다는 것을 나도 안다. 우리 문화는 사고와 논리를 경시하는 대신 볼거리와 시각 효과, 정치적 구호, 음악적 분위기, 감정적 설득을 중시한다. "불붙는 논리"(마틴 로이드 존스가 정의한 설교)는 온 세상에서 논리 없는 불과 불꽃에 밀려나고 있다. 성경 본문에 실제로 논지가 어떻게 전개되는지 알려면 본문의 어구를 깊이 파야 하는데, 많은 설교자가 그런 힘든 일에 여간해서 정신적 수고를 들이지 않는다.

또 설교는 본문이 무슨 의미이고 청중의 삶에 어떻게 적용되는지를 설득력 있는 논리와 진정한 열정으로 보여 주어야 하는데, 이런 메시지를 창작하는 정신적 수고도 비슷하게 등한시한다. 이처럼 이성적 노력을 경시하는 풍조는 어느덧 우리가 호흡하는 문화의 대기가 되었다. 이 공기를 들이마신 지 수십 년이 지났고, 좀체 나아질 줄을 모른다.

이처럼 우리는 진리를 차단하는 독기毒氣를 호흡해 왔거니와 베델대학교 영어 교수였던 대니얼 테일러(Daniel Taylor)는 *Death Comes for the Deconstructionist*(해체주의자의 죽음)라는 소설을 써서 그 비극을 폭로했다. 포스트모더니즘의 전위적인 영어 교수 리처드 프랫, 전통적인 유태계 지성인 대니얼 에이브러햄슨, 이야기를 사랑하는 흑인 학자 베리티 잭슨이 소설 속에서 서로 대립한다.[5]

프랫에게 이성과 진리란 영혼을 말살시키는 기성 체제의 한물간 권력 행사다. 말은 장난감에 불과하다. 해방된 대학가에서 말싸움에 쓰는 노리

개다. 그러나 진리를 왜곡한 나치를 생생히 기억하는 에이브러햄슨과 때로 진리만이 빈민의 유일한 친구임을 아는 잭슨에게 말과 그 말의 쓰임새는 생사가 걸린 문제다. 대학원 공부에 실패하고 탐정이 된 이 소설의 주인공인 존 모트는 또 그만의 이유로 리처드 프랫의 영향력에 개탄한다. 프랫은 모트를 "성경과 거룩한 이성"으로부터 "해방"시켰고, 그 바람에 "인식 가능한 안정된 세계"도 함께 사라졌다. 안정을 잃은 모트의 사고는 자멸로 치닫는다. "나는 사고의 벼랑 끝으로 끌려간다. 거기서 생각은 우연성으로, 우연성은 공허감으로, 공허감은 망각으로 전락한다."[6] 다시 말해서 "내가 말하는 것을 생각해 보라"라는 사도 바울의 말에는 언뜻 보이는 것 이상이 걸려 있다.

청중을 사랑하는 마음으로

바른 사고, 명쾌한 논리, 이성의 정당한 구사, 말을 정직하게 취급하는 예의는 모두 청중을 사랑하는 데 매우 중요하다. 이 모두는 진리를 보는 데 꼭 필요한 창, 전체주의적 권력 남용을 막는 보루, 빈민의 친구, 우연성과 공허감과 망각의 늪에서 무너져 내리는 모래를 떠받치는 안정된 반석이다. 설교자는 성경 기자들의 사고 속으로 파고들어 그들의 의도를 명쾌하고, 논리적으로 일관성 있고, 실존적으로 절실한 메시지로 전환시켜야 한다. 이런 정신적 수고를 외면하는 설교는 성경 기자들을 욕되게 하고, 성령께서 감화하신 성경의 가치를 떨어뜨리며, 성도에게 거짓 교리에 미혹되지 않을 분별력을 갖추어 주지 못한다. 청중을 바른 사고로 이끄는 설교는 정말 중요하다.

모든 설교의 기초인 성경은 책이다. 책이란 읽어야 이해할 수 있고, 잘 읽으려면 잘 생각해야 한다.[7] 읽으면서 최대한 이해하려면 그 자체가 고된 정신노동이다. 그래서 설교자는 매년 매주 사고하는 작업에 엄청난 노력을 기울일 책임이 있다. 우리는 이 일을 잘하거나 못하거나 둘 중 하나다. 모든 설교자에게 호소한다. 우리는 이 책임을 받아들여 잘 감당해야 한다.

진리를 명쾌하게 선포하려던
바울의 열정

바울은 투명하고 명쾌하고 이해하기 쉬우며 책략과 기만과 곡해가 없는 소통에 뜨겁게 헌신했다. 그런 소통자였던 그의 말을 들어 보라.

> 우리의 권면은 간사함이나 부정에서 난 것이 아니요 속임수로 하는 것도 아니라 오직 하나님께 옳게 여기심을 입어 복음을 위탁받았으니 우리가 이와 같이 말함은 사람을 기쁘게 하려 함이 아니요 오직 우리 마음을 감찰하시는 하나님을 기쁘시게 하려 함이라 너희도 알거니와 우리가 아무 때에도 아첨하는 말이나 탐심의 탈을 쓰지 아니한 것을 하나님이 증언하시느니라 또한 우리는 너희에게서든지 다른 이에게서든지 사람에게서는 영광을 구하지 아니하였노라 우리는 그리스도의 사도로서 마땅히 권위를 주장할 수

있으나(살전 2:3-7).

우리는 수많은 사람들처럼 하나님의 말씀을 혼잡하게 하지 아니하고 곧 순전함으로 하나님께 받은 것같이 하나님 앞에서와 그리스도 안에서 말하노라(고후 2:17).

이에 숨은 부끄러움의 일을 버리고 속임으로 행하지 아니하며 하나님의 말씀을 혼잡하게 하지 아니하고 오직 진리를 나타냄으로 하나님 앞에서 각 사람의 양심에 대하여 스스로 추천하노라(4:2).

이 정도면 진리와 명료성과 나타냄과 이해하기 쉬움에 매우 놀라운 열정을 품고 있지 않은가! 그는 가식, 아첨, 탐심, 사람의 영광을 구함, 속임, 왜곡 등을 거부하기로 철저히 헌신했다. 하나님 앞과 모든 사람 앞에서 맹세코 그리했다. 기독교의 담화는 은밀한 암호가 아니라 누구나 이해할 수 있게 공적으로 나타내는 나눔이다. 기독교 설교자는 숨길 게 없다. 마귀는 숨기는 게 본업이지만 설교자는 드러낸다. 마귀는 애매하게 가리지만 설교자는 밝힌다. 마귀는 사고와 마음을 무디어지게 하지만 설교자는 켜서 비추인다. 설교자는 자신의 메시지에 부끄러울 게 없다. 여기에 논리와 바른 이성이 크게 작용한다.

논리는 서구 철학의 산물이 아니다

설교자는 논리를 저울질하는 시험대에 자신의 사고를 의연히 올려놓는다. 자신의 문장들에 일관성이 있다는 확신을 품고 설교한다. 모순은 허용되지 않는다. 그가 논리적 일관성이라는 요건에 겸손히 따르는 것은 논리가 국지적인 게 아니라 사람 사이에 보편적으로 작용한다는 것을 믿기 때문이다. 논리의 뿌리는 하나님의 속성과 그분이 세상을 지으신 이치에 있다. 논리는 서구 철학의 산물이 아니며 선형線形으로 사고하는 사회의 문화적 기벽도 아니다. 성경 자체에 나타나 있고 특히 예수께서 친히 보여 주셨듯이, 소위 아리스토텔레스의 논리는 그리스 사상이나 서구 사상의 전유물이 아니다.

이성을 선택적으로 구사한
바리새인들

마태복음 16장 1-4절을 예로 들어 보자. 위와 같은 구분을 탐탁지 않게 여기는 한 가지 이유가 이 본문에 나온다.

> 1 바리새인과 사두개인들이 와서 예수를 시험하여 하늘로부터 오는 표적 보이기를 청하니 2 예수께서 대답하여 이르시되 너희가 저녁에 하늘이 붉으면 날이 좋겠다 하고 3 아침에 하늘이 붉고 흐리면 오늘은 날이 궂겠다

하나니 너희가 날씨는 분별할 줄 알면서 시대의 표적은 분별할 수 없느냐 4 악하고 음란한 세대가 표적을 구하나 요나의 표적밖에는 보여 줄 표적이 없느니라 하시고 그들을 떠나가시니라.

예수께서 이 바리새인들과 사두개인들에게 하시는 말씀은 무엇인가? 2절에 "너희가 저녁에 하늘이 붉으면 날이 좋겠다 하고"라고 하신 말씀은 무슨 뜻인가? 바리새인들과 사두개인들이 서구인이 아니라 히브리인인데도 소위 아리스토텔레스의 삼단논법으로 사고한다는 뜻이다.

전제 1   저녁에 하늘이 붉으면 날이 좋을 징조다.
전제 2   오늘 저녁은 하늘이 붉다.
결론   그러므로 날이 좋겠다.

그야말로 소위 아리스토텔레스식의 탄탄한 논리다. 이 정확한 관찰과 적절한 논리 구사에 예수는 "너희가 날씨는 분별할 줄 알면서"(3절)라고 반응하셨다. 자연계에 관한 한 그들도 시각과 사고를 구사하여 바른 결론을 도출할 줄 안다는 뜻이다. 그분은 그들의 경험적 관찰과 이성적 사고를 긍정하셨다. 사실은 바로 이 긍정 때문에 그다음의 부정도 타당성과 위력을 얻는다.

그분의 말씀은 3절에 "시대의 표적은 분별할 수 없느냐"라고 이어진다. "할 수 없느냐"라는 표현은 필요한 감각 기능과 사고력이 그들에게 없다는 뜻이 아니다. 그들에게 그런 능력이 있음을 그분이 방금 전에 지적하셨다.

위험을 면하는 세상살이에 관한 한 그들은 정확한 관찰과 논리적 사고에 아주 능했다.

이렇듯 예수는 일관성 있는 논리를 공통분모 삼아 바리새인들과 사두개인들의 위선을 폭로하신다. 그러면서 논리를 선택적으로 구사한 그들을 책망하신다. 해상海上의 안전에는 잘도 써먹는 논리를 영적 진리를 분별하는 데는 쓰지 않았기 때문이다.

"그러므로"의 용법
올바로 이해하기

—

그래서 나는 탄탄한 논리라는 요건이 서구에서만 내놓는 국지적 주장이라는 견해를 믿지 않는다. 예수께서 논리를 전제하셨고 인정하셨다. 복음서 전체에서 그런 그분을 볼 수 있다. 성경의 의미를 깨닫고 설교로 명쾌하고 설득력 있게 제시하려면 예수께서 인정하시고 예상하신 탄탄한 논리가 두루두루 중요하다.

내가 말하는 "탄탄한 논리"("온전한 이성"으로 바꾸어 써도 좋다)란 예를 들어 이런 사고방식을 뜻한다. 즉 우리는 성경의 논증이나 기타 모든 논증에서 "그러므로"라는 단어가 어떻게 작용하는지 볼 수 있어야 한다. 일례로 탄탄한 논리나 온전한 이성이 제구실을 한다면 이런 말을 할 수 없다. "모든 개는 다리가 넷이다. 이 말도 다리가 넷이다. 그러므로 이 말은 개다." 이런 말을 들으면 누구나 "아니, 그 결론은 틀렸다"고 말할 것이다. 그게 틀린 이유는 두 전제와 결론 사이에 탄탄한 인과 논리가 없기 때문이다. 모든 개의 다리가 넷이라 해서 개만 다리가 넷이라는 뜻은 아니다. 그러므로 말은 다리가 넷이어도 개가 아니다. 이 두 전제로는 말이 개라고 믿을 수 없다. 성경의 경우 "그러므로"를 바로 이해하는 데 영원이 달려 있을 수도 있다.

예수님과 바울처럼 설교자들도 부당한 삼단논법과 허위 전제를 절대로 쓰지 않기로 뜨겁게 헌신한다면, 많은 설교에 얼마나 놀라운 혁신이 불어올까? 그들이 신중한 준비와 참된 전제와 정당한 논리에 철저히 헌신하여 이런 말을 절대로 하지 않는다면 얼마나 놀라울까! "성경은 행위를 떠나 믿음으로 의롭다 하심을 받는다고 말한다. 그러므로 최종 구원을 받기 위해 그리스도의 계명에 꼭 순종할 필요는 없다." 이 말은 왜 틀렸는가? "그러므로"로 시작하는 결론의 진위 여부를 떠나 논리 자체가 아예 성립되지 않는다. "그러므로"가 부당하게 잘못 쓰였다. 전제에서 결론이 논리적으로 귀결되지 않는다.

그 이유는 전제의 "의롭다 하심"과 결론의 "최종 구원"이 동일하지 않기 때문이다. 따라서 칭의가 행위와 무관하다 해서 예수의 명령에 순종하지 않아도 최종 구원이 가능하다는 추론은 무효다. 이는 부실한 사고요 엉성한 논리다. 사랑이 아니요, 하나님의 백성에게 해를 입힌다. 인간의 이성이라는 영광스러운 선물을 설교에 그렇게 마구잡이로 오용해서는 절대로 안 된다.

논리적으로 사고하도록
지음받다

—

설교에 논리적 일관성이 꼭 필요하다는 내 말이 과장처럼 들릴 수 있다. 대다수 보통 사람은 논리 이론을 전혀 모르고 또 알 마음도 없기 때문이다. 그건 사실이다. 논리에 낯선 사람이 많다. 하지만 이는 두 가지 이유에서 우리의 논지와 무관하다. 우선 설교자가 일차로 책임을 다할 대상은 청중이 아니라 예수님이다. "우리는 ······ 하나님께 받은 것같이 하나님 앞에서와 그리스도 안에서 말하노라"(고후 2:17). 그런데 앞서 보았듯이 예수님은 일기예보에만 아니라 보다 더 중요한 사안에도 제대로 된 논리를 구사하신다.

대다수 사람이 논리 이론을 모른다는 사실(그들은 알기를 원하지 않으며 덧붙이자면 꼭 알 필요도 없다)이 우리의 논지와 무관한 이유가 또 있다. 본인이 알든 모르든 본래 인간은 최상의 상태에서라면 논리적으로 사고하도록 하나님께 지음받았다. 그래서 시간이 갈수록 청중은 논리적 일관성과 설득력을 갖춘 설교의 힘과 내실과 신뢰성과 위력을 (어쩌면 이유도 모른 채) 좋아하게 된다.

또 청중은 자꾸 설교의 요점이 참된 전제에서 논리적으로 귀결되지 않으면 무언가 어색해서 잘못되어 있음을 감지한다. 전제, 논리, 타당성, 일관성, 비모순율 따위의 어휘를 굳이 몰라도 된다. 하나님이 그런 실체를 인간의 사고에 새겨 놓으셨다. 무엇이든 존재함과 동시에 부재할 수는 없음을 청중은 직관으로 안다. 말이 개가 아님도 안다. 명칭을 모를지라도 부당한 삼단논법을 눈치 챌 수 있다.

논리에 끌리는 마음은
직관이다

—

군이 논리학 강좌를 듣거나 심지어 논리에 아예 어둡다 해도 누구나 논리의 혜택을 누리며 날마다 논리에 따라 살 수 있다. 예컨대 경찰관이 "갈색 머리에 빨간색 겉옷을 입은 젊은 남자가 어제 7시에 프랭클린가街에서 어떤 할머니에게 강도짓을 저질렀다"고 말한다 하자(전제 1). 그런데 당신의 이웃이 경찰관에게 어제 프랭클린가에서 갈색 머리인 당신의 아들을 보았는데 빨간색 겉옷을 입었더라고 말한다(전제 2). 그러자 경찰관은 "그러므로 당신의 아들이 범인일 수밖에 없다"고 말한다(결론).

군이 형식 논리학 학위가 없어도 당신은 경찰관의 명백한 논리상의 오류에 안도할 수 있다. 그 두 전제에서 그런 결론이 귀결될 리는 없다. 전혀 타당성이 없다. 전문 용어를 하나도 몰라도 당신은 당연히 이를 인식하고 안도한다. 당신의 사고는 이 오류를 감지하도록 설계되어 있다. 빨간색 겉옷을 입는 사람은 얼마든지 많고, 프랭클린가는 당신 아들이 평소에 늘 다니는 길이다. 무엇보다 어젯밤 7시에 아들은 당신과 함께 있었다!

설교에는 반드시 사고가 뒷받침되어야 한다. 개념과 해석을 종합해야 메시지가 나온다. 그 내용은 일관성이 있거나 없다. 모순이 없거나 있다. 논리적이거나 비논리적이다. 생각이 제대로 이루어지거나 부실하다. 호소하건대 우리의 설교는 명쾌하고, 설득력 있고, 논리적 일관성이 있어야 한다. 그래야 허위 전제와 억지 추론이 없어진다.

논리적 일관성에 힘쓰라

성경 진리와 그리스도의 권위 앞에 겸손하려면 이렇듯 논리적 일관성에 순응해야 한다. 당신이 논리적이지 못하면서 청중에게 무슨 근거로 설교에 동의하기를 바라겠는가? "성경"이라고 답할 수는 없다. 당신의 설명이 논리적 일관성에 충실하여 실제로 성경에서 결론을 도출하지 않는 한 말이다. 당신의 설교에서 성경이 권위를 발하려면 성경에 호소하되 누가 보기에도 타당성이 있어야 한다.

당신이 성경에서 부당한 추론을 이끌어 낸다면 성경의 무오성을 믿는다고 아무리 강변해도 소용없다. 이는 삶의 기초를 성경에 두도록 청중을 돕는 게 아니라, 오히려 삶의 기초를 당신이 성경에서 이끌어 낸 잘못된 추론에 두기를 바라는 꼴이다. 따라서 겸손이 아니라 교만이며 그리스도의 권위를 위험에 빠뜨린다. 그분은 성경에서 이끌어 낸 참되고 타당한 추론을 통해 말씀하신다.

논리적 일관성이라는 요건에 겸손히 순응하는 사람은 최고 수준의 모범을 따르는 셈이다. 즉 우리의 강해가 불합리한 추론[8]을 시원하게 탈피하여 주장마다 확실한 전제와 타당한 논증을 제시한다면, 이는 예수님과 바울을 본받는 일이다. 예수님은 진리를 회피하려는 바리새인들의 수법을 매섭게 책망하셨다. 바울은 예수님이 그리스도이심을 논증하고 설득했을 뿐 아니라(행 17:2, 4; 18:4, 19; 20:8-9, 26; 24:25; 26:28) 독자들이 명쾌한 논리적 사고를 구사하여 자신의 논리를 따라오리라는 전제하에 서신을 썼다.[9]

여태까지 설교에 사고와 논리적 일관성이 반드시 필요하다고 강조했으니 이런 의문이 들 만하다. "이 모두가 설교의 초자연적 결과와는 어떤 관계인가? 사고라는 자연적 행위가 어떻게 진정한 예배(하나님의 아름다움과 가치를 보고 맛보고 드러내는 일)를 초자연적으로 경험하는 계기가 되는가?" 사도 바울의 답을 들어 보자.

로마서 5장 3-5절에 바울은 그리스도인은 환난 중에도 즐거워해야 한다고 피력했다. 그의 논증은 이렇다(보다시피 정말 논리적 논증이다). "우리가 환난 중에도 즐거워하나니 이는 환난은 인내를, 인내는 연단을, 연단은 소망을 이루는 줄 앎이로다 소망이 우리를 부끄럽게 하지 아니함은."

이어 소망이 우리를 부끄럽게 하지 않는 이유를 두 가지 논거로 제시한다. 이 두 논거의 관계가 설교에 미치는 영향력은 매우 크다. 합리적 사고와 역사적 관측 같은 자연적 수단이 어떻게 하나님의 아름다움과 가치를 초자연적으로 경험하는 계기가 되는지에 대해서도 마찬가지다.

내가 말하는 자연적 수단에는 논리적 논증만 아니라 역사적 관측도 포함된다. 자연적 수단이 초자연적 경험을 돕도록 하나님이 정하신 배후 원리는 논리와 역사에 똑같이 작용한다. 소망이 우리를 부끄럽게 하지 않는 이유에 대한 바울의 논증에서, 자연과 초자연의 맞물림은 곧 역사적 관측과 성령의 역사하심 사이에 이루어진다. 성령은 우리에게 하나님의 사랑을 초자연적으로 느끼게 해 주신다.

소망이 우리를 부끄럽게 하지 아니함은 우리에게 주신 성령으로 말미암아 하나님의 사랑이 우리 마음에 부은 바 됨이니 우리가 아직 연약할 때에 기약대로 그리스도께서 경건하지 않은 자를 위하여 죽으셨도다(롬 5:5-6).

초자연적으로 경험하는
하나님의 사랑
—

바울의 첫째 논거로, 소망이 우리를 부끄럽게 하지 않는 이유는 성령께서 우리 안에 임재하시기 때문이다("우리에게 주신 성령"). 그분은 우리 마음이 하나님의 사랑을 실감하게 하신다. 이는 성경에서 배우는 사실만이 아니라 오늘날 우리가 실제로 경험하는 것이기도 하다. "성령으로 말미암아 하나님의 사랑이 우리 마음에 부은 바 됨이니"(롬 5:5). 정말 우리 마음에 벌어지는 일이다. 성령 하나님이 하나님의 사랑을 맛보게 해 주시기 때문에 우리는 우리를 향한 그 사랑을 확실히 느끼고 맛본다.

바울은 소망이 우리를 실망시키지 않는 이유를 첫째로 이렇게 보여 준다. 하나님이 진정한 초자연적 경험을 주셔서 우리의 소망을 확증해 주신다는 것이다. 그것이 초자연적인 이유는 초자연이신 성령을 통해 주어지기 때문이다. 이것이 설교의 목표다. 즉 우리를 향한 그분의 사랑을 포함하여 하나님의 아름다움과 가치를 진정 초자연적으로 경험하여, 철저히 변화되고 능력을 입는 것이다. 설교의 목표는 단지 정보 전달이나 교리적 진리를 설득시키거나 하나님에 대한 인간적 감동이 아니다. 성령을 통해 하나님을 진정으로 경험하는 것이 우리의 목표다. 본문의 경우 바울의 말대로 성령으로 말미암아 하나님의 사랑이 우리 마음에 부어지는 게 목표다(롬 5:5).

초자연적 경험의 자연적 근거

—

바울이 6절에 한 일이 설교에 시사하는 바가 크다. 그는 초자연적 경험의 근거 내지 기초를 제시했는데, 이는 자연적 근거이자 역사적 근거다. 6절의 맨 첫 단어 "왜냐하면"(헬라어로 가르, gar)에서 그 근거를 볼 수 있다(저자가 사용하는 ESV 역본과 헬라어 원문에 이 단어가 있다-옮긴이주). "우리에게 주신 성령으로 말미암아 하나님의 사랑이 우리 마음에 부은 바 됨이니 [왜냐하면] ……." 이 근거가 눈에 띄는 이유는 역사적 사실과 그 사실을 신학적으로 해석한 진술을 함께 담았기 때문이다. "우리에게 주신 성령으로 말미암아 하나님의 사랑이 우리 마음에 부은 바 됨이니 [왜냐하면] 우리가 아직 연약할 때에 기약대로 그리스도께서 경건하지 않은 자를 위하여 죽으셨도다"(롬 5:5-6, ESV). "그리스도께서 죽으셨도다"는 역사적 사실이고, "경건하지 않은 자를 위하여"는 그 사실을 신학적으로 해석한 것이다.

여기서 자연과 초자연은 어떤 관계인가? 한편으로 성령께서 마음에 하나님의 사랑을 초자연적으로 경험하게 해 주신다. 다른 한편으로 그 경험의 근거(기초)는 역사("그리스도께서 죽으셨도다")와 신학("경건하지 않은 자를 위하여")에 있다고 선포되어 있다. 경험은 초자연적이고(성령께서 주신다) 기초는 자연적이다(마귀조차도 동의할 역사적 사실과 신학적 진술이다).

둘의 관계는 이렇다. 즉 하나님께 사랑받는다는 의미가 "그리스도께서 경건하지 않은 자를 위하여 죽으셨도다"라는 역사적, 신학적 관측에서 드러난다. 이 정보는 성령께서 마음에 주시는 게 아니라 성경과 설교자가 청중의 생각에 심어 준다. 우리에게 하나님의 사랑을 묘사하는 일은 성령의 몫이 아니다. 하나님은 그 일을 역사와 성경과 설교에 맡기셨다.

청중은 하나님 사랑의 본질과 내용을 예수 그리스도께서 역사 속에 행하신 사랑에서 배운다. 그러면 성령께서 설교자가 강해의 희열로 선포한 그 자연적 진리를 취해 초자연적 기적을 행하신다. 하나님의 사랑이 지극히 아름답고 존귀함을 청중이 마음으로 보고 느끼게 하신다. 성령은 그들에게 5절에 묘사한 것처럼 마음에서의 참된 경험을 허락하신다. "성령으로 말미암아 하나님의 사랑이 우리 마음에 부은 바 됨이니."

자연과 초자연을
통합하는 설교

—

역사의 자연적 사실과 그에 대한 해석도 필수이고, 성령의 초자연적 역사하심도 필수다. 하나님의 사랑을 경험한다고 주장하면서 역사와 하나님이 주시는 의미라는 견고한 기초가 없으면, 우리는 이단과 감정주의와 광신으로 치닫는다. 반대로 역사의 사건과 그 신학적 의미를 이해한다고 주장하는데 성령을 통해 하나님의 사랑이 마음에 부어지는 경험이 없으면, 메마르고 무력한 지성주의로 흐른다.

이 과정에서 설교는 "그리스도께서 경건하지 않은 자를 위하여 죽으셨도다"라는 역사적, 신학적 진리의 대변자가 되는 것이다. 설교자는 본문과 그 배후 실체가 전하려는 그리스도의 죽음에 대한 놀라운 사실을 모두 말한다. 이것이 강해다. 아울러 성령께서 이끄시는 대로 큰 기쁨으로 거기에 희열한다. 이 둘을 합한 게 우리의 설교 즉 강해의 희열이다.

그러나 청중이 하나님의 사랑을 마음에 초자연적으로 경험하는 일은 성령만이 이루실 수 있다. 나아가 그들이 이 사랑의 아름다움과 가치를 보고 맛보고 드러내는 게 우리의 목표다. 설교자 자신의 노력으로는 불가능하지만, 성령의 일인 만큼 그분이 노력을 아끼지 않으시고 역사적 사실과 신학적 해석의 아름다움과 가치를 밝혀 주신다. 여기에 설교의 영광이 있다. 다만 그 아름다움과 가치를 선포하는 일은 설교자의 몫이며, 이는 절대로 빼놓을 수 없는 영광스러운 일이다.

성냥불을 댕기시는 하나님

이번 장의 초점은 인간의 능력을 설교에 십분 활용하는 것이었다. 이런 설교의 목표도 성령의 능력에 초점을 둔 6-7장의 목표와 똑같이 초자연적이다. 초자연적 은혜가 은혜의 통로를 밀어내지 않는다는 게 우리의 명제였다.

더 구체적으로 말해서 바른 사고가 설교에 중요하다는 게 초점이었다. 그래서 우리의 설교는 명쾌하고 설득력 있고 논리적 일관성이 있어야 한다고 호소했다. 그래야 허위 전제와 억지 추론이 없어진다. 또 밝혔듯이 이는 사랑과 겸손의 행위며 성경의 진리와 권위에 순복하는 행위다. 언어에 설교자 마음대로 의미를 갖다 붙이면 청중이 망한다. 성경 본문의 논리에 순응하지 않으면 자아가 높아지고 하나님은 왕좌에서 밀려난다.

하나님이 어떻게 설교자의 자연적 능력을 그분의 초자연적 목적에 쓰이게 하시는지도 로마서 5장 5-6절을 통해 밝혔다. 우리 마음에 하나님의 사랑을 맛보는 초자연적 경험은 바울이 그리스도의 죽음이라는 역사적 사실을 자연적으로 제시했기 때문에 가능해지고, 또 그 죽음이 경건하지 않은 자를 위해서였다는 인간의 신학적 진술을 통해 가능해진다. 설교는 자연적 능력을 십분 활용하여 역사와 그 신학적 의미를 설명한다. 이 불쏘시개가 제자리에 있으면 하나님이 성냥불을 댕겨 성령으로 말미암아 자기 백성의 마음속에 타오르게 하신다.

다음 장에서는 실제 설교 작성으로 넘어간다. 초자연적 목적을 효과적으로 달성해 줄 어휘를 골라서 쓰는 노력은 정당한가? 설교에 그리스도인의 영적인 언변이라는 게 존재할까?

9

'창의적 언변'에
힘쓰라

"말의 지혜로 하지 않는다"는 것의 진실

이번 4부에서 나는 설교자가 구사하는 자연적 능력에 초점을 맞추어 다음 물음에 답하는 중이다. "설교는 어떻게 예배라는 기적의 수단이 되는 가?" 앞 장에서는 청중을 사랑하고 성경의 권위를 겸손히 높이려면 바른 사고와 명쾌한 논리와 정당한 이성의 구사가 꼭 필요하다고 논증했다. 이번 장의 자연적 능력은 글쓰기와 말하기 부분이다. 우리는 설득력을 극대화할 목적으로 자연적 능력을 구사하여 어휘를 선택해야 하는가? 달변가가 되려고 노력해야 하는가?

언변에 신경 쓰면
십자가를 가리는가

기독교 설교에서 언변을 논하는 일이 합당한가? 이 질문을 먼저 다루는 것은 사도 바울이 성령의 감화를 받아 고린도전서 1장 17절에 이렇게 썼기 때문이다. "그리스도께서 나를 보내심은 세례를 베풀게 하려 하심이 아니요 오직 복음을 전하게 하려 하심이로되 말의 지혜로 하지 아니함은 그리스도의 십자가가 헛되지 않게 하려 함이라." 그리스도는 바울을 보내 설교하게 하시되 언변으로 하지 않게 하셨다. 그리스도의 십자가가 무용지물이 되지 않도록 말이다.

"지혜와 언변으로 하지 아니함은"(NIV), "말재주로 하지 아니함은"(NASB), "유창한 지혜의 말로 하지 아니함은"(ESV) 등 다른 역본을 인용해도 문제는 그대로 남는다. 어떤 설교 방식(어떤 언변이나 말재주나 인간의 지혜)은 십자가 사건을 무효로 만든다. 십자가 사건을 무효로 만들다니 정말 기겁할 일이다. 우리는 그런 언변이나 말재주나 지혜의 말이 무엇인지 알아서 이를 삼가야 한다.

고린도전서 2장 1절에 나오는 바울의 비슷한 진술을 생각해 보라. "형제들아 내가 너희에게 나아가 하나님의 증거를 전할 때에 말과 지혜의 아름다운 것으로 아니하였나니." "언변이나 인간의 지혜로 아니하였나니"(NIV). "우수한 말이나 지혜로 아니하였나니"(NASB). "고상한 말이나 지혜로 아니하였나니"(ESV).

설교자에게는 불길한 본문들이다. 우리 대부분은 영향력을 최대한 높이려고 말을 골라서 하는 편이다. 하지만 그래야 하는가? 생명을 살리고, 교만을 낮추고, 하나님을 높이고, 그리스도를 칭송하고, 기쁨을 키우고, 사랑을 깨우고, 선교를 동원하고, 정의를 증진하는 효과를 높일 목적으로 어휘 자체, 말의 배합, 전달 방식 등을 선택해야 하는가? 그렇게 하면 십자가와 성령의 역할을 침해하는 것인가? 지금 바울의 말은 어휘 선택과 배열과 전달을 통해 남에게 영향력을 미치려 애쓰면 그리스도의 능력은 감추어지고 십자가의 영광이 가려진다는 것인가?

성경은 언변이 좋은가

역사를 통틀어 대다수 성경학자가 지적한 다음 사실 때문에 문제는 더 복잡해진다. 즉 성경 자체에 달변이 많이 나온다. 예컨대 존 칼빈(John Calvin)은 이렇게 말했다. "이사야의 문체에 주목하자. 깔끔하고 우아할 뿐 아니라 화려체의 순수 예술이다. 여기서 우리는 언변이 신앙에 큰 도움이 될 수 있음을 배운다."[1]

시인 존 던(John Donne)도 비슷하게 말했다. "성경을 쓰실 때 성령은 바른 내용만 아니라 묘미, 조화, 언어의 선율도 기뻐하셨다. 독자에게 더 큰 영향을 미칠 최고의 은유와 기타 수사법까지도 기뻐하셨다."[2] 다시 말해서 성경에 달변이 들어 있고, 성경이 독자에게 영향을 미칠 때 어떤 식으로든 일부는 이런 언변 덕분이다.

갈라디아서 4장 6절에 대한 마르틴 루터(Martin Luther)의 말도 생각해 보라. "성령은 우리를 위해 중보하실 때 많은 말이나 긴 기도가 아니라 탄식으로 하신다. …… '아, 아버지여!'와 같은 작은 소리와 가냘픈 탄식으로 하신다. …… 그러므로 '아버지여'라는 짤막한 단어는 …… 데모스테네스와 키케로를 비롯하여 세상에 존재했던 가장 유창한 웅변가들의 모든 언변을 능가한다."[3] 이렇듯 루터는 심지어 기도 중에도 성령께서 때로 우리를 친히 일종의 언변 쪽으로 인도하신다고 말한다.

칼빈과 던과 루터의 말이 맞다면 십자가를 위해 언변을 버렸다는 바울의 말은 무슨 뜻인가? 칼빈과 던과 루터가 놓친 게 있는가?

조지 윗필드의 언변

제1차 대각성 운동의 두 거장인 조지 윗필드(George Whitefield)와 조나단 에드워즈를 비교해 보아도 이 문제가 느껴진다. 이 두 설교자는 신학적으로는 일치했지만 설교 방식은 크게 달랐다.

1740년 봄에 조지 윗필드는 필라델피아의 옥외에서 수천 명의 청중에게 여러 번 설교했다. 벤저민 프랭클린(Benjamin Franklin)도 참석하여 대부분의 메시지를 들었다. 프랭클린은 윗필드의 설교 내용을 믿지 않았지만 완성도 높은 그의 설교를 이렇게 평했다.

> 그의 전달이 …… 잦은 반복을 통해 크게 돋보이는 데다 모든 억양과 강조
> 와 음량 조절마저 어찌나 완벽하게 다듬어지고 때에 맞던지 **주제에 관심이**
> **없는 사람도 그 강론에 반할 수밖에 없었다**. 탁월한 음악 작품에서 받는 기
> 쁨과 아주 비슷했다.[4]

윗필드는 내용을 전혀 믿지 않는데도 설교 자체가 좋아질 만한 달변을
구사했다. 사실 이는 설교자가 두려워 떨어야 할 일이다. 윗필드의 언변은
프랭클린에게 기쁨을 주었으나 그는 윗필드가 전하려는 내용에는 일말의
관심도 없었다. 설교자의 언변만 좋아하고 구주를 거부한 것이다. 그렇다
면 윗필드는 십자가를 헛되게 한 것일까?

이 시대의 언변

하지만 조심하라. 일부 젊은 목사들은 여기까지 읽고서 자신은 윗필드
식의 언변에 신경 쓰지 않으므로 이런 걱정을 할 필요가 없다고 생각할 수
있다. 그들은 정장 차림을 버린 것과 똑같이 웅변술도 버렸다. 하지만 그렇
게 간단한 문제가 아니니 조심하라. 전통적인 유창한 말로 이루어지는 언
변도 있지만, 최신 유행과 옷차림과 속어와 첨단 지식과 격의 없는 분위기
로 이루어지는 "언변"도 있다. 이 시대에는 이런 털털해 보이는 인상이 윗

필드 시대의 언변과 똑같이 매혹적 효과를 낼 수 있다. 청중은 설교자가 전하려는 진리에 아무런 관심이 없을지라도 이런 편안한 현대식 "언변"에 열광할 수 있다. 다시 말해서 이는 누구도 피해 갈 수 없는 절박한 문제다. 우리 모두에게 답이 필요하다.

조나단 에드워즈의 언변

　윗필드와 같은 시대를 산 그의 친구 조나단 에드워즈는 사뭇 달랐다. 그는 말솜씨가 두드러진다는 찬사를 받지는 못했으나 다른 종류의 언변이 있었다. 그가 언변 좋은 설교자인가라는 질문에 한 청중은 이렇게 답했다.

> 언변의 정의가 세간의 통상적 의미라면 그는 자격 미달이었다. 그는 목소리에 변화를 주는 법을 몰랐고 힘주어 강조하지 않았다. 손짓은커녕 여간해서 움직이지도 않았다. 고상한 문체를 통해서든 멋진 묘사를 통해서든 청중의 입맛을 만족시키거나 상상력을 사로잡으려는 시도도 하지 않았다. 그러나 언변의 의미가 압도적인 논증의 무게로 청중 앞에 중요한 진리를 제시하는 능력이라면, 개념이나 전달 하나하나에 말하는 사람의 영혼을 온통 쏟아부을 만큼 열정이 뜨거워 모든 청중이 처음부터 끝까지 진지하게 집중하고 그리하여 마침내 지워질 수 없는 감동이 남는 거라면, 그렇다면 에드워즈 목사의 언변은 내가 여태까지 들어 본 것 중에 최고다.[5]

극적인 웅변가였던 윗필드의 경우나 미동도 없이 치열한 논리에 능했던 에드워즈의 경우나 다음 질문을 피할 수 없다. "둘 중 어느 쪽이든 언변은 그리스도의 십자가를 헛되게 하는가?" 복음을 전하되 "말의 지혜로 하지 아니함은 그리스도의 십자가가 헛되지 않게 하려 함이라"고 말한 바울의 모본을 그들도 과연 따랐을까?

나는 설교자로서 스코틀랜드의 신학자요 설교자인 제임스 데니(James Denney, 1856-1917)의 말을 잊을 수가 없다. 웅변술에 충실한 지성적 언변이든 편안하고 멋지게 웅변술을 배격하는 통속적 언변이든, 데니의 이 말은 사안의 정곡을 찌른다. "자신이 똑똑하다는 인상과 그리스도께서 능히 구원하신다는 인상을 동시에 줄 수 있는 사람은 없다."[6]

이는 설교 방법과 관련해 내게 가장 영향을 행사하는 문장 중 하나다. 그렇다면 글쓰기나 말하기에 일부러 조금이라도 솜씨나 기교를 부리면 자아가 높아지고 그리스도께서 능히 구원하신다는 진리가 가려진다는 뜻인가?

언변 자체가 목적이 될 때

—

뉴욕대학교 영미문학 교수 데니스 도너휴(Denis Donoghue)는 2008년에 *On Eloquence*(웅변에 관하여)를 출간했다. 그의 주장은 바울이 고린도에서 부딪쳤던 문제를 현대식으로 표현했다 할 수 있다. 그에 따르면 웅변(언변)이란 놀라게 해서 영향을 미치는 말법으로써 그 자체가 목적이다. 예컨대 그는 이렇게 말한다.

연설이나 글이 웅변적일 수 있으나 이 경우 웅변은 연설이나 글의 목표에
는 중요하지 않다. 수사법과 달리 웅변은 목표가 없다. 말이나 기타 표현
수단의 놀이다. …… 웅변의 주된 속성은 무위성이다.[7]

웅변은 무슨 실제 목적이나 목표에 복무하지 않는다. 무언가 하도록 상대
를 설득하려는 게 수사법이라면 웅변은 당장의 수단인 표현력을 찾아내는
즐거움이다.[8]

그도 E. M. 시오랑(E. M. Cioran)처럼 이런 목적 없는 웅변 개념이 바울과
같은 시대인 2천 년 전의 소피스트들에게서 시작되었다고 보았다.

사상 최초로 소피스트들은 말의 가치와 적합성, 논리 행위에서의 말의 기
능 등 말의 고찰에 몰두했다. **문체를 목표 자체이자 내재적 목적으로 인식
하고 그런 문체를 찾아내려고** 중요한 걸음을 뗐다.[9]

도너휴에 따르면 웅변은 다른 목표와 관계없이 내재적으로 즐거운 말
법이나 문체다. 목표가 없어 무위적이다. 그래서 웅변이다. 목표가 있다면
이미 수사법이라서 다른 대의나 이념에 쓰이게 마련이다.

도너휴는 웅변을 무목적과 무위성의 즐거운 언어로 보는 이런 관점에
성경과 특히 예수가 큰 걸림돌이 된다고 보았다.[10] 그런데 한 그리스도인
비평가는 오히려 도너휴의 관점을 통해 하나님이 세상에 잉여의 무위적 웅
변을 지천으로 주셨음을 알 수 있다며 과잉 반응을 보였다.

기독교적 관점의 웅변을 주장하기가 정말 그렇게 어려운가? 천지 창조 자
체보다 더한 웅변과 더 복된 잉여가 무엇이겠는가? 모든 딱정벌레, 심해의
보이지 않는 생물, 무한수의 은하는 다 굳이 필요 없었다. 셰익스피어도 필
요 없었고 나의 새 손자 거스(Gus)도 꼭 필요하지는 않다.[11]

나는 그렇게 생각하지 않는다. 이는 하나님의 목적에 대한 너무도 무엄
한 태도다. 어린아이 거스, 셰익스피어, 은하, 아직 발견되지 않은 수많은
종의 동식물을 하나님은 그냥 아무렇게나 지으셨을까, 아니면 목적을 두고
창조하셨을까? 목적을 두셨다면 무위적이지 않고 잉여도 아니다. 하나님
아닌 모든 것은 자기보다 높은 목적을 위해 존재한다.

하나님이 만물을 다스리시고 만사를 행하시는 데는 다 목적이 있는데,
도너휴와 그 비평가의 문제는 그런 그분의 존재가 웅변에 미치는 함의를
충분히 깊이 헤아리지 못했다는 것이다. 하나님의 목적은 아들의 영광을
칭송하시는 것이다. "만물이 다 그로 말미암고 그를 위하여 창조되었고"(골
1:16). 은하도 아이도 무위적이거나 잉여가 아니다. 예수 그리스도의 영광
을 위해 창조되었다. 아직 발견되지 않은 은하까지도 그리스도의 위대하심
을 칭송하기 위해 존재한다. 하나님의 입장에서 볼 때 잉여란 없다.

그렇다면 웅변이 선하다는 이 모든 다양한 증언을 바울의 두 진술에 비
추어 어떻게 해석할 것인가? "그리스도께서 나를 보내심은 세례를 베풀게
하려 하심이 아니요 오직 복음을 전하게 하려 하심이로되 말의 지혜로 하
지 아니함은 그리스도의 십자가가 헛되지 않게 하려 함이라"(고전 1:17). "형
제들아 내가 너희에게 나아가 하나님의 증거를 전할 때에 말과 지혜의 아

름다운 것으로 아니하였나니"(고전 2:1).

언변과 소피스트

바울이 고린도 교인들에게 말한 정황과 도너휴가 언급한 소피스트 사이에 흥미로운 연결 고리가 존재한다. 도너휴는 자신의 웅변 개념을 소피스트들에게로 추적해 올라갔다. 바로 그들이 최초로 문체를 "목표 자체이자 내재적 목적으로" 취급했다. 바울이 고린도전서에 말한 언변의 배경을 가장 설득력 있게 다룬 책 중에 브루스 윈터(Bruce Winter)가 쓴 *Philo and Paul among Sophists*(소피스트들 가운데의 필로와 바울)가 있다. 윈터에 따르면, 바울이 자신의 화법과 고린도에서 사역한 방식에 대해 그런 말을 한 것은 바로 소피스트들과 그들의 웅변 개념이라는 배경 때문이었다.[12]

고린도전서 1장의 바울의 말을 함께 생각해 보면 알겠지만, 그는 자신이 어떤 언변은 거부했고 어떤 언변은 거부하기는커녕 오히려 구사했는지를 우리에게 충분한 단서를 통해 보여 준다.[13]

우선 10-12절에 보면 고린도 신자들은 서로 분쟁하며 각기 좋아하는 스승 밑에 줄을 섰다. 그런데 이 분쟁이 각 스승의 언변과 관계있다는 증거가 꽤 충분하다. "내가 이것을 말하거니와 너희가 각각 이르되 나는 바울에게, 나는 아볼로에게, 나는 게바에게, 나는 그리스도에게 속한 자라 한다는 것이니"(고전 1:12).

분명히 바울의 적들은 그의 언변이 모자라다며 업신여겼다. "그들의 말이 그의 편지들은 무게가 있고 힘이 있으나 그가 몸으로 대할 때는 약하고 그 말도 시원하지 않다[호 로고스 엑수테네메노스, ho logos exouthenēmenos] 하니"(고후 10:10). 또 고린도에서 인기가 좋았던 아볼로는 분명히 언변이 좋았다. "알렉산드리아에서 난 아볼로라 하는 유대인이 에베소에 이르니 이 사람은 언변이 좋고 성경에 능통한 자라"(행 18:24)는 말에서 알 수 있다. 그가 알렉산드리아 출신이라는 사실 또한 꽤 의미가 있다. 필로도 알렉산드리아에서 활동했는데 그에 따르면 소피스트들은 그곳에서 맹활약하며 사람들에게 언변을 지도했다.[14]

소피스트들을 반박한 바울

고린도에도 소피스트들이 존재했음을 적어도 여섯 가지 문헌을 통해 알 수 있다.[15] 그들은 교육과 권력과 지혜의 증거로 문체와 형식을 매우 중시했다. 아마 그들의 영향으로 일부 고린도 교인들은 그런 식의 언변에 감탄하며 기독교 스승에게도 이를 기대했을 것이다. 아볼로가 그들에게 유명인사가 된 이유도 필시 뛰어난 말솜씨 때문이었을 것이다. 브루스 윈터는 "바울은 일부러 소피스트 정신을 배격하는 입장을 취했고, 그래서 고린도에 교회를 개척한 자신의 활동을 소피스트들의 인습과 인식과 기준에 대비시켜 변호했다"라고 말했다.[16]

바울이 소피스트들의 언변에 반대한 이유는 그것이 십자가를 헛되게 했기 때문이다. 왜 그럴까? 왜 이런 웅변 개념은 십자가를 헛되게 할까? 고린도전서 1장 18절에 이유가 일부 나온다. "십자가의 도가 멸망하는 자들에게는 미련한 것이요 구원을 받는 우리에게는 하나님의 능력이라." 십자가가 소피스트들의 언변에 들어맞을 수 없는 이유는 그들에게 십자가가 미련한 것이기 때문이다. 즉 십자가는 인간의 교만을 철저히 무너뜨리므로 "정교한 수사적 웅변"[17]과 "정예주의 교육 제도"[18]를 통해 인간의 칭송을 받으려는 이들에게는 십자가가 미련해 보일 수밖에 없다. 십자가는 우리 죄의 참상이 적나라하게 드러나고 하나님의 값없는 은혜가 가장 찬란히 빛나는 곳이다. 죄로 보나 은혜로 보나 우리로서는 아무런 자격이 없다는 뜻이다. 이렇듯 십자가는 교만을 도려내고 우리가 아닌 그리스도를 높인다. 그래서 소피스트들에게 미련해 보인다.

20절에서도 그것을 확증한다. "지혜 있는 자가 어디 있느냐 선비가 어디 있느냐 이 세대에 변론가가 어디 있느냐" 여기 변론가란 혀를 하도 잘 놀려 어느 편에 서든 능히 이기는 사람이다. 영악하여 말이 청산유수로 번드르르하다. 관건은 진리와 실체가 아니라 임기응변하는 화술이다. 바울은 고린도전서 1장 20절 끝에 "하나님께서 이 세상의 지혜를 미련하게 하신 것이 아니냐"라고 반문했다. 이때의 "지혜"란 기독교에 맞설 만한 심오한 세계관이 아니라, 변론에 이겨 자신의 영리함과 언변과 힘을 내보이려는 궤변의 화술이다.

바울이 배격한 언변은 언어의 특정한 인습이라기보다 말을 악용하여 자아를 높이고 십자가에 못 박히신 주님을 비하하거나 무시하는 행위였다. 고린도전서 2장 1-2절에 나타난 대비를 다시 잘 보라. "형제들아 내가 너희에게 나아가 하나님의 증거를 전할 때에 말과 지혜의 아름다운 것으로 아니하였나니 내가 너희 중에서 예수 그리스도와 그가 십자가에 못 박히신 것 외에는 아무것도 알지 아니하기로 작정하였음이라." 바울의 요지는 이

것이다. "말싸움으로 자존심을 세우고 십자가를 음지에 밀쳐 두는 서기관들과 변론가들을 만날 때마다 나는 십자가를 양지로 이끌어 내 만천하에 드러낼 것이다. 그들의 말장난에 놀아나지 않을 것이다."

좋은 언변과 나쁜 언변을 구분하는 기준

이런 맥락에서 다시 세부에 주목하면 좋은 언변과 나쁜 언변을 구분하는 두 가지 기준이 눈에 들어온다. 고린도전서 1장 26-29절에 바울은 자랑이라면 사족을 못 쓰던 소피스트들을 상대로 형세를 역전시킨다.[19]

> 형제들아 너희를 부르심을 보라 육체를 따라 지혜로운 자가 많지 아니하며 능한 자가 많지 아니하며 문벌 좋은 자가 많지 아니하도다 그러나 하나님께서 세상의 미련한 것들을 택하사 지혜 있는 자들을 부끄럽게 하려 하시고 세상의 약한 것들을 택하사 강한 것들을 부끄럽게 하려 하시며 하나님께서 세상의 천한 것들과 멸시받는 것들과 없는 것들을 택하사 있는 것들을 폐하려 하시나니 이는 아무 육체도 하나님 앞에서 자랑하지 못하게 하려 하심이라.

자신을 낮추는가   십자가도 그렇고 택하심도 그렇고, 하나님의 뜻은 "아무 육체도 하나님 앞에서 자랑하지 못하게 하려 하심"이다. 이게 좋은 언변과 나쁜 언변을 구분하는 기준의 첫째 갈래다. 자랑으로 느껴지는가? 똑똑한 말로 자신을 높이려는 자존심의 산물인가? 그렇다면 바울은 물리친다. 이어 그는 30-31절에 이렇게 말을 잇는다.

너희는 하나님으로부터 나서 그리스도 예수 안에 있고 예수는 하나님으로부터 나와서 우리에게 지혜와 의로움과 거룩함과 구원함이 되셨으니 기록된 바 자랑하는 자는 주 안에서 자랑하라 함과 같게 하려 함이라.

<u>그리스도를 높이는가</u>　십자가와 택하심뿐 아니라 거듭남의 주권적 은혜("너희는 하나님으로부터 나서 그리스도 예수 안에 있고")에서도 하나님의 뜻이 또 있으니, 곧 모든 자랑은 십자가에 못 박히시고 부활하신 주 예수 안에서 이루어져야 한다는 것이다. "자랑하는 자는 주 안에서 자랑하라"(31절).

요컨대 좋은 언변과 나쁜 언변을 구분하는 기준의 둘째 갈래는 이것이다. 그리스도를 높이는가? 특히 십자가에 못 박히신 그분을 높이는가?

바울이 "말의 지혜로 하지 아니함은 그리스도의 십자가가 헛되지 않게 하려 함이라"(고전 1:17), "말과 지혜의 아름다운 것으로 아니하였나니 내가 너희 중에서 예수 그리스도와 그가 십자가에 못 박히신 것 외에는 아무것도 알지 아니하기로 작정하였음이라"(고전 2:1-2)라고 두 번이나 배격한 언변을 나는 그렇게 이해한다. 양쪽 다 요지는 이것이다. 말로 자존심을 지키고 자아를 높여 인간의 지혜를 과시하는 일과 그리스도의 십자가 안에서 당신의 생명과 영광을 찾는 일은 양립할 수 없다. 그러므로 자신을 낮추고 그리스도를 높인다는 이중의 기준이 당신의 말을 지배해야 한다.

어휘 선택과 배열과 전달을 통해 영향력을 미치려는 우리의 모든 노력에, 즉 언변의 시도에 이 두 기준을 적용하면 바울이 배격한 언변의 오용에 빠지지 않을 수 있다. 이제 제임스 데니가 한 말의 근거가 더 분명하게 보인다. 바로 이 두 기준이다. "자신이 똑똑하다는 인상과 그리스도께서 능히 구원하신다는 인상을 동시에 줄 수 있는 사람은 없다."[20] 자아를 높이면서 동시에 그리스도를 높일 수는 없다.

창의적 언변의 세계로
초대하신다
—

다시 칼뱅과 루터와 존 던으로 돌아가서, 성경에 달변이 가득하다고 한 그들 모두의 말이 옳다는 게 내 결론이다. 성경에는 말에 효과를 더하기 위한 각종 문학적 장치가 가득하다. 답관체, 두운, 유비, 신인동형론, 모음운, 정형시, 교차 대구법, 자음운, 대화, 과장법, 반어법, 은유법, 운율, 의성어, 역설, 대구법, 반복법, 각운, 풍자, 직유법이 다 있고 그 밖에도 더 많다.

나아가 하나님은 그분의 이런 창의적 언변에 동참하라고 우리를 초대하신다. 다음과 같은 말씀을 통해 우리를 부르신다.

> 사람은 그 입의 대답으로 말미암아 기쁨을 얻나니 때에 맞는 말이 얼마나 아름다운고(잠 15:23).

> 경우에 합당한 말은 아로새긴 은 쟁반에 금 사과니라(25:11).

> 저는 자의 다리는 힘 없이 달렸나니 미련한 자의 입의 잠언도 그러하니라 (26:7).

또 무엇을 하든지 말에나 일에나 다 주 예수의 이름으로 하고 그를 힘입어 하나님 아버지께 감사하라(골 3:17).

너희 말을 항상 은혜 가운데서 소금으로 맛을 냄과 같이 하라 그리하면 각 사람에게 마땅히 대답할 것을 알리라(4:6).

잘 생각해서 적절하고 때에 맞고 경우에 합당하고 시의적절하고 마땅하게 말하라. 이 모두를 통해 주 예수의 이름을 높이라.

왜 말의 효과를 극대화해야 할까
—

마지막 질문이 하나 더 있다. 우리는 언변(말의 강력한 효과)에 힘쓰도록 초대받았다. 성경은 달변이 넘치는 책이며, 자신을 낮추고 그리스도를 높인다는 이중의 기준이 그 효과를 추구하는 우리의 길잡이다. 그렇다면 언변의 성공을 통해 우리가 설교에 희망하는 바는 무엇인가? 성령만이 새 생명의 기적을 행하여 영적으로 죽은 자를 실제로 살리실 수 있는데, 그분은 이일을 평범하고 무난한 복음 증거를 통해서도 하실 수 있고 언변 좋은 복음 증거를 통해서도 하실 수 있다. 그렇다면 우리가 조금이라도 언변을 갖추거나 말로 효과를 높이려고 노력하는 게 무슨 차이인가?

여기에 우선 다섯 가지 바람을 제시한다. 이를 적용함과 동시에 우리는 중간 어느 때라도 하나님이 개입하여 언변 여부와 무관하게 우리의 설교를 구원의 도구로 삼으실 수 있음을 안다. 어느 일요일에든 하나님은 우리가 보기에 최악의 메시지를 기적의 수단으로 쓰실 수 있다. 그렇다면 말의 효과를 극대화하려고 주의를 기울여야 하는 까닭은 무엇인가?

청중의 관심을 지속시킨다

예술성이나 반전이나 도발성이나 미적인 즐거움을 주는 언어 선택(즉 언변)은 청중을 깨어 집중하게 할 수 있다. 딱히 이유를 몰라도 말이 흥미롭거나 특이하거나 즐겁게 느껴지기 때문이다. 겟세마네에서 제자들이 잠들었을 때 예수는 "마음에는 원이로되 육신이 약하도다"(마 26:41)라고 말씀하셨다. 이처럼 청중은 약하고, 약한 청중을 우리가 도와주어야 한다.

이것이 회심이나 죄의 자각이나 성화는 아니지만 그런 목표로 가는 진지한 수단이다. 졸거나 잡념에 빠진 청중은 말씀을 들을 수 없는데, 믿음은 들음에서 나고 들음은 말씀에서 난다. 그러므로 언변은 밤에 청하는 단잠과도 같다. 이로써 영혼을 구원하지는 못하지만 구원해 줄 말씀을 깨어 듣게 할 수는 있다. 설교자의 표현법도 같은 목적을 위해 청중을 깨우고 관심을 지속시킬 수 있다.

청중의 공감을 자아낸다

예술성이나 반전이나 도발성이나 미적인 즐거움을 주는 언어는 적대적인 생각을 품은 사람까지도 말하는 사람에게 더 공감하게 할 수 있다. 말이 충분히 흥미롭고 참신하면 권태와 분노와 적개심과 의심의 장애물을 뛰어

넘어 존중과 매력과 흥미와 집중으로 바뀔 수 있다. 이 또한 회심이나 죄의 자각이나 성화는 아니지만 적어도 권태처럼 사람을 몰아내지는 않는다. 오히려 예수께 "네가 하나님의 나라에서 멀지 않도다"(막 12:34)라는 말씀을 들을 정도로 상대를 빛으로 가까이 이끌 수 있다.

잠시 조지 윗필드와 벤저민 프랭클린의 예로 돌아가 보자. 윗필드의 언변에 압도된 프랭클린은 그를 사이비로 보지 않고 존경했다. 절친한 친구가 되었다. 윗필드의 전기작가인 해리 스타우트(Harry Stout)는 이렇게 썼다. "누구에게도 그러지 않던 프랭클린이 윗필드에게는 사적인 종교 문제도 흉금 없이 털어놓았다. 그에게 동의하지는 않더라도 그만큼 그의 경청을 신뢰했던 것이다."[21] 그래서 누구와도 달리 윗필드만은 프랭클린에게 그리스도를 말할 수 있었다. 그가 프랭클린에게 보낸 서신마다 그리스도로 흠뻑 젖어 있었는데, 이에 대해 그는 "내 모든 편지에 그리스도를 담아야만 한다"고 웃으며 말했다.[22] 그가 프랭클린을 얼마나 가까이 신앙으로 이끌었을지 누가 알겠는가. 이 모두가 부흥회를 경멸하던 프랭클린의 마음이 윗필드의 언변과 진정성 앞에 조금이나마 허물어졌기 때문이다.

C. S. 루이스는 글 잘 쓰는 법을 조언해 달라던 한 아이에게 편지를 쓴 적이 있다.[23] 그의 답이 청중의 공감을 자아내는 설교에도 아주 적합하기에 여기에 그가 권한 다섯 가지 제안을 소개한다.

1. 문장을 쓸 때는 항상 네 말뜻을 명확히 표현하여 그 문장에 그 밖의 다른 의미는 있을 수 없게 해라.

2. 길고 모호한 단어보다 간결하고 직설적인 단어를 항상 선호해라. 약속을 이행한다고 하지 말고 지킨다고 해라.

3. 구체적인 명사로 표현이 가능할 때는 절대로 추상명사를 쓰지 마라. "더 많은 사람이 죽었다"는 뜻이라면 "사망률이 증가했다"고 말하지 마라.

4. 글을 쓸 때는 네 묘사 대상에 대해 독자에게 기대하는 감정을 그냥 형용사로 말하지 마라. 무언가가 "끔찍하다"고 말할 게 아니라 우리에게 끔찍하게 느껴지도록 그것을 묘사하라는 말이다. "즐겁다"고 말할 게 아니라 네 묘사를 읽고 우리 입에서 "즐겁다"는 말이 나오게 해라. 그러니까 무섭다든지 신기하다든지 흉하다든지 고상하다든지 하는 말은 다 독자에게 "부디 제 일을 당신이 대신해 주세요"라고 말하는 것과 똑같다.

5. 주제에 비해 너무 거창한 단어를 쓰지 마라. "매우"라는 뜻일 때는 "무한히"라고 말하지 마라. 그렇지 않으면 정말 무한한 무언가를 말하고 싶을 때는 남아 있는 단어가 없다.[24]

글쓰기에 대한 이 조언들은 설교에도 그대로 적용할 수 있다.

청중의 감수성을 깨운다

참신성과 반전과 도발성과 미적인 즐거움을 주는 설교는 사람의 사고와 마음을 깨우는 효과가 있다. 이게 거듭남에는 못 미치지만 그래도 더 심각하고 아름다운 주제에 대한 정서적, 지적 감수성을 깨워 주므로 중요하다. 시적인 표현으로 청중을 해의 위엄에 주목하게 할 수 있다면, 다음 단계로 청중은 하늘이 하나님의 영광을 선포한다는 사실을 깨달을 수도 있고(시 19:1), 나아가 그리스도가 위대하신 공의로운 해라고 고백할 수도 있다(말 4:2).

이스라엘의 위대한 시인 다윗이 "하늘이 하나님의 영광을 선포하고"(시 19:1)라고 먼저 말하고 나서 더 시적으로 "하나님이 해를 위하여 하늘에 장막을 베푸셨도다 해는 그의 신방에서 나오는 신랑과 같고 그의 길을 달리기 기뻐하는 장사 같아서"(4-5절)라고 읊은 이유도 그래서가 아닌가? 떠오르는 해를 왜 신랑이나 달리는 사람에 비유하는가? 무디어진 사고를 깨워 일출의 즐거운 장관을 보게 하기 위해서고, 이렇게 자연에 깨어남으로써 모든 자연이 온통 하나님의 영광이라는 영적 시각에도 이르기를 바라서다.

청중이 기억하기 쉽다

특정 부류의 언변(정형시, 대구법, 운율, 각운, 모음운, 자음운)은 마음을 깨우고 관심을 끌 뿐 아니라 말의 내용을 잘 잊히지 않게, 즉 기억하거나 암기하기 쉽게 함으로써 효과를 더해 준다. 2008년에 나는 디자이어링 갓(Desiring God, 저자가 설립한 사역단체-옮긴이주) 전국 집회에서 이번 장의 내용으로 강연했다.[25] 집회 제목은 "The Power of Words and the Wonder of God"(말의 힘과 하나님의 경이)였다. 제목의 운율과 자음운과 모음운에 관한 한 나는 아주 까다로운 편이라서 이 제목도 마치 시를 쓰듯 정했다. 즐거우면서도 기억하기 쉬웠으면 싶었다. 내가 의식했던 몇 가지 점에 주목해 보라.

o 첫째는 내게 즐거워 보이는 약강격이라는 의도적 운율이다. 둘째 음절
   에서 시작하여 한 음절씩 건너에 강세가 놓인다. 약강 약(약)강 약(약)강
   약(약)강. "The Power of Words and the Wonder of God."

o 둘째는 자음운 즉 Words와 Wonder의 W 두운이다. 이 제목을 "The
   Power of Language and the Wonder of God"이나 "The Power of
   Words and the Majesty of God"과 비교해 보라. 내 귀에는 둘 중 어느
   쪽도 통하지 않는다. 운율도 사라지고 두운도 없어진다.

o 셋째는 모음운이다. 아홉 중 여섯 단어를 글자 o의 음운이 지배한다.
   power, of, words, wonder, of, God. 이 제목을 "The Strength of
   Language and the Marvel of God"과 대조해 보라. 개념은 좋지만 언
   어가 약하다.

o 끝으로 "words"와 "wonder"와 "God"의 병렬이 내가 보기에 특이하고
   도발적이고 매력 있다.

이 모두에 힘입어 청중은 제목을 기억하기가 쉬워진다. 이듬해에는 집
회 제목이 "With Calvin in the Theater of God"(칼빈과 함께 하나님의 극장에)
였는데 칼빈의 이름 앞에 "John"(존)을 붙이면 운율(약강 5보격)이 깨지기 때
문에 안 된다. 이런 게 까다로워 보인다면 다시 생각하라. 제목이나 설교
에서 이게 가장 중요한 요소는 아니지만, 귀에 쏙 들어오는 말과 맹탕인 말
중에서 택할 수 있다면 전자를 마다할 이유가 무엇인가?

성경 일부가 답관체(踏冠體; 히브리어 시에서 사용하는 표현 방법으로, 시 각절의 첫
글자를 히브리어 알파벳 순서대로 배열한 형식-편집자주)로 기록된 이유도 즐겁고 인

상적인 제목으로 기억을 도우려는 목적과 상통한다. 예컨대 시편 119편은 여덟 구절 단위의 22연으로 되어 있다. 각 연마다 히브리어 알파벳의 다른 글자로 시작되며 여덟 구절 전부의 첫 글자가 똑같다. 이 정도면 부주의한 게 아니라 의도적이고 예술적인 언변이다.

말의 위력이 더해지다

주목을 끄는 아름다운 언어를 힘써 빚어내면 진리의 아름다움에 언변의 아름다움이 합해져 말의 위력을 더해 준다. 창작에 공을 들여 아름다운 내용을 아름답게 말하거나 글로 쓰면, 언변(형식의 아름다움)에 주제의 아름다움이 반영되고 존중된다. 그리하여 결국 진리가 존중받는다.

방법과 내용이 하나가 되고 그 둘이 합해져 메시지의 진리와 아름다움을 증언해 준다. 궁극적으로 우리의 주제는 늘 그리스도의 영광이며 그분은 만물을 지으셨고 또 붙들고 계신다. 그렇다면 형식의 아름다움을 진리의 아름다움에 조화되게 하는 일은 설교 원고 작성으로 그분을 영화롭게 하는 최고의 방법이다.

진리와 형식의 연합을 이렇게 생각할 수도 있다. 상대가 당신 말의 아름다움은 보고 즐거워하는데 아직 주 예수의 아름다움은 보지 못한다 하자. 당신은 그에게 그리스도의 아름다움을 증언했을 뿐 아니라 이런 말로 그를 초대한 셈이다. "이런 건데 이보다 훨씬 낫다. 내 말의 아름다움은 그림자다. 이 부족한 아름다움을 창조하셨고 지탱시키시며 자비롭게 받아 주시는 그리스도가 실체다. 그분을 보라. 그분께 가라."

물론 당신의 말로 자신이 아닌 그리스도를 높이는 게 당신의 기도이자 진심 어린 목표임은 기본이다. 하나님은 그 동기를 중시하신다. 청중도 당신이 무슨 마음으로 말하는지 알아차리게 되어 있다.

그분의 이름을 위해
언변에 힘쓰라
—

기독교 설교는 얼마든지 언변이 좋을 수 있다. 구원이나 성화의 결정적 요인은 언변이 아니라 하나님이지만 믿음은 들음에서 나고 들음은 말씀에서 난다. 그런데 성경말씀은 시종 언변이 좋다. 큰 효과를 내는 쪽으로 어휘를 배합했다. 게다가 하나님은 우리를 초대하여 우리 이름이 아니라 그분의 이름을 위해 달변의 문장을 짓게 하시고, 그분의 신비롭고 주권적인 은혜 가운데 때로는 우리가 선택한 어휘에도 불구하고 때로는 그 어휘 때문에 청중의 마음속에서 스스로 영광을 받으신다. 이렇게 그분은 우리를 낮추시고 친히 모든 영광을 취하신다.

설득력 있는 어휘의 힘
—

4부에서는 설교자가 설교의 초자연적 목표(즉, 영원히, 삶 전체로 드리는 참되고 진심 어린 예배)를 이루기 위해 구사하는 자연적 능력을 다루었다. 먼저 8장에 역설했듯이 명쾌한 사고, 타당한 논리, 이성의 바른 구사, 말을 정직하게 취급하는 예의는 다 충실한 설교로 청중을 사랑하는 데 반드시 중요하다. 또 이번 장에 논증했듯이 고린도전서 1장 17절에 바울이 배격한 "말(언변)의 지혜"는 어휘를 선택하는 설교자의 자연적 능력을 배제하지 않는다. 오히려 그런 능력 덕분에 청중이 주목하지 않을 수 없고, 진리가 명확히 설명되며, 본문의 아름다운 실체(또는 흉한 죄의 실체)가 드러난다.

3부와 4부를 종합하면 설교의 목표가 초자연적이라는 그림이 나온다. 설교자는 청중의 마음속에 기적이 일어나기를 기도하며 수고한다. 청중들이 "잠시 죄악의 낙"을 누리는 데서 탈피하여 예수 안에서 자신을 위한 하나님의 전부로 만족하도록 말이다. 이 목적을 위해 설교자는 성령의 능력으로 설교하려 애쓴다(3부). 그런데 청중에게 벌어지기를 바라는 기적을 설교자부터 경험해야 한다. 설교는 예배를 추구하며 그 자체로 예배다. 역설이지만 설교자는 사고하고 말하는 자연적 능력을 통해 예배의 초자연적 목표를 추구하며, 그 과정에서 항상 성령을 의지한다(4부).

5부에서 살펴볼 질문은 이것이다. "성령을 의지하며 우리의 사고와 말을 구사한다는 것은 설교 행위에서 실제로 어떤 모습으로 나타나는가?" 답은 성경 본문에 치열하게 주목하여 실체 속으로 철저히 뚫고 들어가야 한다는 것이다. 이제 그 문제로 넘어가 보자.

EXPOSITORY
EXULTATION

'성경'을
더욱 깊이 파라

본문에 충실하기

10

본문에 심긴 '실체' 속으로
뚫고 들어가라

치밀한 어구 분석

설교는 성경 본문의 실제 어구에 치열하게 주목하면서, 그 어구를 뚫고 본문이 전달하려는 실체 속으로 들어가야 한다. 이를 논증하는 것이 5부의 목표다. 그런 치열한 주목은 설교를 준비할 때만 아니라 실제로 설교할 때도 필요하다. 그래야 청중이 본문과 실체의 연관성을 볼 수 있기 때문이다. 청중이 그 연관성을 보지 못하면 실체를 믿을 근거를 성경 본문 안에서 찾지 못한다. 하지만 하나님을 제외한 신성한 권위는 본문뿐이다. 따라서 그런 이탈은 교회 존립과 세상에서의 사명에 비참한 결과를 부른다.

설교의 목표는 '성경말씀'을 통해 이루어진다

이번 장에 본문과 실체의 연관성을 밝히고, 설교자가 청중에게 그 연관성을 보여 주는 게 왜 중요한지도 알아보려 한다. 이번 장과 다음 장의 방향을 이 책의 전체 범위에 맞추려면 설교의 궁극적 목표가 성경의 궁극적 목표와 동일하다는 것을 기억하라. 바로 모든 민족과 언어와 부족과 나라에서 피로 사신 그리스도의 신부가 불같이 뜨거운 영원한 예배로 하나님의 한없는 가치와 아름다움을 높이는 것이다.[1] 여기서 예배란 예배 시간에 하는 행위만이 아니라 하나님의 가치와 아름다움이 최고의 보화임을 현세와 내세의 삶에서 표현하는 모든 행위를 가리킨다. 이렇게 말할 수도 있다. 설교의 궁극적 목표는 청중이 성경을 통해 하나님의 아름다움과 가치를 보고 음미하고 삶 전체를 통해 이를 영원히 드러내는 것이다.

바로 앞 문장에 "성경을 통해"라는 문구를 강조했다. "청중이 성경을 통해 하나님의 아름다움과 가치를 보고 음미하고." 이는 중요한 문구다. 이미 논증했듯이 디모데에게 "너는 말씀을 전파하라"(딤후 4:2)라고 한 바울의 말에서 "말씀"이라는 단어는 다름 아닌 신구약 성경 전체를 가리킨다.[2] 그 직전에 바울은 "모든 성경은 하나님의 감동으로 된 것으로 …… 유익하니"(3:16)라고 말했다. 바로 이 전체를 가리켜 그는 뒤이어 "말씀을 전파하라"(4:2)고 했다.

설교는 청중의 삶을 변화시키는 예배를 추구하기에 성경에 충실하려 힘쓴다. 설교와 성경은 목표가 같다. 성경이 하려는 일을 설교가 하고 성경이 드러내려는 바를 설교가 드러낸다. 성경이 하나님의 감동으로 되어 인간에게 필요한 것을 전달하기 때문이다. 이로써 성경을 통한 하나님의 목적이 실현된다. 성경에 정말 있는 내용을 끌어내는 설교는 하나님께 가세하여 그분의 목적을 이룬다.

그래서 설교는 강해다. 강해에 대한 존 스토트의 정의를 3장에 길게 인용했다. "성경 강해란 본문에 있는 내용을 끄집어내 보여 주는 일이다." 다시 말해 설교 내용은 본문에 있다. 그렇다면 본문에 정말 있는 내용은 무엇이며 어디에 있는가? 내용이란 곧 문법 구조인가? 기자의 머릿속에 있는 개념인가? 역사적 사건인가? 하나님인가? 영광인가? 사람의 감정인가? 그리고 그것은 본문 속에, 본문 배후에, 본문을 통해 있는가?

"본문에 있는 내용을 끄집어내"라는 말이 모호하므로 내 나름대로 강해의 의미를 더 부연했다. 그때 논증했듯이 메시지의 내용은 본질상 성경 본문이 아니라(그 자체도 세세한 부분까지 다 없어서는 안 되지만) 본문이 전달하려는 실체다. 이는 성경 본문을 진지하게 대하는 많은 설교자가 주의를 기울여야 할 점이다. 그렇지 않으면 설교자는 문법 구조와 문맥 구성만 설명해 놓고 강해했다고 생각할 수 있다. 해당 본문의 논리와 문법 구조에 매료되고 "성경신학"[3]에 나오는 정경의 거대 구조에 감동한 나머지, 그런 것들만 지적해 놓고 강해했다고 착각할 수 있다. 또 그런 것들을 찾아냈을 때의 자신의 미적이고 지적이고 신학적인 흥분을, 그 모두가 전달하려는 신성한 실체에 대한 영적인 희열로 혼동할 수 있다.

그래서 나는 강해의 직무에서 '실체'라는 요인을 강조한다. 확언컨대 설교 내용이 "성경 진리"라는 스토트의 말에서 "진리"라는 단어가 가리키는 것은 문법적이고 역사적인 명제 또는 언어나 주제의 구조만이 아니라 그 속에 담긴 실체다. 예컨대 본문이 "하나님은 사랑이시라"이면 설교는 하나님의 실체, 사랑의 실체, 그리고 그 둘이 등치된 관계의 실체를 "끄집어내 보여 주는 것이다."

설교의 정수,

본문 속 실체를 드러내는 것

―

설교자가 본문, 예컨대 고린도후서 6장 16절에 바울이 교회를 "살아 계신 하나님의 성전"이라 칭했고, 하나님이 "내가 그들 가운데 거하며 두루 행하여 나는 그들의 하나님이 되고 그들은 나의 백성이 되리라"라고 약속하셨음을 보았다 하자. 이것이 예부터 흘러온 계시의 일부로써 에덴동산에서 시작되어 새 하늘과 새 땅에 하나님이 임재하신다는 비슷한 약속으로 끝난다는 사실도 청중에게 지적해 주었다 하자. 메시지의 10-15분을 할애하여 그런 흐름의 네다섯 가지 예까지 성경 다른 데서 보여 주었다 하자. 내 요지는 이것이다. 거대 구조와 흐름에 대한 이 모든 관찰과 이를 보았다는 엄청난 흥분이 곧 설교의 정수라고 생각하지 않도록 조심하라. 정수는 그것이 아니다.

설교의 정수는 '실체'라는 요인이다. 이 본문과 구조와 흐름이 전달하려는 실체는 무엇인가? 그 실체의 본질과 가치는 무엇인가? 그 실체가 이 청중의 삶에 미치는 함의는 무엇인가? 흥분이 더 깊어지게 하라. 흥분이 본문의 구조나 감격스러운 발견을 뚫고 들어가 실체 자체에 또는 그분 자신께 가닿게 하라.

문법 관계와 언어 구성과 정경 구조를 발견하고 흥분하는 일이야 영적 생명이 없어도 가능하다. 그 즐거움이 참되고 선하긴 하지만 성령이 주셨거나 그리스도를 높이거나 하나님 중심이 아닐 수도 있다. 그런 즐거움은 타락한 세상도 누린다. 그러나 본문을 통해 전달되는 실체, 그리스도를 높이는 하나님 중심의 그 실체는 성령께서 주시는 마음의 눈(엡 1:18)으로만 보고 전율할 수 있다.

청중을 감격 속으로 끌어들이려 할 때 설교자의 도구는 문학적 창 자체가 아니라 그 창을 통해 보이는 실체다. 성경의 창을 통해 청중의 사고와 마음을 영광의 세계로 이끄는 것이 설교자의 목표다. 설교의 목표는 하나님으로 흠뻑 적셔진 실체를 청중이 성경말씀의 창을 통해 지각하고 경험하는 것이다. 본문의 구조(작게는 문법 구조부터 크게는 정경 구조까지)를 설교의 절정으로 삼지 않도록 조심하라. 실체라는 요인의 소환장을 늘 앞에 두라.

강해에는 성경 본문의 어구 자체에 치열하게 주목하는 일과 본문이 전달하려는 실체 속으로 철저히 침투하는 일이 둘 다 필요하다. 실체를 발견하는 길은 본문에 나와 있다. 따라서 실체를 마음대로 지어낸 뒤 본문을 억지로 끌어다가 그 실체에 권위를 부여할 재량은 우리에게 없다. 실체를 본문의 어구를 통해 보여 줄 수 없다면 그 실체는 성경의 권위를 잃고 만다.

그래서 "말씀을 전파하라"(딤후 4:2)는 바울의 말은 "말씀을 전파하되 말씀이 전달하려는 실체에 이르라"는 뜻이다. 나는 일부러 이해한다보다 전달한다는 단어를 쓴다. 대다수 사람의 경우 이해한다고 하면 설교의 목표가 기자의 개념을 파악하는 정도로 제한된다. 그러나 본문이 전달하려는 실체 속으로 철저히 뚫고 들어가야 한다는 말은 개념을 이해하는 것보다 훨씬 의미가 깊다. 그 개념을 있게 한 실체를 인식해야 한다는 뜻이다. 또 실체를 통해 정서가 깨어나야 한다는 뜻이다. 기자는 우리가 실체를 이해할 뿐만 아니라 경험하기를 원한다.

사도 바울이 "주 안에서 기뻐하라"(빌 3:1)고 말한 것은 우리가 그 말을 이해할 뿐만 아니라 기쁨을 경험하기를 바라서다. 따라서 이 본문으로 설교하되 본문이 전달하려는 실체에 이르려면, 설교의 목표를 이 어구를 강해함으로써 기쁨을 깨우고 구현하는 데 두어야 한다. 실체라는 요인이 설교자를 최종 목표로 떠밀어 준다. 그 목표란 성경 기자들이 의도한 일, 이 경우주 안에서 기뻐하는 일을 청중이 경험함으로써 하나님께 영광이 돌아가는 것이다.

어구를 옳게 분별할 때

—

이번 장에서 나의 전제는 이것이다(《존 파이퍼의 초자연적 성경 읽기》 20장에도 변호하고 설명한 바 있다). 성경 기자들이 전달하려는 실체는 성경 본문의 단어와 문장과는 별개로 은밀한 곳에 숨어 있지 않다. 단어와 문장을 제대로 다루어야 실체를 인식할 수 있다. 성경 속에 계시된 하나님의 영광을 보여 달라고 기도할 때("내 눈을 열어서 주의 율법에서 놀라운 것을 보게 하소서"-시 119:18) 하나님께 본문의 단어 자체를 우회해 달라고 구하는 게 아니다. 시편 기자는 "주의 율법에서[미토우라테카, mittōwrātekā] 놀라운 것을 보게 하소서"라고 기도했다.

비슷하게 "여호와께서 실로에서 …… 여호와의 말씀으로 사무엘에게 자기를 나타내시니라"라고 한 사무엘상 3장 21절에서도 우리는 "여호와의 말씀으로"라는 문구를 진지하게 받아들인다. 계시되는 실체는 주님이시다. 설교는 청중이 주님을 인식하고 공경하도록 하는 것이 목표다. 그런데 주님이 자신을 "여호와의 말씀으로" 계시하신다. 그러므로 설교자는 그 말씀 즉 성경의 어구 자체에 주목한다.

설교자는 심령술사나 영매나 점쟁이가 아니다. 성경의 어구와는 별개로 신성한 실체를 지어내 청중에게 보여 주는 게 아니다. 설교자의 본분은

"진리의 말씀을 옳게 분별"(딤후 2:15)하는 일이다. 신성한 실체를 청중의 마음에 연결해 주는 고리는 성경의 어구 그리고 그 어구를 설교자가 성령의 능력으로 다루는 방식이다.

성경 기자들이 전달하려는 실체 속으로 철저히 뚫고 들어가려 힘쓸 때, 우리는 하나님께 초자연적 조명이라는 기적을 달라고만 기도하는 게 아니라, 또한 본문의 어구를 잘 해석하도록 도와 달라고 기도해야 한다. 우리가 인식하고 경험해야 할 실체는 뜬구름처럼 본문 위를 맴돌고 있는 게 아니며, 기자가 쓴 문장과는 전혀 별개여서 우리가 애써 점쳐야 하는 게 아니다. 본문의 어구 자체를 옳게 분별하는 것이 실체에 닿는 길이다. 설교자가 혼자 공부하며 깨달을 때도 그렇고, 설교를 통해 공적으로 설명할 때도 마찬가지다. 설교자가 청중에게 실체를 드러내 주려면 성경의 어휘 자체를 지적해야 하고, 어휘가 어떻게 서로 맞물려 실체를 계시해 주는지 보여 주어야 한다.

본문의 실체의 근거를
청중에게 보여 주라

—

이것이야말로 오늘날 설교에서 내가 가장 우려하는 부분 중 하나다. 즉 설교자는 청중에게 성경 속의 하나님 말씀 자체를 지적해 주어야 한다. 성경의 실체를 말하려고 애쓰긴 하는데 그 실체의 근거 문구를 청중에게 정확히 밝히지 않는 설교자가 아주 많다. 어휘가 실제로 어떻게 연결되어 실체를 밝혀 주는지도 설명하지 않는다. 지금 나는 설교 내용을 본문에서 찾아내지 못하는 문제를 개탄하는 게 아니다. 그건 더 심각한 문제다. 지금 내가 말하는 설교자들은 설교 내용을 성경 본문에서 찾아내려는 노력은 정말 열심히 한다. 그런데 막상 설교할 때는 자신이 선포하는 실체가 본문의 어구 자체와 어떻게 연결되는지를 청중에게 보여 주지 않는다.

내가 속해 있는 유구한 설교 전통에서는 설교되는 실체가 성경 본문에서 와야 할 뿐만 아니라 청중에게도 그 사실을 분명히 알려야 한다. 설교자는 자신이 본문에서 본 실체의 근거를 청중에게 보여 주어야 한다. 더글러스 스위니(Douglas Sweeney)에 따르면 네덜란드의 신학자 페트루스 판 마스트리히트(Peter Van Mastricht, 1630-1706)는 조나단 에드워즈가 "가장 좋아하는 신학자"였다. "에드워즈가 성경 다음으로 가장 아끼던" 책인 마스트리히트의 명작 *Theoretico-practica Theologia*(이론-실천 신학)에 설교론이 부록으로 실려 있다. 그 설교론에 마스트리히트는 성경으로 어떤 논지를 전개할 때는 반드시 두 가지를 지켜야 한다고 썼다.

> 첫째, 그 논지가 반드시 본문에 있거나 논박의 여지없는 인과를 통해 본문에서 도출되어야 한다. 그래서 설교자는 그냥 막연히 하나님의 말씀을 말하는 게 아니라 본문에 있는 특정한 단어를 적시해야 한다. 둘째, **이를 청중에게도 확실히 보여 주어야 한다. 본문에 있는 교리가 무엇인지 청중이 의심할 여지가 없도록 추론이나 인과의 근거를 아주 분명히 설명해야 한다.**[4]

한때는 나는 설교자들이 그렇게 하지 못하는 주된 이유를 자신이 현학적이거나 단순논리를 펴는 것처럼 보이고 싶지 않아서라고 생각했다. 논지를 전개하면서 청중에게 본문의 단어나 어구를 함께 보자고 말하는 게 어떤 설교자에게는 너무 학구적이거나 탁상공론처럼 보일 수 있다.

여기서 잠깐 분명히 해둘 게 있는데 각주로 처리하기에는 너무 중요해서 본문에 실었다. 알다시피 예배하려고 앉을 때 무릎 위나 혹은 스마트폰에 성경이 없는 사람도 전 세계에 수없이 많다. 사람에 따라 너무 가난해서일 수도 있고, 글을 읽을 줄 몰라서일 수도 있고, 성경이 자국어로 번역되지 않아서일 수도 있고, 일일이 성경을 볼 것 없이 그냥 듣기만 하라고 배워서일 수도 있다. 내가 제창하는 진지한 강해가 청중의 눈앞에 성경이 있을 때에만 가능하다고 전제하지는 않는다.

내가 역설하려는 원리는 이것이다. 당신이 선포하는 실체가 하나님의 말씀에서 왔다고 주장하려면, 그 주장의 근거인 성경의 실제 어구를 가능한 정도만큼이라도 청중에게 보여 주라. 성경의 활용 형태에 따라 방식은 상황마다 다를 수 있지만 반드시 보여 주어야 한다. 메시지의 권위가 우리 자신에게 있지 않고 하나님의 말씀에 있기 때문이다.

다시 요점으로 돌아가서, 어떤 설교자는 청중에게 본문의 단어와 어구를 함께 보자고 말하면 어쩐지 학교 냄새가 나고 강의처럼 따분하게 느껴져, 예배를 돕기는커녕 관심을 지속시키거나 감정을 고조시키지 못한다고 생각하는 것 같다.

그뿐 아니라 다들 들어 보았겠지만 "근거 본문 제시"라는 표현은 때로 경멸조로 쓰인다. 이런 비난의 취지는 설교자가 전체 문맥을 잘 살피지 않고 성경을 아전인수 격으로 써먹는다는 데 있다. 비난에 이런 전제가 깔려 있을 때도 있다. 즉 성경이란 어차피 특정 성구의 인용처럼 정확하게는 쓸 수 없고, 전반적 통찰에 대한 주제별 단서 묶음 정도로만 활용할 수 있다는 것이다. 이처럼 통찰의 근거를 명백하고도 구체적으로 성경의 어구 자체에 두기를 주저하는 태도는 성경 자체에 대한 확신을 잃은 데도 일부 원인이 있다. 또는 성경을 정말 권위 있고 정확하게 이해할 수 있다는 확신을 잃었기 때문이다.

가르침의 은사를 간구하라

한때는 자신이 현학적이거나 단순논리를 펴는 것처럼 보이지 않으려는 설교자들의 심리가 주된 문제라고 생각했다. 그런데 알고 보니 이는 성경을 믿는 설교자들의 유일하거나 어쩌면 주된 문제도 아니다. 그런 설명에는 본문의 언급을 너무 의식적으로 피한다는 전제가 깔려 있다. 그런데 알고 보니 내가 생각하는 설교자들은 대체로 설교 내내 본문의 어구를 언급하지 않으려고 의식적으로 노력하는 게 아니다. 다만 그 일이 자연스럽게 되지 않을 뿐이고, 이게 정말 중요하다는 굳은 확신이 없어 심혈을 기울이지 않을 뿐이다. 설교자들은 기꺼이 논지를 전개하면서 그 논지가 본문에서 왔음을 청중도 보기를 원한다. 그런데 막상 청중에게 필요한 도움을 베풀지는 않는다.

여기에는 이중의 문제가 있다. 하나는 가르침의 은사와 관계가 있고, 또 하나는 성경의 특정한 실체에 대한 설교자의 통찰이 어디서 어떻게 왔는지를 청중이 직접 보는 게 중요하다는 확신과 관계있다.

"가르침의 은사"란 당신의 논리를 회중이 얼마나 잘 따라오면서 성경에서 당신이 본 대로 보고 있는지를 직관적으로 분별하는 능력을 말한다. 다음 두 말씀에도 그런 의미가 조금은 들어 있다. 즉 바울은 하나님의 말씀 사역자란 회중에게 가르치기를 잘해야(디다크티콘, didaktikon-딤전 3:2; 딤후 2:24) 한다고 했고, 다른 사람들을 가르칠 "수 있는" 또는 가르치기에 "유능한"(히카노이 에손타이 카이 헤테루스 디닥사이, hikanoi esontai kai heterous didaxai-딤후 2:2) 이들에게 말씀이 맡겨져야 한다고 했다. 설교의 중요한 부분을 이루는 "가르침의 은사"에는 당신의 말을 청중이 얼마나 이해하는지, 당신을 잘 따라오는지, 어떻게 하면 당신이 본 대로 보도록 그들을 도울 수 있는지 등을 분별하는 능력이 포함된다.

설교자마다 이 은사가 다 똑같지는 않다. 그래서 당부하거니와 우리 모두는 이 은사를 더 달라고 기도해야 한다. 그래야 자신이 성경 본문에서 본 내용을 청중에게도 능히 보여 줄 수 있다. 많은 설교자가 청중이 잘 따라오려니 생각하지만 사실 청중은 내용을 듣다가 곧잘 혼란에 빠진다. 본문에서 찾아낸 통찰을 선포하면서 설교자는 청중도 이 통찰을 듣고 그게 본문 어디서 왔는지 알려니 생각한다. 10분이나 15분이나 30분 전에 메시지를 시작할 때 본문을 낭독했기 때문일 수 있다. 그러나 청중은 당신의 통찰이 어떻게 본문에서 나왔는지 알 만큼 본문을 잘 기억하지 못한다.

때로는 설교자가 자신의 통찰이 성경 어느 구절에서 왔는지 언급해도, 그 말이 너무 막연하거나 간단한 데다 설교 속도까지 너무 빨라 청중에게는 전혀 도움이 안 된다. 청중은 그 구절을 들여다볼 틈도 없고, 설교자의 진도를 계속 따라갈 수도 없다. 그들이 본문에서 논지를 뒷받침해 줄 어구를 찾다가 길을 잃었는데도, 설교자는 어느새 논지의 의미를 풀어내고 있다.

설교자는 기도로 가르침의 은사를 구하여 그런 일이 벌어질 때 이를 감지해야 한다. 그 이유를 알아서 사전에 미리 청중을 도와주면 더 좋다. 명쾌하고 설득력 있는 통찰의 근거 문구를 더 구체적으로 정확히 지적해 주면 된다. 이것이 강의처럼 지루한 설교 방식으로 여겨진다면 그렇게 생각할 필요가 없다. 구절 맨 앞의 "그러므로"라는 단어를 청중에게 지적해 줄 때도 활기차고 열정적인 어조로 설교할 수 있다.

가르침의 은사가 약해서든 이것이 정말 중요하다는 확신이 없어서든, 설교자가 전개하는 논지와 청중이 그 논지를 성경 어구 자체에서 보고 납득하는 일 사이에 괴리가 만연해 있다. 이 괴리를 해소하는 데 도움이 되기를 바라며 다음 장에 내가 생각하는 설교의 예를 소개하고자 한다. 성경의 어구에 집중하여 실체에 도달할 뿐만 아니라 어구와 실체의 연관성을 청중에게 보여 주는 세 가지 예다.

11

실체가 어떻게 본문 속에 빛나는지
'보여 주라'

본문과 실체의 '연관성' 밝히기

설교자는 성경의 실제 어구에 치열하게 주목하되 그 자체를 위해서가 아니라 그 어구가 전달하려는 실체 속으로 뚫고 들어가야 한다. 실체의 영광을 영적으로 보려면 어구가 반드시 있어야 할 수단이지만, 목표는 실체다. 설교의 목표는 본문과 실체의 연관성을 보여 주는 것이다. 핵심은 '보여 준다'는 단어다. 본문이 어떻게 실체를 전달하는지 청중이 보아야 한다. 그렇지 않으면 설교자의 견해가 본문의 권위를 대신한다. 설교의 권위는 설교와 성경이 명백하게 일치하는 데 있다. 이때 핵심은 '명백하다'는 단어다.

이번 장에 내가 생각하는 설교의 예를 보여 주고 싶다. 설교자가 전개하는 논지와 청중이 보는 본문의 어구, 그 둘 사이의 괴리를 해소하는 데 도움이 되려는 취지에서다. 다음은 성경의 어구에 집중하여 실체에 도달할 뿐만 아니라 어구와 실체의 연관성을 청중에게 보여 주는 세 가지 예다.

설교 예시 1

(마태복음 7장 7-12절)

—

7 구하라 그리하면 너희에게 주실 것이요 찾으라 그리하면 찾아낼 것이요 문을 두드리라 그리하면 너희에게 열릴 것이니 8 구하는 이마다 받을 것이요 찾는 이는 찾아낼 것이요 두드리는 이에게는 열릴 것이니라 9 너희 중에 누가 아들이 떡을 달라 하는데 돌을 주며 10 생선을 달라 하는데 뱀을 줄 사람이 있겠느냐 11 너희가 악한 자라도 좋은 것으로 자식에게 줄 줄 알거든 하물며 하늘에 계신 너희 아버지께서 구하는 자에게 좋은 것으로 주시지 않겠느냐 12 그러므로 무엇이든지 남에게 대접을 받고자 하는 대로 너희도 남을 대접하라 이것이 율법이요 선지자니라.

당신이 산상수훈 시리즈 설교 중에 앞의 본문으로 설교를 준비하다가 어떤 통찰을 얻고 엄청난 감격에 젖었다고 하자. 당신의 마음에 기쁨이 넘쳐 난다. 하나님이 좋으신 아버지로서 우리 기도에 응답하신다는 약속(7-11절) 때문이기도 하고, 또 바로 그 즐거운 확신이 심히도 어려운 명령("무엇이든지 남에게 대접을 받고자 하는 대로 너희도 남을 대접하라"-12절)에 순종할 자유와 능력을 우리에게 준다는 깨달음 때문이기도 하다. 그래서 당신은 설교할 때 이 진리에 5-10분을 할애하여 성경의 사례와 개인적 적용을 제시했다. 기도 응답을 약속하신 하나님 아버지의 돌보심 덕분에 우리가 대접받고 싶은 대로 능히 남을 대접할 수 있음을 설명했다.

여기까지는 훌륭하다. 마땅히 그래야 한다. 그러나 전체 주제가 아직 허공에 떠 있다. 그 전체 주제란 기도 응답에 대한 하나님의 약속이 곧 황금률에 순종할 근거요 능력임을 예수께서 정말 말씀하셨다는 사실이다. 이를 명백히 밝혀 주는 근거이자 청중의 삶에서 그 사실에 권위와 능력을 부여해 줄 단어는 무엇인가? 그 단어 자체를 당신은 아직 그들에게 보여 주지 않았다. 그 진리를 진술하기는 했다. 준비 중에 보았고 정말 본문 속에 있다. 그러나 당신이 본문에서 본 바를 청중도 보도록 도와주지는 않았다. 이는 중대한 문제다. 당신이 말했다는 이유 말고 그 말을 믿어야 할 이유를 청중이 어림짐작으로 찾아야 하기 때문이다. 청중이 당신의 말을 당신의 권위 때문에 믿었으면 좋겠는가, 아니면 성경에서 보았기 때문에 믿기를 바라는가?

본문을 그대로 보여 주라

설교자는 청중에게 이 진리, 기도 응답으로 우리를 돌보신다는 하나님의 약속이 곧 황금률을 지킬 수 있는 근거라는 진리의 아름다움을 보여 주되, 마태복음 7장 12절의 어구 자체를 통해 보여 주어야 한다. 12절은 "그러므로"라는 단어로 시작한다. "하물며 하늘에 계신 너희 아버지께서 구하는 자에게 좋은 것으로 주시지 않겠느냐 그러므로 무엇이든지 남에게 대접을 받고자 하는 대로 너희도 남을 대접하라."

바로 이것을 청중이 보아야 한다. 반드시 보아야 한다! 당신의 통찰과 감격의 모든 권위와 근거가 여기에 달려 있다. 이것은 당신이 지어낸 게 아니라 정말 예수께서 하신 말씀이다. 놀랍고 영광스러운 사실이다! 예수는 "너희 아버지께서 기도에 응답하여 너희에게 필요한 것을 주시니, 그러므로 너희는 사랑받고 싶은 대로 남을 사랑하라. 어떤 희생이 따르더라도 남을 사랑하라. 어느 인간 아버지가 자식에게 헌신하는 것보다도 훨씬 더 헌신적으로 하늘에 계신 너희 아버지께서 너희에게 필요한 것을 주시기 때문이다"라고 말씀하신다. 이 영광스럽고 놀라운 실체가 12절 맨 앞의 "그러므로"라는 단어 속에 들어 있다. 이를 청중에게 보여 주라. 반드시 직접 보게 하라.

청중이 보아야 한다는 내 말은 당신이 청중에게 보여 주어야 한다는 뜻이다. 설교를 시작할 때 본문을 낭독하는 데서 그쳐서는 안 된다. 당신이 "그러므로"라는 단어에서 이 진리를 보았다는 말로 그쳐서도 안 된다. 그 말조차도 부족하다. 당신이 의미의 설명으로 넘어갈 때 아직 그들은 직접 보려 하기 때문이다. 당신이 진도를 나가는 사이에 그들은 이를 보려다가

갈피를 잃고 혼란에 빠진다. 당신의 통찰과 기쁨을 입증해 주는 바로 그 단어를 당신이 그들에게 보여 주어야 한다.

본문으로 데려가 보여 주라

청중을 본문으로 데려가 "그러므로"라는 단어를 짚어 주라. 그 단어가 보이느냐고 물어보라. "그러므로"가 무슨 뜻인지 아느냐고 물어보라. 일상 대화에서 "그러므로"가 어떻게 쓰이는지 예를 들어 주라("내가 일곱 살 때 아버지가 내게 낚싯대를 사 주고 낚시를 가르쳐 주었다. 그러므로 나는 평생 열렬한 낚시꾼이 되었다"). 가르침의 은사를 달라고 기도하여 당신에게 아주 명백히 보이는 사실이 청중에게도 그러한지 직감으로 파악하라. 당신을 놀라게 한 사실을 그들도 보고 놀라려면, 지혜롭고 참을성 있는 도움이 필요하다. 이 놀라운 진리를 그들에게 보여 주라. 당신이 보여 주라. 이것이 강해다. 하나님의 돌보심과 우리의 사랑이라는 이 장엄한 실체로 인해 당신의 강해에 얼마든지 희열이 따라올 수 있다. 지루하지 않다! 하나님의 백성은 이런 것을 보기를 좋아한다.

그러므로 부디 본문에 있는 내용과 그것이 본문에 있다는 사실을 말할 뿐만 아니라 그게 본문에 있음과 어떻게 그런지를 청중에게 보여 주라. 아울러 청중이 어떻게 듣고 생각하는지를 직관할 수 있는 가르침의 은사를 더 달라고 기도하기를 권한다.

(로마서 5장 20절-6장 1절)

—

이처럼 당신의 논지를 본문의 단어와 구조 자체로 청중에게 보여 주는 게 참 중요한데, 이를 보여 주는 둘째 예는 더 복잡하다. 설교자에게는 큰 도전이지만, 가장 영광스러운 실체일수록 가장 복잡한 본문을 통해 계시되는 경우가 많다. 분명히 로마서에도 그런 부분이 꽤 있는데 일례로 5장 20절부터 6장 1절까지를 생각해 보자.

> 20 율법이 들어온 것은 범죄를 더하게 하려 함이라 그러나 죄가 더한 곳에 은혜가 더욱 넘쳤나니 21 이는 죄가 사망 안에서 왕 노릇 한 것같이 은혜도 또한 의로 말미암아 왕 노릇 하여 우리 주 예수 그리스도로 말미암아 영생에 이르게 하려 함이라 1 그런즉 우리가 무슨 말을 하리요 은혜를 더하게 하려고 죄에 거하겠느냐.

이 본문에 대한 당신의 메시지가 이런 대목에 이르렀다고 하자. 즉 당신은 "은혜도 또한 의로 말미암아 왕 노릇 하여 …… 영생에 이르게" 한다는 바울의 말이 무슨 뜻인지 어서 밝히고 싶다. 은혜의 왕권("왕 노릇 하여"라는 단어 속에 암시되어 있다)이 사망이라는 왕보다 더 위력적임은 이미 지적해 주었다. 은혜라는 왕이 우리를 영생에 거뜬히 이르게 함도 보여 주었다.

이제 당신은 청중에게 이 질문을 제시하며 깊이 생각해 보도록 권한다.

바울이 말한 "의로 말미암아"란 무슨 뜻인가? 사도가 성령의 감화로 이 문구를 넣은 이유는 은혜가 어떻게 우리를 통치하여 영생에 이르게 하는지를 알리기 위해서였다. 은혜가 승리하여 우리를 영생에 이르게 한다는 사실을 아는 것만으로는 부족하다. 바울은 어떻게 그런지도 우리에게 알려 주고 싶었다. 그래서 그 일이 "의로 말미암아" 이루어진다고 말했다.

그러므로 이 말의 의미를 알면 우리에게 유익하다. 우리의 결혼 생활과 독신 생활에 유익하다. 직장에서 근무하는 태도와 질병에 대처하는 자세에 유익하다. 우리 자녀에게도 유익하다. 생이 끝나는 날까지 신앙으로 인내하는 데 유익하다. 하나님은 단어를 낭비하지 않으신다. 은혜가 어떻게 우리를 영생에 이르게 하는지를 우리에게 보여 주기 원하신다.

"의"의 뜻

여기서 당신은 "의"의 두 가지 가능한 의미를 회중에게 제시한다. 하나는 그리스도께서 친히 순종과 죽음을 통해 이루신 의로, 로마서 5장 17절에 "의의 선물"로 표현되어 있다. 즉 믿음을 통해 우리에게 전가되는 그리스도의 의다. 당신은 이 의가 우리가 선행하여 쌓는 의와 어떻게 다른지도 설명해 준다.

하지만 당신이 이어 지적해 주듯이 일부 해석자는 21절의 의를 바로 우리가 행하는 의로 본다. 이 의는 율법주의나 독선적 태도가 아니라 정말 성령의 열매다. 당신은 이게 허언이 아님을 설명해 준다. 바울이 다른 본문에 말했듯이 그리스도인은 "예수 그리스도로 말미암아 의의 열매가 가득하여 하나님의 영광과 찬송이 되는" 존재다(빌 1:11). 이런 관점으로 보는 이들은 이 또한 "의의 선물"이라고 일치된 견해를 보인다. 다만 우리에게 전가되는 그리스도의 의가 아니라 그리스도께서 성령으로 말미암아 우리 안에 이루시는 의인데, 그래도 그분의 값없는 선물이기는 마찬가지다.

여기서 당신은 잠시 되돌아가 두 대안을 최대한 명료하고 유익하게 정리해 준다.

1. 은혜는 우리를 통치하여 영생에 이르게 한다. 어떻게 그런가? "의로 말미암아"인데 그 의미는 이렇다. 은혜는 그리스도의 의를 우리의 의로 전가하여 우리가 영생으로 완성될 때까지 그리스도를 위해 우리를 하나님의 은총 안에 지켜 준다.

2. 은혜는 우리를 통치하여 영생에 이르게 한다. 어떻게 그런가? "의로 말미암아"인데 그 의미는 이렇다. 은혜는 우리 안에 옳은 태도와 옳은 행실을 낳아 "이것이 없이는 아무도 주를 보지 못하리라"고 한 "거룩함"(히 12:14)을 우리 안에 확보해 주어 무사히 영생에 이르게 한다.

이제 당신은 어찌할 것인가? 무조건 표준 교리로 물러나는 설교자가 많다. 즉 교회사의 어떤 신앙고백, 특정한 개신교 전통, 명망 있는 신학자, 심지어 다른 성경 본문으로 문제를 해결하려 한다. 이를 옳고 그른 교리상의 충돌이나 정통과 이단의 대립으로 제시하려 할 수도 있다. 하지만 그래서는 통하지 않는다. 양쪽 다 구원이 이루어지는 방식을 바르게 해석했기 때문이다. 은혜는 그리스도의 의를 우리의 의로 전가하기도 하고, 우리 안에 옳은 행실을 낳기도 한다. 또 방식은 다를지라도 영생에 이르려면 양쪽 다 필요하다. 하지만 바울이 이 본문에 의도한 의미는 두 해석 중 하나뿐이다. 지금은 그게 중요하다.

지위를 남용하는 대신 힘들게 수고하여 보여 주라

감히 설교자의 지위를 남용해서는 안 된다. 마치 당신의 말이라는 이유만으로 옳기라도 하다는 듯 감히 청중에게 "내 입장은 이렇습니다"라고 말하고 넘어가서는 안 된다. 천만의 말이다. 어느 쪽이 맞는지, 즉 어느 쪽 해석이 바울의 의도인지 그들에게 보여 주어야 한다. 그래서 당신은 이렇게 말한다. "문제를 풀 실마리가 있는지 그다음 구절을 봅시다."

그러면서 21절에 대한 일각의 반론을 지적해 준다. 어떤 사람이 "좋다. 은혜가 의로 말미암아 우리를 영생에 이르게 한다니 모두 죄를 지어 은혜를 더하게 하자!"라고 말한다. 이게 바울이 로마서 6장 1절에 거론한 반론이다. "그런즉 우리가 무슨 말을 하리요 은혜를 더하게 하려고 죄에 거하겠느냐." (잠시 멈추어 확인하라. 청중이 방금 1절을 보았는가? 거기에 암시된 반론을 보았는가?)

결국 당신이 던질 질문은 이것이다. "'은혜가 의로 말미암아 우리를 영생에 이르게 한다니 모두 죄를 지어 은혜를 더하게 하자!'라는 반론이 성립되려면 반론을 제기한 사람이 의의 의미를 둘 중 어느 쪽으로 전제했어야 할까?" 당신은 이것이 복잡한 문제임을 청중 앞에서 인정한 뒤, 함께 견디면서 바울의 생각을 따라가 보자고 당부한다. 바로 여기서 설교자에게 있어야 하는 가르침의 은사(딤전 3:2; 딤후 2:2, 24)가 아주 요긴해진다. 어떻게 청중을 도와 본문을 바탕으로 당신의 논리를 따라오게 할 것인가? 방도를 찾아야 한다. 준비 과정에서 이 부분에 심혈을 기울여야 한다.

그래서 당신은 이미 준비한 대로 이렇게 말한다. "의의 두 가지 의미를 반론에 각각 대입하여 어느 쪽이 개연성 있는지 봅시다." 바울이 개연성 없이 허언에 불과한 반론, 아무도 실제로 제기한 적이 없는 반론을 거론했을 리가 만무하지 않은가. 그렇다면 다음 둘 중에서 반론을 제기한 사람이 정말 하려던 말은 어느 쪽일까?

> 1. "은혜가 (우리의 순종이 아니라 그리스도의 순종을 통해 전가된) 의로 말미암아
> 우리를 영생에 이르게 한다니 모두 죄를 지어 은혜를 더하게 하자!"

> 2. "은혜가 (우리 안에 낳는 진짜 우리의) 의로 말미암아 우리를 영생에 이르게
> 한다니 모두 죄를 지어 은혜를 더하게 하자!"

다시 잠시 멈추어 둘째 의미가 성립되는지 청중에게 묻는다. 답은 그게 전혀 말이 되지 않는다는 것이다. "은혜가 우리 안에 역사하여 우리를 의롭게 하고 죄를 막아 주니 모두 죄를 짓자"는 뜻인데 이는 어불성설이다. 은혜가 우리를 죄짓지 못하게 한다고 바울이 방금 밝혔으니 죄를 짓자는 말인가? 다시 말해서 21절의 의를 성령께서 죄를 이기게 해 주시는 승리로 생각한다면 아무도 로마서 6장 1절 배후의 반론을 생각조차 할 수 없다. "은혜가 우리를 죄짓지 못하게 하니 모두 죄를 지어 은혜를 더하게 하자"라고 말할 사람은 아무도 없다. 그러나 은혜가 우리에게 전가된 그리스도의 의

를 뜻한다면 "좋다, 모두 죄를 지어 은혜를 더하게 하자"고 누가 정말 반론을 펼 만도 하다.

모든 논리를 구사하여 이것이 중요함을 보여 주라

그러므로 당신은 이런 결론을 내린다. (이때 심호흡을 하라. 청중이 잘 따라오고 있는가?) 바울이 로마서 5장 21절에서 하려는 말은 은혜가 그리스도의 전가된 의로 말미암아 우리를 통치하여 영생에 이르게 한다는 뜻이다. 5장 21절부터 6장 1절까지 그의 사고 흐름을 볼 때 뜻이 통하는 의미는 바로 그 것이다. 이제부터 당신의 나머지 메시지에서는 이 전가된 의의 실체, 은혜의 실체, 그리스도의 의가 은혜의 위력과 관계되는 방식의 실체, 영생의 실체, 그리고 이런 기이한 실체들에 깊은 영향을 받는 우리 삶의 현실적 측면 등을 깊이 파고들면 된다.

내 요지는 칭의에 대한 특정 관점을 당신에게 설득하려는 게 아니라 이 것이다. 즉 설교는 본문의 단어와 어구 자체에 치열하게 주목함으로써 본 문이 전달하려는 실체 속으로 뚫고 들어간다. 설교자가 무한히 중요한 실 체(그리스도, 은혜, 의, 영생 등)에 이를 수 있는 결정적인 접촉점은 하나뿐이니 곧 성경에 감화하신 하나님의 말씀이다. 청중의 접촉점도 그것이다. 설교 자는 성경의 자리를 대신하는 게 아니라 성경이 전달하려는 실체를 청중에 게 보여 준다. 회중을 도와 이런 실체의 아름다움과 가치를 성경을 통해 보 고 맛보게 해 주는 게 설교자의 본분이다.

이런 설교는 많은 교회가 익숙해진 설교와는 완전히 다르다. 그래서 설 교자가 최대한 많은 청중을 붙들어 두려면 대단한 인내와 깊은 지혜와 가르치는 은사가 필요함을 나도 안다. 그러나 자신이 보았고 또 보여 주는 내용의 현실적이고도 영원한 가치 때문에 설교자의 마음에 기쁨이 충만하다면, 주인이신 그분의 음성을 아는 이들(요 10:4)은 설교자와 함께 비상할 것이다. 강단에 명쾌하고 권위 있는 "음성"이 울리고 있기 때문이다.

설교 예시 3
(욥기 1-2장)
—

몇 달 전에 나라에 대지진과 테러 공격이 연달아 일어났다고 하자. 지진으로 인한 건물 붕괴와 뒤이은 테러 폭격으로 수많은 사람이 목숨을 잃었다. 몇 주간의 애도 기간이 흐른 뒤 여러 사람의 머릿속에 성경적, 신학적 의문이 고개를 드는 심각한 시기가 찾아왔다. 그동안 설교자인 당신은 청중에게 슬퍼하는 자들과 함께 슬퍼하고 애통하는 본을 보였다(롬 12:15). 이제는 이런 재난에서 하나님이 하시는 역할이 무엇인지 목회자로서 당신의 교회에 설명해 줄 시점이다.

당신은 욥기 첫 두 장을 본문으로 택한다. 욥기라면 오래전부터 공부했고 이전에 설교한 적도 있어 결론을 알지만, 그래도 당신은 본문에서 새로운 말씀을 찾고자 많은 시간을 들여 묵상하고 경청한다. 욥기의 가르침을 외면하는 가장 흔한 방법은 욥이 고난 중에도 하나님의 주권을 확신한 이유를 무지의 소치라고 해석하는 것이다. 물론 당신도 과거에 이렇게 생각한 적이 있을 수 있다. 어떤 이들은 욥이 비극 속에서도 하나님의 주권을 인정한 것은 성령의 감동을 입어 욥기를 남긴 기자의 의도가 아니며 우리가 믿어야 할 진리는 더더욱 아니라고 주장한다. 이는 욥의 세 친구가 믿었던 엉터리 신학 그 이상으로 나쁘다. 그들은 욥이 단지 오해한 것이니 "거두신 이도 여호와시오니"라는 욥의 고백에 동참하지 말라고 우리를 설득한다.

설교 중에 당신은 욥의 경험과 욥기의 가르침이 어떤 이들에게는 고통스럽다 못해 불쾌하게 여겨진다는 것을 진심 어린 목회자의 심정으로 인정해 준다. 당신도 젊은 시절 하나님의 주권 문제로 고민했기에 그런 반응을 잘 받아 준다. 그러면서도 청중에게 이 사실을 분명히 상기시킨다. 지난 세월 이 회중 가운데 실제로 수많은 사람이 하나님의 선하심과 주권이야말로 자신에게 꼭 필요한 반석임을 깨달았다(내 경험이다). 덕분에 그들은 비극이 닥쳤을 때 무의미의 바다에 빠져 익사하지 않을 수 있었다.

욥의 놀라운 신뢰와 예배

강해 첫 부분은 1-2장의 상황을 재현하는 데 할애한다. 하나님과 사탄이 등장하고 재산과 자녀를 잃은 욥이 나온다. 각 장의 주요 대목을 읽어 가며 사건을 개괄한다. 그리고 나서 자신에게 물밀 듯이 닥쳐온 비극에 대한 욥의 두 가지 반응에 청중의 주의를 집중시킨다. 성경을 소지한 이들에게는 당신이 초점을 맞추려는 문구를 반드시 모두가 함께 보게 하고, 성경이 없는 이들에게는 귀를 바짝 기울여 듣게 한다. 이제부터 욥 자신의 말을 인용하기 때문이다.

욥기 1장 20-22절을 읽겠다고 마지막으로 한 번 더 가르쳐 준 뒤 낭독한다. 자녀의 죽음에 욥이 보인 반응이다.

20 욥이 일어나 겉옷을 찢고 머리털을 밀고 땅에 엎드려 예배하며 21 이르되 내가 모태에서 알몸으로 나왔사온즉 또한 알몸이 그리로 돌아가올지라 주신 이도 여호와시요 거두신 이도 여호와시오니 여호와의 이름이 찬송을 받으실지니이다 하고 22 이 모든 일에 욥이 범죄하지 아니하고 하나님을 향하여 원망하지 아니하니라.

다시 돌아가 청중에게 해당 문구를 잘 보게 한다. "20절 끝에 주목하십시오"라고 말한 뒤 그들에게 눈으로 그곳을 찾아갈 시간을 준다. 방금 낭독한 내용을 그들이 기억하리라고 전제해서는 안 된다. 많은 설교자가 그런 우를 범한다. 당신이 다시 보여 주어야 한다. "20절 끝에 보면 욥이 무엇을 했다고 했습니까? 예배했다고 했습니다."

이어 욥의 영혼이 예배한 실제 내용을 21절 뒷부분에서 읽는다(내 생각에 "상반절"과 "하반절"은 너무 전문 용어처럼 들리므로 몇 절의 "앞부분"과 "뒷부분"이라는 말이 낫다. 21절 뒷부분을 찾도록 시간을 준다). "주신 이도 여호와시요 거두신 이도 여호와시오니 여호와의 이름이 찬송을 받으실지니이다." 의미는 명확하지만 너무 직관에 반하는 말이므로 당신이 표현을 바꾸어 "나의 열 자녀를 하나님이 데려가셨사오니'라는 말입니다"라고 풀어 준다. 그리고 이런 설명을 덧붙인다. "집을 무너뜨려 자녀를 죽게 한 강풍을 욥은 궁극적으로 하나님의 소관으로 돌렸습니다. 그러면서 주님께 분노를 표한 게 아니라 21절 끝에 (잠시 멈추었다가) '여호와의 이름이 찬송을 받으실지니이다'라고 고백합니다."

여기서 할 말이 더 많을 수도 있으나 잠시 시간을 주는 게 중요하다. 아마도 이 순간 청중 가운데에는 이것을 자기 삶에서 무슨 상실에 적용할 수 있을지 궁금한 사람이 많을 것이다. 그래서 당신은 "이것을 우리 삶에 적용하기 전에 욥기 2장 9-10절로 가서 욥의 말을 마저 들어 봅시다"라고 말할 수 있다. 청중이 책장을 넘기는 동안, 이번에는 욥이 악성 종기에 걸렸음을 상기시켜 준다. 사탄은 이 고통을 이차로 들고 나왔다. 그래서 당신은 청중에게 이렇게 말해 준다. "10절의 욥의 말을 읽기 전에 주목할 게 있습니다. 욥의 자녀가 죽을 때 사탄이 했던 역할이 무엇이든 간에, 이 지독한 종기만은 본문에 밝혀져 있듯이 사탄이 원인이었습니다. 7절에 보면 (이때도 시간을 주어 청중도 보게 한다) '사탄이 이에 여호와 앞에서 물러가서 욥을 쳐서 그의 발바닥에서 정수리까지 종기가 나게 한지라'라고 했습니다. 분명히 종기는 사탄에게서 왔습니다."

이차로 밀려온 슬픔

당신은 이렇게 말을 이어 간다. "9절을 보십시오. (잠시 시간을 준다.) 욥의 아내가 말하기를 '당신이 그래도 자기의 온전함을 굳게 지키느냐 하나님을 욕하고 죽으라'라고 합니다. 욥은 재난으로 재산과 자녀와 건강을 잃었을 뿐 아니라 아내의 지원까지 잃었습니다. 그는 무어라 답할까요? 10절에 보면 이렇게 말합니다. (잠시 시간을 준다.) '그대의 말이 한 어리석은 여자의 말 같도다 우리가 하나님께 복을 받았은즉 화도 받지 아니하겠느냐.'"

그리고 이렇게 설명한다. "두 가지를 보십시오. 첫째, 욥은 하나님을 욕하라는 아내의 말이 어리석은 여자의 말 같다고 했습니다. 우리의 고통 때문에 하나님을 저주하는 건 정당해 보일지 모르나 어리석습니다. 둘째, 하나님을 욕하는 게 어리석은 이유를 보십시오. 고통이 그분의 개입 없이 주어져서가 아닙니다. 그렇다면 하나님께 분노하는 게 왜 어리석을까요? 욥은 반문으로 답합니다. 직접 답하지 않고 뻔한 답을 상대에게 기대하는 거지요. 욥은 '우리가 하나님께 복을 받았은즉 화도 받지 아니하겠느냐'라고 묻습니다. 당연히 예상되는 답은 이것입니다. '그렇다. 우리는 주님의 손에서 (문맥상 최소한 고통과 고난을 뜻하는) 화도 받는다.'"

기자의 의도대로라면 우리는 어떻게 믿어야 할까

이제 당신은 한 걸음 물러서서 이렇게 묻는다. "성령의 감동으로 욥기를 기록한 기자의 의도대로라면 우리는 어떻게 믿어야 할까요? 욥이 우리에게 고난에 반응하는 바르고 경건한 길을 가르친다고 믿어야 할까요? 아니면 욥의 반응을 잘못된 생각이나 심지어 죄로 보아야 할까요?"

여기서 강조하고 싶은 것이 있다. 설교 중에 당신이 좋은 질문을 던지고 답하는 모본을 보이는 일은 엄청나게 중요하다. 본문을 연구할 때 당신이 의문을 품었던 부분이라면 청중도 속으로 다 묻게 마련이다. 설교 본문을 읽다가 들 수밖에 없는 청중의 의문에 목사가 답해 주지 않으면, 그들은 시간이 가면서 큰 낙심에 빠질 수 있다. 반대로 목사가 청중의 질문을 보고 똑같이 물은 뒤 본문으로 답하는 법을 보여 주면 그들은 무척 좋아한다. 설교자의 나쁜 모본 때문에 청중이 교회 안에 까다로운 질문이 허용되지 않는다고 배운다면 얼마나 비극인가.

목사가 청중의 질문을 대신 던진 뒤 탄탄한 논리력을 구사하여 본문 말씀 자체로 답해 주면 그들은 깊은 만족을 얻는다. 당연한 일이다. 하나님이 그들에게 지성을 주셨다. 지성의 사고는 질문을 던지고 거기에 답하려 한다. 생각이란 다분히 그런 것이다. 본문을 읽노라면 청중에게 의문이 넘쳐 나게 마련이다. 본문에 제기되는 질문을 던지지도 않고 답하지도 않는 무수한 설교로 인해 이미 사고 기능이 마비되지 않았다면 말이다. 우리의 본분은 답이 필요한 가장 중요한 질문들을 분별하여 강해를 통해 청중에게 본문으로 답하는 법을 보여 주는 것이다.

당신은 고난을 만났을 때 보인 욥의 반응이 경건하다고 믿는다. 그래서 이제 청중에게 그렇다고 말한다. 아울러 그렇게 믿는 두 가지 이유를 욥기 본문으로 보여 주겠다고 말한다. 청중은 당신의 이유가 무엇인지 보고 싶어 한다.

욥의 반응이 경건하다는 본문상의 두 가지 이유

첫째로 청중의 시선을 1장 22절에 집중시킨 뒤 읽는다. "이 모든 일에 욥이 범죄하지 아니하고 하나님을 향하여 원망하지 아니하니라." 다시 말해서 "[내 자녀를] 거두신 이도 여호와시오니"(21절)라는 욥의 말은 하나님이 잘못하셨다는 "원망"이 아니다. 당신은 22절이 욥의 말이 아니라 성령의 감화를 입은 욥기 기자의 말임을 알려 준다. 기자는 "욥의 말을 고난에 대한 경건한 반응으로 보아야 하는가?"라는 우리의 질문에 "그렇다"고 답한다.

2장 10절 뒷부분에 대해서도 똑같이 청중에게 그곳을 보게 한 뒤 읽는다. "우리가 하나님께 복을 받았은즉 화도 받지 아니하겠느냐 하고." (잠시 멈추었다가) "이 모든 일에 욥이 입술로 범죄하지 아니하니라." 욥기 기자가 성령의 감화로 우리에게 알려 주려 했듯이, 복이든 화든 즉 쾌락과 즐거움이든 고통과 재앙이든 모든 일이 하나님이 손에서 온다고 믿고 그렇게 말하는 것은 죄가 아니다.

둘째로 당신은 이렇게 말한다. "이제 제가 욥기의 한 군데를 더 지적할 텐데 거기에 성령의 감화를 입은 욥기 기자가 욥의 고난을 어떻게 보는지 분명히 나옵니다." 청중에게 42장 11장을 펴라고 한 뒤 시간을 준다. 그중 다수는 욥의 운명이 좋은 쪽으로 놀랍게 반전되어 하나님이 재산과 건강을 회복해 주시고 자녀를 더 주셨음을 기억할 것이다. 그러나 그들이 놓쳤을 수 있는 기자의 짤막한 논평이 하나 있다. 그래서 이제 11절을 읽는다. "이에 그의 모든 형제와 자매와 이전에 알던 이들이 다 와서 그의 집에서 그와 함께 음식을 먹고 여호와께서 그에게 내리신 모든 재앙에 관하여 그를 위하여 슬퍼하며 위로하고."

이 또한 욥의 말이 아니라 성령의 감화를 입은 기자의 말이다. 11절 끝 부분에 청중의 주의를 집중시키고 다시 천천히 "여호와께서 그에게 내리신 모든 재앙에 관하여"라고 읽은 뒤에 잠시 멈춘다. 이보다 명확할 수는 없다. 이를 부인하는 이들을 굳이 격하게 비난하거나 거칠게 말할 필요가 없다. 본문 자체가 말해 준다.

본문에서 실체로

여기서 다시 한 걸음 물러서서 전체 질문에 대한 당신의 답을 요약해 준다. "욥기는 우리 삶의 고난과 그 원인에 대한 결정적 통제권이 하나님께 있다고 가르칩니까? 맞습니다. 그렇게 가르칩니다. 사탄이 실존하며 우리의 고통에 영향을 미치지만 결정적 통제권은 그에게 있지 않고 하나님께 있습니다. 그분은 지혜롭고 선하십니다. 그래서 우리도 모든 상실과 고난 앞에서 욥처럼 '여호와의 이름이 찬송을 받으실지니이다'라고 고백해야 합니다."

나머지 메시지에서는 그 실체를 다루면 된다. 고대 문헌에서 가르치는 관념의 수준으로 남겨 두어서는 안 된다. 지금까지 해 왔듯이 본문에 치열하게 주목해야 한다. 고난과 하나님의 주권이라는 실체(이 교회와 이 나라에서의 그 실체) 속으로 뚫고 들어갈 때까지 밀어붙여야 한다. 충분한 사례와 예화를 통해 이 모두를 청중의 삶과 가정과 마음에 접목시켜야 한다. 어떤 이들은 듣고 교회를 떠날 것이다. 어떤 이들은 자신의 삶에 우연이나 무의미한 일은 하나도 없고 모두 하나님 아버지의 주권적 계획 속에 그 목적이 있음을 듣고 기뻐서 울 것이다.

하나님의 주권을 마치 신학적 개념이나 본문의 추론에 불과한 듯 말해서는 안 된다. 당신의 태도 전체에서 하나님의 선하심과 지혜와 절대 주권에 대한 인격적 희열이 아프고도 기쁘게 배어 나와야 한다. 청중 개인이나 국가적 차원의 고통을 가볍게 대해서는 안 된다. 대신 삶이 온통 무너져 내릴 때 하나님의 선하심과 은혜와 주권만이 도움과 의미와 희망이라는 사실을 기뻐해야 한다.

세상에 믿던 모든 것
끊어질 그날 되어도
구주의 언약 믿사와

내 소망 더욱 크리라.[1]

성경에 기초하되
성경으로 흠뻑 적셔지지 않은 설교

—

설교는 본문에 전달되는 실체를 찾아낼 뿐만 아니라, 그것이 정말 거기 있음을 본문의 어구를 통해 청중에게 보여 주어야 한다. 그 이유와 방법을 예시하는 게 지금까지 설교의 세 가지 예를 소개한 취지였다. 성경을 강해하려면 본문의 어구 자체에 치열하게 주목함으로써 본문이 전달하려는 실체 속으로 철저히 뚫고 들어가야 한다.

성경에 기초하되 성경으로 흠뻑 적셔지지 않은 설교가 편만해 있다. 나는 그런 설교를 말린다. 본문을 읽고 나서 논지를 전개하되(실제로 본문에 나오는 아주 좋은 논지일 때도 있다) 그 출처인 단어와 어구 자체를 청중에게 보여 주지 않는 설교를 말린다. 청중을 도와 본문이 실제로 어떻게 우리를 한없이 중요한 실체로 이끄는지 보게 해 주지 않는 설교를 말린다.

설교와 성경의
명백한 일치

—

설교자는 자신이 선포하는 실체를 청중도 직접 볼 수 있음을 본문의 어구 자체를 통해 보여 주어야 하는데, 이런 확신의 배후 이유는 무엇인가? 두 가지만 논하고자 한다.

첫째, 설교의 권위는 설교자가 자신의 말로 전달하려는 바와 성경 기자들이 감화된 성경말씀을 통해 전달하려는 바가 명백히 일치하는 데 있다. 여기서 핵심은 명백하다는 단어다. 설교의 논지와 성경말씀의 의미가 일치하는 게 보여야 한다.

설교자가 세상에서 가장 중요한 문제들에 대한 자신의 말을 청중이 믿든 말든 개의치 않는다면 그는 가짜다. 세상에서 가장 신성한 곳에서 말장난을 하는 것이다. 성경이 하나님의 말씀임을 믿는 대다수 설교자는 내 생각에 가짜가 아니다. 즉 청중에게 꼭 믿어야 할 말을 해 줄 자신의 소명을 아주 진지하게 여긴다. 설교자는 청중의 믿음을 원한다. 자신의 말을 그들이 믿기를 기대한다.

베들레헴침례교회에서 했던 첫 설교

그 놀라운 기대의 근거는 하나님이 감화하신 성경의 완전한 진리성에 있다.[2] 기독교 설교자의 목표는 하나님의 말씀을 말하는 것이다. 그들이 청중의 믿음을 원하는 이유도 하나님이 원하시는 대로 말하기 때문이다. 나는 서른네 살에 베들레헴침례교회에서 목사로서 첫 설교를 했는데 그때 이렇게 말했다.

이 강단에서 제 권위의 출처는 …… 제 지혜도 아니고 성경의 계시 이상으로 제게 주어지는 비밀 계시도 아닙니다. 제 말은 성경말씀의 반복과 설명과 적절한 적용인 한에서만 권위가 있고, 저도 권위 아래에 있을 때에만 권위가 있습니다. …… 목사는 자신의 말이 성경에 이미 명시되거나 암시되어 있음을 청중에게 보여 주어야 한다는 게 설교에 대한 제 소신입니다. 그 것을 보여 줄 수 없다면 그 설교는 전혀 특별한 권위가 없습니다.

청중에게 설교할 개념을 스스로 떠올리려고 애쓰는 목사를 보면 제 마음이 아픕니다. 제게는 여러분에게 말할 만한 영원한 무엇이 하나도 없습니다. 하지만 하나님께는 있습니다. 그분의 말씀을 말하는 일이라면 제가 평생 지치지 않기를 바라고 기도합니다. 교회의 생명이 거기에 달려 있습니다.

달라스제일침례교회에서 40년간 목회한 W. A. 크리스웰(W. A. Criswell, 1909-2002)의 말을 그때 인용했다. 이는 목사들에게 주는 권고로 흠잡을 데가 없다. 그때도 나는 그렇게 말했고, 지금도 그렇게 믿고 큰 도전으로 받아들인다.

교회에 나온 사람이 흔히 듣는 강단의 설교는 이미 사설과 신문과 잡지에서 읽었던 잡동사니의 재탕이다. 하품이나 하면서 늘 텔레비전 시사 해설에서 듣는 내용과 똑같다. 그래서 일요일에 골프를 치러 나간다. 교회에 나온 사람이 실제로 당신에게 하는 말은 이것이다. "목사님, 텔레비전의 시사 해설가가 하는 말은 나도 매일 들어서 압니다. 논설위원이 하는 말도 매일 읽어서 알고 잡지에 나오는 말도 매주 읽어서 압니다. 목사님, 내가 알고 싶은 건 하나님도 하실 말씀이 있느냐는 겁니다. 그분이 말씀하실 게 있다

면 우리에게 그 말씀을 해 주십시오."³

믿을 만한 설교라고 권위를 주장하려면 설교 내용이 성경의 가르침과 일치해야 한다는 뜻이다. 다만 주의할 것이 있다. 기독교 설교자는 청중이 확신하는 근거가 성경에서 설교자에게로 넘어오기를 바라서는 안 된다. 물론 자신의 말을 청중이 믿기를 바라고, 그런 의미에서 자신에게도 권위가 있기를 원한다. 하지만 설교자는 그 권위가 자신과 자신의 말에 있지 않고 성경 자체에 남아 있기를 바라야 한다.

그 말에 암시되어 있듯이 메시지는 성경의 의미와 일치할 뿐만 아니라 또한 그 사실을 보여 주어야 한다. 설교의 권위는, 설교자가 자신의 말로 전달하려는 바와 성경 기자들이 감화된 성경말씀을 통해 전달하려는 바가 명백히 일치하는 데 있다. 그렇지 않고서야 설교의 의미가 성경의 의미와 같음을 청중이 무슨 근거로 믿겠는가? 설교자의 도움 없이 청중이 그 사실을 직접 발견할 수도 있다. 그런데 왜 설교자가 청중에게 그 일치를 알아보기 어렵게 만든단 말인가?

교만, 게으름, 무능

설교의 의미가 성경의 어구 속에 있음을 설교자가 청중에게 보여 주지 못하는 까닭은 아마도 무능이나 게으름이나 교만 때문이다. 교만은 자신의 말 자체에 충분히 권위가 있다고 생각하기 때문이다. 게으름은 본문의 의미를 볼 뿐만 아니라 설득력 있는 설명을 구축하여 성경 본문에 실제로 그런 의미가 있음을 보여 주는 게 수고로운 일이기 때문이다. 무능은 단순히 설교자에게 메시지의 의미가 실제로 성경의 의미와 일치함을 보여 줄 능력이 없기 때문이다. 셋 다 설교자에게 있어서는 안 될 특성이다.

서서히 무너지는 교회

설교자가 성경의 어구에 치열하게 주목하여 청중을 본문이 전달하려는 실체 속으로 뚫고 들어가게 해 주지 않으면, 시간이 가면서 교회에 비극이 일어난다. 하나님의 말씀은 능력을 잃고 교인들은 성경에 대한 흥미를 잃는다. 그리되면 교회의 모든 일이 즐거운 성경 지향에서 벗어난다. 교인들이 더는 성경의 인도를 받지 않는다. 성경에 푹 젖어 있지 못하니 거짓 가르침의 풍조에 더 휩쓸리기 쉬워지고, 믿지 않는 사회에 더 은근히 길들여진다. 그들의 기대는 세상적으로 변한다. 그래서 교회 지도층에 압력을 가하여 점점 더 세속적인 부류에 영합하는 쪽으로 양보하게 한다. 설교자는 무엇이 문제인지 의아할 수 있으나 멀리 볼 필요가 없다. 설교자 자신이 하나님 말씀 속의 영광스러운 실체를 메시지의 내용으로 삼을 만큼 말씀을 존중하지 않았다. 그 실체를 청중도 직접 보고 감격할 수 있음을 본문의 어구 자체로 그들에게 보여 주지 않았다.

설교자는 자신이 선포하는 실체를 청중도 직접 볼 수 있음을 본문의 어구 자체로 그들에게 보여 주어야 하는데, 지금까지는 이 확신의 첫째 이유를 말했다. 모든 설교 내용의 명백한 기초는 늘 성경의 권위에 있다.

성경은 믿음을 깨우기 위한
하나님의 말씀이다

—

설교자가 선포하는 실체를 청중도 직접 볼 수 있음을 본문의 어구 자체로 보여 주어야 하는 두 번째 이유는, 그리스도를 믿는 믿음을 깨우고 강화하는 게 설교의 목표이기 때문이다. 말씀의 의미를 약화시키는 인간의 어떤 메시지보다도 성경 자체가 이 일을 더 효과적으로 하도록 되어 있다.

구원하는 믿음의 정수는 복음에서 그리스도의 지극한 아름다움을 보고 그분을 구주와 주님과 우주 최고의 보화로 받아들이는 것이다. 다른 이유들도 있지만, 고린도후서 4장 4절에 그렇게 암시되어 있기에 하는 말이다. "이 세상의 신이 믿지 아니하는 자들의 마음을 혼미하게 하여 그리스도의 영광의 복음의 광채가 비치지 못하게 함이니 그리스도는 하나님의 형상이니라." 복음을 통해 비치는 영적 광채가 있으니 곧 그리스도의 영광의 광채다. 사탄은 비신자들을 막아 이를 보지 못하게 한다. 그래서 그들은 믿지 못한다. 사람이 믿고 구원받으려면 이 광채와 그리스도의 영광을 반드시 보아야 한다. 성령께서 우리 사고의 수건을 벗겨 주시면(3:16) 마음의 눈으로 그것을 볼 수 있다(엡 1:18).

설교자가 답해야 할 아주 결정적인 질문은 이것이다. "이 기적의 도구가 되려면 어떻게 설교해야 할까? 어떻게 설교해야 그리스도의 영광을 보여 주어 믿음을 깨울까?" 나의 답은 하나님이 교회에 성령으로 감화하신 책을 주셨다는 것이다. 그 책은 하나님이 그리스도의 아름다움과 가치를 드

실체가 어떻게 본문 속에 빛나는지 '보여 주라'　　　　　　　　　　　　　/ 255

러내신 완결판이다. 아버지께서 친히 아들의 영광(영원부터 영원까지 그분이 이루신 일의 의미와 그것이 인간의 삶에 미치는 함의)을 묘사하신 완전한 초상화다. 하나님이 그리신 그리스도의 초상화야말로 구원하는 믿음을 낳도록 하나님이 정하신 수단이다. 즉 하나님의 말씀은 그분의 영광을 드러내는 최고의 수단이다.

그러므로 설교가 하나님께 쓰여 구원하는 믿음을 낳기를 바란다면, 설교자는 성경말씀에 있는 그리스도의 영광의 초상화를 밀쳐 내거나 약화시켜서는 안 된다. 감히 자신이 더 설득력 있는 초상화를 그릴 수 있다고 생각해서도 안 된다. 오히려 설교자의 목표는 청중의 주의를 성경말씀에 고정시켜, 예수 안에서 우리를 위한 하나님의 전부라는 영광의 실체를 그 말씀을 통해 드러내는 것이다. 성경은 영광이 비치는 하나님의 말씀이다. 청중의 주의를 말씀에 집중시키는 게 우리의 목표다. 그래야 그 청중이 하나님의 영광을 직접 보고 믿을 수 있다.

본문과 실체의 연관성을 보여 주라

5부에 역설했듯이 설교의 목표는 본문과 실체의 연관성을 보여 주는 것이다. 핵심은 보여 준다는 단어였다. 본문이 실체를 어떻게 전달하는지 청중이 직접 보는 게 우리의 목표다. 그렇지 않으면 성령의 감동으로 된 본문이 더는 실체를 설명하고 확증해 주지 못한다. 그 결과 청중은 신앙의 견고한 기초를 다른 데서 찾아야 한다. 본문의 어구에 치열하게 주목하도록 청중을 도우려는 게 설교다. 그래야 기자가 전달하려는 실체를 그들이 본문을 통해 볼 수 있다.

여기서 다시 싹트는 의문이 있다. "그 실체란 무엇인가? '성경 기자가 전달하려는 실체를 설교하라'는 말로 충분한가?" 왜 충분하지 못한지 6부에서 설명할 것이다.

6 부

전체를 관통하는
'핵심 실체'를 설교하라

모든 설교에
충만해야 할
세 가지

12

성경 기자의 포괄적 실체관에 입각해
본문을 보라

도덕주의적 설교, 환원주의적 설교

설교는 본문을 뚫고 본문이 전달하려는 실체 속으로 들어갈 뿐 아니라 성령의 감화로 성경 기자가 의도한 실체를 회중이 최대한 경험하도록 강해를 통해 도와야 한다. 이를 논증하는 것이 5부의 목표였다. 본문을 뚫고 들어간다는 말은 성경 본문의 어구 자체에 치열하게 집중함으로써 실체를 드러낸다는 뜻이다. 즉 우리의 목표는 선포 내용을 성경 본문 어구에 기초할 뿐 아니라 청중도 이를 직접 보는 것이다. 설교는 전달하는 실체 속으로 본문을 파고들면서 회중에게도 그 방법을 보여 주어 거기로 함께 데려간다. 이제 6부의 취지는 다음 질문에 답하는 것이다. "그렇다면 실체란 무엇인가?"

성경 기자가 본문을 통해 전달하려는 실체가 곧 우리가 전달하려는 실체라고 답해서는 불충분하다. 불충분한 이유는 그 답이 틀려서가 아니다. 오히려 이는 놀랍고도 영광스럽게 맞는 답이다. 사실 나는 모든 설교자가 본문의 어구에 치열하게 주목하여 성경 기자가 글로 전달하려는 실체를 설명하고 희열하는 데 목표를 두기를 기도한다. 이 답이 불충분한 이유는 그게 틀려서가 아니라 너무 두루뭉술하기 때문이다. 이 답에서는 실체의 범위와 이를 선포하는 방식에 대해 설교자가 답해야 할 몇 가지 중대한 질문을 다루지 않는다.

기자의 포괄적 실체관을 알아야 한다

성경 기자가 전달하려는 실체가 무엇인지 알려면, 당장의 본문에 밝혀진 그의 의도뿐만 아니라 그가 모든 것에 대해 어떤 식으로 생각하는지 그 포괄적 실체관도 알아야 한다. 차차 논증하겠지만 대다수 성경 본문의 실체를 기자가 인정할 만하게 다루려면, 해당 설교 본문에 명시된 그의 인생관 이상을 알아야 한다. "모든 성경 본문"이라 하지 않고 "대다수 성경 본문"이라 한 이유는 설교자가 택하는 설교 본문이 너무 방대하여(예컨대 성경의 어느 한 책 전부라서) 기자의 실체관에 대해 알아야 할 모든 게 그 본문 속에 있을 수도 있기 때문이다. 하지만 그런 경우는 드물고, 대부분의 경우 기자는 우리가 그의 당면한 소통을 다룰 때, 이 특정 본문에 명시되지는 않았어도 그가 믿는 다른 중대한 내용에 비추어 다루기를 기대할 것이다.

우리도 다 그런 식으로 말하고 글을 쓴다. 사실 그러지 않기가 불가능하다. 문장을 쓸 때마다 그 문장을 완전히 이해하는 데 필요한 정보를 그 속에 다 명시할 수는 없다. 성경 기자들도 마찬가지다. 우리의 대화나 이메일에는 명시적인 문장도 있지만 어떤 부분은 친구가 나를 알 거라고 당연히 전제한다. 내가 아들에게 "가장 위대한 것을 위해 살라!"고 쓴다면, 거기에는 이 말이 "하나님의 영광을 위해 살라"는 뜻임을 아들이 안다는 전제가 깔려 있다. 하지만 내가 그렇게 명시하지는 않았다. 아들이 내 의도를 알려면 당장의 본문 외적인 것부터 알아야 한다. 나는 정말 아들이 이를 안다고 생각한다. 아들이 그렇게 해석한다면 본문 속의 내 의도를 정확히 파악한 것이다.

설교자가 설교에 쓰는 성경 본문도 대부분 마찬가지다. 기자의 의도를 대번에 알 수 있도록 명시한 부분도 있지만 대부분은 해당 말씀 외에 생각해야 할 부분이 더 많다. 후자는 기자가 말한 다른 내용에서 또는 그의 실체관을 공유한 다른 믿을 만한 기자에게서 배워야 한다. 기자가 밝혀 놓은 "다른 내용"은 현재의 본문에서 몇 문장 또는 몇 장 떨어져 있거나 같은 기자가 쓴 다른 책에 있을 수도 있다. 나아가 우리는 성경의 본질적 통일성을 믿기에[1] 기자의 의미 중 필연적 함의 내지 암시적 차원을 성경의 다른 기자

들에게서 배울 수도 있다.[2]

다른 기자들에게서 배운다는 말의 예화로, 당신이 내게 생일날 어떤 디저트를 원하느냐고 글로 묻기에 내가 "평소에 제일 좋아하는 디저트를 원합니다"라고 써 보냈다 하자. 그러자 당신은 내 아내에게 전화하여 내가 제일 좋아하는 디저트가 무어냐고 물었다. 그러고는 내 생일에 당신이 버터 핑거 블리자드라는 아이스크림을 사 준다면, 본문에 그 이름이 명시되지 않았는데도 내 본문을 정확히 해석했다고 말할 수 있다. 다시 말해서 때로 기자의 의도 중 일부는 당신이 읽는 어구에 명시되어 있지 않다. 그런데 그의 말뜻을 정확히 해석하려면 그 없는 부분도 알아야 한다. 바로 그것을 성경의 다른 부분에서, 특히 동일한 기자가 쓴 다른 내용에서 배울 수 있다.

손 대접에 대한 설교

당신이 로마서를 쭉 설교해 나가다가 "손 대접하기를 힘쓰라"(롬 12:13)는 명령에 도달했다고 하자. 당신은 그리스도인이 손 대접을 실천해야 한다는 메시지가 교회에 유익이 되리라 믿는다. 교인들, 혹은 어쩌면 자신의 부족한 모습과 사회의 점증하는 개인주의 풍조가 느껴져서만이 아니라 예수께서 나그네를 영접하는 일을 매우 중시하시고(마 25:35), 히브리서에서 교회에 이를 명했고(히 13:2), 베드로가 교회에 이를 명했고(벧전 4:9), 장로들이 특히 이 일에 힘써야 하기 때문이다(딤전 3:2; 딛 1:8).

로마서 12장 13절의 바로 앞뒤 문맥에는 손 대접에 관해 명확한 설명은 없다. 그냥 목록의 일부로 명령하셨다.

> 사랑에는 거짓이 없나니 악을 미워하고 선에 속하라 형제를 사랑하여 서로
> 우애하고 존경하기를 서로 먼저 하며 부지런하여 게으르지 말고 열심을 품
> 고 주를 섬기라 소망 중에 즐거워하며 환난 중에 참으며 기도에 항상 힘쓰
> 며 성도들의 쓸 것을 공급하며 손 대접하기를 힘쓰라 너희를 박해하는 자
> 를 축복하라 축복하고 저주하지 말라(롬 12:9-14).

이제 우리는 어찌할 것인가? 이번 장의 내 논지는, 바울의 거시적이고
포괄적인 실체관을 고려하지 않고는 손 대접의 실체를 그가 인정할 만한
수준으로 다룰 수 없다는 것이다. 사도 바울의 경우 그 거시적이고 포괄적
인 관점에 무엇이 포함되어 있을까? 당신이 그리스도인의 의무인 손 대접
을 설교할 때 그 방식에 영향을 미칠 바울이 남긴 다른 말은 무엇일까?

손 대접의 거시적 문맥

바울의 다른 말을 몇 가지 예로 들자면 다음과 같다. 당신이 손 대접에
대해 설교하는 방식, 즉 이 명령에 순종하여 대접을 잘 베풀도록 회중을 돕
고자 한다면 아래 말씀들을 반영해야 한다.

> 1. 하나님이 자기 아들까지도 아끼지 않으셨으니 손 대접을 실천하라. "자
>   기 아들을 아끼지 아니하시고 우리 모든 사람을 위하여 내주신 이가 어
>   찌 그 아들과 함께 모든 것을 우리에게 주시지 아니하겠느냐"(롬 8:32).

2. 하나님의 은혜로 손 대접을 실천하라. "그러나 내가 나 된 것은 하나님의 은혜로 된 것이니 내게 주신 그의 은혜가 헛되지 아니하여 내가 모든 사도보다 더 많이 수고하였으나 내가 한 것이 아니요 오직 나와 함께하신 하나님의 은혜로라"(고전 15:10).

3. 그리스도께서 우리를 받아 주셨듯이 손 대접을 실천하라. "그러므로 그리스도께서 우리를 받아 하나님께 영광을 돌리심과 같이 너희도 서로 받으라"(롬 15:7).

4. 죄에 대해 죽고 그리스도 안에서 하나님에 대해 살아 있는 자로서 손 대접을 실천하라. "이와 같이 너희도 너희 자신을 죄에 대하여는 죽은 자요 그리스도 예수 안에서 하나님께 대하여는 살아 있는 자로 여길지어다"(6:11).

5. 예수의 영광을 바라봄으로써 손 대접을 실천하라. "우리가 다 수건을 벗은 얼굴로 거울을 보는 것같이 주의 영광을 보매 그와 같은 형상으로 변화하여 영광에서 영광에 이르니 곧 주의 영으로 말미암음이니라"(고후 3:18).

6. 그리스도 안의 새로운 피조물로서 손 대접을 실천하라. "그런즉 누구든지 그리스도 안에 있으면 새로운 피조물이라"(5:17).

7. 성령으로 손 대접을 실천하라. "너희는 성령을 따라 행하라"(갈 5:16).

8. 감사하며 손 대접을 실천하라. "범사에 감사하라 이것이 그리스도 예수 안에서 너희를 향하신 하나님의 뜻이니라"(살전 5:18).

9. 기도하는 마음으로 손 대접을 실천하라. "쉬지 말고 기도하라"(5:17).

10. 믿음으로 손 대접을 실천하라. "이는 우리가 믿음으로 행하고 보는 것으로 행하지 아니함이로라"(고후 5:7). "이제 내가 육체 가운데 사는 것은 나를 사랑하사 나를 위하여 자기 자신을 버리신 하나님의 아들을 믿는 믿음 안에서 사는 것이라"(갈 2:20).

11. 염려하지 말고 손 대접을 실천하라. "아무것도 염려하지 말고 다만 모든 일에 기도와 간구로, 너희 구할 것을 감사함으로 하나님께 아뢰라"(빌 4:6).

12. 기쁘게 손 대접을 실천하라. "주 안에서 항상 기뻐하라 내가 다시 말하노니 기뻐하라"(빌 4:4, 살전 5:16 참조).

13. 원망 없이 손 대접을 실천하라. "모든 일을 원망과 시비가 없이 하라"(빌 2:14).

14. 사랑의 행위로 손 대접을 실천하라. "너희 모든 일을 사랑으로 행하라"(고전 16:14).

15. 영적 예배 행위로 손 대접을 실천하라. "그러므로 형제들아 내가 하나님의 모든 자비하심으로 너희를 권하노니 너희 몸을 하나님이 기뻐하시는 거룩한 산 제물로 드리라 이는 너희가 드릴 영적 예배니라"(롬 12:1).

16. 하늘 아버지를 본받는 하나님의 사랑받는 자녀로서 손 대접을 실천하라. "그러므로 사랑을 받는 자녀같이 너희는 하나님을 본받는 자가 되고"(엡 5:1).

17. 주 예수의 이름으로 손 대접을 실천하라. "또 무엇을 하든지 말에나 일에나 다 주 예수의 이름으로 하고"(골 3:17).

18. 하나님의 영광을 위해 손 대접을 실천하라. "그런즉 너희가 먹든지 마시든지 무엇을 하든지 다 하나님의 영광을 위하여 하라"(고전 10:31).

설교자는 으레 둘 이상의 문맥을 다룬다. 먼 문맥은 바울의 거시적 실체관을 형성하고, 로마서 12장 13절의 가까운 문맥은 당장의 설교 본문을 구성한다. 설교자는 바울이 다른 데 한 말을 가져다가 이 특정 설교 본문에 적용할 때 양쪽 문맥에 다 주의해야 한다. 한 본문을 다른 본문에 적용할 때

자칫 오용할 수도 있다. 위에 선택한 열여덟 개의 본문은 손 대접 실천에 필연적으로 포함되어야 할 만큼 충분히 포괄적인 진술을 찾아낸 것이다.

"모든 일"에 손 대접도 포함된다

하나님이 자기 아들을 희생하여 우리에게 "모든 것"(롬 8:32)을 주셨으니 그 희생에 근거하여 손 대접을 실천하는 게 바울의 의도라는 말은 전혀 자의적이지 않다. 바울이 범사에 감사하라 했으니(살전 5:18) 손 대접도 감사하며 실천하고, 그가 쉬지 말고 기도하라 했으니(17절) 손 대접도 기도하며 실천하고, 그가 삶 전체를 믿음으로 살아야 한다고 했으니(갈 2:20) 손 대접도 믿음으로 실천하고, 그가 모든 일을 원망 없이(빌 2:14) 염려하지 말고(4:6) 하라 했으니 손 대접도 원망이나 염려 없이 하고, 그가 모든 일을 사랑으로(고전 16:14) 기쁘게(빌 4:4) 하라 했으니 손 대접도 사랑과 기쁨으로 하고, 그가 무엇을 하든지 예수의 이름으로(골 3:17) 하나님의 영광을 위하여(고전 10:31) 하라 했으니 손 대접도 예수의 이름으로 하나님의 영광을 위해 하는 게 모두 바울의 의도라는 말 또한 전혀 자의적이지 않다.

설교에 영향을 미치는 바울의 포괄적 실체관

이 모든 본문과 그 밖의 수많은 본문은 우리에게 바울의 포괄적 실체관과 그 실체에 입각하여 살아가는 방식을 알려 준다. 바울은 하나님을 믿고, 죄를 믿고, 죄인에게 은혜가 임하려면 하나님이 자기 아들을 희생하셔야만 함을 믿는다(롬 8:32). 그는 또 하나님의 은혜가 죄를 용서할 뿐 아니라 경건하게 살아갈 능력까지 줌을 믿고(고전 15:10), 자격 없는 우리를 그리스도께서 받아 주심을 믿고(롬 15:7), 우리가 그분과 연합하여 죄에 대해 죽었음을 믿고(6:11), 이제 죽음에서 살아난 새로운 피조물로서(고후 5:17) 그리스도의 영광을 최고의 보화로 바라봄으로써 변화되는 중임을 믿는다(3:18).

바울은 이런 변화와 우리 그리스도인의 모든 선행이 성령의 역사임을 믿고(갈 5:16), 우리가 감사와(살전 5:18) 믿음으로(고후 5:7) 하나님께 부르짖으면(살전 5:17) 성령께서 우리 염려를 가라앉히시고(빌 4:6) 기쁨으로 충만하게 하시고(4절) 원망하는 버릇을 고쳐 주시고(2:14) 우리를 해방시켜 손 대접 같은 사랑을 겸손히 행하게 하신다고 믿는다(고전 16:14). 그는 또 믿음과 성령의 능력으로 행하는 이런 사랑이 진정한 예배 행위임을 믿고(롬 12:1), 그 행위가 하늘 아버지의 성품을 닮아(엡 5:1) 예수의 이름을 아름답게 하고(골 3:17) 하나님을 영화롭게 함을 믿는다(고전 10:31).

그래서 우리는 다시 묻는다. "성경 기자가 본문을 통해 전달하려는 실체를 선포하는 게 설교자의 목표여야 하는데, 이때 설교자가 염두에 둘 실체란 무엇인가? 손 대접하기를 힘쓰라는 로마서 12장 13절과 관련하여 설교자는 무엇을 선포할 것인가?" 물론 손 대접의 본질과 근거와 목표와 수단이 포함될 것이다. 하지만 손 대접에 대한 참으로 기독교적이고 중요한 내용 모두를 설교자는 바울의 거시적 실체관에 입각하여 말할 것이다. 이를 배우고자 그는 바로 앞뒤 문맥은 물론이고 이 경우 특히 바울이 남긴 다소 먼 문맥까지 신중히 찾아볼 것이다.

거시적 관점이 없으면 본문이 왜곡된다

C. S. 루이스의 친구 오웬 바필드(Owen Barfield)는 "루이스가 무엇에 대

해 말하든 묘하게도 그 속에 모든 것에 임하는 그의 생각이 은연중에 들어 있다"라고 말했다.[3] 이는 사람의 생각이 진실하고 온전할수록 그 사람을 드러내는 정확한 진술이다. 성경 각 권은 기자들이 하나님의 감동을 받아 표현한 진실한 생각이다. 그렇다면 "그들이 무엇에 대해 말하든 모든 것에 대한 그들의 생각이 은연중에 들어 있다"라는 말이 그들에게는 얼마나 더 합당하겠는가? 이는 설교에 정말 중요하다. 기자의 거시적 실체관을 알면 설교자가 이를 길잡이 삼아 특정 본문을 기자의 의도에 어긋나지 않게 다룰 수 있다.

만일 우리가 "손 대접하기를 힘쓰라"는 바울의 명령을 그의 포괄적 실체관이라는 문맥에서 떼어 내 거기에 어긋나는 용도로 쓴다면, 필시 그는 못마땅하게 여길 것이다. 예컨대 이 명령을 세상의 "예의범절 캠페인"의 일환으로 삼거나, 힌두교인이나 무슬림이나 그리스도인이나 다 손 대접을 실천하니 삶의 방식도 정말 모두 같다는 식으로 에큐메니컬 운동에 써먹거나, 선행으로 구원을 얻는다고 가르치는 율법주의적 이단에 동원한다면, 바울은 심기가 불편할 것이다. 다시 말해서 바울의 모든 특정한 권면과 진술을 우리가 그의 포괄적 실체관에 입각해서 보는 게 그의 의도일 것이다.

그러므로 성경 기자가 본문을 통해 전달하려는 실체를 선포하는 게 로마서 12장 13절("손 대접하기를 힘쓰라")로 설교하는 목표라고 말한다면, 맞는 말이긴 하지만 충분하지는 않다. 이 특정 명령의 성격을 규정하는 실체는 광범위하다. 대접을 잘 베풀라는 명령을 바울의 의도대로 선포하고 순종하려면, 단순히 남에게 집을 개방하는 실제 행위보다 더 큰 요건을 고려해야 한다. 사실 꼼꼼한 행위로 손 대접을 실천해도 바울의 의도에 심히 어긋날 수 있다. 믿음으로, 성령으로, 예수의 이름으로, 하나님의 영광을 위해 하지 않는다면 바울이 보기에 이는 가장 중요한 실체들을 보고 맛보고 드러내는 게 아니다. 그의 의도에 충실하지 못한 것이다.

피해야 할 두 가지 과오

그렇다면 이 질문에 어떻게 답할 것인가? "제한된 특정한 본문을 앞에 두고 우리가 설교해야 할 실체는 무엇인가?" 답으로 넘어가기 전에 미리 피해야 할 두 가지 과오가 있다. "손 대접하기를 힘쓰라"와 같은 본문으로 설교할 때 흔히 범하는 과오다.

첫째 과오는 이것이다. 무조건 행하라!

둘째 과오는 이것이다. 당신은 할 수 없으나 그리스도께서 다 이루셨으니 당신의 행위에서 그분께로 시선을 돌려 칭의로 전가된 의를 누리라.

도덕주의적인 설교

첫째 과오 "무조건 행하라!"는 왜 어떻게 행해야 하는지에 대한 바울의 거시적이고 포괄적인 관점을 미처 생각지 못했다. 손 대접의 깊은 뿌리는 은혜와 그리스도와 믿음이고, 높은 가지는 하나님의 영광이건만, 이 입장은 그와 전혀 무관하게 손 대접을 제한된 도덕주의적 관점에서 다룬다. 어떤 설교자에게는 "무조건 행하라"가 유익해 보일 수도 있다. 손 대접을 통해 세상에서 대인관계가 더 좋아지거나, 하나님께 점수를 따거나, 교회에 대한 친근감을 높여 사람을 더 많이 모이게 하거나, 예의와 관용이라는 성격 특성을 기르거나, 어쩌다 부자를 식탁에 영접하여 뜻밖의 보상을 받을 수도 있다는 생각에서다. 그러나 이는 충실한 설교가 아니다. 은혜, 그리스도, 성령, 믿음, 기쁨, 하나님의 영광 등 바울의 거시적 실체관이 무시되기 때문이다.

환원주의적인 교리 설교

둘째 과오 "당신은 할 수 없으나 그리스도께서 다 이루셨으니 당신의 행위에서 그분께로 시선을 돌려 칭의로 전가된 의를 누리라"는 손 대접에 힘쓰라는 명령의 심각성을 경시하고 주의를 분산시켜, 이것이 정말 꼭 필요한 의무임을 보지 못하게 한다. 이렇게 설교하면 그리스도인의 순종의 시급성과 복잡성이 지나치게 단순해지고, 모든 설교마다 뻔한 구원론이 강조된다. 그 결과 청중은 건성으로 듣다가 서둘러 자리를 뜨도록 길들여진다. 바른 교리를 부당하게 적용하느라 본문을 가로막기 때문에 본문 특유의 보화는 묻혀 버린다.

두 과오 모두 본문을 가로막는다

방식은 달라도 양쪽 과오 모두 바울이 전달하려 의도한 바를 잠재운다. 첫째 과오는 공허한 도덕주의로 본문의 실체를 약화시키고, 둘째 과오는 정통을 오용하여 모든 본문을 거기에 억지로 꿰어 맞추려다 실체를 약화시킨다. 물론 오직 그리스도의 전가된 의에 기초하여 오직 믿음으로 말미암는 칭의는 영광스럽고 귀중한 진리다. 그러나 바울은 이를 빌미로 순종의 시급성을 축소하지 않는다.

율법 대 복음의 인위적 구도를 바울은 받아들이지 않는다. 그 구도대로라면 모든 명령은 인간의 무력함을 드러내 줄 뿐이며, 이를 해결할 길은 순종을 극소화하고 하나님의 전가를 극대화하는 것뿐이다. 그러나 교회들에 쓴 편지에 바울은 자신의 명령을 정말 순종해야 할 의무로 다루었다. 이는 우리가 의롭다 하심을 받았고, 하나님께 사랑받기 때문이다. 우리 안에 성령이 계시기 때문이다. 은혜가 용서만이 아니라 변화의 능력이며, 칭의의 믿음이 사랑으로 역사하기 때문이다. 사실 칭의 교리는 대단히 관련성이 있지만 그리스도인의 손 대접 실천이라는 당면한 중대사를 경시하는 식으로는 아니다.

신학적 우려

나는 설교의 이 두 과오가 신학적, 설교학적으로 염려스럽다. 신학적 측면이 더 심각하지만 설교학적 측면은 사뭇 비참할 수 있다. 우선 신학적으로 양쪽 과오 모두 구원을 위태롭게 한다. "무조건 행하라"는 도덕주의적 과오는 구원으로 인도하지 못한다. 죄인을 위해 십자가에 죽으시고 부활하신 그리스도의 복음이 도덕 행위에 밀려나기 때문이다. 도덕 행위를 하나님께 받아들여지게 해 주는 유일한 능력도 사장되는데, 그것은 바로 피로 사신 하나님의 약속을 믿을 때 누리는 성령의 능력이다.

"당신은 할 수 없으나 그리스도께서 다 이루셨으니 당신의 행위에서 그분께로 시선을 돌려 칭의로 전가된 의를 누리라"는 둘째 과오는 청중에게 행위 없는 믿음이 살아 있다는(야고보서 2장 17절에 어긋나게 정말 구원할 수 있다는) 인상을 줌으로써 구원을 위태롭게 한다. 여기서 강조하는 그리스도의 순종은 우리에게 순종할 능력을 주는 게 아니라 우리의 순종을 대신한다. 그래서 로마서 6장 1절의 과오 쪽으로 기운다. "은혜를 더하게 하려고 죄에 거하겠느냐." 그러면 청중은 완전히 길을 잃어 "이것이 없이는 아무도 주를 보지 못하리라"고 한 "거룩함"이 엄연히 실존함을 깨닫지 못한다(히 12:14, 갈 5:21; 고전 6:9 참조). 아마도 심판 날 주 예수께로부터 다음과 같은 말씀을 듣는 이들은 이런 설교 방식을 저주할 것이다. "나더러 주여 주여 하는 자마다 다 천국에 들어갈 것이 아니요 …… 내가 너희를 도무지 알지 못하니 불법을 행하는 자들아 내게서 떠나가라"(마 7:21, 23).

설교학적 우려

"무조건 행하라!"라는 설교 방식이 설교학적으로 염려스러운 점은, 그것이 청중을 길들여 성경에 정말 있는 내용조차 보지 못하게 한다는 것이다. 성경은 하나님이 인정하신 좋은 예의범절 규범으로 전락하고, 복음은 옆으로 밀려난다. 그 결과 이런 설교자는 짐을 가볍게 해 주기는커녕 예수의 말씀처럼 "무거운 짐을 묶어 사람의 어깨에 지우되 자기는 이것을 한 손가락으로도 움직이려 하지 아니한다"(마 23:4).

당연히 이런 설교는 절망 아니면 교만을 낳는다. 도덕적으로 조금만 성공하면 교만해지고 조금만 실패하면 절망한다. 은혜라는 기초도 없고 하나님의 영광이라는 목표도 없다. 설교는 긍정적 사고를 권장하는 격려사로 오그라든다. 설교가 더는 강해의 희열이 아니고 예배의 일부도 아니다.

"당신은 할 수 없으나 그리스도께서 다 이루셨으니 당신의 행위에서 그분께로 시선을 돌려 칭의로 전가된 의를 누리라"라는 설교 방식이 설교학적으로 염려스러운 점은, 그것이 본문 어구 자체를 전혀 진지하게 취급하지 않음으로써 회중에게 성경 독서법 면에서 나쁜 습관을 가르친다는 것이다. 이런 설교를 지배하는 신학 기조는 본문 고유의 보화에 빛을 비추기는커녕 오히려 보화를 찾아내지 못하게 차단한다. 포괄적인 신학적 확신 중에도 본문의 세부 사항을 흐려 놓는 게 있고 그 속으로 더 깊이 파고들게하는 게 있다(13-18장에서 살펴볼 것이다). 끝으로 이런 설교는 깨달음에 대한 회중의 희망을 꺾는 개탄스러운 결과를 낳는다. 본문의 참신한 세부 사항을 찾아내지 않고, 자꾸 단조롭게 행위 없는 이신칭의의 교리만 "발견하기" 때문이다. 비참하게도 그 결과 그리스도를 전파한다는 미명하에 세상에서 가장 영광스러운 진리 중 또 하나가 진부해진다.

기자의 광범위한 관점에서
어떻게 일부를 선별할 것인가
—

이번 장에서 우리가 답하려 한 질문은 이것이다. "당장의 본문을 강해하면서 설교자가 선포해야 할 실체는 무엇인가?" 앞서 말했듯이 "성경 기자가 본문을 통해 전달하려는 실체를 선포하라"는 답으로는 불충분하다. 그답이 틀려서가 아니라 너무 두루뭉술하기 때문이다. 그 답에는 다음 사실이 분명하지 않다. 즉 거의 모든 설교 본문의 경우 그 본문이 계시하는 제한된 실체를 다루려면, 기자의 거시적이고 포괄적인 실체관을 상당히 알아야 한다. 일단 이를 인정하고 나면 이런 의문이 남는다. "그 거시적 관점 중에서 어떤 측면을 내 설교에 담아낼 것인가?"

성경 기자의 거시적 관점은 너무 광범위하고 다면적이어서 설교자가 한 편의 설교에 이를 다 선포할 수는 없고 그중 선별해야만 한다. 위에 예로 든 로마서 12장 13절("손 대접하기를 힘쓰라")의 설교에 나는 바울의 포괄적 실체관에서 열여덟 가지 측면을 열거했다. 바울이 의도한 대로 대접을 잘 베풀려면 그런 내용을 반영해야 한다. 그 열여덟 가지 외에도 훨씬 많다. 그러니 바울의 실체관에서 손 대접이라는 설교에 반영해야 할 측면은 무엇인가? 설교자는 이를 어떻게 정할 것인가?

이 질문에 답하는 세 가지 접근법을 추천하려 한다. 다시 말해서 지금부터 제안하려는 세 가지 질문은 기자의 의도 중 어떤 측면을 선포할지 정하려는 설교자에게 기준이 되어 줄 것이다. 첫째, 설교 본문에서 성경 기자의 궁극적 목표는 무엇인가? 둘째, 설교 본문은 예수 그리스도 및 그분의 구원 사역과 어떤 관계가 있는가? 셋째, 멸망이 아닌 최종 구원으로 인도하는 생활 방식은 무엇인가?

이 세 질문은 삼위일체의 세 위격과 상응한다. 첫째 질문의 답은 주로 성부 하나님의 영광에 집중되고, 둘째 질문의 답은 성자 하나님의 구원 사역에 집중되고, 셋째 질문의 답은 그리스도께서 이루신 일을 적용하여 능력을 주시는 성령 하나님께 집중된다. 알고 보면 세 질문의 답이 모두 맞물려 있다. 즉 제대로 답한다면 각각의 답에 다른 두 질문에 해당하는 답까지 들어 있다.

지금부터 사도 바울의 저작을 예로 들면서 이 세 질문이 왜 설교자의 길잡이로서 성경적으로 유익한지 밝히려 한다. 바울은 이 세 질문에 무어라 답하는가? 그의 답은 그의 저작뿐 아니라 나머지 성경으로 설교하는 우리에게 어떻게 도움이 되는가? 13-18장에 세 질문을 하나씩 차례로 살펴보자.

13

'하나님의 영광'을
설교하라

모든 본문의 궁극적 목표

12장에서 보았듯이 특정 본문을 해석하고 적용할 때는 기자의 포괄적 실체관을 고려해야 한다. 이것이 성경 기자의 의도다. 그러므로 설교자는 늘 다음 질문을 염두에 두어야 한다. "특정 본문에 대한 설교에 기자의 거시적 관점 중 어느 부분을 얼마나 담아내야 할까?"

내가 제안한 세 가지 질문은, 설교자가 기자의 의도 중 어떤 측면을 선포할지 정하는 기준이 되어 줄 것이다. 첫째, 설교 본문에서 성경 기자의 궁극적 목표는 무엇인가? 둘째, 설교 본문은 예수 그리스도 및 그분의 구원 사역과 어떤 관계가 있는가? 셋째, 멸망이 아닌 최종 구원으로 인도하는 생활 방식은 무엇인가? 이번 장에서는 첫째 질문을 다룰 것이다.

성경 기자의 궁극적 목표,
하나님의 영광

—

"궁극적 목표"란 다른 모든 목표가 귀결되도록 의도된 목표다. 인과 사슬에 수많은 연결 고리가 있을 수 있는데 마지막 고리가 "궁극적 목표"다. 그 너머로 더 높은 목표는 없으며, 나머지는 다 거기로 귀결되는 게 기자의 의도다. 기자의 궁극적 목표에 대한 질문을 제기하는 이유는 성경 기자들이 그런 식으로 글을 썼기 때문이다. 특히 바울은 "이는 …… 하려 함이라"로 옮겨지는 헬라어 단어 "히나"(hina)를 246회나 썼는데, 대개 "목표를 이루려는 의도"라는 뜻이다. 성경 기자들이 이런 어법을 통해 누누이 강조했다시피 우리는 중간 목표들을 거쳐 결국 궁극적 목표로 귀결되는 의도에 주목해야 한다.

사실 성경 기자들이 워낙 편만하게 하나님의 영광을 범사의 궁극적 목표로 지적하므로 나는 내 설교 인생이 시작되던 수십 년 전부터 이런 결론에 도달했다. 즉 하나님의 영광을 누리고 드러내도록 돕는 게 기자의 일부 의도라고 말해도 그 어떤 성경 본문도 왜곡되지 않는다. 그게 사실이라면,

그러니까 하나님이 영화롭게 되시는 게 모든 성경(과 모든 본문)의 궁극적 목표라면, 이는 설교자가 본문에 대해 무엇을 말해야 할지 결정하는 기준에 지대한 영향을 미친다. 가정하건대 궁극에 가까운 목표일수록 청중이 이를 보고 맛보고 추구하는 게 더 중요해진다. 그러므로 하나님을 영화롭게 하는 게 궁극적 목표일진대 설교는 최대한 효과적으로 청중에게 하나님의 영광을 명확히 이해하게 하고, 그 영광을 사랑하는 마음이 불타오르게 해 주어야 한다.

하나님의 영광을 모든 본문의 궁극적 목표로 보는 근거

하지만 이는 너무 막연한 주장이어서 일부나마 성경적 근거를 제시하려 한다. 가장 설득력 있는 논증으로《조나단 에드워즈가 본 천지 창조의 목적》(The End for Which God Created the World, 솔로몬 역간)을 추천한다. 나는 그 글을 이십 대 초에 읽었는데 완전히 설득력 있고, 신학적으로 혁신이며, 설교에도 막강한 영향을 미친다. 그 책에 철학 부분과 성경 부분이 있는데 전자는 감명 깊되 결정적이지는 않은 반면, 후자는 경이롭고도 결정적이다. 에드워즈는 하나님의 영광에 대한 본문을 산더미처럼 제시한 후에 이런 결론을 내렸다.

성경에 언급된 바 하나님이 하시는 모든 일의 궁극적 목표는 하나님의 영광이라는 이 한마디 속에 들어 있다. …… 광선은 피조물을 비추고 반사되어 다시 발광체에게로 돌아간다. 영광의 광선도 하나님의 것으로서 그분으로부터 와서 다시 근원으로 회귀한다. 즉 전체가 하나님에게서 나오고 하나님 안에 있고 하나님께로 돌아간다. 하나님이 이 일의 처음과 중간과 끝이시다.[1]

에드워즈는 이 진리를 성경 전체에서 내보였으나 지면상이나 시간상 여기에 그대로 다 옮길 수는 없다. 그래도 휘장을 조금 걷어 하나님의 영광을 범사의 궁극적 목표로 본 바울의 관점을 들여다보면 유익할 것이다. 다음은 그가 생각했던 하나님의 영광의 표본일 뿐 전부는 아니다.

구원의 은혜에서 떠나 있는 모든 인간의 본질적 악은 "썩어지지 아니하는 하나님의 영광을 …… 우상으로 바꾼" 것이다(롬 1:23).

바울은 죄를 이렇게 정의한다. "모든 사람이 죄를 범하였으매 하나님의 영광에 이르지 못하더니"(3:23). "이르지 못하더니"를 직역하면 "부족하니"다. 그분의 영광을 우상과 바꾸었기 때문이다.

언약 백성이 하나님에 대해 거짓말해도 "하나님의 참되심이 더 풍성하여 그의 영광이 되었다"(3:7).

아브라함의 믿음을 귀감으로 제시하는 이유는 그가 "믿음으로 견고하여져서 하나님께 영광을 돌렸기" 때문이다(4:20).

오직 믿음으로 의롭다 하심을 받았기에 우리는 "하나님의 영광을 바라고 즐거워한다"(5:2).

하나님의 가정에 입양된 우리의 종착점은 "그리스도와 함께한 상속자니 우리가 그와 함께 영광을 받기 위하여 고난도 함께 받아야 할 것"(8:17. 30절; 고전 2:7 참조)이다.

훗날 우리는 영광을 대면하며 그 속으로 끌려들 텐데, 이 영광은 이 세상의 모든 고난을 무색하게 할 정도로 크다. "생각하건대 현재의 고난은 장차 우리에게 나타날 영광과 비교할 수 없도다"(롬 8:18. 고후 4:17 참조).

하나님이 그분의 능력과 진노를 보이심은 "영광받기로 예비하신 바 긍휼의 그릇에 대하여 그 영광의 풍성함을 알게 하고자 하심이다"(롬 9:23).

하나님이 만물의 근원이요 지탱하시는 힘이요 목표이시기에 결국 모든 영광이 그분께 드려진다. "이는 만물이 주에게서 나오고 주로 말미암고 주에게로 돌아감이라 그에게 영광이 세세에 있을지어다 아멘"(11:36).

"그리스도께서 우리를 받아 하나님께 영광을 돌리심과 같이"(15:7).

그리스도께서 유대 민족의 종이 되심은 족장들에게 하나님의 신실하심을 확증하실 뿐 아니라 "이방인들도 그 긍휼하심으로 말미암아 하나님께 영광을 돌리게 하려 하심"(15:9)이다.

하나님의 물리적 피조물로서 당신에게 몸이 있는 궁극의 이유는 "몸으로 하나님께 영광을 돌리기" 위해서다(고전 6:20).

하나님을 영화롭게 하는 것이 모든 일을 하는 이유여야 한다. "그런즉 너희가 먹든지 마시든지 무엇을 하든지 다 하나님의 영광을 위하여 하라"(10:31).

하나님의 모든 약속은 그리스도 안에서 "예"가 되므로 "그런즉 그로 말미암아 우리가 아멘 하여 하나님께 영광을 돌리게"(고후 1:20) 된다.

복음의 핵심은 "그리스도의 영광의 복음의 광채"며 "그리스도는 하나님의 형상"(4:4, 6절 참조)이시다.

복음을 전파하는 목적은 "많은 사람의 감사로 말미암아 은혜가 더하여 넘쳐서 하나님께 영광을 돌리게 하려 함"(15절)이다.

바울이 수시로 드린 최고조의 송영은 하나님의 영광을 큰 목표로 가리키는 듯 보인다. "영광이 그에게 세세토록 있을지어다 아멘"(갈 1:5). "하나님

곧 우리 아버지께 세세 무궁하도록 영광을 돌릴지어다 아멘"(빌 4:20). "그
에게 영광이 세세무궁토록 있을지어다 아멘"(딤후 4:18). 하나님께 "교회 안
에서와 그리스도 예수 안에서 영광이 대대로 영원무궁하기를 원하노라 아
멘"(엡 3:21).

우리를 예정하여 입양하신 목적은 "그의 은혜의 영광을 찬송하게 하려는
것"(1:6)이다.

그리스도 안에서 우리가 그분의 뜻대로 예정되어 유업을 얻은 목적은 "그
의 영광의 찬송이 되게 하려 하심"(12절)이다.

성령은 "우리 기업의 보증이 되사 그 얻으신 것을 속량하시고 그의 영광을
찬송하게 하려 하신다"(14절).

바울은 우리가 "예수 그리스도로 말미암아 의의 열매가 가득하여 하나님의
영광과 찬송이 되도록" 기도한다(빌 1:11).

하나님은 그리스도를 지극히 높여 "모든 이름 위에 뛰어난 이름을 주사 하
늘에 있는 자들과 땅에 있는 자들과 땅 아래에 있는 자들로 모든 무릎을 예
수의 이름에 꿇게 하시고 모든 입으로 예수 그리스도를 주라 시인하여 하
나님 아버지께 영광을 돌리게"(2:9-11) 하셨다.

훗날 그리스도는 재림하여 "그의 성도들에게서 영광을 받으시고 모든 믿는 자들에게서 놀랍게 여김을 얻으신다"(살후 1:10).

이상의 목록은 영광이라는 단어에만 기초한 것임을 명심하라. 이름이나 명예나 찬송이라는 단어를 써서 동일한 취지로 말한 다른 수많은 본문은 포함하지 않았다. 게다가 하나님의 영광을 언급할 뿐만 아니라 바울의 사고방식에 아예 배어들어 있어 하나님이 하시는 일의 궁극적 목표가 그분의 영광임을 밝히 보여 주는 예도 많은데(롬 11:36; 엡 1:6; 빌 1:11; 2:11 등), 어떻게 그러한지 그 다양한 방식도 일일이 지적하지 않았다.

나의 결론은 이것이다. 바울에게 하나님의 모든 행위와 말씀(즉 성경에 반영된 기자의 실체관대로 이해할 경우의 모든 성경 본문)이 추구하는 궁극적 목표는 우리가 하나님의 영광을 우주 최고의 아름다움과 보화로 보고 맛보고 드러내는 것이다.

궁극적 목표가 될 만한 다른 후보?

하나님의 위대하심 중에서 영광 외에도 궁극적 목표가 될 만한 다른 면이 있느냐고 누가 의문을 제기한다면 나는 이렇게 답하겠다. 면밀히 검토해 보면 그들 각 후보는 하나님의 영광의 일부이거나 하나님의 영광을 위해 수행된다.

예컨대 이전에 누가 내게 하나님의 사랑과 긍휼이 하나님의 영광보다 더 궁극이라고 이의를 제기한 적이 있다. "하나님은 사랑이심이라"(요일 4:8)고 했으니 말이다. 나는 거기에 로마서 15장 8-9절로 답했다. 바울은 그리스도께서 오신 목적이 "이방인들도 그 긍휼하심으로 말미암아 하나님께 영광을 돌리게 하려 하심"(롬 15:9)이라 했다. 영광이 궁극이고 긍휼은 그 다음이다. 바울이 명시했듯이 긍휼을 베푸시는 더 높은 목적이 있으니 곧 이방인들이 하나님께 영광을 돌리는 것이다.

그렇다고 하나님의 사랑과 영광 사이에 선을 긋고 싶지는 않다. 즐거이 고백하거니와 하나님의 영광은 완전하신 그분의 아름다운 전체 파노라마로 이루어진다. 하나님의 속성 중 어느 하나라도 축소할 마음은 없다. 모든 속성이 하나님의 영광이라는 다이아몬드의 일면이다. 신의 속성을 하나라도 잃으신다면 하나님은 덜 영광스러운 정도가 아니라 아예 하나님이 아닐 것이다. 하나님의 영광은 성경이 그분의 위대하심과 아름다움과 가치라는 실체를 약칭하는 방식이다. 하나님의 아름다움과 가치는 창조 세계(시 19:1)와 역사 속에 이루신 구원(79:9)과 친히 감화하신 말씀(삼상 3:21; 고후 4:4)을 통해 빛나거니와 이 전부가 그분의 영광이다.

'하나님을 영화롭게 한다'는
말의 의미
—

하나님의 영광과 관련하여 우리가 아직 정리하지 않은 문제가 하나 있어 여기서 분명히 해 둘 필요가 있다. 지금까지 나는 바울이 성경 본문에 의도한 궁극적 목표를 최소한 세 가지 방식으로 말했다. 어떤 때는 이를 "하나님의 영광"이라 칭했고, 어떤 때는 "하나님을 영화롭게 하는" 것이 궁극적 목표라 표현했고, 어떤 때는 더 구체적으로 들어가 "이 영광을 우주 최고의 아름다움과 보화로 보고 맛보고 드러내는" 것이 궁극적 목표라고 말했다. 왜 이렇게 여러 가지이고, 또 부정확한가?

이유는 성경 자체가 실체의 궁극적 목표를 그 모든 방식으로 말하기 때문이다. 우선 "무엇을 하든지 다 하나님의 영광을 위하여 하라"(고전 10:31)는 말씀이 있다. 또 주께서 강림하셔서 "그날에 …… 영광을 받으시고[영화로워지시고; 헬라어 원문에 한 단어 동사로 표현되어 있다 - 옮긴이주]"(살후 1:10)라고 했다. 나아가 그 영광으로 만족하는 영혼을 이렇게 묘사한다. "내가 여호와께 바라는 한 가지 일 그것을 구하리니 …… 여호와의 아름다움을 바라보며"(시 27:4). "여호와여 내가 …… 주의 영광이 머무는 곳을 사랑하오니"(26:8).

약칭으로 표현한 목표("하나님의 영광을 위하여", "영화로워지시고")는 뜻이 애매하다. 그래서 성경에는 그 일이 어떻게 이루어져야 하는가를 언급한 말이 훨씬 더 많다. "하나님의 영광을 위하여"와 "영화로워지시고"라는 표현 자체만 보아서는 영화롭게 한다는 말이 영화롭게 "만든다"는 뜻인지 영화로움을 "드러낸다"는 뜻인지 분명하지 않다. 그래서 애매하다. 그런데 이 둘의 차이는 생사를 가르는 문제다. 우리의 행위가 하나님을 영화롭게 만든다고 생각한다면 이는 신성모독이다. 우리의 행위로 하나님의 영광을 드러내는 게 목표라면 이는 예배다.

하나님을 영화롭게 하는
심적 반응

—

그래서 성경은 하나님의 영광을 실체 그대로 무한히 아름답고 귀중하게 드러내는 심적 반응을 애써 명시한다. 마귀와 온 세상의 회개하지 않은 사람들도 훗날 하나님의 정의롭고 거룩하신 진노를 당할 때 그분을 영화롭게 하는 역할을 한다(롬 2:4; 9:22). 그러나 그들의 심적 반응은 하나님의 아름다움과 가치를 보거나 드높이지 않는다.

이처럼 하나님을 본의 아니게 영화롭게 함은 모든 일의 궁극적 목표가 아니다. 사실 바울도 그 점을 분명히 하면서 하나님의 영광이 그보다 차원 높은 목표라고 말했다. 그분은 "멸하기로 준비된 진노의 그릇을 오래 참으심으로 관용하시고 또한 영광받기로 예비하신 바 긍휼의 그릇에 대하여 그 영광의 풍성함을 알게 하고자[의지적 목적] 하셨다"(9:22-23). 그분의 풍성한 영광을 알리시는 게 최고 목표이므로 이를 이루고자 하셨다는 뜻이다.

그러므로 성경 기자들의 글에 담긴 궁극적 목표를 거론할 때 "목표는 하나님의 영광이다"라든지 "하나님을 영화롭게 하는 게 목표다"라는 말로는 부족하다. 그 일이 어떻게 이루어지는지를 보여 주어야 한다. 그분을 우주 최고의 아름다움과 보화로 보고 맛보고 드러냄으로써 그분을 영화롭게 하는 게 목표라고 우리도 성경에 합세하여 말해야 한다.

'본다'는 단어에는 하나님이 계시하시는 영광을 바르게 인식하거나 안다는 뜻이 내포되어 있다. '맛본다'는 단어에는 성령 충만한 심령이 하나님의 아름다움과 가치에 반응하는 모든 긍정적 감정(찬송, 감탄, 즐거움, 사랑, 만족,

기쁨, 경이, 갈망, 황송함 등)이 내포되어 있다. '드러낸다'는 단어에는 보고 맛본 결과로 나타나는 근본적이고 가시적인 삶의 변화가 내포되어 있다. 그 변화된 모습을 이제부터 영원까지 하나님이 보시고 사람들과 천사들도 본다.

하나님을 즐거워함으로써
그분을 영화롭게 한다

하나님을 영화롭게 함을 그렇게 이해하면 그것이 삶과 설교에 미치는 함의는 헤아릴 수 없이 크다. 그것이 우리 마음과 감정을 하나님을 영화롭게 하는 데 절대적으로 필요한 자리로 격상시켜 준다. 이미 여러 책에 밝혔듯이[2] 이는 우리가 하나님 안에서 가장 만족할 때 그분이 우리 안에서 가장 영광을 얻으신다는 뜻이다. 그런 의미에서 사람의 제일가는 목적이 "하나님을 영화롭게 하고 영원토록 그분을 즐거워하는 것"이라는 웨스트민스터 신앙고백도 "영원토록 그분을 즐거워함으로써 하나님을 영화롭게 하는 것"이라고 고치면 뜻이 더 명확해진다. 원문에도 "사람의 제일가는 목적들"이라 하지 않고 단수로 "목적"이라 했다. 영화롭게 함과 즐거워함은 하나다. 즐거워함을 통해 영화롭게 함이 이루어지기 때문이다. 조나단 에드워즈는 그것을 이렇게 표현했다.

하나님은 우리가 그분의 영광을 볼 때만 아니라 그 영광을 즐거워할 때 영화롭게 되신다. 영광을 보기만 할 때보다 보고 즐거워할 때 더 영화롭게 되

신다. 그분의 영광을 우리 영혼 전체로, 즉 이해와 마음 둘 다로 받아들이기 때문이다.[3]

이것이 사실이라면 어떤 설교도 하나님의 영광을 머릿속에 알리는 정도로 만족할 수 없다. 성경의 궁극적 목표에 충실한 설교는 또한 마음이 하나님의 영광으로 깊이 만족하도록, 성령의 능력으로 그 확고한 충족감을 깨우고 지속시키려 힘써야 한다. 이는 사소하거나 지엽적인 문제가 아니며 기독교나 설교의 장식품도 아니다. 이것이야말로 하나님을 영화롭게 함의 핵심이자 본질이다.

그분의 영광을 보고
사랑하고 드러내라

—

특정 설교에 '거시적이고 포괄적인 실체관을 포함해' 기자의 의도 중 어떤 측면을 반영할 것인가? 설교자가 이를 정할 때 기준이 되어 줄 세 가지 질문이 있는데, 이번 장과 다음 장에서는 그중 첫째 질문에 답하는 중이다. 설교 본문에서 성경 기자의 궁극적 목표는 무엇인가? 가정하건대 궁극에 가까운 목표일수록 청중이 이를 보고 맛보고 추구하는 것이 더 중요해진다.

이 질문에 답하고자 사도 바울과 그의 포괄적 실체관에 초점을 맞추었다. 성경의 통일성을 알기에 나는 바울의 궁극적 목표가 곧 나머지 성경의 궁극적 목표라 믿는다. 결론적으로 모든 성경 진리와 모든 본문의 궁극적 목표는 우리가 하나님을 우주 최고의 아름다움과 보화로 보고 맛보고 드러냄으로써 그분을 영화롭게 하는 것이다.

그러므로 설교는 최대한 효과적으로 청중이 하나님의 영광을 명확히 보게 하고, 그 영광을 사랑하는 마음이 불타오르게 해 주어야 한다. 그러면 하나님의 백성이 실제로 속속들이 두루 변화되어 그분의 최고 가치와 아름다움을 드러내게 된다.

이제 더 구체적으로 들어간다. 모든 성경 본문에 맞도록 하나님을 영화롭게 한다는 이 목표가 특정 본문 설교에 어떤 영향을 미치는가? 다음 장에 이 물음의 답을 여섯 가지로 제안하려 한다.

14

그분의 영광을 명확히 보고
사랑하게 설교하라

'하나님의 영광' 설교의 실제

13장에 결론지었듯이 모든 성경 진리와 모든 본문의 궁극적 목표는 하나님을 우주 최고의 아름다움과 보화로 보고 맛보고 드러냄으로써 그분을 영화롭게 하는 것이다. 그렇다면 거기에 암시한 대로 설교는 최대한 효과적으로 청중에게 하나님의 영광을 명확히 보게 하고, 그 영광을 사랑하는 마음이 불타오르게 해 주어야 한다. 성경적으로 예상되거니와, 그렇게 하나님의 영광을 보고 음미하면 그분의 최고 가치와 아름다움을 드러내는 생활 방식이 그분의 백성 안에 이루어진다.

이번 장에서는 모든 성경 본문으로 하나님을 영화롭게 한다는 목표가 특정 본문 설교에 실제로 어떤 영향을 미치는지 보여 주려 한다.

1 확신을 품고 모든 본문에서 하나님의 영광을 찾아내라

—

설교할 본문을 통해 하나님의 영광이라는 실체를 빛나게 하는 일이 자의적인 것이 아니라 성경에서 근거했다고 확신해야 한다. 고린도전서 10장 31절의 단순하지만 포괄적인 진술에서 이에 대한 큰 열의를 얻어야 한다. "무엇을 하든지 다 하나님의 영광을 위하여 하라." 모든 삶의 관건이 하나님의 영광이라면 모든 설교는 오죽 더하겠는가. 시간이 가면서 청중도 모든 성경에서 하나님의 영광을 보고 음미하는 일에 익숙해져야 한다.

2 강해의 희열 속에 진정으로 하나님의 영광을 구현하라

—

우리의 설교가 강해의 희열인 주된 이유 중 하나는 설교에 하나님의 영광이라는 실체가 존재하기 때문이다. 하나님의 영광을 메시지에 짜 넣되 명백한 경이로움이나 기쁨이 없다면 이로움 못지않게 해를 끼친다. 하나님의 영광을 제시하되 그게 설교자에게 별로 가치 없다는 식으로 전달하면 하나님을 욕되게 한다. 하나님이 최고로 아름답고 소중하지 않다는 거짓말을 전달하기 때문이다. 물론 4부와 5부에 논증했듯이 모든 본문의 합리적 강해는 필수다. 그러나 진정하고 진지한 기쁨도 똑같이 필수다. 그런 정신이 예배와 설교와 (강단에 설 때든 그 외에든) 설교자를 편만하게 뒤덮어야 한다.

하나님의 영광이 청중에게 설교자의 말장난이나 상투어나 수사적 장치나 한낱 전통으로 보인다면, 아무리 미사여구로 꾸며도 위선을 감출 수 없다. 이 포괄적 아름다움과 가치는 특성상 설교를 통해 실체 그대로 빛나거나 허울뿐인 구호처럼 들리거나 둘 중 하나다. 강해의 희열은 하나님의 영광을 진정으로 설명하고 구현한다.

3 영광을 보고 드러내고자
세부에 주목하도록 독려하라

—

하나님을 영화롭게 한다는 궁극적 목표의 관점에서 설교 본문을 본다고 해서 본문의 세부 내용과 특정 의도가 약해지는 것은 아니다. 즉 본문을 치열하게 분석하여 해당 본문 특유의 실체 속으로 파고들려는 관심이나 주의가 줄어들지 않는다. 오히려 신중하고 상세한 관찰과 분석과 고찰이 필요하다. 하나님의 풍성한 영광은 본문의 실체 위나 바깥에 맴도는 게 아니라 그 안에 있기 때문이다.

앞서 12장에 경고했듯이 포괄적인 신학적 확신인데도 이를 본문에 대입하면 본문을 세밀하게 밝혀 주기보다 오히려 흐려 놓을 수 있다. 아울러 경고했듯이 인위적인 신학 구도는 교리를 오용하여 모든 성경 본문을 거기에 억지로 꿰어 맞추려다 본문의 특정한 실체를 약화시킨다. 하나님의 영광이 게으르거나 분별력 없거나 진실하지 못한 설교자의 수중에 놓이면 그런 식으로 쓰일 수 있다. 하지만 지난 40여 년에 걸친 내 설교 경험으로 보건대, 하나님의 편만하고 포괄적인 아름다움과 가치는 내게서 성경 본문의 세부와 의도에 가장 치열하게 주목하려는 의향이나 능력을 앗아 간 적이 없다. 반대로 의미와 실체의 뉘앙스를 새로 발견할 때마다 하나님의 영광을 더 엿볼 수 있음을 알기에, 노력을 아끼지 않고 분석하고 연구하고 강해하려는 의욕을 더해 주었다.

4 하나님의 영광이 모든 것을 넓히고 밝혀 줌을 명심하라

하나님의 영광이 모든 성경 진리의 궁극적 목표임을 명심하면 그 결과는 환원주의(reductionism)가 아니라 (신조어로) 승화주의(superductionism)다. 환원주의는 라틴어로 "re"(레; 뒤로)와 "dūcere"(두케레; 이끌다)의 합성어에서 기원했는데, 뒤로 이끈다는 뜻이다. 즉 환원주의란 수많은 성경 본문의 다양성과 특수성과 구체성을 하나의 단조로운 신학 기조로 환원시킬(뒤로 이끌) 수 있다는 개념이다. 그러면 본문의 독특성은 사라져 버리고 무색의 추상적 관념으로 대체된다. 나는 이를 전염병 피하듯 피해서 달아난다. 구체성과 특수성은 사랑하지만 애매하고 따분한 추상적 관념은 질색이다.

특수한 구체적 실체를 하나님의 영광과 관련시켜서 보면, 이때 벌어지는 일은 환원이 아니라 승화다. 특수한 구체적 실체는 뒤와 아래로 이끌려 더 작아지는 게 아니라 앞과 위로 이끌려 더 커진다. 승화주의는 실체를 바짝 졸이지 않고 펄펄 끓여 낸다. 실체는 작아지지 않고 더 커지고, 흐려지지 않고 더 맑아지며, 둔해지지 않고 더 예리해지고, 어두워지지 않고 더 밝아진다. 하나님의 광채 앞에서 실체는 단조로워지지 않는다. 하나님의 영광에 힘입어 모든 구체성과 특수성과 일상성이 그분의 위대하심으로 빛을 발한다.

그러므로 본문의 구체적 실체를 능숙하고 지혜롭고 아름답게 하나님의 영광과 연결시키는 설교는 모든 것을 넓히고 밝혀 준다. 하나님의 영광을 덧입기 전에는 작고 시시해 보였던 삶의 요소도 이제 아름답고 귀해진다. 이 과정에서 회중의 마음이 넓어진다. "주께서 내 마음을 넓히시면"(시 119:32). 청중은 하나님의 세상에서나 하나님의 말씀에서나 자신이 기적의 한복판을 걷고 있음을 느끼게 된다. 이는 예컨대 12장에 집중해서 보았던 손 대접을 실천하라는 소명을 보는 그들의 관점에 직접적인 영향을 미친다. 차차 보겠지만 성경의 다른 모든 명령에도 마찬가지다.

하나님의 아름다움과 가치를 보고 맛보고 드러내는 게 모든 성경 본문의 궁극적 목표임을 명심하는 설교는 늘 하나님의 영광을 즐거워하는 마음을 깨우려 힘쓴다. 이런 설교는 결코 지식을 주거나 설득하는 데서 만족하지 않는다. 하나님의 백성이 하나님을 기뻐하게 하려고 부단히 노력한다. "하나님을"이 핵심이다. 청중의 기쁨이 목표라고 말할 설교자는 많다. 그러나 다른 무엇보다도 하나님을 중시하는 기쁨은 재미있는 예배와 호감형 설교자에게서 비롯되는 기쁨과는 천지 차이다.

하나님보다 그분의 선물을 더 즐거워하는 청중의 심중에서는 그분이 영화롭게 되지 못한다. 하나님의 영광을 위한 설교는 그 사실을 인식한다. 사도가 그리스도인의 기쁨을 그토록 최우선으로 여긴 이유가 궁극적으로 거기에 있다. 바울은 "우리가 너희 믿음을 주관하려는 것이 아니요 오직 너희 기쁨을 돕는 자가 되려 함이니"(고후 1:24)라고 말했다. 또 "내가 살 것과 너희 믿음의 진보와 기쁨을 위하여 너희 무리와 함께 거할 이것을 확실히 아노니"(빌 1:25)라고 썼다. 하나님을 기뻐하는 마음이야말로 바울이 살고, 사역한 이유였다.

성경에서 이 기쁨은 곁가지가 아니라 하나님을 영화롭게 하는 필수 수단이다. 그러므로 모든 본문의 목표가 하나님을 영화롭게 하는 데 있을진대, 모든 본문은 그 본문의 주제 분야에서 그분으로 완전히 만족하라는 초대다. 하나님이 세상을 지으신 방식과 세상을 구원하시는 방식 속에 그것이 긴밀하게 연결돼 있다.

6 청중이 변화되도록
설교에서 하나님의 영광을 보게 하라
—

끝으로 모든 본문의 모든 강해에서 하나님을 영화롭게 하기를 바라고 기도하고 목표하는 설교는 다음 사실을 기뻐한다. 하나님의 말씀을 통해 그분의 영광을 드러내는 일이야말로 회중이 그리스도의 형상을 닮아 가는 길이다. 설교는 결코 청중의 필요를 망각하지 않는다. 청중의 필요는 무한대로 다양하고 복잡해서 우리가 다 알 수 없다. 그래서 무수히 많은 필요를 직접 구체적으로 다 다룰 수는 없다.

그러나 교회가 변화를 경험하도록 하나님이 설계하신 방법은, 모든 교인의 모든 필요를 명시적으로 다루는 것이 아니다. 이는 설교자뿐만 아니라 누구를 통해서든 불가능한 일이다. 우리는 수없이 많은 자신의 필요조차 모른다. 그래서 우리든 누구든 모든 필요를 구체적으로 다룰 수 있는 방도는 없다. 대신 하나님이 설계하신 방법은 설교자나 다른 신자를 통해 필요의 일부분만 구체적으로 다루고도 필요의 대부분을 채우는 것인데, 대개는 그런 필요가 있었는지 알기도 전에 우리가 계획하지 않은 방식으로 채워진다.

자기 백성이 그리스도의 형상으로 변화되도록 하나님이 설계하신 방법을 이렇게 표현할 수도 있다. 즉 그들은 말씀을 읽고 설교할 때 계시되는 하나님의 영광을 봄으로써 변화된다. 그 일이 어떻게 이루어지는지《존 파이퍼의 초자연적 성경 읽기》3-5장에 논했다.[1] 석 장 모두 제목이 "최고의 가치와 아름다움을 보는 성경 읽기"다. 거기에 말한 모든 내용은 설교자가 성경에서 하나님의 영광을 보는 법과 설교로 청중에게 그 영광을 보여 주는 법에도 그대로 적용된다. 읽기와 설교를 통해 변화된다는 하나님의 설계를 보여 주는 가장 중요한 본문은 고린도후서 3장 18절이다.

> 우리가 다 수건을 벗은 얼굴로 거울을 보는 것같이 주의 영광을 보매 그와 같은 형상으로 변화하여 영광에서 영광에 이르니 곧 주의 영으로 말미암음이니라.

핵심은 변화에 대한 청중의 필요가 "주의 영광을 보매" 채워진다는 것이다.《존 파이퍼의 초자연적 성경 읽기》에 논증했듯이 그 영광을 보려면 성령께서 성경을 조명해 주셔야 한다. 이제 동일한 이유로 덧붙이거니와 그 영광을 보려면 성경을 성령의 기름부음으로 설교해야 한다.

그래서 청중을 사랑하여 필요를 채워 주고 그리스도의 거룩함에 조금이라도 더 가까워지게 해 주려는 목사는 하나님 중심에서 비껴가 실용 쪽으로 치우치는 과오를 범하지 않는다. 그 전략은 역효과를 낸다. 청중이 일단 좋아하므로 한동안은 통한다. 그들의 가려운 데를 긁어 주는 듯 보인다. 그러나 가려움은 병인이 아니라 증상일 뿐임을 대다수 청중은 모른다. 우리가 병인을 모른다는 것까지도 병의 일부다. 하지만 하나님은 아시며, 유일한 치료제는 그분의 말씀에 나오는 여러 실체다. 바울의 말대로 이는 말씀을 통해 주의 영광을 보아야 한다는 뜻이다. 앞서 고린도후서 3장 18절과 4장 4-6절의 연관성을 제시한 바와 같다.[2]

설교의 실제

로마서 12장 13절("손 대접하기를 힘쓰라")로 손 대접에 대해 설교하는 도전을 앞서 12장에 소개한 바 있으니 다시 그 주제로 돌아가 이번 장을 마무리하면 유익할 것이다. 하나님의 영광이 어떻게 청중을 해방시켜 손 대접을 베풀게 하고, 또 어떻게 손 대접을 통해 더 가시화되는지 제안할 것이다.

설교를 준비하는 단계에서 본문과 순종 사이에 놓인 인간적 장애물을 염두에 두어야 한다. 이 경우 손 대접에서 부딪치는 장애물은 무엇인가? 성경을 보든, 교인들과 대화해 보든, 자신의 마음을 보든 분명히 이런 장애물이 있다. 1) 저녁 식사에 사람을 초대하려면 가욋돈이 들 텐데 형편이 빠듯하다. 2) 우리 집은 다른 집에 비해 별로 좋지 못하다. 3) 부부 사이에 문제가 있는데 겉모습을 좋게 보이려 거짓으로 행동하는 건 가식으로 느껴진다. 4) 대화가 끊길지도 모르는데 그러면 굉장히 어색할 것이다. 5) 집 청소부터 장보기와 요리까지 일이 훨씬 많아진다.

실용적 설교는 그냥 기발하고 재미있는 강연으로 동기를 불어넣어 이런 장애물을 극복하는 법을 차례로 하나씩 다룰 것이다. 짐작컨대 그 설교의 목표는 청중의 자존감을 높여 타인의 삶에 들어가도록 돕는 것이다. 이런 설교는 시간이 지나면 얄팍하게 느껴진다. 정말 얄팍하기 때문이다. 분별력 있는 교인들은 이 모임이 비기독교 행사를 포함한 다른 동기부여 강연회와 어떻게 다른지 의문이 들기 시작한다.

그러나 13장과 이번 장에 제안했듯이 모든 성경 본문의 궁극적 목표는 하나님의 영광이 최고의 아름다움과 만족임을 드러내는 것이며, 손 대접을 베풀라는 특정 명령(롬 12:13)도 예외는 아니다. 청중은 하나님의 영광이 자신에게 온전한 만족을 주는 보화임을 보아야 한다. 그래야 그들이 변화된다. 그래서 우리는 설교를 통해 손 대접의 다섯 가지 장애물을 하나님의 영광과 연결시키기로 한다. 그 요점을 개괄하면 다음과 비슷할 것이다.

장애물 1. 저녁 식사에 사람을 초대하려면 가욋돈이 들 텐데 형편이 빠듯하다. 청중에게 빌립보서 4장 19절을 알려 준다. "나의 하나님이 그리스도 예수 안에서 영광 가운데 그 풍성한 대로 너희 모든 쓸 것을 채우시리라." 빌립보서 4장의 문맥도 함께 들려준다. 지금 바울은 자신에게 멀리서나마 일종의 손 대접을 베푼 빌립보 교회에 감사하는 중이다. 그들은 에바브로디도 편으로 선물을 보내 그의 필요를 채워 주었다. 이렇게 후히 베푸느라 재정적으로 쪼들렸을 수 있지만, 바울은 그들에게 염려하지 말라고 격려한다. 하나님이 그들의 모든 필요를 채우실 수 있음을 그분의 풍성한 영광이 보증하기 때문이다. 이렇듯 바울도 하나님 백성의 후한 손 대접과 언제라도 그들을 돌보실 하나님을 그분의 영광과 연계시킨다.

장애물 2. 우리 집은 다른 집에 비해 별로 좋지 못하다. 이번에는 청중을 요한복음 5장 44절로 데려갈 수 있다. 예수는 하나님의 영광보다 사람에게서 난 영광을 구하는 이들을 꾸짖으신다. 남이 우리 집을 못마땅해할까 봐 인간을 두려워하는 마음은 하나님 안에서 누리는 영광과 그리스도의 인정하심만으로는 만족하지 못하는 데서 온다.

청중에게 로마서 15장을 보여 주어도 좋다. 첫머리에 이런 말씀이 나온다. "우리 각 사람이 이웃을 기쁘게 하되 선을 이루고 덕을 세우도록 할지니라"(2절). 다시 말해서 자신에게서 눈을 떼어 집에 초대할 사람의 유익에 집중하라. 당신의 격려로 그들을 축복할 길을 찾으라. 이어 바울은 이렇게 받아 주는 태도의 동기를 7절에 밝힌다. "그러므로 그리스도께서 우리를 받아 하나님께 영광을 돌리심과 같이 너희도 서로 받으라." 다시 말해서 남이 못마땅해 할지 모른다는 소소한 걱정에서 시선을 돌려, 당신을 영광스럽게 받아 하나님께 영광을 돌리신 그리스도를 생각하라. 바울은 이렇게 주님처럼 하나님의 영광을 위해 남을 받아 주는 사역에 당신도 동참하라고 명한다.

장애물 3. 부부 사이에 문제가 있는데 손 대접을 베푸는 동안 좋게 보이려고 거짓으로 행동하는 건 가식으로 느껴진다.　직관에 반할지 모르나 청중에게 이렇게 말해 줄 수 있다. "부부 사이에 문제가 있는 이유는 시선이 너무 둘에게로만 향해 있기 때문인지도 모릅니다. 지금 당신이 할 수 있는 가장 생명력 있는 일은 부부간의 문제를 잠시 접어 두고 심호흡을 하며 남을 섬기는 것인지도 모릅니다. 손 대접의 관건은 자신이 아니라 남입니다. 당신이 혼신을 다해 남을 섬기고 있을 때 하나님이 임하시어 뜻밖의 자원으로 당신을 치유해 주실지도 모릅니다. 예수께서는 '주는 것이 받는 것보다 복이 있다'(행 20:35)고 말씀하셨습니다. 그 복의 일부는 당신이 자신의 실패에서 눈을 돌려 모든 것을 공급하시는 그분의 한없이 영광스러운 자원을 바라볼 때, 당신의 부부 관계에 임할지도 모릅니다. 또한 결혼의 최대 목적은 교회와의 관계에서 신실하게 언약을 지키시는 그리스도의 영광을 드러내는 것입니다. 그리스도와 그분의 교회 사이의 언약조차도 심각한 문제에 빠질 때가 많습니다. 그럼에도 불구하고 그분은 늘 영광스럽게 인내하시며 우리를 다 충족시켜 주십니다. 그러니 주저 없이 당신의 연약함을 통해 그분을 드러내십시오."

장애물 4. 대화가 끊길지도 모르는데 그러면 굉장히 어색할 것이다.   말을 잘 못한다는 이유로 애굽에서 하나님의 종이 되기를 거부했던 모세를 청중에게 상기시켜 줄 수 있다. "오 주여 나는 본래 말을 잘하지 못하는 자니이다 주께서 주의 종에게 명령하신 후에도 역시 그러하니 나는 입이 뻣뻣하고 혀가 둔한 자니이다"(출 4:10). 이때 하나님이 모세에게 매우 놀라운 말씀을 하신다. 대화를 완전히 새로운 차원으로 끌어올려 모든 질병과 장애에 대한 그분의 영광스러운 절대 주권을 거론하신 것이다. "여호와께서 그에게 이르시되 누가 사람의 입을 지었느냐 누가 말 못 하는 자나 못 듣는 자나 눈 밝은 자나 맹인이 되게 하였느냐 나 여호와가 아니냐"(출 4:11). 이 어마어마한 전권에 근거하여 그분은 "이제 가라 내가 네 입과 함께 있어서 할 말을 가르치리라"(출 4:12)라고 명하신다.

장애물 5. 집 청소부터 장보기와 요리까지 일이 훨씬 많아진다.   그리스도인들이 하나님의 영광을 드러내는 선행을 하지 않는 가장 흔한 이유가 바로 힘에 부쳐서다. 우리는 너무 피곤해서 다른 일을 할 엄두를 못 낸다. 하나님은 그분의 지친 자녀들에게 오히려 할 일을 주실 때가 많은데, 그렇게 명하시는 근거는 우리의 힘이 아닌 그분의 힘에 있다. 베드로는 그 이유를 하나님께 더 영광이 돌아가기 때문이라고 했다. "누가 봉사하려면 하나님이 공급하시는 힘으로 하는 것같이 하라 이는 범사에 예수 그리스도로 말미암아 하나님이 영광을 받으시게 하려 함이니 그에게 영광과 권능이 세세에 무궁하도록 있느니라 아멘"(벧전 4:11).

하나님의 영광이
설교의 최우선이다

___

지금까지 우리는 이 질문에 답하려 했다. "주어진 본문으로 설교자가 청중에게 선포할 실체는 무엇인가?" "성경 기자가 본문을 통해 전달하려는 실체를 설교하라"라는 말은 맞는 답이긴 하지만 충분하지 않다. 불충분한 이유는 앞서 보았듯이 성경 기자의 의도대로 고려해야 할 실체가 너무 방대하고 다양하여 한 설교에 다 담아낼 수 없기 때문이다. 그래서 이 포괄적 실체관 중 어떤 측면을 특정 본문에 접목할 것인지 선택해야 한다.

거기서 이런 질문이 나온다. "설교자는 이를 어떻게 결정할 것인가? 기자의 실체관 중 어떤 측면을 설교에 담아내 현재 본문을 설명할 것인가?" 본문 자체의 어구에 주목해야 한다는 당장의 명백한 과제 외에도, 내가 제안한 세 가지 질문은 기자의 거시적 실체관 중 어떤 측면을 선포할지 정하려는 설교자에게 기준이 되어 줄 것이다. 첫째, 설교 본문에서 성경 기자의 궁극적 목표는 무엇인가? 둘째, 설교 본문은 예수 그리스도 및 그분의 구원 사역과 어떤 관계가 있는가? 셋째, 멸망이 아닌 최종 구원으로 인도하는 생활 방식은 무엇인가?

첫째 질문의 답을 앞 장과 이번 장에 제의했다. 가정하건대 궁극에 가까운 목표일수록 청중이 이를 보고 맛보고 추구하는 일이 더 중요해진다. 결론적으로 모든 성경 진리와 모든 본문의 궁극적 목표는 우리가 하나님을 우주 최고의 아름다움과 보화로 보고 맛보고 드러냄으로써 그분을 영화롭게 하는 것이다. 그러므로 설교는 청중이 하나님의 영광을 명확히 이해하도록 돕고, 나아가 청중이 그 영광을 사랑하여 드러내려는 마음이 불타오르게 해 주어야 한다. 이처럼 하나님의 영광이 설교의 최우선임을 실제로 어떻게 구현할 것인지를 앞에 여섯 단계로 개괄했다.

다음 두 장에도 성경 기자의 의도 중 어떤 측면을 선포할지 정하려는 설교자에게 계속 기준을 제시할 텐데, 그 기준이 되어 줄 둘째 질문은 이것이다. "해당 본문은 예수 그리스도 및 그분의 구원 사역과 어떤 관계가 있는가?"

15

'십자가의 그리스도'를
설교하라

모든 선의 기초이자 궁극의 선

어떤 실체를 설교할지 정하기 위해 이제 앞 장의 질문(설교 본문에서 성경 기자의 궁극적 목표는 무엇인가?)에서 이 질문으로 넘어간다. "설교 본문은 예수 그리스도 및 그분의 구원 사역과 어떤 관계가 있는가?" 첫째 질문도 그랬듯이 이번 질문을 제기하는 데도 이유가 있다. 둘 다 가정에서 비롯된다. 첫째 질문의 배후 가정은 기자가 의도한 목표가 궁극에 가까울수록 설교에 그 목표를 우선시하는 게 더 중요해진다는 것이다. 둘째 질문의 배후 가정은 사도 바울이 자신의 설교에 없어서는 안 된다고 여긴 요소라면 우리의 설교에도 반드시 필요하다는 것이다.

삼위일체:

목표, 기초, 방법

—

나는 지금 "어떤 실체를 설교할 것인가"라는 전체 질문에 답하는 중이다. 여기에 답하고자 세 가지 부수 질문을 던지는데, 각각 삼위일체 하나님의 세 위격 중 하나와 전적으로는 아니어도 주로 관계가 있다. 첫째, 설교 본문에서 성경 기자의 궁극적 목표는 무엇인가? 이는 결국 성부 하나님의 영광과 관계있다. 둘째, 설교 본문은 예수 그리스도 및 그분의 구원 사역과 어떤 관계가 있는가? 이는 물론 성자 하나님과 관계있다. 셋째, 멸망이 아닌 최종 구원으로 인도하는 생활 방식은 무엇인가? 이는 성령과 관계가 있다. 구원받는 쪽으로 성경을 받아들이고 순종하도록 우리에게 능력을 주시는 분은 성령님이다. 이렇듯 우리의 길잡이가 되는 세 가지 질문은 그리스도인의 실존의 (나아가 설교의) 목표, 기초, 방법과 두루 관련이 있다.

십자가에 못 박히고 부활하신
예수의 풍성한 부요

—

13-14장과 같이 이번에도 사도 바울을 길잡이로 삼고자 한다. 어떤 실체를 설교할 것인가라는 질문 앞에 바울은 우리를 답 없이 놓아두지 않는다. 인생의 궁극적 목표는 하나님을 영화롭게 하는 것이다. 우리가 먹는 끼니와 마시는 음료와 설교하는 본문은 다 하나님의 영광을 위한 것이다(고전 10:31). 설교에서 이 실체를 놓치면 화성행 우주선이 목적지를 놓치고 텅 빈 우주를 유영함과 같다. 이번 장과 다음 장에는 또 다른 실체가 무대의 중앙에 등장한다. 바로 십자가에 못 박히시고 부활하신 그리스도와 및 자기 백성을 위한 그분의 풍성한 부요다.

이번 장에서 내 생각을 지배하는 사도의 진술은 "너는 말씀을 전파하라"(딤후 4:2)는 일괄 진술보다 구체적이다. 앞서 2부 3장에 논증했듯이[1] "말씀을 전파하라" 명령하셨으므로 성경에서 설교 본문을 가져와야 한다. 그러나 이 명령은 기자의 거시적 실체관 중 어떤 측면을 설교에서 부각해야 하는지는 말해 주지 않는다. 그런데 바울은 적어도 다섯 가지 진술을 통해 어떤 하나의 실체를 자신이 하는 설교의 중심으로 부각시킨다.

> 하나님이 그들로 하여금 이 비밀의 영광이 이방인 가운데 얼마나 풍성한지를 알게 하려 하심이라 이 비밀은 너희 안에 계신 그리스도시니 곧 영광의 소망이니라 우리가 그를 전파하여 각 사람을 권하고 모든 지혜로 각 사람을 가르침은 각 사람을 그리스도 안에서 완전한 자로 세우려 함이니(골

1:27-28).

모든 성도 중에 지극히 작은 자보다 더 작은 나에게 이 은혜를 주신 것은 측량할 수 없는 그리스도의 풍성함을 이방인에게 전하게 하시고 영원부터 만물을 창조하신 하나님 속에 감추어졌던 비밀의 경륜이 어떠한 것을 드러내게 하려 하심이라 이는 이제 교회로 말미암아 하늘에 있는 통치자들과 권세들에게 하나님의 각종 지혜를 알게 하려 하심이니(엡 3:8-10).

하나님의 지혜에 있어서는 이 세상이 자기 지혜로 하나님을 알지 못하므로 하나님께서 전도의 미련한 것으로 믿는 자들을 구원하시기를 기뻐하셨도다 유대인은 표적을 구하고 헬라인은 지혜를 찾으나 우리는 십자가에 못 박힌 그리스도를 전하니 유대인에게는 거리끼는 것이요 이방인에게는 미련한 것이로되 오직 부르심을 받은 자들에게는 유대인이나 헬라인이나 그리스도는 하나님의 능력이요 하나님의 지혜니라(고전 1:21-24).

형제들아 내가 너희에게 나아가 하나님의 증거를 전할 때에 말과 지혜의 아름다운 것으로 아니하였나니 내가 너희 중에서 예수 그리스도와 그가 십자가에 못 박히신 것 외에는 아무것도 알지 아니하기로 작정하였음이라 (2:1-2).

그러나 내게는 우리 주 예수 그리스도의 십자가 외에 결코 자랑할 것이 없으니 그리스도로 말미암아 세상이 나를 대하여 십자가에 못 박히고 내가 또한 세상을 대하여 그러하니라(갈 6:14).

이상의 본문을 설교에 초점을 맞추어 최소한의 진술로 줄이면 이렇게
된다.

○ 우리가 그를[그리스도를] 전파하여(골 1:28).

○ 우리는 측량할 수 없는 그리스도의 풍성함을 전한다(엡 3:8).

○ 우리는 십자가에 못 박힌 그리스도를 전하니(고전 1:23).

○ 내가 너희 중에서 예수 그리스도와 그가 십자가에 못 박히신 것 외에는
아무것도 알지 아니하기로 작정하였음이라(2:2).

○ 내게는 우리 주 예수 그리스도의 십자가 외에 결코 자랑할 것이 없으니
(갈 6:14).

마지막 둘(고전 2:2; 갈 6:14)이 설교에 미치는 함의가 가장 놀랍다. 다른 셋
에서는 바울이 오직 십자가에 못 박히신 그리스도만을 항상 설교했다고 명
시하지는 않았다. 하지만 고린도전서 2장 2절과 갈라디아서 6장 14절은 그
렇게 말하는 듯 보인다.

고린도 교인들 가운데서 예수 그리스도와 그분이 십자가에 못 박히신
것 외에는 아무것도 알지 않기로 작정했다는 바울의 말은 무슨 뜻인가? 주
예수 그리스도의 십자가 외에 아무것도 자랑하지 않는다는 말은 또 무슨
뜻인가? 다른 세 진술과 합하여 이 두 일괄 진술이 설교에 시사하는 바는
무엇인가?

고린도에서 했던 설교에 대한 바울의 진술, 십자가에 못 박히신 예수 그리스도 외에는 "너희 중에서"(고전 2:2) 아무것도 알지 않기로 작정했다는 말은 고린도를 위한 특수한 설교 전략으로 해석할 수도 있다. 그렇다면 이를 모든 설교의 규범으로 일반화해서는 안 된다. 하지만 정말 그런 경우일지는 의문이다. 고린도 교회를 괴롭힌 교만과 자랑 때문에 바울은 십자가에 못 박혀 교만을 멸하신 "영광의 주"(8절)를 강조했으나 이런 문제는 고린도에만 있는 게 아니다. 이는 고린도의 문제가 아니라 인간의 문제다.

십자가에 못 박히신 그리스도라는 바울의 강조점을 고린도를 비롯한 어느 한 상황에 국한시켜서는 안 될 이유가 또 있다. 그는 갈라디아서 6장 14절에도 사실상 똑같이 말했는데 알다시피 바울의 갈라디아서는 여러 교회들이 돌려 읽게끔 보낸 편지였다. "갈라디아 여러 교회들에게"(갈 1:2) 쓴다고 본인이 말했다. 이 모든 교회를 향해 그는 자신의 확립된 생활 방식이자 설교 방식으로서 "내게는 우리 주 예수 그리스도의 십자가 외에 결코 자랑할 것이 없으니 그리스도로 말미암아 세상이 나를 대하여 십자가에 못 박히고 내가 또한 세상을 대하여 그러하니라"(6:14)라고 말했다.

그래서 우리는 바울이 무슨 의미로 "너희 중에서 예수 그리스도와 그가 십자가에 못 박히신 것 외에는 아무것도"(고전 2:2) 알지 않고 오직 "십자가만 자랑하겠다"고 강조했는지 알아야 한다(갈 6:14). 아울러 이것이 설교에 어떤 영향을 미치는지도 알아야 한다.

'십자가만 자랑한다'의 의미

—

갈라디아서 6장 14절에 기록한 바울의 부정적 진술을 긍정으로 바꾸면 "오직 예수 그리스도의 십자가만 자랑한다"가 된다. 여기 "자랑하다"(카우카스타이, kauchasthai)라는 단어는 "즐거워하다, 기뻐하다"로 번역할 수 있다. 오직 그리스도의 십자가만 즐거워하라. 오직 그리스도의 십자가만 기뻐하라. 그런데 이는 두 가지 이유에서 충격적인 말이다.

하나는 그 말이 "오직 전기의자만 자랑하라", "오직 가스 처형실만 즐거워하라", "오직 독극물 주사만 기뻐하라", "오직 교수대의 밧줄만 자랑과 기쁨과 즐거움으로 삼으라"는 말과 같기 때문이다. 역사상 고안된 사형 집행 방법 중 십자가에 못 박히는 것보다 더 잔인하고 고통스러운 방법은 없었다. 정말 참혹했다. 어쩌면 우리는 차마 지켜보지도 못할 것이다. 신음을 토하며 머리카락을 쥐어뜯고 옷을 잡아 찢지 않고서는 말이다. 그런데 이것을 유일한 자랑으로 삼으라는 것이다.

바울의 말이 충격적인 또 다른 이유는 "오직"이라는 단어가 암시하는 뜻 때문이다. 오직 십자가만을 자랑으로 삼으라. "내게는 …… 십자가 외에 결코 자랑할 것이 없으니." 십자가에 못 박히신 그리스도를 유일한 자랑, 유일한 즐거움, 유일한 기쁨으로 삼으라. 이 말은 무슨 뜻인가? 예수의

십자가 즉 그분의 죽음 외에 다른 것은 자랑하거나 즐거워하거나 기뻐하면
안 된다는 말인가?

　여기서 주된 문제는 바울이 다른 것들을 자랑하거나 즐거워한다고 말
할 때도 이 단어(카우카스타이)의 여러 파생 형태를 썼다는 것이다.

　　　하나님의 영광을 바라고 즐거워하느니라(롬 5:2).

　　　우리가 환난 중에도 즐거워하나니(5:3).

　　　크게 기뻐함으로 나의 여러 약한 것들에 대하여 자랑하리니(고후 12:9).

　　　우리의 소망이나 기쁨이나 자랑의 면류관이 무엇이냐 …… 너희가 아니냐
　　　(살전 2:19).

　바울이 이 모든 것도 자랑하거나 즐거워하거나 기뻐할 수 있다면 "우
리 주 예수 그리스도의 십자가 외에 결코 자랑"하지 않겠다는 말은 무슨
뜻인가?

　바울의 말은 모순도 횡설수설도 아니다. 그만큼 심오한 이유가 있기
에 그는 무엇을 즐거워하고 기뻐하고 자랑하든 이 모두가 또한 예수 그
리스도의 십자가를 자랑하는 것이어야 한다고 말할 뿐이다. 내가 보기에
바울의 진술은 바로 그런 뜻이다. 즉 그리스도인에게 다른 모든 자랑은
또한 십자가에 대한 자랑이어야 한다. 무엇을 인해서든 그 모든 즐거움

은 또한 십자가로 인한 즐거움이어야 한다. 영광을 바라고 즐거워할 때도 그리스도의 십자가를 즐거워해야 한다. 환난이 소망을 이루기에 환난 중에 즐거워할 때도 그리스도의 십자가를 즐거워해야 한다. 자신의 약한 모습이나 하나님의 백성을 즐거워할 때도 그리스도의 십자가를 즐거워해야 한다.

설교는 이를 확언해야 하며 거기에 기초를 두어야 한다. 그리스도를 믿는 신자에게 무엇이든 선善을 제시하려면 또는 삶의 모든 나쁜 일도 선으로 돌리실 하나님을 보여 주려면, 어떤 설교든 십자가에 못 박히신 그리스도를 즐거워해야만 한다.

천국의 논리

(로마서 8장 32절)

모든 기독교 설교는 왜 십자가에 못 박히신 그리스도를 공공연히 즐거워해야 하는가? 구원받은 죄인인 우리는 그리스도의 피를 통해 모든 좋은 것을 얻었고, 하나님이 모든 나쁜 일을 선으로 돌리실 근거도 거기에 있기 때문이다. 천국으로 가는 신자 한 사람 한 사람이 내뱉는 모든 호흡은 그리스도의 피로 사신 것이다. 설교에 이보다 더 의미심장한 요소가 무엇이겠는가?

바울은 이 주장의 근거를 로마서 8장 32절에 이렇게 제시했다. "자기 아들을 아끼지 아니하시고 우리 모든 사람을 위하여 내주신 이가 어찌 그 아들과 함께 모든 것을 우리에게 주시지 아니하겠느냐." 이는 성경에서 가장 중요한 구절 중 하나다. 삶에서만이 아니라 설교에서도 그렇다.

이 구절이 단연 독보적인 이유는 그 약속을 낳은 논리 때문이다. 아울러 이 논리 덕분에 그 약속은 무한히 찬양받으실 아들을 향한 하나님의 사랑만큼이나 굳건해진다. 나는 이를 "천국의 논리"라 부른다. 이 구절에 담긴 근거(보증)가 어찌나 강력하고 탄탄하고 확고한지 이 약속이 깨질 가능성은 전무하다. 다른 건 다 무너지고 무산되어 실망을 안겨 줄지라도 이 포괄적인 약속만큼은 절대로 무산될 수 없다.

로마서 8장 32절은 근거와 약속 두 부분으로 되어 있다. 앞부분은 근거다. "자기 아들을 아끼지 아니하시고 우리 모든 사람을 위하여 내주신 이가." 이것이 사실일진대 천국의 논리에 따르면 하나님은 아들을 주신 대상에게 틀림없이 모든 것을 주신다. 그분은 아들도 아끼지 않으시고 죽음에 내주셨다. 어느 시대나 마찬가지로 우리 시대에도 하나님이 자기 아들의 죽음을 정하셨다는 진리를 비웃는 사람이 많다. 그들은 이를 원시적인 일, 이교의 행태, 신의 아동 학대 등으로 부른다. 그러나 성경은 이를 "사랑"이라 부른다.

아울러 성경은 그리스도의 죽음이 아버지의 뜻이었음을 명백히 밝힌다. "그가 하나님께서 정하신 뜻과 미리 아신 대로 내준 바 되었거늘"(행 2:23). "우리는 생각하기를 그는 징벌을 받아 하나님께 맞으며 …… 여호와[아버지]께서 그에게 상함을 받게 하시기를 원하사 질고를 당하게 하셨은즉"(사 53:4, 10). "이 예수를 하나님이 그의 피로써 …… 화목제물로 세우셨으니"(롬 3:25).

그분은 왜 자기 아들을 아끼지 않으셨을까? 그 문장 안에 답이 있다. "자기 아들을 아끼지 아니하시고 우리 모든 사람을 위하여 내주신 이가." 우리를 위해서다. 다른 곳에 바울은 "하나님이 죄를 알지도 못하신 이를 우리를 대신하여 죄로 삼으신 것은 우리로 하여금 그 안에서 하나님의 의가 되게 하려 하심이라"(고후 5:21)라고 말했다. 이사야는 그 일이 있기 수백 년 전에 이미 이를 내다보았다.

> 그가 찔림은 우리의 허물 때문이요 그가 상함은 우리의 죄악 때문이라 그가 징계를 받으므로 우리는 평화를 누리고 그가 채찍에 맞으므로 우리는 나음을 받았도다 우리는 다 양 같아서 그릇 행하여 각기 제 길로 갔거늘 여호와께서는 우리 모두의 죄악을 그에게 담당시키셨도다(사 53:5-6).

하나님이 자기 아들을 아끼지 않으신 이유는 그래야만 우리를 아끼시면서도 거룩하고 정의로우신 하나님으로 남아 계실 수 있기 때문이다. 우리는 허물의 책임, 죄악의 형벌, 죄의 저주 때문에 어쩔 수 없이 지옥에서 멸망할 수밖에 없다. 그리스도께서 십자가에 못 박히지 않으셨다면 말이다.

그런데 이제 천국의 논리가 시작된다. 바울의 논증은 이와 같다. 하나님이 자기 아들을 아끼지 않으셨기 때문에, 그래서 반드시 그 아들과 함께 모든 것을 우리에게 거저 주셔야만 하고, 또한 기꺼이 주신다. 왜 그럴까? 이런 논증을 라틴어 전문 용어로 "아 마요리 아드 미누스"(a majori ad minus) 라고 한다. "큰 것에서 작은 것으로" 논증한다는 뜻이다.

똑같은 동기에서 두 가지 일을 하고 싶은데 하나는 고비용이라서 실현

가능성이 낮고, 하나는 저비용이라서 실현 가능성이 높다고 하자. 양쪽 다 원하는데 용케 고비용인 일을 성취했다면 비용이 적게 드는 일도 사실상 성취 가능하다. 큰 장애물을 극복했으니 작은 장애물쯤은 거뜬히 극복할 수 있다. 이것이 "큰 것에서 작은 것으로"의 논증이다.

바울도 로마서 8장 32절에 불가능할 정도로 어려운 일에서 비교적 쉬운 일로, 즉 큰 것에서 작은 것으로 논증한다. 하나님이 자기 아들을 아끼지 않으시고 내주신 것은 상상을 초월할 정도로 어렵고 큰일이다. 이게 큰일인 이유는 하나님이 아들을 무한히 사랑하시기 때문이다. 아들은 죽임을 당하실 이유가 없었고 오히려 모든 피조물에게 예배받기 합당하신 분이다. 침 뱉음과 채찍질과 조롱과 고문을 당하실 이유가 없었다. 그런데 "그의 사랑의 아들"(골 1:13)을 넘겨주셨으니 비할 데 없이 큰일이다.

세상에서 가장 크고 어려운 일을 하심으로써 친히 보여 주셨듯이, 하나님은 아들을 주신 대상에게 틀림없이 모든 것을 주신다. "모든 것을" 주시는 것이 우리로서는 엄청나게 큰일로 보일 수 있고, 사실 그렇다. 그러나 자기 아들을 아끼지 않으시는 일에 비하면 하나님께는 비교적 쉬운 일이다. 놀랍지 않은가. 이것이 바로 천국의 논리다. "자기 아들을 아끼지 아니하시고 우리 모든 사람을 위하여 내주신 이가 어찌 그 아들과 함께 모든 것을 우리에게 주시지 아니하겠느냐."

이 구절의 논리가 보장하는 위대한 약속대로 하나님은 우리에게 "모든 것을" 주신다. 그렇다면 그 말씀은 무슨 뜻일까? 문맥 속에 36절("우리가 종일 주를 위하여 죽임을 당하게 되며")도 들어 있으므로 나는 이런 뜻으로 받아들인다. 하나님은 우리에게 모든 좋은 것을 주시며, 우리 삶의 모든 나쁜 일(그리스도를 위하여 죽임을 당하는 등)까지도 선으로 돌리신다.

청교도 목사 존 플라벨(John Flavel)은 300년도 더 전에 로마서 8장 32절을 이렇게 즐거워했다.

> 분명히 하나님은 자기 아들에게 채찍질과 눈물과 신음과 탄식과 고통스러
> 운 상황을 하나도 면하게 해 주지 않으셨고, 아들은 이 모두를 자기 백성을
> 위해 당하셨다. 그렇다면 이후로 하나님이 영적인 것이든 현세의 것이든
> 자기 백성에게 유익한 자비와 위로와 특권을 하나라도 거부하거나 거두시
> 리라고는 결코 상상할 수 없다.[2]

모든 일을
십자가 안에서 해석하다

─

이제 우리도 바울이 왜 자신의 모든 자랑과 즐거움과 기쁨이 십자가라고 말했는지 알 수 있다. 내가 보기에 그의 말은 그리스도인 삶의 복 하나하나가 다 십자가 덕분이라는 뜻이며, 이는 하나님이 자기 백성을 위해 선으로 돌리실 모든 고난까지도 포함한다. 각각의 복은 하나님이 자기 아들을 아끼지 않으심으로써 확보하신 로마서 8장 32절의 "모든 것"에 포함된다. 앞서 내가 다음과 같이 말한 이유도 그래서다. 그리스도를 믿는 신자에게 무엇이든 선善을 제시하려면, 또는 삶에서 만나는 모든 나쁜 일도 선으로 돌리실 하나님을 보여 주려면, 어떤 설교든 십자가에 못 박히신 그리스

도를 즐거워해야만 한다.

하나님의 사랑받는 자녀인 우리는 그리스도의 십자가를 떠나서는 결코 어떤 유익도 누릴 수 없다. 그런데 모든 설교는 하나님의 자녀에게 무언가 유익을 제시한다. 바울은 모든 본문이 "유익"하다고 했다(딤후 3:16). 지옥에 가 마땅한 타락한 인간에게 최종 "유익"이 임할 수 있는 유일한 길은 십자가뿐이다. 그래서 모든 설교에 담긴 모든 유익과 복과 선물과 약속과 은혜로운 경고는 다 피로 사신 것이다. 설교의 도움으로 하나님의 영광을 조금이나마 보는 게 다 십자가 덕분이다. 즉 십자가에 못 박히신 그리스도 덕분이다. 그러니 설교로 제시되는 모든 유익에 대한 자랑이나 즐거움이나 기쁨은 또한 십자가에 대한 자랑이다. 십자가가 없다면 우리에게 임할 것은 진노뿐이다.

다시 우리가 추적 중인 사도 바울의 진술로 돌아가 고린도전서 2장 2절을 생각해 보라. "내가 너희 중에서 예수 그리스도와 그가 십자가에 못 박히신 것 외에는 아무 것도 알지 아니하기로 작정하였음이라." 고린도전서 전체를 통해 알다시피 이는 그가 다른 주제를 거론하지 않겠다는 뜻이 아니다. 분명히 그는 교회 분열(1:10-17; 3:1-4), 교회 치리(5:1-5), 성적 부도덕(6:12-20), 소송(6:1-11), 결혼과 독신(7장), 우상에게 바쳐진 음식(8:1-6), 머리에 쓰는 수건(11:1-16), 은사(12-14장) 등 많은 주제를 "알고" 거론했다. 이처럼 이 구절이 오직 십자가에 못 박히신 그리스도만을 알고 거론한다는 뜻이 아니라면 "너희 중에서 예수 그리스도와 그가 십자가에 못 박히신 것 외에는 아무것도 알지 않겠다"는 바울의 말은 무슨 뜻인가?

바울의 말은 그가 알고 말하고 행한 다른 모든 것도 십자가에 못 박히신 그리스도와 연관시켜 알고, 말하고, 행했다는 뜻이다. 바울은 십자가 아래서 천막을 지었고, 십자가 아래서 말씀을 전했고, 십자가 아래서 대적과 변론했다. 그의 모든 언행이 십자가에 못 박히신 그리스도와 관계가 있음은, 말로든 행위로든 남에게 베풀 수 있는 모든 선이 오직 예수의 죽음 덕분에만 가능했기 때문이다. 그리스도께서 십자가에 못 박히지 않으셨다면 바울이 남에게 내놓을 소망이란 전무했다. 그의 선행이나 그가 설교한 기쁜 소식은 모두 십자가에 못 박히신 그리스도 덕분이었다. 그래서 그는 매사를 이런 식으로만 "알고" 생각했다. 그 전제하에서만 설교했다.

모든 선을 확보하신 그리스도

———

지금까지 보았듯이 그리스도를 전파하고(골 1:28) 십자가만 자랑할 목적으로 설교하고(갈 6:14) 십자가에 못 박히신 그리스도만 알 목적으로 설교하고(고전 2:2) 측량할 수 없는 그리스도의 풍성함을 전하려면(엡 3:8), 성경의 모든 실체를 예수의 죽음과 연관시켜 설교해야 한다. 더 구체적으로 말해서 십자가에 못 박히신 그리스도만 아는 설교는 하나님의 백성에게 제시되는 모든 본문의 모든 선(경고, 책망, 하나님의 속성, 명령, 약속 등)이 예수의 피로 확보되었음을 명백히 밝혀야 한다. 십자가를 떠나서는 하나님이 선하시면 선하실수록 우리가 당해야 할 정죄만이 늘어날 뿐이다(롬 2:4). 그래서 십자가는 모든 본문의 모든 설교로 제시할 모든 선의 기초다.

이제 16장의 질문으로 넘어간다. 십자가만 자랑하고 십자가에 못 박히

신 그리스도만 안다는 진술이 그런 의미라면, 이에 입각하여 어떻게 설교
할 것인가?

16

십자가가 삶의 현장으로
이어지게 설교하라

'십자가의 그리스도' 설교의 실제

앞 장에 십자가만 자랑한다는 바울의 놀라운 고백(갈 6:14)과 씨름하며 결론지었듯이, 이는 그가 다른 무엇도 자랑하지 않았다는 뜻이 아니라, 그 밖의 모든 자랑이 근본적이자 궁극적으로 그리스도를 자랑한다는 뜻이다. 모든 정당한 자랑이 그리스도로 말미암아 가능해졌기에 그분을 빼놓고 자랑할 수는 없다.

또 십자가에 못 박히신 그리스도 외에는 아무것도 알지 않겠다는 바울의 고백(고전 2:2)과 씨름하며 결론지었듯이, 이는 그가 다른 주제를 논하지 않았다는 뜻이 아니라, 그 밖의 모든 주제에 대한 모든 소망의 말이 그리스도의 죽음을 통해 확보되었다는 뜻이다. 그리스도께서 십자가에 못 박히지 않으셨다면 바울이 사람들에게 내놓을 소망이란 전무했다. 어떤 주제로든 그가 하나님의 백성들을 위해 설교한 기쁜 소식은 다 십자가에 못 박히신 그리스도 덕분이다.

십자가로
직행하라?

—

그런 의미에서 십자가의 그리스도라는 바울의 구심점은 설교에 영향을 미치는데, 그 방식이 일각의 생각과는 다르다. 그 영향이 설교자에게 독려하는 바는 이렇다. 즉 본문의 모든 세부를 아주 진지하게 대하고 시간을 들여 그 의미와 적용을 밝히되, 어휘가 암시하는 특수성까지 모두 살려야 한다는 것이다. 내가 말하는 이 설교는 본문 내용일랑 대충 훑어만 보고 무조건 십자가에 못 박히신 그리스도의 속죄 사역으로 넘어가는 설교와는 다르다. 더는 "그리스도를 전파함"이라는 본문의 주제에 수긍만 하고는 진짜 관심사로 넘어가 모든 설교를 그리스도의 십자가 사역을 복창하며 끝내지 않도록 나는 다른 대안을 제시하려 한다.

하나님 백성의 모임에서 설교자가 매주 하는 일인 "그리스도를 전파함"

은 그런 뜻이 아니다. 내가 이렇게 말하는 데는 몇 가지 이유가 있다. 부차적 이유부터 보자. 우선 그런 설교는 기승전결이 빤하여 청중의 기대감을 떨어뜨린다. 둘째, 본문의 실제 단어와 구문과 논리를 별로 중시하지 않는 경향이 있다. 그런 것들일랑 신중하고 심도 있게 다룰 필요 없이 그리스도의 십자가라는 절정을 향한 포석으로만 쓰면 된다는 인상을 풍긴다. 셋째, 성경 독서법 면에서 청중이 나쁜 습관에 빠지게 한다. 성경말씀 자체를 묵상하는 데 필요한 치열함과 진지함을 축소한다. 넷째, 성경이 엄중하게 내린 그리스도인으로서 합당한 삶을 살라는 명령을 약화시킨다. 속히 순종하라고 강조해야 할 결정적 순간에 대속^{代贖}을 끼워 넣는다.

그러나 내가 그런 관점에서 "그리스도를 전파함"을 보는 것을 우려하는 근본적 이유는 따로 있다. 내가 던지는 질문은 이것이다. "특정 설교 본문의 실체와 관련하여 그리스도께서 십자가에서 하신 일은 무엇인가?" 베드로전서 4장 7-9절을 예로 들어 보자.

> 만물의 마지막이 가까이 왔으니 그러므로 너희는 정신을 차리고 근신하여 기도하라 무엇보다도 뜨겁게 서로 사랑할지니 사랑은 허다한 죄를 덮느니라 서로 대접하기를 원망 없이 하고.

그분이 죄인을 위하여 죽으심은 정신 차려 근신하고 사랑하고 원망 없이 대접하라는 이 본문을 성경에 넣어 단지 우리에게 죄인을 위한 그 죽음을 상기시키기 위해서인가? 아니면 그분이 죄인을 위하여 죽으심은 바로 구원받은 백성에게 이 본문을(놀라운 특수성까지 다 살려서) 실현시켜 주시기 위해서인가? 그분이 우리를 위해 죽으심은 이 본문을 접할 때 그 속으로 깊이 파고들어, 피로 사신 삶과 그렇게 살아가는 법을 자세히 살피게 하심이 아닌가?

그리스도께서 "친히 나무에 달려 그 몸으로 우리 죄를 담당하셨으니 이는 우리로 죄에 대하여 죽고 의에 대하여 살게 하려 하심이라"(벧전 2:24)라는 베드로의 말은 "하나님의 방법인 십자가를 기뻐하라. 그 십자가의 권능에 힘입어 그리스도인은 성경 본문에 명한 대로 행할 수 있다"는 뜻이 아닌가?

베드로전서 4장 7-9절로 설교할 때 우리의 사고방식은 이래야 할까? 세부 내용은 대강만 언급한 뒤 "십자가로 직행하라." 수많은 사람이 이 문구를 찰스 스펄전의 말이라며 인용해 왔다. "나는 본문을 취하여 십자가로 직행한다." 그러나 내가 알기로 여태까지 아무도 스펄전이 그렇게 말했다는 출처를 명시하지 못했고, 스펄전을 가장 잘 아는 이들조차 이게 그의 말임을 입증하지 못한다.[1] 그런데도 그 말은 꽤 오랫동안 내가 말리려는 설교를 장려하는 쪽으로 쓰여 왔다.

물론 그 인용문 자체가 누구를 오도할 필요는 없다. 십자가에 못 박히신 그리스도 외에는 아무것도 알지 않겠다던 바울의 말이 우리를 오도할 수 없음과 같다. 그래도 이 인용구는 얼마든지 설교자를 오도할 수 있다. 다시 앞의 질문으로 돌아간다. 베드로전서 4장 7-9절을 읽고 설교할 때 우리의 사고방식은 이래야 할까? 내용을 대강 훑어본 뒤 예수의 죽음과 부활로 직행하여 이를 복창함으로써 죄인을 위한 그리스도의 죽음이라는 대단원에 이르라. 이 본문으로 설교할 때 "측량할 수 없는 그리스도의 풍성함"(엡 3:8)을 전한다는 게 그런 의미일까?

그렇지 않다고 본다. 오히려 그런 사고방식은 십자가와 및 성경이 계시하는 모든 실체를 뒤엎는다. 이 본문의 실체와 관련하여 그리스도께서 십자가에서 하신 일은 무엇인가? 그분은 이 본문에서 묘사하고 명하는 그리스도인의 삶을 피로 사셨다. 다시 말하지만 우리를 위해 십자가에서 죽으실 때 그리스도는 우리에게 그분으로 충만하여 베드로전서 4장 7-9절에 순종하는 영광을 주셨다. 이 본문에서 계시하고 요구하는 실체가 십자가를 위해 존재하는 게 아니라, 십자가가 이런 실체를 위해 존재한다. 이것이 십자가의 영광이다!

십자가는 우리를 이런 사랑의 삶으로 인도한다. 그리스도께서 십자가로 그것을 사셨다. 그분은 우리가 모든 죄를 용서받고 살아 계신 그분의 임재와 능력을 누리게 하려고 죽으셨다. 정신 차려 근신하고 사랑하고 원망 없이 대접하는 삶을 그분이 피로 사서 우리 안에 이루어 주신다. 그야말로 기적 같은 삶이다. 그리스도로 충만한 경건의 영광을 이루시려고 그분이 죽으셨다.

그러므로 앞서 말한 의미대로 "십자가로 직행하는" 설교를 배격하는 근본적 이유는 그것이 십자가의 영광을 축소하기 때문이다. 그런데 그런 설교자는 자신이 정반대 일을 하는 줄로 안다. 매주 설교의 절정이 속죄 예찬으로 치달아야 십자가가 더 드높여지는 줄로 생각한다. 하지만 이는 십자가의 영광을 중시하는 길이 아니다. 물론 세계 역사상 가장 위대한 사건인 예수의 죽음과 부활을 반드시 회중에게 자세히 알리라. 하지만 설교 시간 대부분은 십자가의 영광스러운 열매를 전하는 데 쓰라. 그런 열매가 성경 지면에 넘쳐난다.

앞서 보았듯이 성경에 담긴 모든 유익, 모든 복과 선물과 약속과 은혜로운 경고는 다 예수가 흘리신 피로 사신 것이다. 설교의 도움으로 하나님의 영광을 조금이나마 보는 게 십자가에 못 박히신 그리스도 덕분이다. 구약까지 통틀어서 어느 본문을 막론하고 성경에 기록한 모든 과분한 유익과 은혜는 다 피로 사신 은혜다(롬 3:25; 고후 1:20).

십자가에서 직행하라

성경의 직행은 반대 방향이다. 그리스도께서 죽으심은 우리가 십자가에서 직행하여 부활로, 성령을 부으심으로, 피로 사신 거듭남의 기적으로, 우리 안에 계신 그리스도의 비밀 곧 영광의 소망으로, 그리스도로 충만해져서 정신 차려 근신하고 사랑하고 원망 없이 대접하여 그분을 높이는 그 아름다움으로 나아가게 하시기 위해서다.

그런 의미에서 당신의 설교로 십자가를 영화롭게 하려면 정신을 차릴 때의 경이로움, 근신의 진귀한 아름다움과 유익, 형제 사랑의 소중함과 아픔, 손 대접을 실천할 때 역사하는 강력한 은혜, 세상을 뒤흔드는 진품인 원망할 줄 모르는 사람 등을 최대한 잘 강해해야 한다. 모든 진리를 보고, 모든 영광을 맛보고, 모든 명령에 순종하는 것 그 하나하나가 다 피로 사신 선물이고 그리스도를 높이는 삶이라는 일관되고도 즐거운 인식을 청중에게 심어 주라.

좋은 나무는 좋은 열매를 맺는다. 그리스도께서 죽으심은 그분의 몸 된 교회가 나무가 되어 이런 아름답고 싱그러운 열매를 맺게 하시기 위해서다. 그 열매가 무성하려면 우리가 어떤 본문을 대하든 그 본문이 다루는 구체적이고 특수한 실체로 직행해야 한다. 그런 실체가 어떤 모습이며, 예수의 피로써 부어진 성령의 능력에 힘입어 어떻게 실현되는지 풀어내야 한다. 예수는 두꺼운 성경책 지면에 온통 갈보리만 기록되라고 죽으신 게 아니라, 성경에 무수히 많은 영광을 담아내시려고 갈보리로 가셨다. 우리가 그런 영광을 보고 맛보고 각자 십자가를 지는 삶으로써 드러내도록 말이다.

우리 삶 전체에서 하나님을 풍성히
누리게 하시려 예수께서 죽으셨다
—

다른 방식으로 말해 보겠다. 내가 쓴 《하나님이 복음이다》(God is the Gospel, IVP 역간)[2]의 부제에도 담아냈듯이 하나님이 우리를 사랑하셔서 주신 선물은 바로 그분 자신이다. 지금 내가 설교와 십자가에 대해 하는 말의 핵심은 이것이다. "그리스도께서도 단번에 죄를 위하여 죽으사 의인으로서 불의한 자를 대신하셨으니 이는 우리를 하나님 앞으로 인도하려 하심이라"(벧전 3:18). 용서, 전가된 의, 하나님의 진노를 면함, 지옥에서 건짐받음, 몸의 부활, 영생 등은 다 십자가에 못 박히신 그리스도의 영광스러운 열매다. 그러나 이는 하나님의 사랑의 주된 선물은 아니고 예수께서 피로 사신 궁극의 선물도 아니다. 그것은 다 목적이 아니라 수단이다. 목적은 하나님의 모든 아름다움을 보고, 그분과 인격적인 교제를 누리며, 모든 면에서 그분을 닮아 가 그분의 위대하심을 최대한 즐거워하고 반사하는 것이다. 그리스도는 이를 위해 죽으셨다.

하나님을 그렇게 경험하도록 장려하고자 성경 전체가 기록됐다. 그분의 성품과 방식을 드러내는 모든 계시, 그리스도를 표현하는 모든 묘사, 그분이 하신 모든 말씀, 우리 죄를 꾸짖는 모든 책망, 은혜를 베푸신다는 모든 약속, 사랑으로 거룩하게 행하라는 모든 실제적 명령, 불의를 삼가라는 모든 경고, 이 모두는 하나님과 기쁘게 교제하며 살아가기 위한 수단이다. 바로 그것을 피로 사시려고 예수께서 죽으셨다.

그러므로 고린도전서 2장 2절과 갈라디아서 6장 14절에 바울이 암시한 대로 십자가의 그리스도를 전한다는 말은 모든 설교를 무조건 속죄를 복창하여 절정에 달하는 메시지로 둔갑시킨다는 뜻이 아니다. 반대로 본문의 모든 단어와 구문과 논리적 연관성을 진지하고 신중하게 다루어, 십자가에서 죽으시고 부활하여 성령으로 임재하시는 그리스도께서 본문에 묘사한 새로운 생활 방식을 어떻게 빚으시고, 또 그렇게 살아갈 능력을 주시는지를 보여 준다는 뜻이다.

"측량할 수 없는 그리스도의 풍성함"을 전한다

바울은 자신을 부르셔서 "측량할 수 없는 그리스도의 풍성함을 이방인에게 전하게"(엡 3:8) 하신 하나님이 놀랍기만 했다. 만일 우리가 성경 본문을 치열하고 꼼꼼하게 주목하지 않고서 속죄에 관한 익숙한 사실(물론 그 자체로 영광스럽지만!)로 직행하게끔 청중을 길들인다면, 우리의 설교로 "측량할 수 없는 그리스도의 풍성함"을 제대로 영화롭게 할 수 없다. 에베소서 3장 8절의 문맥을 보라. 바울이 측량할 수 없는 그리스도의 풍성함을 전한 이유가 여기 있다.

> 영원부터 만물을 창조하신 하나님 속에 감추어졌던 비밀의 경륜이 어떠한 것을 드러내게 하려 하심이라 이는 이제 교회로 말미암아 하늘에 있는 통치자들과 권세들에게 하나님의 각종 지혜를 알게 하려 하심이니(9-10절).

그리스도를 전하라. 세상을 향한 하나님의 비밀을 드러내라. "교회"라 불리는 하나님의 새 백성을 그분의 능력으로 창조하라. 그 백성들이 생겨나고 예배하고 살아가는 방식을 통해 천사들과 귀신들에게 하나님의 각종 지혜를, 십자가로 한 백성을 창조하시는 그분의 지혜를 보여 주라. 십자가의 영광스러운 지혜는 교회를 통해 드러난다. 그런데 하나님이 교회에 주신 책에는 특수하고 구체적인 가르침이 가득하다. 이런 가르침을 도구 삼아 성령께서 교회를 세상에서 그리스도를 높이는 존재로 빚으신다.

설교는 그런 특수하고 구체적인 가르침을 손에 붙잡아, 거기서 삶을 변화시키는 기이한 지혜를 마지막 한 방울까지 다 짜낸다. 본문을 자세히 파헤쳐 청중의 마음에 들이미는 데에 변명은 필요 없다. 성급히 본문을 떠나 십자가를 더 명시한 본문으로 가지도 말라. 당신이 청중에게 수없이 밝혔듯이 십자가는 이미 여기 있고, 항상 있다. 십자가가 모든 일의 기초이므로 십자가가 없이는 아무런 선善도 없다. 그러니 삶과 예배라는 아름다운 열매 속으로 깊이 파고들자. 바로 그 열매를 맺으시려고 그리스도께서 죽으셨다. 측량할 수 없는 그리스도의 풍성함을 전한다는 말은 바로 그런 뜻이다.

그리스도를 전파하는 목적

골로새서 1장 27-28절도 각도만 다를 뿐 요지는 같다.

> 하나님이 그들로 하여금 이 비밀의 영광이 이방인 가운데 얼마나 풍성한지를 알게 하려 하심이라 이 비밀은 너희 안에 계신 그리스도시니 곧 영광의 소망이니라 우리가 그를 전파하여 각 사람을 권하고 모든 지혜로 각 사람을 가르침은 각 사람을 그리스도 안에서 완전한 자로 세우려 함이니.

"우리가 그를 전파하여." 그렇다! "우리가 그를 전파하여"라는 바울의 선언 앞에 "너희 안에 계신 그리스도시니 곧 영광의 소망"이 있다. 그리스도를 전파한다는 말은 지금 당신 안에 계신 그리스도의 실체, 피로 사신 그 실체에 함축된 모든 의미를 영광스럽도록 분명하고 아름답게 밝힌다는 뜻이다. 당신이 있기 2천 년 전에 그리스도께서 죽으셔서 오늘 당신 안에 계신 그분의 임재를 사셨다. 이 살아 계신 그리스도를 경험하는 법과 그분으로 말미암아 삶의 구체적인 태도와 행동이 변화되는 법을 다루는 본문이 성경에 많이 있는데, 이는 우리를 십자가로 직행하게 하기 위해서가 아니다. 거꾸로 십자가가 성경에 있음은 그런 본문을 깊이 파서 그리스도 안의 순종하는 삶, 피로 사신 그 삶의 경이를 발견하는 데로 우리를 직행하게 하기 위해서다. 십자가에 못 박히신 그리스도를 전한다는 미명하에 본문을 대강만 다루고 손을 떼서는 그런 일이 일어날 수 없다.

아울러 "우리가 그를 전파하여"라는 바울의 선언 뒤에는 이 전파에 수반되는 활동이 뒤따라온다. "각 사람을 권하고 모든 지혜로 각 사람을 가르침은 각 사람을 그리스도 안에서 완전한 자로 세우려 함이니." 그리스도를 전파하는 목적은 살아 계신 그리스도 안에서 자라 가기 위함이며, 그러기 위해서는 권면과 가르침과 지혜가 필요하다. 성경 지면에 그런 내용이 가득하다. 그리스도를 전파한다는 말은 성경의 자세하고 구체적인 권면과 가르침과 지혜를 외면한 채 복음 이야기를 반복한다는 뜻이 아니다. 오히려 그리스도를 전파하는 설교는 노력을 아끼지 않고 본문의 실제 내용을 깊이 들여다본다. 진리와 삶의 그 모든 경이를 우리 것이 되게 하시려고 그리스도께서 죽으셨다.

'성부의 영광'과 '성자의 사역',
서로 맞물린 실체
—

12장에 언급했듯이 "어떤 실체를 설교할 것인가?"라는 포괄적 질문의 세 가지 답은 서로 맞물려 있다. 첫째, 성부 하나님의 영광, 둘째, 성자의 구원 사역, 셋째, 성령의 성화 및 우리를 지키시는 사역. 여기서는 성부와 성자의 영광이 맞물려 있음을 볼 수 있다.

사도 바울에 따르면 그리스도를 전파함이란, 신자가 경험할 모든 선을 피로 사신 그분의 희생과 또 우리 삶에 임재하여 변화시켜 주실 그분의 능력만을 선포하는 것이 아니다. 거기에는 친히 우리를 위해 이루셨고, 우리 안에 행하시는 일로써 그리스도께 영광을 돌린다는 목표도 들어 있다. 성부의 영광이 궁극적 목표임은 사실이다. 빌립보서 2장 11절에 보듯이 아버지께서 아들을 모든 이름 위에 높이심은 "모든 입으로 예수 그리스도를 주라 시인하여 하나님 아버지께 영광을 돌리게 하려" 하심이다. 그럼에도 불구하고 성부와 성자의 영광은 하나다. 그리스도의 영광은 십자가와 부활에서, 그리고 자기 백성 안에 행하시는 일에서 흘러나오는데, 이 영광이 바로 하나님의 영광이다. 고린도후서 4장 4-6절에 더할 나위 없이 분명히 나와 있다.

> 그중에 이 세상의 신이 믿지 아니하는 자들의 마음을 혼미하게 하여 그리스도의 영광의 복음의 광채가 비치지 못하게 함이니 그리스도는 하나님의 형상이니라 …… 어두운 데에 빛이 비치라 말씀하셨던 그 하나님께서 예수 그리스도의 얼굴에 있는 하나님의 영광을 아는 빛을 우리 마음에 비추셨느니라.

바울의 요지는 아주 분명하다. 그는 그리스도의 영광을 언급하자마자 그분이 하나님의 형상이라 말하고, 하나님의 영광을 언급할 때는 그 영광이 그리스도의 얼굴에 있다고 말한다. 다시 말해서 이는 별개의 두 영광이 아니요, 그리스도의 영광이 곧 하나님의 영광이다.

그러니 바울이 그리스도의 영광을 창조의 목표이자 그리스도인의 삶의 목표로 제시함은 당연한 일이다. "그는 보이지 아니하는 하나님의 형상이시요 …… 만물이 다 그로 말미암고 그를 위하여 창조되었고"(골 1:15-16). 즉 만물은 그리스도의 영광을 위해 창조되었다. 그러므로 그리스도를 전파할 때 우리의 목표는 그분의 영광을 드러내는 것이다.

이것이 모든 설교의 목표다. 그리스도께서 신자의 믿음과 능력을 확보하고자 죽으셨고 우리도 그들의 믿음과 능력을 깨우려 설교하는데, 그 믿음과 능력 또한 그리스도의 영광을 위해 존재하기 때문이다. 바울이 데살로니가후서 1장 11-12절에 한 말이 그것이다. "이러므로 우리도 항상 너희를 위하여 기도함은 우리 하나님이 너희를 그 부르심에 합당한 자로 여기시고 모든 선을 기뻐함과 믿음의 역사를 능력으로 이루게 하시고 …… 우리 주 예수의 이름이 너희 가운데서 영광을 받으시[게] …… 하려 함이라."

살아 계신 그리스도를 누리기 위한 설교

우리의 모든 설교에 성경의 어떤 실체를 짜 넣어야 할지를 보이고자 세 가지 질문을 제시했는데, 그중 둘은 이제 답이 나왔다.

"설교 본문에서 성경 기자의 궁극적 목표는 무엇인가?" 답은 하나님의 영광이다. 하나님의 영광과 연관되기에 모든 것이 청중에게 한층 더 환하게 보여야 한다. 하나님의 영광은 본문 내용 대신 빛나는 게 아니라 본문의 구체적 실체를 통해 빛난다. 하나님이 본문에 넣으신 내용을 더 치열하게 주목할수록 그분의 영광은 본문 속에서 더 찬란한 빛을 발한다.

"설교 본문은 예수 그리스도 및 그분의 구원 사역과 어떤 관계가 있는 가?" 여기에는 이렇게 답했다. 그리스도를 전파하고(골 1:28) 십자가만 자랑할 목적으로 설교하고(갈 6:14) 십자가에 못 박히신 그리스도만 알 목적으로 설교하고(고전 2:2) 측량할 수 없는 그리스도의 풍성함을 전하려면(엡 3:8), 자기 백성을 위해 그리스도께서 피로 사신 실체를 설교해야 한다. 설교는 그 피로 사신 영광을 드높이되, 본문을 떠나 십자가로 직행해서가 아니라 모든 것의 공급원인 십자가로부터 모든 본문의 세세한 곳으로 직행함으로써 그리한다. 그리스도로 충만하여 그리스도를 높이는, 피로 사신 예배와 순종의 경이로움도 그 일부다. 이렇듯 십자가에 못 박히신 그리스도는 모든 설교의 기초가 되신다. 그분이 죄인을 위해 죽지 않으셨다면 설교로 제시할 것이 하나도 없다.

이번 장을 마치면서 다시 한 번 밝히는데 십자가에 "기초"하여 모든 복을 피로 사셨다고 해서 다음 진리가 흐려져서는 안 되고, 오히려 부각되어야 한다. 즉 모든 복 중의 최고는 무한히 영광스러우신 그리스도시다. 그리스도는 우리 안에, 우리 위에, 우리 앞에, 우리 뒤에 계신다. 그리스도는 친구가 되어 우리를 붙드시며 그 영광스러운 임재로 우리를 충족시켜 주신다. 우리가 십자가에 힘입어 누리는 그리스도의 영광은 곧 십자가로 슬픔 속에 사랑을 계시하시고, 십자가로 자비 속에 정의를 계시하시고, 십자가로 약함 속에 능력을 계시하신 그 영광이다.

그러므로 십자가라는 "기초"는 시멘트 벽돌이 지하실의 기초인 방식과는 다르다. 시야에서 사라져 마음마저 멀어지는 그런 게 아니다. 십자가라는 기초는 불이 빛의 기초이고, 물감이 그림의 기초이고, 사랑이 관계의 기초이고, 라일락이 대기를 가득 채운 향기의 기초이고, 희생이 어린양의 영원한 노래의 기초인 이치와 같다. 이 "기초"를 통해 얻고 이어 가는 모든 것 안에 그 기초의 영광이 늘 내재해 있다. 십자가에 못 박히신 그리스도께서 피로 사신 우리의 순종은 그분을 늘 기억하며 그분을 소중히 여기고 높이는 순종이다.

피로 사신 모든 복의 초석도 예수님이므로 살아 계신 그리스도를 누리지 않는 한 모든 설교가 추구하는 하나님 백성의 경험은 미완이다. 그러므로 모든 설교는 그분 백성이 즐거이 순종함으로써 그리스도를 영화롭게 하고자 하며, 그리스도를 높이는 이 순종은 바로 성경 본문을 통해 빚어진다.

다음 두 장에서는 셋째 질문으로 넘어간다. "멸망이 아닌 최종 구원으로 인도하는 생활 방식은 무엇인가?" 이 또한 모든 설교에 영향을 미칠 어느 한 실체로 우리를 데려간다.

17

'믿음의 순종'을
설교하라

최종 구원에 이르는 생활 방식

앞서 제안한 세 가지 질문은 성경 기자의 거시적 관점 중 어떤 측면을 특정 본문의 설교에 담아낼지 정하려는 우리에게 길잡이가 되어 준다. 첫째, 설교 본문에서 성경 기자가 추구하는 궁극적 목표는 무엇인가?(13-14장) 둘째, 설교 본문은 예수 그리스도 및 그분의 구원 사역과 어떤 관계가 있는가?(15-16장) 셋째, 멸망이 아닌 최종 구원으로 인도하는 생활 방식은 무엇인

가?(17-18장)

이번 장에서 다룰 셋째 질문의 가정은 이것이다. 거룩함(과 영생)을 추구하는 데 성공하는 길과 실패하는 길이 있다면, 설교는 생명으로 인도하는 길을 분명히 밝히고 실패로 끝날 길을 피하도록 경고해야 한다. 더 가정하자면, 인간의 마음은 어떤 본문에 대해서든 멸망에 이르는 방식으로 반응할 수도 있고 영광에 이르는 방식으로 반응할 수도 있다. 따라서 본문이 무엇이든 설교는 생명과 영광의 길을 가리켜 보여야 한다.

세 질문의 관계를 이렇게 볼 수도 있다. 첫째 질문은 그리스도인의 삶의 목표인 하나님의 영광을 다루고, 둘째 질문은 그리스도인의 삶의 기초인 그리스도의 십자가를 다루고, 이번 셋째 질문은 그리스도인의 삶을 살아가는 방법을 다룬다. 최종 구원으로 인도하는 실행 가능한 길은 이것뿐이다. 목표와 기초를 설교에 제대로 밝혔더라도 그 둘을 이어 줄 방법을 밝히지 못하면 완전히 실패다. 예수께서는 "생명으로 인도하는 …… 길이 협착하여 찾는 자가 적음이라"(마 7:14)라고 말씀하셨다. 청중이 그 길에 들어서서 계속 남아 있도록 돕는 것이 설교자의 본분이다.

설교와 성도의 견인堅忍

그리스도인의 삶의 목표와 기초를 아는 사람도 멸망할 수 있다. 유다는 베드로가 알던 교훈을 똑같이 다 알았다. 바리새인은 어느 집단보다도 성경에 많은 시간을 들였으나 죽음으로 가득했다(마 23:27). 회심 전의 바울은

"흠이 없는 자"라 불릴 정도로 하나님의 율법에 통달했으나 완전히 눈멀고 죽어 있어 교회를 박해했다(빌 3:6). 베드로는 어떤 믿는다는 그리스도인들의 경우 "의의 도를 알지 못하는 것이 도리어 그들에게 낫다"고 말했고(벧후 2:21), 히브리서 기자도 "진리를 아는 지식"을 오용하면 "다시 속죄하는 제사가 없을 수도 있다"고 했다(히 10:26).

성경에 이렇게 경고등이 번쩍이는데도 믿음과 거룩함에 꼭 필요한 견인을 경시하는 관점이 있다. 그리스도인의 삶을 그렇게 보는 관점에는 "더욱 힘써 너희 부르심과 택하심을 굳게 하라"(벧후 1:10)는 권고가 들어설 자리가 없다. 이 관점에 따르면 첫 신앙고백으로 안전을 확보함으로 믿음과 거룩함의 견인을 통해 지속적으로 확증할 필요가 없다.

이런 구원관과 맥을 같이하는 설교가 있다. 설교의 목표는 청중의 첫 신앙고백을 이끌어 내는 것이다. 그리하면 청중 가운데 구원이 위태로울 일이 전혀 없다. 이런 설교는 신자의 영생에 아무런 영향도 미치지 못한다. 그들이 안전을 보장받는 데에 믿음과 거룩함의 견인은 반드시 필요하지 않으며, 따라서 꾸준히 하나님 말씀의 설교를 듣는 일도 믿음을 유지하여 영생을 얻는 데 반드시 필요하지 않다.

이는 위험한 구원관이며 설교의 깊이와 긴박성에 치명적 해악을 끼친다. 성경은 이에 대해 다음과 같은 진리를 가르친다. 믿음과 거룩함의 견인은 최종 구원에 꼭 필요하며, 설교는 하나님이 자신의 참백성을 전원 반드시 견인에 이르게 하시는 은혜로운 수단이다. 그래서 매주 드리는 공예배는 구원이 걸린 문제다. 구원받아야 할 비신자가 참석해서만이 아니라 말씀 사역을 통해 자기 백성을 최종 구원 때까지 지키시는 게 하나님의 계획이기 때문이다. 나는 청중을 도와 무사히 본향에 이르게 하는 하나님의 도구다. 지난 33년 동안 목회하면서 이 깨달음보다 더 무거운 부담은 내게 없었다.

신자의 구원을 위한 설교

설교자는 이 문제를 머릿속에 정리해 두어야 한다. 그래야 자신의 소명을 이해하고 모든 설교의 긴박성을 느낄 수 있다. 많은 사람이 회중 가운데 참석했을지도 모를 한 명의 비신자 때문에 생겨나는 긴박성을 말한다. 물론 그는 복음을 다시 듣기 전에 죽을 수도 있다. 그런데 가능성 정도가 아니라 확실한 사실 때문에 생겨나는 비슷한 긴박성을 말하는 사람은 훨씬 적어 보인다. 즉 예배에 참석한 신자 중 누구라도 믿음과 순종에 힘쓰지 않으면 멸망할 수 있다.

이번 주 일요일 당신이 전하는 설교는 다음 주에 한 신자가 끔찍한 고난 때문에 배교하지 않도록 그들을 건지실 하나님의 도구일 수 있다. 당신의 설교가 매주 누군가에게 유혹을 피할 능력을 입혀 주는 수단일 수 있다. 그렇지 않으면 그 유혹이 결정적 고비가 되어 돌이킬 수 없는 악한 길로 빠질 수도 있다. 모든 설교는 모든 신자를 구원하는 설교다.

이 문제를 늘 염두에 둔다면 설교할 때 긴박성이 크게 달라질 것이다. 다음 여러 성경 본문이 함축하는 의미를 생각해 보라. 읽으면서 이렇게 물으라. "이런 본문은 삶으로 나타나는 진정한 실천적 거룩함이 최종 구원에 이르는 유일한 길이라고 가르치는가?"

> 너희가 사람의 잘못을 용서하지 아니하면 너희 아버지께서도 너희 잘못을 용서하지 아니하시리라(마 6:15).

> 그날에 많은 사람이 나더러 이르되 주여 주여 우리가 주의 이름으로 선지자 노릇하며 주의 이름으로 귀신을 쫓아내며 주의 이름으로 많은 권능을 행하지 아니하였나이까 하리니 그때에 내가 그들에게 밝히 말하되 내가 너희를 도무지 알지 못하니 불법을 행하는 자들아 내게서 떠나가라 하리라(7:22-23).

> 끝까지 견디는 자는 구원을 받으리라(막 13:13).

> 이를 놀랍게 여기지 말라 무덤 속에 있는 자가 다 그의 음성을 들을 때가 오나니 선한 일을 행한 자는 생명의 부활로 악한 일을 행한 자는 심판의 부활로 나오리라(요 5:28-29).

참고 선을 행하여 영광과 존귀와 썩지 아니함을 구하는 자에게는 영생으로 하시고(롬 2:7).

형제들아 내가 너희에게 전한 복음을 너희에게 알게 하노니 이는 너희가 받은 것이요 또 그 가운데 선 것이라 너희가 만일 내가 전한 그 말을 굳게 지키고 헛되이 믿지 아니하였으면 그로 말미암아 구원을 받으리라(고전 15:1-2).

너희가 육신대로 살면 반드시 죽을 것이로되 영으로써 몸의 행실을 죽이면 살리니(롬 8:13).

자기의 육체를 위하여 심는 자는 육체로부터 썩어질 것을 거두고 성령을 위하여 심는 자는 성령으로부터 영생을 거두리라 우리가 선을 행하되 낙심 하지 말지니 포기하지 아니하면 때가 이르매 [영생을] 거두리라(갈 6:8-9).

이제는 그의 육체의 죽음으로 말미암아 화목하게 하사 너희를 거룩하고 흠 없고 책망할 것이 없는 자로 그 앞에 세우고자 하셨으니 만일 너희가 믿음 에 거하고 터 위에 굳게 서서 너희 들은 바 복음의 소망에서 흔들리지 아니 하면 그리하리라(골 1:22-23).

주께서 사랑하시는 형제들아 우리가 항상 너희에 관하여 마땅히 하나님께 감사할 것은 하나님이 처음부터 너희를 택하사 성령의 거룩하게 하심[성화]

과 진리를 믿음으로 구원을 받게 하심이니(살후 2:13).

그리스도는 하나님의 집을 맡은 아들로서 그와 같이 하셨으니 우리가 소망의 확신과 자랑을 끝까지 굳게 잡고 있으면 우리는 그의 집이라(히 3:6).

우리가 시작할 때에 확신한 것을 끝까지 견고히 잡고 있으면 그리스도와 함께 참여한 자가 되리라(3:14).

우리는 뒤로 물러가 멸망할 자가 아니요 오직 영혼을 구원함에 이르는 믿음을 가진 자니라(10:39).

모든 사람과 더불어 화평함과 거룩함을 따르라 이것이 없이는 아무도 주를 보지 못하리라(12:14).

시험을 참는 자는 복이 있나니 이는 시련을 견디어 낸 자가 주께서 자기를 사랑하는 자들에게 약속하신 생명의 면류관을 얻을 것이기 때문이라(약 1:12).

이와 같이 행함이 없는 믿음은 그 자체가 죽은 것이라(2:17).

그가 빛 가운데 계신 것같이 우리도 빛 가운데 행하면 우리가 서로 사귐이 있고 그 아들 예수의 피가 우리를 모든 죄에서 깨끗하게 하실 것이요(요일 1:7).

그를 아노라 하고 그의 계명을 지키지 아니하는 자는 거짓말하는 자요 진리가 그 속에 있지 아니하되(2:4).

우리는 형제를 사랑함으로 사망에서 옮겨 생명으로 들어간 줄을 알거니와 사랑하지 아니하는 자는 사망에 머물러 있느니라(3:14).

네가 죽도록 충성하라 그리하면 내가 생명의 관을 네게 주리라(계 2:10).

이 책의 주제가 성화와 성도의 견인이라면 앞의 모든 구절에 시간을 충분히 들여 그 의미와 문맥에 담긴 함의를 밝혀야 할 것이다.[1] 그러나 이 책의 주제는 설교이며 지금 내 주된 취지는 이런 구원관을 변호하는 게 아니라 그것이 설교에 미치는 의미를 밝히는 것이다. 그러려면 성경에 나오는 몇 가지 이슈를 분명히 해 둘 필요가 있다.

이런 본문이 가르쳐 주듯이 영생으로 인도하는 거룩함(정말 어린아이같이 그리스도를 의지하고 하나님을 영화롭게 하는 기쁜 생활 방식)이 존재하며, 이것이 없으면 우리는 멸망한다. 다시 말해서 구원의 믿음은 그 속성상 거룩한 삶으로 입증된다. 완벽함이 아니라 마음과 태도와 행동의 진정한 변화로써 그리스도가 자기 삶의 구주와 주님과 보화가 되셨음을 보여 주는 것이다.

우리의 거룩함을
지키시는 분

—

이처럼 거룩함이 필수라 해서 우리의 확신이나 영원한 안전이 약해지는 것은 아니다. 하나님이 자기 백성을 한 사람도 빠짐없이 굳게 붙드시기로 헌신하셨기 때문이다. 우리가 안전함은 견인을 선택할 수 있어서가 아니라 언약을 지키시는 전능하신 하나님이 결정적으로 견인을 이루시기 때문이다. 그래서 다음 여러 본문도 앞 본문만큼이나 중요하고 귀중하다. 이는 우리의 믿음과 거룩함을 지키시려 하나님이 전폭적으로 헌신하심을 보여 준다.

> 내가 그들에게 복을 주기 위하여 그들을 떠나지 아니하리라 하는 영원한 언약을 그들에게 세우고 나를 경외함을 그들의 마음에 두어 나를 떠나지 않게 하고(렘 32:40).

> 내 양은 내 음성을 들으며 나는 그들을 알며 그들은 나를 따르느니라 내가 그들에게 영생을 주노니 영원히 멸망하지 아니할 것이요 또 그들을 내 손에서 빼앗을 자가 없느니라 그들을 주신 내 아버지는 만물보다 크시매 아무도 아버지 손에서 빼앗을 수 없느니라(요 10:27-29).

> 또 미리 정하신 그들을 또한 부르시고 부르신 그들을 또한 의롭다 하시고 의롭다 하신 그들을 또한 영화롭게 하셨느니라(롬 8:30).

주께서 너희를 우리 주 예수 그리스도의 날에 책망할 것이 없는 자로 끝까지 견고하게 하시리라 너희를 불러 그의 아들 예수 그리스도 우리 주와 더불어 교제하게 하시는 하나님은 미쁘시도다(고전 1:8-9).

너희 안에서 착한 일을 시작하신 이가 그리스도 예수의 날까지 이루실 줄을 우리는 확신하노라(빌 1:6).

내가 이미 얻었다 함도 아니요 온전히 이루었다 함도 아니라 오직 내가 그리스도 예수께 잡힌 바 된 그것을 잡으려고 달려가노라(3:12).

그러므로 자기를 힘입어 하나님께 나아가는 자들을 온전히 구원하실 수 있으니 이는 그가 항상 살아 계셔서 그들을 위하여 간구하심이라(히 7:25).

너희는 말세에 나타내기로 예비하신 구원을 얻기 위하여 믿음으로 말미암아 하나님의 능력으로 보호하심을 받았느니라(벧전 1:5).

그들이 우리에게서 나갔으나 우리에게 속하지 아니하였나니 만일 우리에게 속하였더라면 우리와 함께 거하였으려니와 그들이 나간 것은 다 우리에게 속하지 아니함을 나타내려 함이니라(요일 2:19).

능히 너희를 보호하사 거침이 없게 하시고 너희로 그 영광 앞에 흠이 없이 기쁨으로 서게 하실 이 곧 우리 구주 홀로 하나이신 하나님께 우리 주 예수 그리스도로 말미암아 영광과 위엄과 권력과 권세가 영원 전부터 이제와 영원토록 있을지어다 아멘(유 1:24-25).

"너희 부르심과 택하심을 굳게 하라"

하나님은 우리를 끝까지 지키기로 약속하셨다. 아무도 우리를 하나님의 손에서 빼앗을 수 없다. 그래서 알거니와 "더욱 힘써 너희 부르심과 택하심을 굳게 하라"(벧후 1:10)는 성경말씀은 우리의 확증 행위가 우리를 천국에 이르도록 지켜 주는 결정적 요소라는 뜻이 아니다. 결정적 요소는 하나님의 지키시는 행위다. 우리의 행위는 필수이되 의존적인 반면 하나님의 행위는 근본 원인이다. 그분의 행위가 우리의 행위를 불러일으킨다. 우리 믿음의 보전은 초자연적 기적이다. 하나님이 기적을 일으키시고 우리가 기적을 행한다.[2] 둘 다 꼭 필요하며, 다음 본문이 그 증거다.

그러나 내가 나 된 것은 하나님의 은혜로 된 것이니 내게 주신 그의 은혜가 헛되지 아니하여 내가 모든 사도보다 더 많이 수고하였으나 내가 한 것이 아니요 오직 나와 함께하신 하나님의 은혜로라(고전 15:10).

이를 위하여 나도 내 속에서 능력으로 역사하시는 이의 역사를 따라 힘을 다하여 수고하노라(골 1:29).

너희가 나 있을 때뿐 아니라 더욱 지금 나 없을 때에도 항상 복종하여 두렵고 떨림으로 너희 구원을 이루라 너희 안에서 행하시는 이는 하나님이시니 자기의 기쁘신 뜻을 위하여 너희에게 소원을 두고 행하게 하시나니 (빌 2:12-13).

양들의 큰 목자이신 우리 주 예수를 영원한 언약의 피로 죽은 자 가운데서 이끌어 내신 평강의 하나님이 모든 선한 일에 너희를 온전하게 하사 자기 뜻을 행하게 하시고 그 앞에 즐거운 것을 예수 그리스도로 말미암아 우리 가운데서 이루시기를 원하노라 영광이 그에게 세세무궁토록 있을지어다 아멘(히 13:20-21).

이렇듯 하나님의 택하심과 부르심과 입양을 받은 자녀로서 청중의 안전은 문제될 게 없다. 그들은 견인에 이른다. 혹시 누가 견인에 이르지 못한다면 이는 그가 처음부터 하나님께 속하지 않았다는 증거다. 요한일서 2장 19절에 "만일 우리에게 속하였더라면 우리와 함께 거하였으려니와"라고 밝혔다. 다만 설교자가 특히 분명히 알아야 할 점은 하나님이 자기 백성을 붙드시되 즉 그들의 믿음과 순종을 보전하시되, 말씀 사역을 통해 그리하신다는 사실이다. 하나님의 백성을 향한 말씀 전파는 그분이 말씀을 구사하여 자기 백성을 구원하시는 한 방편이다.

구원받은 사람을
구원한다?

—

이상하게 들리겠지만 그런 의미에서 설교자의 본분은 구원받은 사람을
구원하는 일이다. 이는 과장이나 허언이 아니라 사실 그대로다. 하나님은
자신이 기뻐하시는 어떤 방식으로도 자기 백성을 구원하실 수 있다. 실제
로 그분의 구원 방식은 처음에 그들을 그리스도께로 회심시키시고(행 18:27;
엡 2:5, 8) 그다음에 "그[분] 앞에 즐거운 것을 …… 우리 가운데서 이루시는
것"인데(히 13:21), 이 두 가지를 다 하나님의 말씀을 통해 하신다. 회심은 말
씀을 통해 이루어진다. "믿음은 들음에서 나며 들음은 그리스도의 말씀으
로 말미암았느니라"(롬 10:17). 믿음과 순종도 하나님의 말씀을 통해 지속된
다. "너희가 …… 하나님의 말씀을 …… 받음이니 …… 이 말씀이 또한 너
희 믿는 자 가운데에서 역사하느니라"(살전 2:13).

그러므로 우리는 하나님의 불가항력의 말씀이 바울의 표현대로 택함받
은 자들을 구원하시는 방편임에 놀라서는 안 된다. "하나님의 말씀은 매이
지 아니하니라 그러므로 내가 택함받은 자들을 위하여 모든 것을 참음은
그들도 그리스도 예수 안에 있는 구원을 영원한 영광과 함께 받게 하려 함
이라"(딤후 2:9-10). 바로 이것이 설교자가 매주 하는 일이다. 설교자는 "택함
받은 자들을 위하여" 거부할 수 없는 하나님의 말씀을 선포하여 "그들도 구
원을 받게" 한다. 여기서 구원은 첫 회심만이 아니라 세상 끝 날의 최종 구
원이다.

성화를 돕는 설교

설교는 어떻게 이미 구원받은 그들을 도와 최종 구원에 이르게 하는가? "이것이 없이는 아무도 주를 보지 못하리라"고 한 거룩함(히 12:14)의 기적을 경험하기 위해 청중이 매주 들어야 할 내용은 무엇인가? 설교자가 어떻게 설교하면 구원의 믿음을 지키면서 성화를 촉진할 수 있을까?

청중은 성화를 통해 구원받는다. 데살로니가후서 2장 13절에서 알 수 있듯이 그들은 "성령의 거룩하게 하심[성화]과 진리를 믿음으로 구원을 받는 다." 설교자의 사명은 하나님의 도구가 되어 '성령의 역사인 성화'와 '인내하는 믿음'으로 청중을 구원하는 것이다. 그렇다면 성화와 믿음은 설교를 통해 어떻게 강화되고 지속되는가?

성화의 본질, 사랑

우선 성화의 본질이 그리스도를 높이는 참되고 희생적인 사랑(하나님과 타인을 향한 사랑)임을 분명히 해 두자. 성화나 거룩함을 개인의 경건한 행위로, 또는 나쁜 행실을 끊는 것으로 국한하지 말라. 그것도 맞지만 본질은 아니다. 성화의 본질은 낡은 이기심의 위력에서 벗어나 사랑으로 남을 섬기는 것이다.

거룩함과 사랑의 연관성은 데살로니가전서 3장 12-13절에 나와 있다. "또 주께서 우리가 너희를 사랑함과 같이 너희도 피차간과 모든 사람에 대한 사랑이 더욱 많아 넘치게 하사 [그 결과로] 너희 마음을 굳건하게 하시고 …… 거룩함에 흠이 없게 하시기를 원하노라." 그리스도인의 거룩함의 핵심은 자기를 높이던 구습과 이전에 속박되었던 더러운 쾌락으로부터 근본적으로 구별되어 자유로이 "다른 사람들의 일을 돌보는" 것이다(빌 2:4). 즉 능력을 입어 막힘없이 사랑해야 한다.

거룩함과 칭의

—

이번에는 오직 믿음으로 말미암는 칭의를 우리가 동일하게 인식하는지 확인하자. 설교자의 삶과 설교에서, 이신칭의의 실체 및 칭의와 성화의 성경적 관계를 명확히 아는 것보다 더 중요한 일은 없다. 모든 회중은 이신칭의를 명확히 알아야 하며, 이는 칭의가 거룩한 신앙생활과 어떤 관계인지도 포함한다. 이런 문제를 회중에게 늘 분명히 밝히는 게 설교자의 주요 목표 중 하나다.

최종 구원에 이르려면 반드시 거룩해야 한다고 앞서 말했지만, 그렇다고 칭의의 근거가 믿음 더하기 행위라는 암시는 전혀 없다. 우리는 행위를 떠나 오직 믿음으로써, 오직 그리스도에 의지하여 의롭다 하심을 받는다. "한 사람이 순종하심으로 많은 사람이 의인이 되리라"(롬 5:19). "사람이 의롭다 하심을 얻는 것은 율법의 행위에 있지 않고 믿음으로 되는 줄 우리가 인정하노라"(3:28). 칭의는 "행위에 있는 것"이 아니라 행위를 낳기 위한 것이다. 바울이 에베소서 2장 8-10절에 밝힌 대로다.

너희는 그 은혜에 의하여 믿음으로 말미암아 구원을 받았으니 이것은 너희에게서 난 것이 아니요 하나님의 선물이라 행위에서 난 것이 아니니 이는 누구든지 자랑하지 못하게 함이라 우리는 그가 만드신 바라 그리스도 예수 안에서 선한 일을 위하여 지으심을 받은 자니 이 일은 하나님이 전에 예비하사 우리로 그 가운데서 행하게 하려 하심이니라.

바울은 "행위"가 (칭의를 포함한) 구원의 첫 경험과 어떤 관계인지 아주 잘 밝혔다. 구원은 "행위에서 난 것"이 아니라 "선한 일을 위하여" 이루어졌다. 칭의는 선행에 의존하는 게 아니라 선행을 낳는다.

앞서 보았듯이 이 새로운 피조물의 행위가 최종 구원에 꼭 필요한 까닭은 "행함이 없는 믿음은 죽은 것"(약 2:26)이기 때문이다. 그러나 행위가 칭의의 근거는 아니다. 근거는 그리스도(롬 5:9, 18-19; 고후 5:21) 곧 그분의 피와 의다. 이 근거를 우리에게 적용하는 도구나 방편으로 선행을 사용하지도 않는다. 방편은 오직 믿음이다. "사람이 의롭게 되는 것은 율법의 행위로 말미암음이 아니요 오직 예수 그리스도를 믿음으로 말미암는 줄 알므로 우리도 그리스도 예수를 믿나니 이는 우리가 율법의 행위로써가 아니고 그리스도를 믿음으로써 의롭다 함을 얻으려 함이라 율법의 행위로써는 의롭다 함을 얻을 육체가 없느니라"(갈 2:16).

그러나 "선행"은 칭의의 근거나 도구는 아니지만 칭의의 믿음에 꼭 필요한 열매다. 모든 좋은 나무는 좋은 열매를 맺는다(마 7:17). 칭의와 성화가 늘 짝을 이룬다는 뜻이다. 웨스트민스터 신앙고백서 11장을 보자.

이와 같이 그리스도와 그의 의를 받아들이며 의지하는 믿음은 칭의의 유일한 방편이다. 칭의를 받는 사람에게는 믿음뿐 아니라 모든 다른 구원의 은혜가 수반되는데, 이 믿음은 죽은 믿음이 아니라 사랑으로 역사하는 믿음이다.

이렇듯 이 신앙고백서의 기자들은 구원의 믿음이 "사랑으로 역사"한다고 믿었다. 즉 믿음이란 그 속성상 변화된 사랑의 삶을 낳게 마련이다. 그것이 갈라디아서 5장 6절의 가르침이다. "그리스도 예수 안에서는 할례나 무할례나 효력이 없으되 사랑으로써 역사하는 믿음뿐이니라." 나는 야고보서 2장 22절("네가 보거니와 믿음이 그[아브라함]의 행함과 함께 일하고 행함으로 믿음이 온전하게 되었느니라")도 그렇게 이해한다. 즉 선행을 낳음으로써 믿음의 목표를 이룰 수 있다. 그렇지 않으면 죽은 믿음이라서 우리를 그리스도와 연합시키지 못하며, 따라서 구원하지 못한다.

구원의 믿음이 사랑을 낳는다

바울은 자신이 하는 설교의 목표가 "순종"이라고 말할 때 "믿음의 순종"(ESV)이라는 표현을 썼는데, 이는 믿음에서 난 순종을 뜻한다(롬 15:18; 16:26). 그는 또 "사랑의 수고"를 믿음과 연관시키면서 "믿음의 역사"(살전 1:3; 살후 1:11)라는 표현을 썼는데, 이는 바울이 설교로 이루어 내려 한 행위가 곧 믿음의 마음에서 나오는 사랑의 행위라는 뜻이다. 디모데전서 1장 5절에 "이 교훈[설교]의 목적은 ····· 거짓이 없는 믿음에서 나오는 사랑"이라고 그가 밝혀 놓았다. 따라서 웨스트민스터 교리문답에 이르기를 구원의 믿음에 사랑의 선행이 "수반된다"고 한 이유는, 사도 바울이 그렇게 말했기 때문이다. 사랑을 낳는 일은 구원의 믿음의 속성이다. 그래서 "사랑으로써 역사하는 믿음"(갈 5:6)이다.

"믿음은 왜 사랑을 낳는가? 즉 믿음의 어떤 면이 필연적으로 사랑의 행위를 낳는가?" 거룩함이 없이는 청중이 천국에 이르지 못하기에 우리는 사랑과 거룩함을 추구하는 설교를 해야 하는데, 이 질문의 답이 그 설교의 방식에 지대한 영향을 미친다. 내 책 《장래의 은혜》(*Future Grace: The Purifying Power of the Promises of God*, 좋은씨앗 역간)는 이 물음에 답하려고 쓴 책이다. 내가 성경에서 찾은 답은 다음과 같다.

믿음이 사랑을 낳는 이유는, 구원의 믿음이 본질상 예수 안에서 우리를 위한 하나님의 전부로 만족한다는 뜻인데 이렇게 하나님으로 지극히 만족하면 죄의 뿌리가 잘려 나가면서 그분으로 인한 우리의 기쁨 속에 다른 사람들까지 받아들여 그 만족을 퍼뜨리고 싶어지기 때문이다. 우리 삶에 희생이 따를지라도 말이다. 남을 포용하여 기쁨을 퍼뜨리려는 이 동력을 사랑이라 한다.

다시 말해, 믿음이란 그리스도를 그냥 구주와 주님이 아니라 보배로운 구주와 보배로운 주님으로(마 13:44; 빌 3:8) 영접한다는(요 1:12) 뜻이다. 더 간단히 말하자면 믿음이란 그리스도 안에서 우리를 위한 하나님의 전부를 최고의 보화로 받아들인다는 뜻이다. 그분을 즐거이 받아들이고 우리 영혼의 가장 깊은 만족으로 영접한다는 뜻이다. 영혼이 이렇게 만족하면 죄가 주는 기만적 즐거움은 더 우월한 즐거움의 위력 앞에 산산히 흩어져 버린다.

이 기쁨이 사랑의 열쇠다.

이것이 설교에 미치는 함의는, 설교자가 모든 성경 본문을 통해 하나님이 그리스도 안에서 영원히 우리의 최고의 만족이심을 늘 힘써 제시해야 한다는 것이다. 이것이 설교자의 강해의 목표이자 희열의 근거다.

하나님을 기뻐하는 마음이
사랑을 낳는다

—

하나님으로 만족하는 마음이 최종 구원에 꼭 필요한 사랑을 낳는데, 실제로 어떻게 그런지를 예시하는 것이 다음 장의 목표다. 청중의 기쁨(하나님을 기뻐하는 마음)을 위해 설교하기로 다짐하는 설교자에게 이런 사례가 힘과 격려가 되기를 바란다. 그분을 기뻐하면 거기서 사랑이 싹트고 이로써 믿음과 택하심이 더 굳건해진다. 이런 예시에 힘입어 우리도 온전한 만족을 주시는 하나님의 위대하심과 은혜를 설교할 수 있기를 기도한다.

18

기쁨과 사랑과 영생을 추구하게
설교하라

'믿음의 순종' 설교의 실제

앞 장과 이번 장의 주요 요지는, 모든 설교 속에 최종 구원으로 인도하는 생활 방식에 대한 설명을 한결같이 짜 넣어, 청중을 멸망으로 인도하는 생활 방식에서 보호하려 늘 힘써야 한다는 것이다. 구체적으로 밝혔듯이 거룩함이 없이는 그들이 주님을 볼 수 없다(히 12:14). 바울은 이것을 "믿음의 순종"(롬 1:5, ESV)이라 했다. 청중들은 이런 순종이 반드시 필요하며 나아가 지속적으로 순종해야 함을 깨달아야 한다. 아울러 순종이 오직 믿음으로 말미암는 칭의와는 무슨 관계며, 인내하는 믿음이 성령의 능력에 힘입어 어떻게 희생적 사랑의 삶을 낳는지도 알아야 한다.

앞서 논증했듯이 믿음이 사랑을 낳는(갈 5:6; 딤전 1:5) 이유는 구원의 믿음이 본질상 예수 안에서 우리를 위한 하나님의 전부로 만족하는 영혼을 뜻하기 때문이다. 이렇게 하나님으로 지극히 만족하면 죄의 기만적 매혹이 권좌에서 밀려난다. 그뿐 아니라 하나님으로 만족하는 사람은 남들까지 그 안에 받아들여 이 만족을 퍼뜨리고 싶어진다. 이를 가리켜 사랑이라 한다.

그런 사랑이 최종 구원에 반드시 필요하다는 것을 알기에(요일 3:14) 설교자는 모든 설교를 통해 하나님이 그리스도 안에서 청중들의 영혼에 최고의 만족이심을 부지런히 제시한다. 즉 믿음을 깨우고 지속시키려 힘쓴다. 이를 구체적으로 보여 주는 것이 이번 장의 목표다. 우리의 성화에 하나님을 즐거워함이 왜 반드시 필요하며, 왜 그런 즐거움을 설교의 목표로 삼아야 하는지를 역사와 성경을 통해 살펴볼 것이다.

은혜 앞에
무너진 마음

우선 내가 접했던 데이비드 브레이너드(David Brainerd)의 설교로 시작한다. 1740년대에 미국 원주민에게 설교했던 그는 진정한 통회와 회개를 낳

는 설교에 대해 내게 놀라운 깨달음을 주었다. 이것이 우리의 질문과도 관계가 있음은 통회가 모든 진정한 순종과 거룩함과 사랑의 출발점이기 때문이다. 그래서 통회가 싹트는 이치는 사랑이 싹트는 이치에도 큰 의미를 갖는다.

브레이너드는 식민지 시대 미국의 선교사였다. 조나단 에드워즈가 엮은 《데이비드 브레이너드 생애와 일기》(*The diary and journal of David Brainerd*)는 선교 고전이 되었다. 그 책을 군데군데 읽다가 나는 브레이너드의 설교가 미국 원주민에게 미친 영향에 무척 놀랐다. 1745년 8월 9일에 그는 뉴저지 크로스윅성에서 설교한 소회를 일기로 남겼다.

> 공적으로 말씀을 전하고 있을 때 많은 사람들이 눈물을 흘렸다. 그러나 깊은 울부짖음은 아니었다. 그런데 강력하게 선포된 몇 마디 말씀을 통해 몇몇 사람이 깊은 감동을 받았다. **두려운 말은 한마디도 하지 않았는데 그들의 영혼이 깊은 고뇌로 울부짖고 있었다. 단지 풍성하게 모든 것을 충족시키시는 그리스도의 공로를 제시했을 뿐이었다.** 그리고 그리스도께 나오는 모든 사람을 그분이 능히 구원하신다는 것과, 지체치 말고 그분께 나오라고 적극적으로 선포했을 뿐이다.[1]

그로부터 며칠 전인 8월 6일자에도 "두려운 말은 한마디도 하지 않았는데 그들의 마음이 부드럽게 녹아내리며 복음의 초청에 깊이 마음이 찔리는 것을 볼 수 있었다. 실로 놀라운 장면이었다"라는 기록이 있다.[2]

11월 30일에는 그가 누가복음 16장 19-26절로 부자와 나사로 이야기를 설교했다.

> 특별히 "아브라함의 품에 있는 나사로"(눅 16:22)의 축복을 말할 때 회중 가
> 운데 많은 사람들에게 그 말씀이 강력한 인상을 남겼다. 부자의 비참함과
> 고통보다 나사로가 받은 축복이 그들에게 깊은 감동을 주었다. 원주민들
> 의 경우는 그런 모습이 일반적이었다. 그들은 하나님의 말씀에서 두려운
> 진리보다는 넘치는 위로로 더 깊은 은혜를 받았다. 많은 사람들이 죄를 깨
> 닫고 고통스러워한 것은, 자신이 **경건한 자의 행복을** 누리지도, 얻을 수도
> 없다는 것을 깨달았을 때였다.[3]

이는 참된 통회의 영적 원인에 대한 놀라운 통찰이다. 통회는 모든 합
당한 순종의 출발점이다. 그 영적 원인이 무엇인지 분석하기 전에 미국 원
주민을 상대로 한 브레이너드의 경험과 비슷한 예를 성경에서 하나 살펴
보자.

누가복음 5장 1-10절에 전개되는 역동도 똑같아 보인다. 예수께서 게네
사렛 호숫가에 정박한 어느 배에 올라 뭍에서 좀 떨어져 무리를 가르치신
후에 어부들에게 깊은 데로 가서 그물을 내려 고기를 잡으라 말씀하셨다.
그러자 시몬이 토를 달았다. "선생님 우리들이 밤이 새도록 수고하였으되
잡은 것이 없지마는 말씀에 의지하여 내가 그물을 내리리이다"(5절). 그런
데 그물에 물고기가 어찌나 많이 걸렸던지 그물이 찢어지기 시작했다. 배
두 척이 만선을 이루어 가라앉기 직전이었다.

이때 베드로가 놀라운 반응을 보인다. 자존감을 중시하는 우리 현대인

의 반응과는 사뭇 다르다. 8-9절을 보라.

시몬 베드로가 이를 보고 예수의 무릎 아래에 엎드려 이르되 주여 나를 떠나소서 나는 죄인이로소이다 하니 이는 자기 및 자기와 함께 있는 모든 사람이 고기 잡힌 것으로 말미암아 놀라고.

여기서 놀라운 것은 베드로의 마음을 무너뜨려 통회와 회개에 이르게 한 것이 심판의 말씀이 아니라 은혜의 기적이었다는 점이다. 브레이너드의 설교를 들은 크로스윅성의 원주민들과 똑같다.

간절히 원해야
울 수 있다

죄에 대한 진정한 통회는 자신에게 거룩함이 없다는 슬픔이다. 그런데 여기서 조심할 것이 있다. 죄로 인한 슬픔이라 해서 다 경건한 슬픔은 아니다. 거룩함이 없다고 울되 하나님을 사랑하고 원해서가 아니라 거룩하지 못한 데 따른 형벌이 두려워서일 수도 있다. 많은 범죄자가 형을 선고받을 때 울겠지만, 이는 의를 새삼 사랑해서가 아니라 불의를 더 행할 자유를 빼앗겼기 때문이다. 이런 눈물은 참된 회개가 아니며 성령께서 주시는 순종과 사랑으로 이어지지도 않는다.

거룩하지 못함을 슬퍼하는 이유가 그에 따를 결과에 대한 두려움 때문이어서는 안 된다. 오직 거룩함을 사모하는 마음에서 그리해야 한다. 더 정확히 말해서 거룩하지 못함을 통회하는 슬픔은 하나님을 최고의 보화로 누리지 못하고 그 기쁨의 동력으로 살지 못한 데 대한 참회다. 잘못하고 나서 벌 받을 게 두려워 운다면 이는 악을 미워하는 증표가 아닌 고통이 싫다는 증표에 불과하다. 참된 눈물과 통회는 하나님을 기뻐하지 않은 삶 때문에 심령이 상한 결과여야 한다. 고통을 맞닥뜨릴까 두려워서 참회해서는 안 된다. 진정한 통회라면 그동안 하나님을 너무 따분하고 시시하게 여긴 것에 심령이 상할 수밖에 없다.

이제 거기에 함축된 의미를 생각해 보라. 무언가가 없다고 울려면 그것을 정말 원해야 한다. 간절히 원할수록 그것이 없는 게 더 애가 탄다. 그래서 참으로 통회하고 회개하려면 먼저 하나님과 사랑에 빠져야 한다. 그분의 영광의 맛에 깨어나야 한다. 거룩함이 없다고 진정으로 울려면 거룩함을 사모해야 한다. 그것을 소유하지 못했다고 정말 울려면 거기에 마음이 끌려야 한다.

처음에는 이것이 이상해 보일 것이다. 먼저 하나님과 그분의 거룩한 속성이 우리의 기쁨이 되어야 비로소 그것이 없다고 울 수 있다. 먼저 사랑에 빠져야 소원한 관계가 참으로 아프게 느껴진다. 먼저 최고의 보화이신 하나님을 향해 눈을 떠야 그분을 쓸모없다고 무시해 온 세월을 돌이켜보며 심령이 상한다.

진정한 회개와 사랑을 낳는
설교

비신자든 타락한 그리스도인이든 이런 진정한 회개를 하려면 어떤 설교가 필요할까? 브레이너드가 발견했듯이 하나님의 그윽한 매력에 대한 메시지가 경고의 메시지보다 더 심령을 상하게 했다. 경고는 우리를 자극하여 거룩함과 천국의 영광을 진지하게 대하게 하는 효과가 있다. 덕분에 우리는 혹시 영광의 실체를 보고 그 영광을 즐거워하게 될 수도 있다. 그러나 우리가 결핍 가운데 있을 때 참된 비탄을 자아내는 요인은 바로 영광을 즐거워하는 마음이다. 원하지도 않으면서 그것이 자신에게 없다고 울 사람은 없다.

베드로는 만선의 기적을 경험하면서 예수께서 얼마나 귀중하고 경이롭고 아름다운 분인지를 조금이나마 보았다. 그분의 모습이 어찌나 놀랍던지 그는 이런 보화와 완전히 어긋나 있는 자신의 삶 앞에 망연자실했다. 당신의 경험도 그렇지 않은가? 나는 그렇다. 그분을 신뢰하는 이들을 위해 예수 안에 이처럼 능력과 선하심이 넘쳐날진대, 내가 참으로 믿는다면 삶이 얼마나 달라지겠는가. 내 순종은 얼마나 철저해지겠는가! 그런 그리스도를 위한 삶은 얼마나 거침없이 자유롭겠는가! 시시한 불만과 잠시 누리는 죄악의 낙에서 벗어나 얼마나 해방을 만끽하겠는가!

브레이너드의 설교에서 보았듯이 참된 통회가, 또한 그 뿌리에서 자라는 모든 거룩함과 사랑이 생겨나려면 예수 안에서 우리를 위한 하나님의 전부로 만족하도록 깨어나야 한다. 하나님이 우리의 보화가 아닌 한 우리가 그분으로 만족하지 못한다고 슬퍼할 일은 없다. 여전히 이 세상의 기만적 쾌락에 예속되어 있다는 뜻이다.

하나님 영광을
기뻐하는 마음 깨우기
—

그래서 복음의 참된 통회를 낳으려면 설교할 때 하나님과 그분의 거룩하심에 마음이 끌리도록 끊임없이 그분의 매력을 알려야 한다. 그러면 성령의 역사로 청중이 이를 한없이 즐거워하여, 거기에 못 미치는 자신을 심히 슬퍼하게 된다. 거기부터가 모든 참된 거룩함과 사랑의 출발점이다. 하나님의 영광에 이르지 못함을 참으로 슬퍼하게 하려거든 설교로 그 영광을 기뻐하는 마음을 깨워야 한다.

그러나 우리의 관심은 통회에서 끝나지 않는다. 우리는 그 봉오리가 거룩함과 사랑의 꽃으로 피어나기를 원한다. 설교자가 발견하는 사실이 있다. 하나님의 영광을 맛보면 그분으로 만족하지 못했던 잘못을 슬퍼할 뿐 아니라 그 동일한 맛이 자라나(또는 폭발하여) 우리가 하나님으로 깊이 만족하면서, 거기서 거룩함과 사랑의 삶까지 흘러나온다.

시편에서 길어 올리는
기쁨의 언어
—

거룩함과 사랑은 하나님께 깊이 만족한 영혼에서 흘러나오는 만큼, 일단 성경에서 그 사실을 본 설교자는 이제부터 모든 설교에서 하나님을 우리의 최고의 만족으로 제시해야 함을 안다. 심지어 죄의 해악과 무서운 심판을 주제로 설교할 때도 그리스도 안에서 우리를 위한 하나님의 전부를 최고의 만족으로 제시해야 한다. 설교자는 시편의 우물 속으로 두레박을 내려 영혼의 만족을 노래한 언어를 길어 올린다. 그것이 청중에게 낯설지 몰라도 그의 모든 설교에 서서히 배어든다.

하나님이여 주는 나의 하나님이시라 내가 간절히 주를 찾되 물이 없어 마르고 황폐한 땅에서 내 영혼이 주를 갈망하며 내 육체가 주를 앙모하나이다 …… 골수와 기름진 것을 먹음과 같이 나의 영혼이 만족할 것이라 나의 입이 기쁜 입술로 주를 찬송하되(63:1-5).

그들이 주의 집에 있는 살진 것으로 풍족할 것이라 주께서 주의 복락의 강물을 마시게 하시리이다(36:8).

나는 의로운 중에 주의 얼굴을 뵈오리니 깰 때에 주의 형상으로 만족하리이다(17:15).

아침에 주의 인자하심이 우리를 만족하게 하사 우리를 일생 동안 즐겁고 기쁘게 하소서(90:14).

그가 사모하는 영혼에게 만족을 주시며 주린 영혼에게 좋은 것으로 채워 주심이로다(107:9).

설교자는 이 샘에서 하나님의 복락의 강물을 마신다. 그러면 마침내 하나님의 말씀을 이야기하는 그의 강해는, 온전한 만족을 주시는 하나님의 영광을 흠모하는 희열로 가득 찬다. 이런 영광은 정말 모든 성경 본문 속에 있다. 설교자는 자신이 늘 하나님의 말씀을 상대한다는 사실을 깨닫는다. 하나님의 입에 있는 말은 평범하거나 지루하거나 시시할 수 없다. 단조롭거나 따분하거나 무미건조할 수 없다. 우주의 창조주의 입에서 나왔다는 사실 자체로 이미 경이롭다. 청중의 영혼은 빵으로만 살지 않고 하나님의 이 경이롭고 영혼을 깨워 충족시켜 주는 말씀으로 산다. 강해로 말씀의 불씨를 뒤적이면 또한 희열로 불타오를 수밖에 없다.

거룩한 사랑, 하나님을 기뻐하는 마음에서 흘러나온다

성령의 능력으로 그리스도를 높이고 하나님을 영화롭게 하는 순종과 거룩함과 사랑은, 다 이렇게 하나님께 흠뻑 취한 영혼의 만족함에서 흘러

나온다. 이 사실이 설교를 변화시킨다. 그래서 여기서 몇 걸음만 더 나아가려 한다. 이 책을 읽는 모든 설교자가 반드시 이 놀라운 진리를 보도록 말이다. 하나님으로 만족하면 어떻게 죄에서 해방되어 사랑이 넓어지는지 다음 세 가지 예에서 엿볼 수 있다. 이는 충실한 설교자라면 누구나 청중에게서 간절히 보기 원하는 모습이요, 설교를 통해 이루려는 바이다.

첫째 예
(고린도후서 8장 1-2절)

—

우선 마게도냐의 그리스도인들을 생각해 보라. 바울은 그들을 사랑의 본이 되는 모범으로 고린도 교회에 내세웠다.

> 1 형제들아 하나님께서 마게도냐 교회들에게 주신 은혜를 우리가 너희에게 알리노니 2 환난의 많은 시련 가운데서 그들의 넘치는 기쁨과 극심한 가난이 그들의 풍성한 연보를 넘치도록 하게 하였느니라(고후 8:1-2).

바울은 마게도냐 교인들의 이 풍성한 베풂을 진정한 사랑의 행위로 보았다. 8절에 나오는 그의 설명을 보면 알 수 있다. "내가 …… 오직 다른 이들의 간절함을 가지고 너희의 사랑의 진실함을 증명하고자 함이로라." 그렇다면 이 본문에서 말하는 사랑이란 무엇이며, 마게도냐 교인들의 삶에 어떻게 생겨났는가?

먼저 하나님의 은혜가 나타났다(1절). 마게도냐 교인들은 하나님의 은혜로 회심하여 기쁨이 넘쳤다. 바울이 사랑이라 말한 풍성한 베풂의 출처는 바로 그 기쁨이었다. "그들의 넘치는 기쁨[이] …… 풍성한 연보를 넘치도록 하게 하였느니라"(2절). 기쁨이 퍼져 나가 남들까지 받아들인 결과가 그런 풍성한 베풂으로 나타났다고 할 수 있다.

그런데 그들은 무엇을 기뻐했던가? "극심한 가난" 중에 베풀었다는 말로 보아 큰 재물은 아니었다. "환난의 많은 시련" 가운데서 나온 행위였다는 말로 보아 안락도 아니었다. 정말 놀라운 일이다. 그들은 하나님의 은혜로 어찌나 만족했던지 가난하고 환난 가운데 있으면서도 주체할 수 없이 기쁨이 퍼져 나갔다. 기쁨이 넘쳐흘러 후히 베풀었다. 바울은 이를 사랑이라 칭하면서 그다음 장에 하나님이 이런 식의 사랑을 좋아하신다고 썼다. "하나님은 즐겨 내는 자를 사랑하시느니라"(9:7).

설교에 미치는 영향

이런 희생적 사랑이 곧 그것 없이는 주를 보지 못한다고 했던 거룩함이다(히 12:14). 이 사랑이 없으면 우리는 사망에 머문다(요일 3:14). 이것이 생명으로 인도하는 좁은 문과 협착한 길이고(마 7:14), 그리스도의 십자가(이 책의 15-16장)에서 하나님의 영광(13-14장)으로 이어지는 길이다. 이것이 우리가 설교하는 실체다. 우리가 보여 주려는 바는 하나님의 은혜와 영광이 심령을 어찌나 충족시켜 주는지 우리의 기쁨이 넘쳐흘러 다른 누군가의 필요를 채워 준다는 것이다. 그래서 우리는 어떤 본문을 통해서든 하나님이 온전한 만족이심을 보이고자 설교하고 기도한다.

둘째 예

(히브리서 10장 32-35절)

히브리서 수신자들은 그리스도인으로 회심한 후에 심한 박해를 당했다. 일부는 감옥에 갇혔고, 나머지는 보복을 감수하고라도 그 죄수들과 한 편임을 공개해야 할지 말아야 할지의 위기에 봉착했다. 그런데 그들은 위험을 감수하고 비범한 사랑으로 "이런 형편에 있는 자들과 사귀는 자"(히 10:33)가 되었다. 어떻게 그랬을까? 이 사랑은 어디서 왔을까? 여기 그 답이 있다.

> 전날에 너희가 빛을 받은 후에 고난의 큰 싸움을 견디어 낸 것을 생각하라 혹은 비방과 환난으로써 사람에게 구경거리가 되고 혹은 이런 형편에 있는 자들과 사귀는 자가 되었으니 너희가 갇힌 자를 동정하고 너희 소유를 빼앗기는 것도 기쁘게 당한 것은 더 낫고 영구한 소유가 있는 줄 앎이라 그러므로 너희 담대함을 버리지 말라 이것이 큰 상을 얻게 하느니라(히 10:32-35).

그들은 사랑의 대가를 기쁘게 감수했다. 역시 정말 놀라운 일이다. 읽을 때마다 나는 책망과 감화를 받는다. 고린도후서 8장 본문과 이번 본문에 그려진 사랑을 합하면 십자가에서 면류관으로(그리스도의 십자가라는 기초에서 하나님의 영광이라는 완성으로) 이어지는 생명의 길이 합성된다. 이것이 앞 장과 이번 장의 주제인 셋째 질문의 답이다. 멸망이 아닌 최종 구원으로 인도하는 생활 방식은 무엇인가? 고난 중에도 기쁨으로 지속되는 이 경이로운 초자연적 사랑이 내가 30년 동안 설교하려 한 실체다. 이토록 만족스러운 하나님을 보여 주면 기쁨이 모든 이기심을 이기고 가장 진정한 사랑을 쏟아 낸다.

히브리 그리스도인들을 해방시켜 그리스도인 죄수들을 위해 재산과 목숨까지 내걸게 한 이 기쁨은 어디서 왔을까? 기자의 말대로 그들이 재산 몰수까지 기쁘게 당한 것은 '더 낫고 영구한 소유가 있는 줄 알기 때문'(34절)이었다. 이 최고로 더 낫고 영구한 "소유"의 정수는 하나님 자신이다.

물론 내세에 우리는 부활의 몸을 받아 육체와 정신과 영혼의 즐거움이 완전한 경지에 이를 것이다. 그러나 그때 우상 숭배자가 되지 않으려면 즐거움의 정수가 하나님이어야 한다. "주의 앞에는 충만한 기쁨[더 나은 소유]이 있고 주의 오른쪽에는 영원한 즐거움[영구한 소유]이 있나이다"(시 16:11). "그런즉 내가 하나님의 제단에 나아가 나의 큰 기쁨의 하나님께 이르리이다"(43:4). 히브리어를 직역하면 "내 모든 기쁨 중의 기쁨이신 하나님께"가 된다. 히브리서 본문의 경이로운 사랑의 행위는 바로 거기서 분출되었다.

설교에 미치는 영향

청중이 우리의 강해의 희열을 통해 매주 하나님의 말씀 속에서 보아야 할 것이 바로 그것이다. 이것이 우리의 소명이다. 본문의 어구에 치열하게 주목하여 온전한 만족이신 하나님의 실체 속으로 그 본문을 뚫고 들어가야 한다. 모든 설교자는 이렇게 자문해야 한다. "나의 청중은 하나님으로 온전히 만족하여 환난 중에도 넘치는 기쁨으로 가난한 이에게 후히 베푸는가? 나의 청중은 하나님으로 온전히 만족하여 재산을 빼앗기는 위험조차 기쁘게 감수하는가? 나의 설교와 삶은 어떻게 그들을 도와 성경에서 하나님을 보고 맛보는 기적을 경험하게 하는가?"

셋째 예
(히브리서 11장)

—

셋째 예에서 분명히 보듯이 하나님으로 만족한 영혼에서 흘러나오는 순종은 믿음의 순종이다. 히브리서 11장은 이렇게 시작된다. "믿음은 바라는 것들의 실상이요 보이지 않는 것들의 증거니"(1절). "실상"(휘포스타시스, hupostasis)으로 번역한 단어는 히브리서에 두 번 더 쓰였다. 하나는 1장 3절의 "[그리스도는 하나님의 영광의 광채시요 그 본체[휘포스타세오스 아우투, hupostaseōs autou]의 형상이시라"이고, 또 하나는 3장 14절의 "우리가 시작할 때에 확신한 것[휘포스타세오스]을 끝까지 견고히 잡고 있으면 그리스도와 함께 참여한 자가 되리라"이다. 이렇듯 이 헬라어 단어는 1장에서처럼 "본체, 실상, 본질"을 뜻할 수도 있고, 3장에서처럼 "확신"을 뜻할 수도 있다.

"믿음으로" 행한 사람들의 열전인 히브리서 11장 전체에 근거해 볼 때 나는 11장 1절에 그 두 가지 의미가 다 있다고 본다. "믿음은 바라는 것들의 휘포스타시스요." "확신" 쪽의 의미는 비교적 쉬워 보인다. "믿음은 바라는 것들에 대한 확신이요." 믿음이 있으면 하나님의 약속에 대해 확신이 든다. 그에 비해 다른 의미는 이해하기가 쉽지 않다. 믿음은 바라는 것들의 "실상, 본체, 본질"이다. 어떤 의미에서 그런가?

믿음은 어떻게
순종을 낳는가
—

우리가 바라는 바의 정수는 종말에 하나님을 만날 때 그분을 기뻐하는 완전한 경험이다. 그러면 믿음이 그것의 실상 내지 본질이라는 말은 무슨 뜻인가? 믿음은 미래에 올 기쁨을 지금 맛본다. 믿음이 있어 지금부터 하나님으로 그렇게 만족한다. 하나님을 보고 맛보는 미래를 지금 어느 정도 경험 가능하다. 그리스도 안에서 하나님의 아름다움을 미리 보고 맛보는 이 경험을 믿음이라 한다. 미래에 비하면 맛보기일 뿐이다. 지금 믿음으로 보는 하나님의 영광은 "거울로 보는 것같이 희미"할 뿐이다(고전 13:12. 고후 5:7 참조). 그래서 장차 하나님과 함께할 기쁨의 실상과 본질을 현재 경험할 때는 그 경험이 공격받기도 하고 정도도 다르다.

믿음은 약하거나 강하거나 성장할 수 있다(눅 17:5; 행 16:5; 살전 3:10; 살후 1:3). 하지만 믿음의 본질은 그리스도 안에서 우리에게 온전한 만족을 주시는 하나님의 영광을 맛보는 것이다. 그래서 믿음은 바라는 것들의 "실상" 내지 "본체"에 참여한다.

히브리서 11장의 역사하는 믿음에서 이를 볼 수 있다. 6절에 보면 "믿음이 없이는 하나님을 기쁘시게 하지 못하나니 하나님께 나아가는 자는 반드시 그가 계신 것과 또한 그가 자기를 찾는 자들에게 상 주시는 이[미스타포도테스, misthapodotēs]심을 믿어야 할지니라"고 했다. 하나님이 주시는 가장 큰 상은 우리가 영원히 누릴 그분 자신이라는 선물이다. 믿음의 정수는 이 상의 실상(본체, 본질)을 지금 보고 맛보는 것이다. 완전하지는 않지만 깊게 말이다. 아주 깊어서 거기서 희생적 순종의 비범한 행위가 흘러나온다.

모세 안에 역사한 이 기쁨을 히브리서 11장 24-26절에서 볼 수 있다. 그가 한 일을 가리켜 성경은 "믿음으로" 행한 일이라 일컫는다.

> 믿음으로 모세는 장성하여 바로의 공주의 아들이라 칭함받기를 거절하고 도리어 하나님의 백성과 함께 고난받기를 잠시 죄악의 낙을 누리는 것보다 더 좋아하고 그리스도를 위하여 받는 수모를 애굽의 모든 보화보다 더 큰 재물로 여겼으니 이는 상 주심을 바라봄이라.

자신을 희생하는 사랑의 모습은 앞서 히브리서 10장 32-35절에서 보았던 사랑과 똑같다. 그 신자들은 재산을 빼앗기면서도 옥바라지를 했고, 모세는 바로의 궁전에 편하고 안전하게 숨어 사느니 노예들과 함께 고난받기를 택했다. 더 낫고 영구한 소유가 있는 줄 알고 상 주심을 바라봤기 때문이다(히 10:34; 11:26). 11장에 더해진 통찰이 있다면 이렇게 사람을 해방시켜주는 소망의 기쁨을 "믿음"이라 부른다는 것이다.

그래서 우리는 다시 앞 장 끝에 보았던 바울의 사역과 설교의 목표를 포괄적으로 진술한 부분으로 돌아간다. "그로 말미암아 우리가 은혜와 사도의 직분을 받아 …… 믿음의 순종을 하게 하나니"(롬 1:5, ESV). "이 교훈의 목적은 …… 거짓이 없는 믿음에서 나오는 사랑이거늘"(딤전 1:5). 최종 구원으로 인도하는 생활 방식이 이 두 문구, "믿음의 순종"(ESV), "거짓이 없는 믿음에서 나오는 사랑"에 압축되어 있다. 이 믿음의 순종과 믿음에서 나오는 사랑이 바로 "이것이 없이는 아무도 주를 보지 못하리라"고 한 "거룩함"이다(히 12:14).

그리스도인은 아무 순종이나 아무 사랑을 행해서는 안 된다. 믿음에서 나오는 순종과 사랑만이 하나님께 효력이 있다. "그리스도 예수 안에서는 할례나 무할례나 효력이 없으되 사랑으로써 역사하는 믿음뿐이니라"(갈 5:6). 이 믿음의 정수는 하나님을 기뻐함이다. 그래서 바울의 여러 포괄적 진술에 믿음으로 사랑을 추구한다는 말뿐 아니라 청중의 기쁨(믿음의 기쁨)을 추구한다는 말도 나온다.

내가 살 것과 너희 믿음의 진보와 기쁨을 위하여 너희 무리와 함께 거할 이것을 확실히 아노니(빌 1:25).

우리가 너희 믿음을 주관하려는 것이 아니요 오직 너희 기쁨을 돕는 자가 되려 함이니(고후 1:24).

이것이 생명으로 인도하는 길이다. 그러므로 본문이 무엇이든 모든 설교는 회중을 도와 본문의 실체를 경험하게 하되, 그들이 이를 사망에 이르는 순종이나 사랑이나 거룩함으로 변질시키지 않게 해 주어야 한다. 성경에 엄연히 그런 사례가 나와 있기에 우리는 이런 변질이 가능함을 안다. "의의 법을 따라간 이스라엘은 율법에 이르지 못하였으니 어찌 그러하냐 이는 그들이 믿음을 의지하지 않고"(롬 9:31-32). 하나님의 말씀에 순종하려 애쓰다가 멸망할 수도 있다.

영생을 가르는 선택

그 사실을 설교자가 알아야 한다. "멸망이 아닌 최종 구원으로 인도하는 생활 방식은 무엇인가?"라는 셋째 질문에 두 장을 할애한 까닭도 그래서다. 이번 장에 우리는 멸망이 아닌 생명으로 인도하는 생활 방식을 보았다. 모든 성경 본문은 성령 안의 새로운 삶인 "믿음으로 행함"(고후 5:7; 갈 2:20)과 어떻게든 관계가 있다. 모든 본문은 어떤 식으로든 우리를 "믿음으로 행하도록" 돕는다. 모든 본문은 어떤 식으로든 "믿음의 순종"을 북돋운다. 설교는 성경의 이 목표를 보고 청중을 영생의 길로 이끌어 주거나 아니면 오히려 걸림돌이 되거나 둘 중 하나다.

믿음으로 행한다는 것(믿음으로 순종함, 믿음으로 거룩해짐)은 예수 안에서 우리를 위한 하나님의 전부로 만족할 때의 그 자유와 능력으로 행한다는 뜻이다. 설교는 청중을 하나님으로 만족하도록(다른 무엇보다도 그분을 귀중히 여기도록) 양육하거나 그냥 방치하거나 둘 중 하나다. 그래서 모든 설교는 성도의 구원을 위한 설교다. 하나님으로 만족할 때 흘러나오는 사랑이 최종 구원에 필수이기 때문이다. "사랑하지 아니하는 자는 사망에 머물러 있느니라"(요일 3:14).

뒤를 돌아보는 설교

─

온전한 만족을 주시는 하나님의 영광을 모든 본문에서 이끌어 내는 설교는 앞뒤로 공히 작용한다. 우선 설교가 뒤를 돌아보아 믿음을 굳게 하고 지켜 줄 때 그 믿음이 우리를 그리스도와 연합시킨다. 그분 안에 있어야만 우리는 의로울 수 있다. 하나님은 지금 여기부터 영원까지 백 퍼센트 우리를 위하시는데 이 진리의 기초는 오직 그리스도시다.

우리가 남을 사랑함은 하나님을 우리 편으로 만들기 위해서가 아니다. 우리가 남을 사랑함은 하나님이 그리스도로 말미암아 이미 지금 백 퍼센트 우리 편이시기 때문이다. 이 또한 우리 영혼을 충족시켜 주는 그분의 영광이다. 그래서 온전한 만족을 주시는 하나님의 영광을 설교마다 짜 넣는 설교자는 불가결한 이신칭의 교리를 존중하고 적용한다.

—

또 설교가 앞을 내다보아 믿음을 견고하게 지속시킬 때 그 믿음은 성령의 효과이자 성령을 맞아들인다. 그래서 성령은 이 믿음을 통해 우리 안에 그분의 모든 열매를 맺으신다(갈 3:5; 5:5, 22; 엡 2:8; 빌 1:29). 우리가 앞으로 행할 모든 사랑과 경험할 모든 거룩함은 믿음을 통한 성령의 역사다. 그렇지 않으면 무가치하다. 세상에서 성령의 큰 사명은 하나님의 아들을 영화롭게 하시는 일이다(요 16:14).

그렇게 성령은 우리 안에 아름다운 거룩함을 이루신다. 온전한 만족을 주시는 그리스도의 영광을 능히 보게 하신다(고후 3:18). 그 영광을 볼 때 임하는 기쁨이 우리를 "잠시 죄악의 낙을 누리는" 데서 해방시켜 다른 사람의 필요를 기꺼이 채워 주는 겸손한 종으로 변화시킨다. 하나님의 영광을 기뻐하는 마음은 널리 퍼져 나가는 성질이 있다. 성령께서 주시는 그 기쁨은 스스로 넓어져 남들까지 그 안에 받아들이려 한다. 필요하다면 재산도 목숨도 희생한다.

어떤 실체를 설교할 것인가

—

그러므로 우리가 전하는 설교의 충만한 실체는 온전한 만족을 주시는 하나님의 영광이다. 우리의 목표는 청중의 영생이다. 그런데 영생에 이르는 유일한 길은 그리스도의 십자가 희생에 의지하여 하나님의 영광을 위해 살도록 성령께서 허락하시는 거룩함이다(롬 6:22; 히 12:14). 이 거룩함이 곧 믿음의 순종이고(롬 1:5) 믿음에서 나오는 사랑이다(딤전 1:5). 그것은 예수 안에서 우리를 위한 하나님의 전부로 만족할 때 생겨난다. 요컨대 우리가 설교하는 실체는 생명의 길이며, 그 길로 계속 가려면 온전한 만족을 주시는 하나님의 영광을 보아야 한다.

7 부

신약 시대에 하는
구약 설교

'성경적으로'
설교한다는 것의
참의미

19

모든 구약 본문으로
'하나님의 영광' 설교하기

더욱 선명해지는 본문 해석

———

6부의 논지는 기독교 설교를 직물에 비유할 때 짜임에 다음 세 가지 강조점이 긴밀하게 조화를 이루어야 한다는 것이다. 첫째, 하나님의 영광을 모든 일의 궁극적 목표로 꾸준히 강조해야 한다. 둘째, 모든 성경 본문을 통해 하나님의 백성에게 주어지는 모든 선善의 기초가 십자가에 못 박히신 예수 그리스도이시며, 궁극의 선은 모든 영광 중에 거하시는 그리스도임을 꾸준히 강조한다. 셋째, 의롭다 하심을 받은 하나님의 자녀로서 모든 본문의 실체를 적용하여, 성령으로 말미암아 그것을 거룩함과 사랑의 삶을 위해 믿음으로 활용하는 법을 꾸준히 강조한다. 거룩함이 없이는 아무도 주를 볼 수 없기 때문이다.

이 세 가지 강조점은 서로 맞물려 있다.

○ 하나님의 영광은 그리스도의 죽음과 우리의 거룩함을 통해 빛을 발한다.
○ 하나님을 영화롭게 하고 사람을 사랑하는 심령은 그리스도께서 죽으심으로 가능해진다.
○ 우리의 거룩함은 성령의 역사인데, 그 기초는 십자가에 못 박히신 그리스도이시고 목표는 하나님의 영광이다.

삼위일체 하나님이 맞물린 이런 강조점이 모든 설교에 짜여져야 한다. 어떻게 어느 비율로 짤지를 정하려면 영적 분별력, 적절한 성경 지식, 청중의 마음을 읽는 통찰, 가르침의 은사, 이런 실체에 대해 마음에 넘치는 희열 등이 필요하다. 그것을 기도로 구해야 한다. 모든 성경 본문의 모든 특수하고 상세하고 구체적인 가닥을 취하여 각각의 특별한 경이를 보고 그것을 그리스도께서 이루신 일, 성령의 역사, 하나님의 영광과 함께 엮어 낼 수 있다면 이는 하나님의 영광스러운 선물이다. 그럴 때 청중은 방금 보고 맛본 진리가 바로 이 본문의 독특한 진리임을 알 수 있다.

본문을 약화시키거나
왜곡할 수 있는 위험?

—

7부에서 제기하려는 질문은, "이 세 가지 강조점을 구약 본문의 설교에 접목해도 공정할까?"이다. 구약을 설교하는 피륙 속에 하나님의 영광, 그리스도의 십자가, 성령께 힘입은 믿음의 순종을 짜 넣어 꾸준히 강조한다면 기자들이 전달하려는 실체가 훼손되거나 왜곡될까?

나의 답은 우선 "경우에 따라 다르다"이다. 하지만 "그렇다. 구약 본문을 우리가 훼손할 수 있다"고 간단히 답하지 못하는 이유는 본문이 구약이어서가 아니다. 성경 전체에 적용되는 세 가지 포괄적 강조점을 오용하면 어떤 본문이든 훼손되고 잘못 다루어질 수 있다는 것이 문제다. 그래서 본문 어구 자체에 치열하게 주목해야 함을 5부에 그토록 심혈을 기울여 역설했던 것이다.

안타깝게도 성경 본문에 어떤 신학적 구도를 덧씌워 본문 자체의 풍성한 내용을 약화시키는 설교가 많다. 자세한 함의를 성경 전체의 관점에 비추어 명확히 밝히는 게 아니라 오히려 흐려 놓기 때문이다. 그래서 지혜가 많이 필요하며, 각 본문에 주목하여 잘 분석해야 한다. 그렇지 않으면 신구약 할 것 없이 어떤 본문이든 약화되고 왜곡될 수 있다.

그러나 신약이든 구약이든 꼭 그렇게 왜곡하지 않고도 모든 본문을 하나님의 영광, 그리스도의 십자가, 믿음의 순종과 연관시켜서 볼 수 있다. 그 연관성을 어떻게 보고, 본문을 밝히는 데 어떻게 활용하느냐에 따라 모든 것이 달라진다. 본문을 가로막거나 흐리지 않으면서 밝히는 게 목표다.

본문을 성경의 거시적이고 포괄적인 주제들과 연결시킨 결과로 본문이 더 명확해지는 것이 목표다. 덜 명확해지는 것이 아니라 자체 문맥과 모든 특수성까지 살아나야 한다. 설교자가 하나님의 영광, 그리스도의 십자가, 믿음의 순종을 본문에 성경적으로 접목하면, 구약의 본문도 실체 그대로 더 환히 빛나면서 모든 특성과 세세함까지 살아날 것이다.

이 맥락에서 "성경적으로"라는 단어는 무슨 의미인가? 아주 제한적이긴 하지만 이번 장과 다음 두 장에서 그 의미를 밝히고자 한다. 본문의 어구에 최대한 치열하게 주목하면서 하나님의 영광과 그리스도의 십자가와 믿음의 순종을 구약의 설교 본문과 연결시켜야 하는데, 이를 위한 성경적 기초와 지침은 무엇인가?

하나님의 영광이 모든 것의 목표다

—

13장에 《조나단 에드워즈가 본 천지 창조의 목적》(*The End for Which God Created the World*, 솔로몬 역간)이라는 놀라운 책을 언급한 바 있다. 하나님의 영광이 모든 것의 궁극적 목표라는 성경 전반의 계시를 더없이 철저하고 설득력 있게 예시한 책이다. 다음은 그의 연구에서 가장 아름다운 요약 중 하나라서 다시 인용할 만하다.

성경에 언급된 바 하나님이 하시는 모든 일의 궁극적 목표는 하나님의 영광이라는 이 한마디 속에 들어 있다. …… 광선은 피조물을 비추고 반사되어 다시 발광체에게로 돌아간다. 영광의 광선도 하나님의 것으로서 그분으로부터 와서 다시 근원으로 회귀한다. 즉 전체가 하나님에게서 나오고 하나님 안에 있고 하나님께로 돌아간다. 하나님이 이 일의 처음과 중간과 끝이시다.[1]

"구약에 하나님의 영광이라는 목표는 얼마나 포괄적이고 광범위하게 나타나는가? 더 자세히 말해서 그분 자신의 영광을 높이시는 게 하나님이 하시는 모든 일의 궁극적 목표라는 관점이 구약에 얼마나 많이 표현되어 있는가?" 나는 성경의 본질적 통일성을 믿기에 이렇게 물을 수도 있다. "결론적으로 구약의 모든 기자도 수긍할 만큼, 그런 관점이 구약 전체의 문맥 속에 충분히 명확한가?" 나는 그렇다고 본다. 일부나마 다음에 뽑은 성경말씀을 생각해 보라.

하나님이 일괄적으로 선언하셨듯이 그분은 자신의 영광을 아무와도 나누지 않으신다.

나는 여호와이니 이는 내 이름이라 나는 내 영광을 다른 자에게 내 찬송을 우상에게 주지 아니하리라(사 42:8).

하나님의 영광만이 최고로 높아지는 것이 그분의 뜻이다.

그날에 눈이 높은 자가 낮아지며 교만한 자가 굴복되고 여호와께서 홀로 높임을 받으시리라(2:11).

온 세상이 그분의 영광으로 그리고 그 영광을 아는 지식으로 충만해지
는 것이 그분의 목표다.

이는 물이 바다를 덮음같이 여호와의 영광을 인정하는 것이 세상에 가득함
이니라(합 2:14).

그러나 진실로 내가 살아 있는 것과 여호와의 영광이 온 세계에 충만할 것
을 두고 맹세하노니(민 14:21).

그 영화로운 이름을 영원히 찬송할지어다 온 땅에 그의 영광이 충만할지어
다 아멘 아멘(시 72:19).

그러므로 하나님은 그분의 영광을 위해 세상을 창조하신다.

하늘이 하나님의 영광을 선포하고 궁창이 그의 손으로 하신 일을 나타내는
도다(19:1).

내 아들들을 먼 곳에서 이끌며 내 딸들을 땅끝에서 오게 하며 내 이름으로
불려지는 모든 자 곧 내가 내 영광을 위하여 창조한 자를 오게 하라 그를
내가 지었고 그를 내가 만들었느니라(사 43:6-7).

하나님이 자기 형상 곧 하나님의 형상대로 사람을 창조하시되 남자와 여자
를 창조하시고(창 1:27).

모든 나라를 향한 하나님의 최종 목적도 그들이 하나님을 영화롭게 하
는 것이다.

주여 주께서 지으신 모든 민족이 와서 주의 앞에 경배하며 주의 이름에 영
광을 돌리리이다(시 86:9).

주여 누가 주의 이름을 두려워하지 아니하며 영화롭게 하지 아니하오리이
까 오직 주만 거룩하시니이다 주의 의로우신 일이 나타났으매 만국이 와서
주께 경배하리이다(계 15:4).

그의 영광을 백성들 가운데에 그의 기이한 행적을 만민 가운데에 선포할지
어다(시 96:3).

자기 영광을 위해
이스라엘을 택하셨다
―

구약은 하나님이 중점을 두신 이스라엘의 구속救贖에 많은 부분을 할애
한다. 따라서 하나님이 자신의 영광을 추구하신다는 구약의 진술도 대부분

이스라엘을 통한 그분의 목적과 관계있다. 그분은 자신을 위하여 이스라엘을 선택하셨다. 그들을 통해 친히 영광을 받으시기 위해서다.

> 여호와의 말씀이니라 띠가 사람의 허리에 속함같이 내가 이스라엘 온 집과 유다 온 집으로 내게 속하게 하여 그들로 내 백성이 되게 하며 내 이름과 명예와 영광이 되게 하려 하였으나 그들이 듣지 아니하였느니라(렘 13:11).

> 내게 이르시되 너는 나의 종이요 내 영광을 네 속에 나타낼 이스라엘이라 하셨느니라(사 49:3).

하나님의 모든 구원의 전형인 출애굽 사건에는 그분이 자신의 이름 즉 자신의 영광을 위해 활동하셨다는 증거가 즐비하다.

> 우리의 조상들이 애굽에 있을 때 주의 기이한 일들을 깨닫지 못하며 주의 크신 인자를 기억하지 아니하고 바다 곧 홍해에서 거역하였나이다 그러나 여호와께서는 자기의 이름을 위하여 그들을 구원하셨으니 그의 큰 권능을 만인이 알게 하려 하심이로다(시 106:7-8).

> 그러나 내가 그들이 거주하는 이방인의 눈앞에서 그들에게 나타나 그들을 애굽 땅에서 인도하여 내었나니 이는 내 이름을 위함이라 내 이름을 그 이방인의 눈앞에서 더럽히지 아니하려고 행하였음이라(겔 20:9).

하나님은 바로를 통해 큰 영광을 얻으시려고 그를 세상의 한 전형적인 통치자로 돋보이게 하셨다.

> 내가 바로의 마음을 완악하게 한즉 바로가 그들의 뒤를 따르리니 내가 그와 그의 온 군대로 말미암아 영광을 얻어 애굽 사람들이 나를 여호와인 줄 알게 하리라(출 14:4).

> 내가 애굽 사람들의 마음을 완악하게 할 것인즉 그들이 그 뒤를 따라 들어 갈 것이라 내가 바로와 그의 모든 군대와 그의 병거와 마병으로 말미암아 영광을 얻으리니 내가 바로와 그의 병거와 마병으로 말미암아 영광을 얻을 때에야 애굽 사람들이 나를 여호와인 줄 알리라(17-18절).

> 내가 너를 세웠음은 나의 능력을 네게 보이고 내 이름이 온 천하에 전파되게 하려 하였음이니라(9:16).

출애굽 이후에 광야에서도 하나님이 반항하던 자기 백성을 구원하심은 그분의 이름을 위해서였다.

> 내가 내 이름을 위하여 달리 행하였었나니 내가 그들을 인도하여 내는 것을 본 나라들 앞에서 내 이름을 더럽히지 아니하려 하였음이로라(겔 20:14).

> 내가 내 이름을 위하여 내 손을 막아 달리 행하였나니 내가 그들을 인도하

여 내는 것을 본 여러 나라 앞에서 내 이름을 더럽히지 아니하려 하였음이
로라(22절).

출애굽 다음에 가나안 정복이 있었는데 이 또한 하나님이 자신의 명성
을 내려고 행하신 일이다.

> 땅의 어느 한 나라가 주의 백성 이스라엘과 같으리이까 하나님이 가서 구
> 속하사 자기 백성으로 삼아 주의 명성을 내시며 그들을 위하여 큰일을 주
> 의 땅을 위하여 두려운 일을 애굽과 많은 나라들과 그의 신들에게서 구속
> 하신 백성 앞에서 행하셨사오며(삼하 7:23).

백성이 또 반항하며 다른 나라들처럼 왕을 달라고 하자 하나님이 분노
중에 분명히 밝히신 사실이 있다. 그분이 자기 백성을 버리지 않으신 이유
는 그분의 이름을 위해서였다.

> 사무엘이 백성에게 이르되 두려워하지 말라 너희가 과연 이 모든 악을 행
> 하였으나 여호와를 따르는 데에서 돌아서지 말고 오직 너희의 마음을 다하
> 여 여호와를 섬기라 돌아서서 유익하게도 못하며 구원하지도 못하는 헛된
> 것을 따르지 말라 그들은 헛되니라 여호와께서는 너희를 자기 백성으로 삼
> 으신 것을 기뻐하셨으므로 여호와께서는 그의 크신 이름을 위해서라도 자
> 기 백성을 버리지 아니하실 것이요(삼상 12:20-22).

하나님이 자신의 이름에 대한 열심 때문에 에루살렘을 보호하신 적도 한두 번이 아니다.

> 내가 나와 나의 종 다윗을 위하여 이 성을 보호하여 구원하리라(왕하 19:34. 20:6 참조).

이스라엘이 끝내 고국에서 추방당하자 하나님은 그들을 다시 모아 구원하실 것을 선포하셨다. 그런데 이 또한 확연히 하나님 중심이어서 강조점이 온통 그분의 이름과 영광에 있다.

> 그러므로 너는 이스라엘 족속에게 이르기를 주 여호와께서 이같이 말씀하시기를 이스라엘 족속아 내가 이렇게 행함은 너희를 위함이 아니요 너희가 들어간 그 여러 나라에서 더럽힌 나의 거룩한 이름을 위함이라 여러 나라 가운데에서 더럽혀진 이름 곧 너희가 그들 가운데에서 더럽힌 나의 큰 이름을 내가 거룩하게 할지라 내가 그들의 눈앞에서 너희로 말미암아 나의 거룩함을 나타내리니 내가 여호와인 줄을 여러 나라 사람이 알리라 주 여호와의 말씀이니라 내가 너희를 여러 나라 가운데에서 인도하여 내고 여러 민족 가운데에서 모아 데리고 고국 땅에 들어가서(겔 36:22-24).

> 주 여호와의 말씀이니라 내가 이렇게 행함은 너희를 위함이 아닌 줄을 너희가 알리라 이스라엘 족속아 너희 행위로 말미암아 부끄러워하고 한탄할지어다(32절).

내가 내 거룩한 이름을 내 백성 이스라엘 가운데에 알게 하여 다시는 내 거룩한 이름을 더럽히지 아니하게 하리니 내가 여호와 곧 이스라엘의 거룩한 자인 줄을 민족들이 알리라(39:7).

이사야는 포로로 잡혀간 이스라엘을 향한 하나님의 자비를 예언했는데, 자신의 영광을 위해 행하신다는 하나님의 목적을 이보다 더 농축해서 표현한 데는 성경 전체를 통틀어 여기밖에 없을 것이다.

내 이름을 위하여 내가 노하기를 더디 할 것이며 내 영광을 위하여 내가 참고 너를 멸절하지 아니하리라 보라 내가 너를 연단하였으나 은처럼 하지 아니하고 너를 고난의 풀무 불에서 택하였노라 나는 나를 위하며 나를 위하여 이를 이룰 것이라 어찌 내 이름을 욕되게 하리요 내 영광을 다른 자에게 주지 아니하리라(사 48:9-11. 20절 참조).

신자 개개인에게 보이신
하나님의 영광
—

이상의 모든 진술에서 하나님의 목적은 이스라엘 나라의 삶 속에서 하나님을 영화롭게 하시는 것이었다. 그런데 하나님을 영화롭게 하신다는 그분의 목적은 이스라엘의 충실한 개개인을 구원하고 도우시는 부분에서도 놀랍게 진술되어 있다. 하나님은 자신을 위하여 우리의 허물을 도말하신다.

나 곧 나는 나를 위하여 네 허물을 도말하는 자니 네 죄를 기억하지 아니하리라(사 43:25).

우리 구원의 하나님이여 주의 이름의 영광스러운 행사를 위하여 우리를 도우시며 주의 이름을 증거하기 위하여 우리를 건지시며 우리 죄를 사하소서(시 79:9).

여호와여 나의 죄악이 크오니 주의 이름으로 말미암아 사하소서(25:11).

주는 나의 반석과 산성이시니 그러므로 주의 이름을 생각하셔서 나를 인도하시고 지도하소서(31:3).

하나님은 그분의 이름을 위하여 우리 목숨을 살려 주신다.

여호와여 주의 이름을 위하여 나를 살리시고 주의 의로 내 영혼을 환난에서 끌어내소서(143:11).

그러나 주 여호와여 주의 이름으로 말미암아 나를 선대하소서 주의 인자하심이 선하시오니 나를 건지소서(109:21).

하나님은 그분의 이름을 위하여 우리를 의의 길로 인도하고 이끄신다.

내 영혼을 소생시키시고 자기 이름을 위하여 의의 길로 인도하시는도다
(23:3).

"성경 모든 부분에 충만한" 하나님의 영광

구약 본문의 이러한 표본과 기타 많은 유사 본문에 근거하여, 나도 조나단 에드워즈와 그레그 빌(Greg Beale)과 제임스 해밀턴(James Hamilton)처럼 (빌의 표현으로) "창조 세계를 향한 하나님의 궁극적 목표는 온 땅에 자신의 영광을 높이시는 것이었다"고 결론짓는다.[2] 해밀턴이 논증했듯이 성경 전체에 나타난 "하나님의 **자기 계시**는 하나님의 영광을 위한 것이다."[3] 그가 다음에 말한 "궁극적 목표"란 바로 그것을 가리킨다.

> 만일 성경에 묘사한 하나님의 궁극적 목표가 성경의 다른 모든 주제를 낳고 알리고 구성하며 다른 모든 주제를 통해 강해됨을 보일 수 있다면, 만일 그것이 성경의 구속사 내러티브로 자체 입증이 가능하다면, 성경에서 하나님께 귀속되는 궁극적 목표가 곧 성경신학의 핵심이라는 결론이 나온다. …… 성경신학의 핵심은 성경 모든 부분에 편만하다 못해 충만한 주제여야 한다.[4]

해밀턴은 위 인용문의 "만일"을 600쪽에 걸쳐 사실로 입증했다. 하나님

이 자신의 영광을 추구하신다는 사실은 "성경 모든 부분에 충만"하다. 그뿐 아니라 해밀턴의 책 말미에 이런 말도 나온다. "성경 기자들의 주요 관심사는 하나님의 궁극적 목표이며, 중간에 그 궁극적 목표의 하부 목표들을 묘사할 때도 마찬가지다."[5]

그래서 각 본문의 독특한 의미에 계시된 하나님의 찬란한 영광을 보는 것은 본문을 흐리는 일이 아니다. 오히려 그 영광을 보고 이끌어 내 각 본문 고유의 특수성을 높이는 일이야말로 구약의 본문으로 강해의 희열에 임해야 할 위대한 소명의 일환이다.

다음 장에서는 이어지는 질문을 살펴보려 한다. "구약으로 설교하는 십자가의 그리스도란 어떤 의미인가?" 모든 성경 본문을 통해 하나님의 백성에게 제시되는 모든 선의 기초는 십자가에 못 박히신 그리스도이시다. 따라서 15장과 16장에 논증했듯이 모든 기독교 설교는 십자가에 못 박히신 그리스도를 중심으로 이루어져야 한다. 그렇다면 구약으로 설교할 때도 과연 그러할까?

20

모든 구약 본문으로
'십자가의 그리스도' 설교하기

의미의 왜곡이 아니라 의미의 완성

바울은 자신의 고린도 사역에 대해 "내가 너희 중에서 예수 그리스도와
그가 십자가에 못 박히신 것 외에는 아무것도 알지 아니하기로 작정하였음
이라"(고전 2:2)라고 말했다. 갈라디아의 교회들에는 "내게는 우리 주 예수 그
리스도의 십자가 외에 결코 자랑할 것이 없으니"(갈 6:14)라고 했다. 15장과
16장에 논증했듯이 이는 모든 주제를 다룬 바울의 모든 설교가 예수의 죽

음과 관계있다는 뜻이다. 예수의 죽음이 없으면 신자에게 영원히 유익한 선善이 온 세상에 하나도 없기 때문이다.

바울이 모든 설교나 본문에서 제시할 수 있었던 선은 모두 피로 사신 것이다. 예수의 피를 떠나서는 우리가 받을 것은 하나님의 진노뿐이며, 그분이 베푸시는 자비마저 우리의 회개가 없으면 진노로 변한다(롬 2:4). 그러나 그리스도 예수 안에 있는 사람은 누구나 십자가 덕분에 "모든 것을"(8:32) 받는다. 그 모든 것에 힘입어 우리는 하나님의 뜻을 행하고, 그분의 이름을 영화롭게 하고, 최후 심판을 무사히 통과해 영원히 예수와 기쁘게 교제할 수 있다.

그러므로 그리스도를 전파한다는 것은 단지 성금요일과 부활절 사건을 복창한다는 뜻이 아니라 또한 이런 뜻도 있다. 즉 모든 본문과 모든 주제로 설교하되 구체적 어구에 치열하게 주목하면서, 모든 본문을 통해 매 순간 하나님의 백성에게 임하는 모든 선의 기초가 십자가에 못 박히신 그리스도이시고, 궁극의 선은 온전한 만족을 주시는 그리스도이심을 분명히 인식하는 것이다.

그 일을 성경적으로 해야 한다

그렇다면 그 일을 구약의 모든 설교로도 할 수 있으며, 또 해야 하는가? 아니면 그런 방식으로 설교하면 구약의 기자들이 의도한 본문의 의미를 왜곡하는가? 답은, 우리는 구약으로도 그렇게 설교할 수 있고, 또 설교해야 한다. 그 일을 성경적으로 하면 구약 본문이 기자들의 원래 의도대로 더 환히 빛나면서 모든 특성과 세세함까지 살아난다. 구약은 "성령의 감동하심을 받은 사람들이 하나님께 받아 말한 것"(벧후 1:21)이다.

방금 내가 십자가에 못 박히신 그리스도를 설교하는 방식에 대해 한 말 속에 "성경적으로"라는 말의 의미가 일부 들어 있다. 즉 우리는 십자가에 못 박히신 그리스도를 구약에 제시되는 모든 선의 결정적 기초로 대하고, 그리스도의 영광을 궁극적 목표로 대해야 한다. 이는 예컨대 포도나무와 가지의 사변적 모형과 그림자를 설교하라는 말이 아니라 구약성경 전체를 탄탄하고 명확하게 성경적으로 고찰해야 한다는 말이다.

더는 요구되지 않는 것을 설교하지 말라

—

방대한 주제지만 간략하게나마 여기서 짚고 넘어가야 할 것이 하나 있다. 방금 내가 쓴 "구약에 제시되는 모든 선"이라는 표현에서 제기되는 문제다. 구약이 (이방인을 포함한) 그리스도인에게 제시하는 내용은 무엇인가? 이것이 간단한 문제가 아닌 주된 이유는 대망의 메시아 예수께서 오심으로 하나님이 자기 백성과 세상을 대하시는 방식이 극적으로 바뀌었기 때문이다. 구약의 아무 본문이나 전부 이스라엘에게 적용하던 방식대로 오늘날에도 적용해야 한다고 단정할 수는 없다. 다음은 구약이 오늘날에도 적용된다고 무조건 단정할 수 없는 여덟 가지 예다.

첫째, 예수님은 친히 속죄의 최종 제물이 되셨다. 이로써 동물 제사는 폐기되고 구약에서 아주 자세히 기술한 제사장 사역도 종료된다.

이러한 대제사장은 우리에게 합당하니 거룩하고 악이 없고 더러움이 없고 죄인에게서 떠나 계시고 하늘보다 높이 되신 이라(히 7:26).

염소와 송아지의 피로 하지 아니하고 오직 자기의 피로 영원한 속죄를 이루사 단번에 성소에 들어가셨느니라(9:12).

우리의 유월절 양 곧 그리스도께서 희생되셨느니라(고전 5:7).

둘째, 만세 전부터 숨겨져 있다가 이제 그리스도 안에서 계시된 비밀이 있다. 즉 예수님의 죽음과 부활 덕분에 모든 나라(이방인)가 이스라엘과 함께 상속자가 되어 하나님의 모든 약속에 참여하는 것이 하나님의 뜻이다.

이 [비밀은] 이방인들이 복음으로 말미암아 그리스도 예수 안에서 함께 상속자가 되고 함께 지체가 되고 함께 약속에 참여하는 자가 됨이라(엡 3:6).

또한 가지[이스라엘 민족] 얼마가 꺾이었는데 돌감람나무[이방인]인 네가 그들 중에 접붙임이 되어 참감람나무 뿌리의 진액을 함께 받는 자가 되었은즉 그 가지들을 향하여 자랑하지 말라 자랑할지라도 네가 뿌리를 보전하는 것이 아니요 뿌리가 너를 보전하는 것이니라 그러면 네 말이 가지들이 꺾인 것은 나로 접붙임을 받게 하려 함이라 하리니 옳도다 그들은 믿지 아니하므로 꺾이고 너는 믿으므로 섰느니라 높은 마음을 품지 말고 도리어 두려워하라(롬 11:17-20).

그러므로 내가 너희에게 이르노니 하나님의 나라를 너희[이스라엘]는 빼앗

기고 그 나라의 열매 맺는 백성[그리스도를 따르는 무리]이 받으리라(마 21:43).

또 너희에게 이르노니 동서로부터 많은 사람[이방인]이 이르러 아브라함과

이삭과 야곱과 함께 천국에 앉으려니와 그 나라의 본 자손들[믿지 않는 이스

라엘]은 바깥 어두운 데 쫓겨나 거기서 울며 이를 갈게 되리라(8:11-12).

셋째, 거기에 암시한 대로 예수를 믿는 유대인과 이방인 양쪽 모두로 구
성되는 하나님의 새로운 백성은 더는 민족적, 정치적으로 규정 가능한 백
성이 아니다. 이스라엘은 신정 국가였지만 교회는 그렇지 않다.

넷째, 교회가 구약적 의미의 신정 단체가 아니므로 신정 국가 이스라엘
에서 규정했던 민사상 형벌도 옛날처럼 적용할 수 없다. 고린도에서 한 남
자가 죄를 범했을 때(고전 5:1) 구약에서라면 사형에 처해졌겠지만(친척간의 성
관계, 레 20:11) 신약에서는 출교로 마무리지었다(고전 5:3).

다섯째, 이방인도 포함한다는 "비밀"이 계시되면서 도래한 또 다른 변
화로, 할례가 신정 국가 이스라엘에서는 모든 남자 구성원이 행해야 하는
표였으나 하나님의 새로운 백성은 그리하지 않아도 된다(갈 2:3).

여섯째, 예수를 따르는 무리에게는 더는 음식법을 적용하지 않는다.
"이러므로 모든 음식물을 깨끗하다 하시니라"(막 7:19).

일곱째, 인간의 완악한 마음 때문에 구약의 일부 율법(예를 들어 이혼 관련
법)에 반영되었던 절충이 메시아가 오시면서 폐기되었다. 예수의 제자들은
새로운 기준을 따라야 한다.

이르되 모세는 이혼 증서를 써 주어 버리기를 허락하였나이다 예수께서 그

들에게 이르시되 너희 마음이 완악함으로 말미암아 이 명령을 기록하였거

니와 창조 때로부터 사람을 남자와 여자로 지으셨으니 이러므로 사람이 그

부모를 떠나서 그 둘이 한 몸이 될지니라 이러한즉 이제 둘이 아니요 한 몸

이니 그러므로 하나님이 짝지어 주신 것을 사람이 나누지 못할지니라 하시

더라(막 10:4-9).

여덟째, 주로 "와서 보는" 구약의 종교가 "가서 말하는" 신약의 종교로

근본적으로 바뀌었다. 구약에서는 하나님이 마태복음 28장 18-20절의 지

상대명령을 삶의 중심 과제로 제시하지 않으셨다. 그러나 예수께서 부활

하시고 이방인도 정식으로 하나님의 공동 상속자라는 비밀이 계시되면

서, 열방을 향한 교회의 사명이 곧 교회의 정체성을 이루는 핵이 되었다.

이런 변화는 많은 조정을 몰고 왔다. 부의 축적과 호화로운 생활보다는

검소한 삶이 정상이 되었다. 교회는 스바의 여왕(왕상 10장)이 내방하여 기독

교의 왕궁에 감탄하기를 고대하지 않는다. 오히려 교회가 세상의 모든 여

왕과 왕 치하에서 멸망하는 백성을 찾아가 자원을 쏟아부어야 한다. 검소

한 삶 외에도 고난과 어쩌면 순교까지, 이제는 하나님의 노여움을 샀다는

암시가 아니라 오히려 아주 일반적이며 더러는 거룩함으로 간주한다.

이 여덟 가지 예를 열거한 취지는 다음 사실을 설명하기 위해서다. 구

약으로 설교할 때 우리는 하나님이 더는 주실 뜻이 없는 것들을 청중에게

제시해서는 안 된다. 구약 자체가 그런 변화를 향해 가고 있었다. 근본적

변화를 가져올 새 언약을 제시하셨다(렘 31:31). 변화를 약속하는 씨앗이 구

약 자체 속에 들어 있다.[1]

구약으로

그리스도를 전파하기

—

이렇듯 구약을 우리 시대에 잘못 적용하지 않도록 조심하기만 한다면 나는 구약 전체가 설교에 유익하다고 본다(딤후 3:16). 단 구속사의 진행 단계상 구약을 제자리에 놓고 보아야 한다.

우리는 구약의 모든 본문으로 십자가에 못 박히신 그리스도를 설교할 수 있고, 설교해야 한다. 이는 애매한 모형과 그림자를 찾는다는 뜻이 아니다. 사변적인 설교일수록 하나님이 주시는 권위를 잃는다. 그보다 이는 모든 본문과 모든 주제로 설교하되 구체적 어구에 치열하게 주목하면서, 모든 본문을 통해 하나님의 백성에게 임하는 모든 선의 기초가 십자가에 못 박히신 그리스도이시고, 궁극의 선은 온전한 만족을 주시는 그리스도이심을 분명히 인식한다는 뜻이다.

지금부터 이 둘을 차례로 하나씩 살펴보면서 구약에 이런 식으로 접근하는 것이 왜 성경적인지 알아보자. 첫째 초점은 구약의 모든 본문을 통해 하나님의 백성에게 임하는 모든 선의 기초가 십자가에 못 박히신 그리스도라는 내 주장이다. 둘째 초점은 온전한 만족을 주시는 그리스도 자신이 궁극의 선이라는 주장이다.

모든 선의 기초, 십자가에 못 박히신 그리스도

첫째, 십자가의 그리스도를 구약으로 설교하되 내가 주창하는 방식대로 하려면, 구약의 모든 본문을 통해 하나님의 백성에게 임하는 모든 선의 기초가 십자가에 못 박히신 그리스도라는 진리를 우리가 행하는 설교에 짜 넣어야 한다. 이를 보여 주는 가장 중요한 본문은 로마서 3장 25-26절이다.

> 이 예수를 하나님이 그의 피로써 믿음으로 말미암는 화목제물로 세우셨으니 이는 하나님께서 길이 참으시는 중에 전에 지은 죄를 간과하심으로 자기의 의로우심을 나타내려 하심이니 곧 이때에 자기의 의로우심을 나타내사 자기도 의로우시며 또한 예수 믿는 자를 의롭다 하려 하심이라.

여기서 구약과의 연결 고리는 "이는 하나님께서 길이 참으시는 중에 전에 지은 죄를 간과하심으로"라는 대목이다. 내가 보기에 이는 제사 제도를 하나님의 의도대로 적용한 구약 사람들의 죄를 그분이 다 용서하셨다는 뜻이다. 그들은 죄를 사함받았다(레 4:20). 하나님은 밧세바와 우리아에게 죄를 지은 후의 다윗처럼 제사의 취지대로 자비를 구한 사람들의 죄를 용서하셨다(삼하 12:13; 시 51편 참조).

그리스도는 그분의 죽음 이전의 죄를 위해서도 죽으셨다. 로마서 3장 25절은 하나님이 구약의 죄를 간과하심으로 그분의 의가 흐려졌음을 보여 준다. 사실 그 많은 죄를 정식으로 벌하지 않고 그냥 두심은 그분의 의와 모순된다. 무언가 다른 일이 벌어져 일을 바로잡지 않는 한 말이다. 황소와 염소의 피는 인간의 죗값으로 결코 충분하지 않기 때문이다(히 10:4).

바울의 말대로 하나님이 그리스도를 보내 죽게 하심은 "자기의 의로우심을 나타내려 하심"이었다. 사실 바울은 거기서 그치지 않고 26절에 그리스도께서 죽으신 목적은 하나님이 "자기도 의로우시며 …… 의롭다 하려 하심이라"고 덧붙였다. 그리스도의 죽음이 없으면 하나님은 불의해 보이시는 정도가 아니라 정말 불의해지신다. 그리스도의 죽음이 없으면 하나님이 불의해지시는 이유는 "전에 지은 죄를 간과"하셨기 때문이다. 다시 말해서 하나님께 짓는 죄는 그 속성상 구약의 제사로는 완전히 사해질 수 없다. 구약의 제사는 죄를 사해 줄 참제사를 가리켜 보일 뿐이다(10:4).

여기 엄청난 의미가 함축되어 있다. 구약의 모든 죄가 사해진 근거는 예수의 피다. 용서받은 이들이 아직 우리처럼 예수를 몰랐음에도 불구하고 그렇다. 그들은 하나님의 약속과 자비를 신뢰했을 뿐이지만 하나님은 장차 친히 하실 일을 아셨다. 그래서 구약의 죄를 용서하실 때 그분은 그 죄를 덮어 줄 결정적 죗값인 예수의 죽음을 내다보며 그리하셨다.

모든 신구약 본문을 통한 모든 선은 그리스도 덕분이다. 그래서 십자가에 못 박히신 그리스도를 떠나서는 구약의 모든 개인이 받을 것이 진노뿐이며, 자비의 선물마저도 진노로 변한다(롬 2:4). 그래서 하나님의 백성이 받는 구원의 복과 영원한 선은 모두 십자가에 못 박히신 그리스도 덕분이며, 구약의 본문을 통해 임하는 복도 마찬가지다. 그래서 기독교 회중에게 구약으로 무슨 유익이든 제시하는 모든 설교는 그 점을 분명히 밝혀야 한다. 설교자가 전하는 구약 본문에서 제시하는 유익을 21세기의 이방인 그리스도인이 누림은 순전히 예수께서 이를 피로 사신 덕분이다. 선을 누리는 기초는 지금이나 3천 년 전 구약 시대나 똑같다. 다만 지금의 우리는 하나님이 그 선을 이루신 방식이 그리스도의 십자가라는 영광스러운 실체임을 알 뿐이다. 이것이 구약으로 그리스도를 전파한다는 첫째 의미다.

구약 자체가 내다보지 못한 무엇을 로마서 3장 25-26절이 구약에 억지로 갖다 붙인다고 생각해서는 안 된다. 이사야 53장에 보면 훗날 하나님의 종이 오셔서 그분 백성의 죄를 담당하신다고 나와 있다.

> 그는 실로 우리의 질고를 지고 우리의 슬픔을 당하였거늘 우리는 생각하기를 그는 징벌을 받아 하나님께 맞으며 고난을 당한다 하였노라 그가 찔림은 우리의 허물 때문이요 그가 상함은 우리의 죄악 때문이라 그가 징계를 받으므로 우리는 평화를 누리고 그가 채찍에 맞으므로 우리는 나음을 받았도다 우리는 다 양 같아서 그릇 행하여 각기 제 길로 갔거늘 여호와께서는 우리 모두의 죄악을 그에게 담당시키셨도다(사 53:4-6).

또 시편 49편에서 시편 기자는 여느 평범한 인간을 통해서는 영원히 속량될 수 없음을 토로한다.

> 아무도 자기의 형제를 구원하지 못하며 그를 위한 속전을 하나님께 바치지도 못할 것은 그들의 생명을 속량하는 값이 너무 엄청나서 영원히 마련하지 못할 것임이니라(7-8절).

그런데 시편 기자는 자신이 다 알지 못하는 방식으로 어떻게든 그 일을 이루실 하나님을 믿었다.

그러나 하나님은 나를 영접하시리니 이러므로 내 영혼을 스올의 권세에서 건져내[속량하]시리로다(15절).

결론적으로 설교자가 그리스도를 따르는 청중을 위해 구약의 어느 본문에서든 선을 이끌어 낼 때, 그리스도를 그 모든 선의 기초로 전파함은 신구약 모두에 충실한 일이다. "하나님의 약속은 얼마든지 그리스도 안에서 예가 되니"(고후 1:20).

이제 구약 말씀을 들어 씀으로써 십자가의 그리스도를 전파하는 둘째 방식으로 넘어간다.

그리스도께서 주시는 최고의 선물은 그분 자신이다

둘째, 십자가의 그리스도를 구약으로 설교하되 내가 주창하는 방식대로 하려면, 그리스도를 누리는 것이 그분이 죽으셔서 자기 백성에게 공급하시는 최고의 선이라는 진리를 우리의 설교에 짜 넣어야 한다. 더 풀어서 말하자면 그리스도께서 자기 백성을 위해 피로 사신 모든 선물(값 지불 이전 구약 시대엔든 값 지불 이후 기독교 시대엔든)은 그들에게 선물 너머의 궁극의 선을 가리켜 보이시기 위함인데, 예수께서 피로 사신 궁극의 선이란 바로 영원히 그분 자신을 예배하는 기쁨이다.

기독교 설교는 청중에게 예수 안에서 우리를 위한 하나님의 전부라는 영광을 보고 맛보게 해 주려 한다. 현세와 내세의 영원한 예배가 설교의 목표다. 구약도 장차 오실 그분을 내다보았다. 다만 그들은 이 영광스러운 인물의 속성을 아직 다 알지 못했을 뿐이다.

다윗은 그분을 "주"라 불렀다. 시편 110편 1절에 그의 이런 말이 나온다. "여호와께서 내 주에게 말씀하시기를 내가 네 원수들로 네 발판이 되게 하기까지 너는 내 오른쪽에 앉아 있으라 하셨도다." 바리새인과 변론하실 때 예수께서 이 구절을 쟁점으로 삼으신 적이 있다. 그분이 보이시려 한 취지대로 구약에도 메시아가 평범한 인간 훨씬 이상으로 암시되어 있다.

> [예수께서 이르시되] 너희는 그리스도에 대하여 어떻게 생각하느냐 누구의 자손이냐 대답하되 다윗의 자손이니이다 이르시되 그러면 다윗이 성령에 감동되어 어찌 그리스도를 주라 칭하여 말하되 주[여호와]께서 내 주께 이르시되 내가 네 원수를 네 발 아래에 둘 때까지 내 우편에 앉아 있으라 하셨도다 하였느냐 다윗이 그리스도를 주라 칭하였은즉 어찌 그의 자손이 되겠느냐 하시니(마 22:42-45).

"다윗이 그리스도를 주라 칭하였은즉 어찌 그의 자손이 되겠느냐"라는 예수의 반문은 무슨 뜻인가? 헨리 앨퍼드(Henry Alford)가 지혜롭게 답했다.

> 누구에게나 다윗의 자손으로 인정되던 메시아의 호칭을 그분은 질문을 통해 그들에게서 이끌어 내셨다. 이 호칭을 세상의 정치적 의미로만 알고 있던 그들에게 그분은 이 기회에, 다윗이 자신의 이 자손을 경외한 데서 발생하는 난점을 제기하셨다. 답은 하나님이 그리스도로 성육신하셨다는 사실에 있는데 그들은 이를 몰랐다.[2]

구약 면면마다 약속하신 메시아를 향한 "경외"가 흐르는데, 그런 의미에서 기독교 설교가 하는 일은 단지 하나님의 백성에게 제시되는 모든 성경 본문의 모든 선을 예수께서 피로 사셨음을 밝히는 것 이상이다. 장차 오실 분을 향한 넘쳐나는 경외는 또한 그리스도께서 최고의 선물이심을 의미한다. 다른 모든 선물은 가장 고귀하신 그분을 가리켜 보인다. 이런 설교의 배후 가정을 구약도 모르지만은 않았다. 신앙의 속뜻을 가장 똑똑히 보았던 구약 성도들은 시므온(눅 2:25-34)과 안나(36-38절)와 같았다. 이 두 사람은 경외받으실 그분이 오시기를 일편단심으로 고대했다. 장차 오실 그분은 그들이 내다본 영광 때문에 그들의 꿈의 절정을 이루었다.

그분은 그들이 바라는 모든 꿈의 절정이었다. 장차 오실 그분은 기묘자, 모사, 전능하신 하나님, 영존하시는 아버지, 평강의 왕이시다. 조상 다윗의 왕좌에 앉으셔서 옛 왕들과 달리 영원히 다스리신다.

> 이는 한 아기가 우리에게 났고 한 아들을 우리에게 주신 바 되었는데 그의 어깨에는 정사를 메었고 그의 이름은 기묘자라, 모사라, 전능하신 하나님이라, 영존하시는 아버지라, 평강의 왕이라 할 것임이라 그 정사와 평강의 더함이 무궁하며 또 다윗의 왕좌와 그의 나라에 군림하여 그 나라를 굳게 세우고 지금 이후로 영원히 정의와 공의로 그것을 보존하실 것이라 만군의 여호와의 열심이 이를 이루시리라(사 9:6-7).

그분은 언약의 사자로 임하셔서 자기 백성을 치료하시고 그들의 즐거움이 되신다. 그분을 마음껏 기뻐하느라 그들은 외양간을 처음 벗어난 송아지처럼 뛴다.

만군의 여호와가 이르노라 보라 내가 내 사자를 보내리니 그가 내 앞에서 길을 준비할 것이요 또 너희가 구하는 바 주가 갑자기 그의 성전에 임하시리니 곧 너희가 사모하는 바 언약의 사자가 임하실 것이라(말 3:1).

내 이름을 경외하는 너희에게는 공의로운 해가 떠올라서 치료하는 광선을 비추리니 너희가 나가서 외양간에서 나온 송아지같이 뛰리라(4:2).

하나님이 그분을 상하게 하시지만 죽음에서 다시 살리신다. 그러면 그분은 자신의 날을 영원히 길게 하시고 자기 백성을 의롭게 하신다.

여호와께서 그에게 상함을 받게 하시기를 원하사 질고를 당하게 하셨은즉 그의 영혼을 속건 제물로 드리기에 이르면 그가 씨를 보게 되며 그의 날은 길 것이요 또 그의 손으로 여호와께서 기뻐하시는 뜻을 성취하리로다 그가 자기 영혼의 수고한 것을 보고 만족하게 여길 것이라 나의 의로운 종이 자기 지식으로 많은 사람을 의롭게 하며 또 그들의 죄악을 친히 담당하리로다(사 53:10-11).

그분은 겸손한 자들의 기쁨이 되신다. 나귀를 타고 겸손하게 오시기 때문이다. 그래도 그분은 왕이시다.

시온의 딸아 크게 기뻐할지어다 예루살렘의 딸아 즐거이 부를지어다 보라 네 왕이 네게 임하시나니 그는 공의로우시며 구원을 베푸시며 겸손하여서 나귀를 타시나니 나귀의 작은 것 곧 나귀 새끼니라(슥 9:9).

그분은 하나님의 위엄으로 섬기시면서도 목자로서 자상하게 돌보신다. 위엄과 온유함의 완벽한 조합이다.

그가 여호와의 능력과 그의 하나님 여호와의 이름의 위엄을 의지하고 서서 목축하니 그들이 거주할 것이라 이제 그가 창대하여 땅끝까지 미치리라(미 5:4. 겔 34:23 참조).

그분이 하나님의 백성에게 정의를 실행하시므로 이전에 박해와 해를 당한 충실한 무리는 다 신원된다.

그날 그때에 내가 다윗에게서 한 공의로운 가지가 나게 하리니 그가 이 땅에 정의와 공의를 실행할 것이라(렘 33:15).

그분은 가난한 자에게 기쁜 소식을, 마음이 상한 자에게 긍휼을, 포로된 자에게 자유를 베푸신다.

주 여호와의 영이 내게 내리셨으니 이는 여호와께서 내게 기름을 부으사 가난한 자에게 아름다운 소식을 전하게 하려 하심이라 나를 보내사 마음이

상한 자를 고치며 포로 된 자에게 자유를 갇힌 자에게 놓임을 선포하며 여호와의 은혜의 해와 우리 하나님의 보복의 날을 선포하여 모든 슬픈 자를 위로하되(사 61:1-2).

성도들이 장차 오실 그분을 꿈의 절정으로 고대하고 소망하고 기뻐했다는 증거는 구약에 얼마든지 더 많이 있다. 그래서 그들은 선택받은 민족이었다. 그래서 하나님이 그들을 애굽의 속박에서 구하셨고, 약속의 땅을 주셨고, 포로 생활을 통해 징계하셨고, 귀환하도록 자비를 베푸셨고, 무엇보다도 죄를 용서해 주셨다. 시므온도 그것을 동경했고(눅 2:29) 안나도 이를 위해 금식했다(눅 2:37). 요컨대 동물 제사의 피를 용서의 선물로, 하나님의 풍성한 복으로, 최고의 선물인 메시아 자신에 대한 소망으로 쭉 추적해 올라가는 우리를 보며 구약의 기자나 성도 중에 자신의 의도가 왜곡됐다고 생각할 사람은 하나도 없다.

왜곡이 아니라 완성

―

기독교 설교자는 십자가의 그리스도를 모든 선물의 결정적 기초로, 그리고 그리스도의 영광을 모든 선물이 지향하는 궁극의 기쁨으로 전파해야 한다. 이는 구약 성도들의 소망에 이미 내포되어 있던 사실을 명시적으로 표현하는 것뿐이다. 구약의 본문으로 성경적으로 설교하는 십자가의 그리스도란 바로 그런 의미다. 즉 모든 본문과 모든 주제로 설교하되 구체적 어구에 치열하게 주목하면서, 모든 본문을 통해 하나님의 백성에게 임하는 모든 선의 기초가 십자가에 못 박히신 그리스도시이고 궁극의 선은 온전한 만족을 주시는 그리스도임을 분명히 인식하는 것이다. 그리스도를 전파하는 이런 방식의 뿌리는 구약 자체에 있다.

생명에 이르는 길

"어떤 실체를 설교할 것인가?" 이 질문에 답하려는 우리에게 길잡이가 되어 준 가정이 하나 더 있다. 그리스도의 삶을 살아가는 방식에는 최종 구원에 이르는 길도 있고 멸망에 이르는 길도 있다. 17장과 18장에 논증했듯이 생명에 이르는 길은 오직 믿음으로 말미암는 칭의에서 발원하여, 그 동일한 믿음으로 진행되면서 성령으로 행하여 사랑의 열매를 맺는다. 그런 열매가 없이는 주를 보지 못한다. 그러므로 영혼을 충족시켜 주는 하나님 말씀의 진리로 그 믿음을 북돋는 것이 설교의 본분이다. 즉 생명에 이르는 믿음과 사랑의 길을 가는 데 각 본문이 어떤 도움을 주는지 밝혀야 한다. 신약으로 설교할 때만 아니라 구약으로 설교할 때도 마찬가지다. 그것이 21장의 주제다.

21

모든 구약 본문으로
'믿음의 순종' 설교하기

하나님으로 만족하는 오늘

17장과 18장에 보았듯이 설교의 목표는 청중들이 최종 구원에 이르는 길에 들어서고 그 길에 계속 남아 있게 돕는 것이다. 그 길을 나는 "생명으로 인도하는 사랑의 길"이라 칭했다. 실천적 거룩함이 없이는 아무도 주님을 볼 수 없다(히 12:14). 바울은 이것을 "믿음의 순종"(롬 1:5, ESV)이라 표현했다. 이렇게 순종해야 하고, 오래도록 그리해야 함을 청중이 시급히 깨달아야 한다. 아울러 나는 "믿음의 순종"이 오직 믿음으로 말미암는 칭의와는 무슨 관계이며, 인내하는 믿음이 어떻게 성령의 능력으로 희생적 사랑의 삶을 낳는지도 밝히려 했다. 그런 사랑이 없으면 우리는 요한의 말대로 "사망에 머물러 있다"(요일 3:14).

앞서 논증했듯이 설교자는 모든 설교를 통해 하나님이 청중의 영혼에 최고의 만족이심을 부지런히 제시해야 한다. 믿음을 지속시키려면 하나님 믿어도 될 분임을 보여 줄 뿐 아니라, 그분의 모든 속성과 활동이 모든 차원에서 인간의 필요와 갈망을 완전히 충족시켜 줌을 보여 주어야 한다. 충실한 설교자는 청중의 마음속에 그런 믿음을 지속시키려 힘쓴다.

구약 설교의 목표도
사랑으로써 역사하는 믿음에 있다

—

이제 우리 앞에 남은 질문은 이것이다. "모든 구약 설교에도 생명에 이르는 사랑의 길과 믿음의 순종을 짜 넣어 똑같이 강조해야 하는가?" 맞다. 그리해야 한다. 모든 구약 설교의 목표는 하나님의 영광이고, 구약 설교에 제시되는 모든 선의 기초는 그리스도의 십자가다. 더불어 지금부터 논증할 내용은 모든 구약 설교의 피륙 속에도 예수 안에서 우리를 위한 하나님의 전부로 만족하라는 부름을 짜 넣어야 한다는 것이다. 그리하여 창세기부터 말라기까지 풍성하게 계시된 하나님을 마음껏 누리며, 오늘의 교회가 성령의 능력으로 말미암아 사랑의 길로 행하여 최종 구원에 도달하도록 말이다.

다시 말해서 바울의 목표는 구약으로 설교할 때도 신약으로 설교할 때와 똑같다. 우리도 마찬가지다. 즉 "이 교훈의 목적은 …… 거짓이 없는 믿음에서 나오는 사랑"(딤전 1:5)이다. 차차 논증하겠지만 "사랑으로써 역사하는 믿음"(갈 5:6)이라는 이 목표는 율법 종교에 억지로 복음을 덧씌운 게 아니라 구약 자체의 의도와도 일치한다.

히브리서에 나타난
구약과의 연결 고리

첫째 논거로 히브리서 10장 32-35절과 히브리서 11장의 논지 사이의 연관성에 주목하고자 한다. 즉 히브리서 기자가 그려내는 그리스도인의 사랑과 구약의 사랑을 보면 양쪽 다 그 동력이 "믿음으로"라는 연관성이 있다. 18장에 보았듯이 자신을 희생하는 철저한 사랑의 원천은 예수 안에서 우리를 위해 약속하신 하나님의 전부로 만족하는 데서 오는 기쁨이다. 핵심 말씀은 히브리서 10장 34절이었다. "너희가 갇힌 자를 동정하고 너희 소유를 빼앗기는 것도 기쁘게 당한 것은 더 낫고 영구한 소유가 있는 줄 앎이라."

다시 말해서, 이 그리스도인들은 믿음으로 장래에 받을 상을 어찌나 깊이 기뻐했던지 이로써 두려움이 가라앉고 사랑이 막힘없이 흘러나왔다. 즉 그들의 믿음은 바라는 것들의 실상이요 확신이었다(11:1).[1] 훗날 부활하여 하나님을 최고로 영원히 즐거워할 때 누릴 온전한 만족과 상을 그들은 현재에 이미 실체로 맛보고 받아들이고 경험하고 느꼈으며, 그 기쁨이 어찌나 컸던지 모든 위험을 무릅쓰고 감옥에 갇힌 이들을 사랑했다. 또 히브리서 전체로 미루어 보아 그들은 이 상과 기쁨이 예수의 죽음을 통해 확보되었음을 알았다(7:27; 9:12; 10:10).

신약에서 그리스도의 복음(용서를 피로 사서서 영원한 기쁨을 소망하게 하시는 기쁜 소식)은 바로 그렇게 믿음과 사랑을 낳는다. 그것이 앞의 17-18장의 논지였다. 그런데 히브리서 11장을 보면 성령의 감동을 입은 기자가 생각하는 믿음과 순종의 이치는 구약에서도 똑같다.

히브리서 11장에 열여덟 번이나 등장하는 "믿음으로"라는 말은 구약 신자들이 복을 받고 순종의 길로 행한 방식으로 묘사된다. "믿음으로 아벨은 …… 더 나은 제사를 하나님께 드림으로"(4절). "믿음으로 에녹은 …… 하나님을 기쁘시게 하는 자라"(5절). "믿음으로 노아는 …… 방주를 준비하여"(7절). "믿음으로 아브라함은 …… 순종하여"(8절). "믿음으로 사라 자신도 …… 잉태할 수 있는 힘을 얻었으니"(11절).

구약에서도
사랑의 뿌리는 믿음이다
—

18장에서 보았듯이 실제로 히브리서 기자는 11장 24-26절에 모세의 사랑 행위를 묘사할 때, 의도적으로 10장 32-35절의 신약의 사랑과 사실상 동일한 역동으로 그려 냈다. 그리스도인들은 더 낫고 영구한 소유를 소망하며 기뻐했고(10:34), 모세는 상 주심을 바라보았다(11:26). 그리스도인들은 재산을 빼앗기더라도 고난당하는 친구들을 섬기기로 했고(10:34), 모세는 "하나님의 백성과 함께 고난받기를" 택했다(11:25).

하나님이 생명에 이르는 철저한 사랑을 낳으시는 방식은 신구약 공히 믿음을 통해서다. 이 믿음은 그리스도 안에서 우리를 위해 약속하신 하나님의 전부로 만족한다는 뜻이다. 순종의 길과 관련하여 구약과 신약에 차이가 있다면, 신약의 우리는 그리스도를, 그리고 그분이 오셔서 고금을 막론하고 모든 시대의 신자가 누리는 모든 선을 어떻게 사셨는지를 더 자세히 안다는 것이다.

이스라엘에 전파된 믿음의 복음

히브리서 기자는 구약의 신앙생활에 대한 요지를 우리가 놓치지 않도록 4장 2절에 놀라운 진술을 내놓는다. 문맥은 다음과 같다.

> 18 또 하나님이 누구에게 맹세하사 그의 안식[근원적 "안식"을 상징하는 약속의 땅]에 들어오지 못하리라 하셨느냐 곧 순종하지 아니하던 자들에게가 아니냐 19 이로 보건대 그들이 믿지 아니하므로 능히 들어가지 못한 것이라 1 그러므로 우리는 두려워할지니 그의 안식에 들어갈 약속이 남아 있을지라도 너희 중에는 혹 이르지 못할 자가 있을까 함이라 2 그들과 같이 우리도 복음 전함을 받은 자이나 들은 바 그 말씀이 그들에게 유익하지 못한 것은 듣는 자가 믿음과 결부시키지 아니함이라(3:18-4:2).

여기서 놀라운 점은 이스라엘 백성의 결정적 잘못이 "믿지 아니함이라"

칭해진 것이라기보다 그들이 받은 메시지가 "복음"(기쁜 소식)이라 칭해졌다는 사실이다(3:19). "그들과 같이 우리도 복음 전함을 받은 자[에스멘 유엔겔리스메노이 카타페르 카케이노이, esmen euēngelismenoi kathaper kakeinoi]이나"(4:2). 다시 말해서 메시아의 강림과 죽음과 부활이 아직 있기 전이라 그들이 우리처럼 다 알 수는 없었지만, 그럼에도 하나님의 속성과 방식과 약속에 대한 계시로 보아 복과 구원과 소망과 최종 기쁨의 길은 곧 명백히 믿음의 길이었다. 이 믿음의 길은 비록 그들이 메시아에 대해 아직 우리만큼 알지 못했어도 그들을 위해 약속하신 하나님의 전부로 만족할 수 있다는 복음이었다.

그래서 모든 구약 설교로 사랑과 최종 구원에 이르는 믿음을 깨워야 한다는 나의 첫째 논거는 히브리서가 그 방향을 가리킨다는 것이다. "게으르지 아니하고 믿음과 오래 참음으로 말미암아 약속들을 기업으로 받는 자들을 본받는 자 되라"고 우리에게 말할 때 기자가 우선 당장 주된 본보기로 떠올린 사람은 아브라함이었다(6:12). "그[아브라함]가 이같이 오래 참아 약속을 받았느니라"(15절). 이렇듯 히브리서는 구약의 강조점이 믿음에 있다는 사도 바울의 인식과 맥을 같이한다. 이제 둘째 논거인 바울의 저작으로 넘어간다.

바울이 예로 든 아브라함

바울도 히브리서처럼 우리에게 모든 구약 설교로 사랑과 최종 구원에 이르는 믿음을 깨워야 한다고 독려한다. 그는 그렇게 독려하는 가장 두드러진 방법으로 아브라함을 모든 그리스도인 신자의 모형이자 조상으로 제시하면서, 모세 율법이 믿음의 삶과 모순되지 않음을 밝힌다.

로마서 4장 전체에 아브라함의 믿음을 기독교 신앙의 틀과 뿌리라고 기록한다. "성경이 무엇을 말하느냐 아브라함이 하나님을 믿으매 그것이 그에게 의로 여겨진 바 되었느니라"(3절). 이어 그는 하나님이 아브라함을 믿음으로 의롭다 하신 때가 할례 이전이었음을 지적하면서 11절에서 "이는 무할례자로서 믿는 모든 자의 조상이 되어 그들도 의로 여기심을 얻게 하려 하심이라"라고 결론짓는다. 즉 할례 대신 그리스도를 믿어 의롭게 되는 모든 이방인 신자를 가리킨다. 아브라함과 공유한 이 믿음은 우리의 의로 여겨질 뿐 아니라 또한 순종하는 삶을 낳는다. 그래서 아브라함은 "아브라함이 무할례 시에 가졌던 믿음의 자취를 따르는 자들에게도" "조상"(12절)이다.

바울이 묘사한 아브라함의 신앙생활을 구약의 하나님 백성 전체에 대한 규범으로 볼 만한 몇 가지 이유가 있다. 아브라함은 구약의 성도 가운데 예외가 아니다. 그 혼자만 독특한 방식으로 칭의와 성화를 얻은 게 아니다. 바울은 그를 고금의 모든 참된 언약 구성원의 모형으로 제시한다. 예컨대 여기 로마서 4장에도 그는 아브라함만 아니라 다윗의 증언까지 곁들여 칭의가 행위에서 나지 않고 믿음으로 말미암음을 입증했다. "일한 것이 없이 하나님께 의로 여기심을 받는 사람의 복에 대하여 다윗이 말한 바 불법이 사함을 받고 죄가 가리어짐을 받는 사람들은 복이 있고 주께서 그 죄를 인정하지 아니하실 사람은 복이 있도다 함과 같으니라"(6-8절).

믿지 못해서 순종하지 못한 이스라엘

구약에서 아브라함과 다윗 같은 믿음의 특수 사례 못지않게 중요한 것이 있다. 이스라엘이 하나님께 순종하지 못한 이유가 믿음에 실패했기 때문이라는 바울의 진술이다. 예를 들어 로마서 11장에서 그는 참이스라엘과 그 백성 개개인을 각각 원래의 감람나무와 그 나무의 각 가지에 비유했다. 그러면서 가지 얼마가 참이스라엘에서 꺾인 이유를 그들의 불신 탓으로 풀이했다. 반면에 "돌감람나무"인 이방인이 참이스라엘에 접붙여질 수 있음은 믿음 때문이었다.

> 또한 가지 얼마가 꺾이었는데 돌감람나무인 네가 그들 중에 접붙임이 되어 참감람나무 뿌리의 진액을 함께 받는 자가 되었은즉 그 가지들을 향하여 자랑하지 말라 자랑할지라도 네가 뿌리를 보전하는 것이 아니요 뿌리가 너를 보전하는 것이니라 그러면 네 말이 가지들이 꺾인 것은 나로 접붙임을 받게 하려 함이라 하리니 옳도다 그들은 믿지 아니하므로 꺾이고 너는 믿으므로 섰느니라 높은 마음을 품지 말고 도리어 두려워하라(롬 11:17-20).

이는 온 구약에서 이스라엘에게 한결같이 무엇을 요구했는지를 포괄적으로 진술했다. 그들에게 요구된 것은 믿음이었다. 이는 일부 구약의 일부 유대인에게만 한정된 진술이 아니라 이스라엘이 어느 면에서 실패했든 간에 그 이유가 "믿지 아니하므로"였다는 종합 평가다.

불신 때문에 율법에 이르지 못했다

구약에서 요구하는 그것을 바울이 총괄적으로 평가한 또 다른 예가 로마서 9장 30-32절에 나온다.

그런즉 우리가 무슨 말을 하리요 의를 따르지 아니한 이방인들이 의를 얻었으니 곧 믿음에서 난 의요 의의 법을 따라간 이스라엘은 율법에 이르지 못하였으니 어찌 그러하냐 이는 그들이 믿음을 의지하지 않고 행위를 의지함이라 부딪칠 돌에 부딪쳤느니라.

그들이 "율법에 이르지" 못한 까닭은 율법의 지향점이 믿음의 삶임을 보지 못했기 때문이다. 모세 율법이 어떻게 오히려 사망과 정죄를 불러왔는지는 나중에 보겠지만, 구약의 전체 정황에서 율법의 취지는 이스라엘을 믿음과 은혜로우신 구속자께로 이끄는 데 있었다. 그런데 본문에 언급된 이스라엘의 실패는 그들이 율법으로 자기 의를 세우려고 힘썼다는 것이다(롬 10:3).

율법 준수 자체는 칭의의 근거가 안 됨을 그들은 보지 못했다. 율법 준수로 칭의를 얻으려면 모든 율법을 다 지켜야 하는데 아무도 능히 그럴 수 없다. 바울이 갈라디아서 5장 2-3절에 한 말이 사실상 그것이다. "보라 나 바울은 너희에게 말하노니 너희가 만일 할례를 받으면 그리스도께서 너희에게 아무 유익이 없으리라 내가 할례를 받는 각 사람에게 다시 증언하노니 그는 율법 전체를 행할 의무를 가진 자라."

다시 말해서 율법을 지켜 하나님 앞에 의로워지기로 한다면 이는 율법 전체를 행할 의무를 수락하는 셈이다. 야고보는 "누구든지 온 율법을 지키다가 그 하나를 범하면 모두 범한 자가 되나니"(약 2:10)라고 표현했다. 율법 준수는 하나님께 받아들여지는 근거로는 가망이 없다. "율법의 행위로써는 의롭다 함을 얻을 육체가 없느니라"(갈 2:16). "무릇 율법 행위에 속한 자들은 저주 아래에 있나니"(3:10). "율법의 행위로 그의 앞에 의롭다 하심을 얻을 육체가 없나니"(롬 3:20).

로마서 9장 32절 "그들이 믿음을 의지하지 않고"에서 바울의 요지는 이 것이다. 이스라엘이 율법의 취지를 바로 알았다면, 그렇게 율법을 지켜 의를 얻으려는 과오를 범하지 않고 하나님이 은혜로 약속하신 구속자를 믿기에 이르렀을 것이다. "율법의 목표는 모든 믿는 자에게 의를 이루시는 그리스도이시기 때문이다"(10:4, 나의 번역).

믿음의 길,

생명의 길

—

지금까지 히브리서와 바울을 통해 보았듯이 구약에서 하나님의 백성에게 요구한 생활 방식은 믿음의 길이다. 하나님의 명령에 순종하는 삶은 사랑으로 압축되며(레 19:18; 롬 13:9), 신약에서와 마찬가지로(롬 1:5; 딤전 1:5) 믿음에서 나오는 순종이다(롬 4:12; 히 11장).

구약 자체도 그렇게 가르치는지를 따져 보면 이 주장을 더 충분히 입증할 수 있다. 앞서 본 대로 히브리서와 바울은 그렇게 가르치는데 그렇다면 구약은 어떤가? 우선 모세오경부터 보자. 흔히 율법서라 불리는 성경의 첫 다섯 책이다. 모세오경이 하나님의 백성에게 명하는 생활 방식의 기초는 하나님의 은혜로운 약속을 믿는 데 있는가, 아니면 칭의의 근거로 율법을 지키는 데 있는가? 이 질문에 답하려면 모세오경 전체를 협의의 모세 율법과 구별하는 게 중요하다. 이런 구분이 모세오경 자체에도 나옴을 잠시 후에 보겠지만, 우선 바울도 그렇게 보았다는 데 주목하라.

> 이 약속들은 [모세오경에] 아브라함과 그 자손에게 말씀하신 것인데 …… 하나님께서 미리 정하신 언약을 사백삼십 년 후에 생긴 율법이 폐기하지 못하고 그 약속을 헛되게 하지 못하리라 만일 그 유업이 율법에서 난 것이면 약속에서 난 것이 아니리라 그러나 하나님이 약속으로 말미암아 아브라함에게 주신 것이라(갈 3:16-18).

바울은 "율법"을 나머지 모세오경(이 경우 아브라함의 이야기가 나오는 창세기 부분)과 구분한다. 따라서 그가 부정적으로 "죽게 하는 …… 직분"(고후 3:7)과 "정죄의 직분"(9절)이라 언급한 "구약"(14절)은 모세오경 전체가 아니며 구약 전체는 더더욱 아니다. 이는 시내산의 언약을 가리키는 말이다. 바로 이를 염두에 두고서 그는 "율법이 들어온 것은 범죄를 더하게 하려 함이라"(롬 5:20), "율법은 진노를 이루게 하나니"(4:15), "율법으로는 죄를 깨달음이니라"(3:20), "율법은 믿음에서 난 것이 아니니"(갈 3:12)라고 말했다.

그러나 율법이 믿음에서 나지 않았다는 바울의 말(12절)은 구약의 정황에서 율법의 취지가 믿음에 어긋나는 생활 방식을 권면하는 것이었다는 말은 아니다. "그러면 율법이 하나님의 약속들과 반대되는 것이냐 결코 그럴 수 없느니라"(21절). 오히려 그는 율법이 칭의의 근거로 쓰일 때(레 18:5; 갈 3:12; 롬 10:5)의 부정적 효과가 사실은 이스라엘에게 그리스도의 필요성과 믿음의 필요성을 보이시기 위해 하나님이 정하신 섭리라고 말한다. 로마서 3장 19-20절에 그는 이를 부정적으로 말한다.

무릇 율법이 말하는 바는 율법 아래에 있는 자들에게 말하는 것이니 이는 모든 입을 막고 온 세상으로 하나님의 심판 아래에 있게 하려 함이라 그러므로 율법의 행위로 그의 앞에 의롭다 하심을 얻을 육체가 없나니 율법으로는 죄를 깨달음이니라.

갈라디아서 3장 22-26절에는 긍정적으로 말한다.

22 성경이 모든 것을 죄 아래에 가두었으니 이는 예수 그리스도를 믿음으로 말미암는 약속을 믿는 자들에게 주려 함이라 23 믿음이 오기 전에 우리는 율법 아래에 매인 바 되고 계시될 믿음의 때까지 갇혔느니라 24 이같이 율법이 우리를 그리스도께로 인도하는 초등교사가 되어 우리로 하여금 믿음으로 말미암아 의롭다 함을 얻게 하려 함이라 25 믿음이 온 후로는 우리가 초등교사 아래에 있지 아니하도다 26 너희가 다 믿음으로 말미암아 그리스도 예수 안에서 하나님의 아들이 되었으니.

"믿음이 오기 전에"(23절)라는 바울의 말은 구약에 구원의 믿음이 없었다는 뜻이 아니다(만일 그렇다면 조금 전에 그가 같은 장 6절에 말한 "아브라함이 하나님을 믿으매 그것을 그에게 의로 정하셨다 함과 같으니라"와 모순된다). 그보다 이는 "이 믿음이 오기 전에"라는 뜻으로, 바로 앞 절(22절)에 언급된 믿음 즉 "예수 그리스도를 믿음"을 가리킨다. 칭의가 율법을 지켜서 되는 게 아니라 구속자를 믿어서 이루어져야 함(24절)을 율법은 이스라엘에게 계속 상기시켰다.

율법에 대한 모세오경의
부정적 관점

—

바울이 이끌어 낸 요점이 모세오경 전체에 이미 밝혀져 있다. 아브라함
의 이야기에서 부각되는 믿음의 삶과 모세 율법 아래서 실패한 이스라엘
사이에 긴장이 존재한다. 이 긴장은 율법 준수를 칭의의 길로 삼지 말라고
경고하면서, 믿음의 삶 쪽으로 주목을 돌리기 위한 것이다. 모세오경에 율
법이 주어지기 전에는 매번 믿음이 긍정적으로(사람들이 믿었다고) 언급된 데
서 그 긴장의 일면을 볼 수 있다.

> 아브람이 여호와를 믿으니 여호와께서 이를 그의 의로 여기시고(창 15:6).

> 여호와께서 모세에게 이르시되 네 손을 내밀어 그 꼬리를 잡으라 그가 손
> 을 내밀어 그것을 잡으니 그의 손에서 지팡이가 된지라 이는 그들에게 그
> 들의 조상의 하나님 곧 아브라함의 하나님 이삭의 하나님 야곱의 하나님
> 여호와가 네게 나타난 줄을 믿게 하려 함이라 하시고(출 4:4-5).

> 백성이 믿으며 여호와께서 이스라엘 자손을 찾으시고 그들의 고난을 살피
> 셨다 함을 듣고 머리 숙여 경배하였더라(31절).

> 이스라엘이 여호와께서 애굽 사람들에게 행하신 그 큰 능력을 보았으므로
> 백성이 여호와를 경외하며 여호와와 그의 종 모세를 믿었더라(14:31).

그들의 대적들은 물로 덮으시매 그들 중에서 하나도 살아남지 못하였도다
이에 그들이 그의 말씀을 믿고 그를 찬양하는 노래를 불렀도다(시 106:11-12).

여호와께서 모세에게 이르시되 내가 빽빽한 구름 가운데서 네게 임함은 내
가 너와 말하는 것을 백성들이 듣게 하며 또한 너를 영영히 믿게 하려 함이
니라(출 19:9).

반대로 모세오경에 율법이 주어진 뒤로는 믿음을 언급할 때마다 실패가
거론된다. 이는 율법의 부정적 효과에 대한 바울의 탄식과 맥을 같이한다.

여호와께서 모세에게 이르시되 이 백성이 어느 때까지 나를 멸시하겠느냐
내가 그들 중에 많은 이적을 행하였으나 어느 때까지 나를 믿지 않겠느냐
(민 14:11).

여호와께서 모세와 아론에게 이르시되 너희가 나를 믿지 아니하고 이스라
엘 자손의 목전에서 내 거룩함을 나타내지 아니한 고로 너희는 이 회중을
내가 그들에게 준 땅으로 인도하여 들이지 못하리라 하시니라(20:12).

이 일에[하나님이 광야에서 너희를 품에 안으셨음에도] 너희가 너희의 하나님 여
호와를 믿지 아니하였도다(신 1:32).

여호와께서 너희를 가데스 바네아에서 떠나게 하실 때에 이르시기를 너희

는 올라가서 내가 너희에게 준 땅을 차지하라 하시되 너희가 너희의 하나
님 여호와의 명령을 거역하여 믿지 아니하고 그 말씀을 듣지 아니하였나니
(9:23).

또한 [고기가 없다고 원망하는] 이스라엘에게 [하나님의] 진노가 불타올랐으니
이는 하나님을 믿지 아니하며 그의 구원을 의지하지 아니한 때문이로다(시
78:21-22. 32절 참조).

그들이 그 기쁨의 땅을 멸시하며 그 말씀을 믿지 아니하고(106:24).

구약에서 모세오경이 하는 역할을 신약에서 갈라디아서가 하는 역할과
같다고 보면, 모세오경을 하나로 묶은 데 함축된 의미를 일부 도출할 수 있
다. 모세오경은 모세 율법(시내산 언약)의 실패가 모세오경의 전체 취지에 맞
아듦을 보여 준다. "모세오경의 취지는 하나님을 믿는 '믿음'을 가르치는 데
있다."²

시편, 하나님이 바라시는 마음을
보여 주는 창
—

바울과 히브리서는 구약 전체에 걸쳐 가르치는 생활 방식이 믿음의 길
이라고 가르쳤는데(롬 9:32; 11:20; 히 11장), 방금 보았듯이 이는 구약 자체의 관

점을 대변한다. 마지막으로 제시할 증거가 하나 더 있다. 시편은 이스라엘의 기도서다. 형식적 의식儀式의 배후에 깔린 내면의 신앙을 거기서 엿볼수 있다. 그러므로 시편은 구약 성도들이 어떻게 마음으로 하나님을 붙잡고 믿음을 실천했는지를 다른 책들보다 더 직접적으로 보여 준다.

시편에는 '하나님을 신뢰한다, 하나님께로 피한다, 하나님을 기다린다, 하나님께 소망을 둔다, 하나님으로 만족한다'는 등의 표현이 넘쳐난다. 그중 몇 군데만 인용할 텐데 모두 구약 설교에 대한 우리의 결론 쪽으로 나아간다. 설교를 통해 청중의 마음을 예수 안에서 우리를 위한 하나님의 전부로 충족시켜 주고, 그리하여 생명에 이르는 사랑의 길로 행할 능력을 입혀 주어야 한다는 것이다.

최고의 믿음,
하나님을 즐거워하는 것

—

시편 37편 3-5절에 보면 주님을 신뢰하고 즐거워하며 그분의 뜻대로 행하는 삶이 온통 하나로 어우러진다.

여호와를 의뢰하고 선을 행하라 땅에 머무는 동안 그의 성실을 먹을거리로 삼을지어다 또 여호와를 기뻐하라 그가 네 마음의 소원을 네게 이루어 주시리로다 네 길을 여호와께 맡기라 그를 의지하면 그가 이루시고.

여호와를 의뢰하고, 선을 행하고, 주의 성실을 양식으로 삼고, 하나님을 기뻐하고, 그분께 길을 맡기는 등 이런 실체의 뭉텅이는 시편이 우리에게 바라는 생활 방식을 대변한다. 선행, 이웃을 자신과 같이 사랑하는 것(레 19:18)은 하나님을 신뢰할 때 흘러나오고, 신뢰는 언제나 단지 하나님의 도움을 의지하는 것 이상이다. 최고의 믿음은 언제나 하나님을 구조자로만 아니라 우리의 상賞으로, 구원자로만 아니라 우리의 즐거움으로 받아들인다.

우리 마음이 그를 즐거워함이여 우리가 그의 성호를 의지하였기 때문이로다(시 33:21).

그런즉 내가 하나님의 제단에 나아가 나의 큰 기쁨의 하나님께 이르리이다(43:4).

나는 오직 주의 사랑을 의지하였사오니 나의 마음은 주의 구원을 기뻐하리이다(13:5).

주께서 주의 복락의 강물을 마시게 하시리이다 진실로 생명의 원천이 주께 있사오니(36:8-9).

물이 없어 마르고 황폐한 땅에서 내 영혼이 주를 갈망하며 내 육체가 주를 앙모하나이다 내가 주의 권능과 영광을 보기 위하여 이와 같이 성소에서 주를 바라보았나이다 주의 인자하심이 생명보다 나으므로 내 입술이 주를 찬양할 것이라(63:1-3).

주를 찾는 자는 다 주 안에서 즐거워하고 기뻐하게 하시며(40:16).

하늘에서는 주 외에 누가 내게 있으리요 땅에서는 주밖에 내가 사모할 이 없나이다 내 육체와 마음은 쇠약하나 하나님은 내 마음의 반석이시요 영원한 분깃이시라(73:25-26).

지금까지 관찰한 히브리서와 바울과 모세오경과 시편에 입각하여, 결론적으로 기독교 설교자는 다음과 같이 할 정당한 근거가 있다. 즉 구약의 어떤 본문이라도 어구에 치열하게 주목하여 실제 내용, 하나님과 인간과 삶에 대해 담겨 있는 풍성한 자원을 본 뒤, 그 자원이 믿음을 지켜 나가는 데 어떤 도움이 되는지를 보여 주면 된다.

다시 말해서, 설교자는 하나님이 인간의 영혼에 최고의 만족이심과 이 넘쳐흐르는 만족의 열매로 최종 구원에 이르는 사랑의 삶이 맺힘을 모든 성경 본문으로 힘써 보여 주어야 한다. 물론 19장과 20장에 보았듯이 이 새로운 삶과 최종 구원은 신자에게 그리스도의 피로 확보되었고, 궁극적 목표는 하나님의 위대하심을 칭송하는 것이다.

끝으로 살펴볼 게 하나 있다. 구약은 새 언약이 이를 날을 약속한다.

> 여호와의 말씀이니라 보라 날이 이르리니 내가 이스라엘 집과 유다 집에
> 새 언약을 맺으리라 이 언약은 내가 그들의 조상들의 손을 잡고 애굽 땅에
> 서 인도하여 내던 날에 맺은 것과 같지 아니할 것은 내가 그들의 남편이 되
> 었어도 그들이 내 언약을 깨뜨렸음이라 여호와의 말씀이니라(렘 31:31-32).

이 새 언약은 하나님의 백성에게 새 마음과 새 영을 가져다준다.

> 내가 그들에게 한 마음을 주고 그 속에 새 영을 주며 그 몸에서 돌 같은 마
> 음을 제거하고 살처럼 부드러운 마음을 주어 내 율례를 따르며 내 규례를
> 지켜 행하게 하리니 그들은 내 백성이 되고 나는 그들의 하나님이 되리라
> (겔 11:19-20).

그 일은 하나님의 영이 친히 역사하심으로써 이루어진다. "또 내 영을
너희 속에 두어 너희로 내 율례를 행하게 하리니"(겔 36:27). 그 기초는 죄 사
함이다. "내가 그들의 악행을 사하고 다시는 그 죄를 기억하지 아니하리
라"(렘 31:34). 그 결과는 하나님을 최고의 보화로 사랑할 줄 아는 영광스러운
능력이다. "네 하나님 여호와께서 네 마음과 네 자손의 마음에 할례를 베푸
사 너로 마음을 다하며 뜻을 다하여 네 하나님 여호와를 사랑하게 하사 너

로 생명을 얻게 하실 것이며"(신 30:6).

이 새 언약은 예수의 피로 사서 가능해졌다. 누가복음 22장 20절에 예수께서 "이 잔은 내 피로 세우는 새 언약이니 곧 너희를 위하여 붓는 것이라"고 말씀하셨다. 우선 이는 구약 성도들이 필히 맛본 새 언약의 전조가 예수의 죽음으로 인한 복의 예고편이었다는 뜻이다. 그들은 그 복을 그분이 오시기 전부터 누렸다.

그러나 예수께서 피로 사신 새 언약에는 이런 뜻도 있다. 즉 우리가 구약을 설교할 때 마치 예수의 피로 세우신 새 언약이 아직도 도래하지 않은 것처럼 한다면, 이는 구약의 의도에 어긋난다. 구약 전체는 그 일만을 고대하고 있었다. 그런데 구약으로 설교할 때 우리가 이미 임한 일을 여태 기다리는 중인 것처럼 한다면 구약 기자들이 틀림없이 경악할 것이다.

그러므로 기독교 설교자는 구약 본문의 모든 내용을 원래의 문맥 속에서 열심히 경청해야 한다. 실제 어구 속으로 깊이 파고들어 금광에 묻힌 보화를 모두 캐낸다. 마침내 보화를 손에 든 그는 그 값을 그리스도께서 이루신 일에서 찾아내, 그 광채로 하나님을 영화롭게 하는 것이다. 그리스도는 성도를 위해 이를 피로 사셨고, 하나님은 이 보화의 근원이자 목표이시다. 나아가 설교자라면 누구든지 믿을 사람에게 이를 온전한 만족을 주는 우주의 보화로 제시하고, 생명으로 인도하는 사랑의 길을 가리켜 보여야 한다.

맺음말

더없이 위험하고
더없이 영광스러운 소명

강해의 희열은 독특한 소통 방식이다. 세상에서 들여다가 교회에 유용하는 것도 아니고, 세상이 교회에서 가져다가 자기네 목적을 위해 쓸 수도 없다. 이는 세상 그 무엇과도 다르며, 달라도 근본적으로 다르다.

독보적 존재

우선 하나님이 계시다. 또 창조와 구속과 섭리 등 그분이 세상에 하시는 일과 그분의 방식이 있다. 또 그분의 책이 있다. 무오한 책 성경은 한낱 인간들이 썼지만 성령의 감화로 이루어졌다. 또 하나님의 부르심, 섭리의 신비, 가정, 교회, 갈망, 즐거움, 의무 등이 있다. 그래서 설교자가 생겨난다.

설교자는 땀 흘리고 기도하며 설교를 준비한다. 본문의 닫힌 문을 쾅쾅 두드리면 마침내 '삐걱' 하고 열리며 빛줄기가 비쳐 든다. 그래서 진리와 지혜의 능력을 본다. 기쁨의 웃음과 회개의 눈물 속에서 영광을 맛본다. 온종일은 물론이고 필요하다면 밤새도록이라도 이성과 상상력을 구사하며 기도하고 끙끙댄다. 진리의 밝고 어두운 실 가닥을 꼬아 누구라도 이해할 만한 피륙을 짠다. 청중을 감싸 안을 메시지다.

마침내 기도하고 또 기도하는 가운데 설교자는 입을 열어 재앙과 영광을 선포한다. 설명하고 부연하고 보여 주고 경탄하고 기뻐하고 희열하고 제시하고 호소하며 눈을 맞춘다. 시종 완전히 몰입한다. 하나님의 은혜로 찬란한 진리 안에 자신을 완전히 잊어버린다. 다 끝난 후의 영원한 열매와 피로감과 감사는 하나님만이 아신다. 그러고 나면 전체 과정이 다시 시작된다. 그 어떤 일도 여기에 비할 수 없다. 강해의 희열은 독보적 존재다.

—

전도에 쓰이는 본질적 가치로 보건대 강해의 희열은 예배로 모이는 자기 백성을 위해 하나님이 고안하신 선물이다. 하나님을 높이는 "예배"라는 기적에 이처럼 아름답게 합당한 담화 방식은 다시없다.

하나님은 자신을 자기 아들의 영원한 형상대로 온전히 아시는 분으로 존재하신다. 또 자신이 아시는 아들에게 무한한 기쁨의 대상으로 존재하신다. 이렇게 영광을 아시고 영광을 사랑하시는 하나님의 피조물인 우리도 그분의 형상대로 지음받았다. 우리도 하나님을 알고 그분을 기뻐하기 위해 존재한다. 즉 그분의 영광을 보고 맛보고 드러내기 위해 존재한다. 이게 인간의 본질이다.

하나님을 보고 맛보고 드러내는 사람들이 한곳에 모여 마음과 사고와 목소리를 합해 그분을 드높이는 일은 기적이다. 이 기적이 발전하여 머잖아 공예배의 기적이 탄생한다. 그 기적에 불을 붙여 타오르게 하고자 성령께서 쓰시는 불가결한 불꽃의 하나가 곧 하나님 말씀의 설교다. 예배의 빛과 열기는 은혜로 말미암아 퍼져 나간다. 설교자는 와서 "켜서 비추인다". 설교를 통해 예배하고 예배를 깨운다. 설교자는 와서 하나님의 아름다움과 진리를 보고 맛보고 드러낸다. 진리의 강해와 따뜻한 희열로 넘쳐난다.

하나님을 맛보는 것 자체가
예배의 목표다

—

　성경에 푹 적셔져 그리스도를 높이고 하나님을 중시하는 예배는 그 자체가 목표이며 하나님을 기쁘시게 한다. 우리가 예배 중에 즐거워하는 하나님은 예산을 조달하는 수단이 아니다. 우리를 떨게 하는 그분의 임재는 정치적 영향력을 행사하는 수단이 아니다. 우리가 희열하는 하나님의 능력은 방문자들을 감동시키는 것이 목적이 아니다. 하나님 자신이 목표다. 그분을 기뻐함이 우리의 목표다. 그렇지 않으면 우리가 기뻐하는 대상은 그분이 아니다.

　그러나 이 시간, 예배로 하나님을 만나는 진정한 기적의 시간의 파급 효과는 헤아릴 수 없이 깊고 넓다. 이렇게 하나님을 만나는 덕분에, 그리고 성령께서 기름 부으시는 강해의 희열 덕분에 수많은 문제가 청중의 삶에 생겨나기도 전에 해결된다. 의식적으로 심사숙고하지 않는데도 수많은 결정이 좋은 쪽으로 내려진다. 수많은 관계의 파탄이 미연에 방지된다. 수많은 마음이 하나님의 임재 안에 녹아져 여태 불가능하던 순종이 갑자기 가능해 보인다. 예를 들어 "미안합니다, 내 잘못입니다" 같은 말도 할 수 있다. 그런데 우리가 모인 목적은 이것이 아니다. 우리는 하나님을 보고 맛보려고 모인다. 그분이 목표다. 그분을 수단으로 삼으려 하면 그때부터 예배가 죽는다.

모든 것에 영향을 미치는 설교

—

설교와 예배가 교회 생활의 전부는 아니다. 어린이와 청년, 남자와 여자, 독신자와 기혼자, 비탄에 잠긴 이와 노인 등을 위한 값진 사역이 수없이 많다. 믿지 않는 세상으로 다가갈 수 있는 길도 무수히 많고, 하늘에 계신 우리 아버지의 영광을 드러낼 선행도 얼마든지 많다. 소그룹으로 모여 서로 격려하고 기도하고 돌보는 방식도 생각보다 많다. 설교자는 이를 알기에 교인들에게 설교만 있으면 된다는 식으로 행세하지 않는다.

그러나 설교자가 강해의 희열에 실패하면 모든 사역이 고전한다. 영혼을 채워 줄 하나님의 말씀이 명확하고 충실하고 능력 있게 전해지지 않아 공예배가 생기 없이 시들해지면 그렇게 된다. 설교가 전부는 아니지만 모든 것에 영향을 미친다. 설교는 교회에서 진리의 나팔이다. 모든 사역과 모든 가정에 메아리쳐 기쁨과 힘과 사랑과 인내를 북돋거나 그렇지 않거나 둘 중 하나다. 자동차 엔진이 다 멀쩡해도 점화 플러그가 제때 작동하지 않으면 차 전체가 흔들리거나 정지한다.

무엇으로도 대체될 수 없는 설교

—

무엇으로도 설교를 대체할 수 없다. 물론 독서도 좋다. 좋은 책에 깊은 영향을 받아 보지 않은 사람이 누가 있겠는가? 강연과 토론과 연극과 시와 영화와 그림도 힘이 있다. 그러나 다른 무엇으로든 설교를 대체하려 하면

조만간 실패하게 되어 있다.

그동안 설교를 대체하려는 실험이 꽤 있었다. 소외되고 환멸에 빠진 이들이 이런 실험에 몰려든다. 그러나 그런 시도는 몇 년 만에 소멸한다. 그 사이에 설교는 수십 년을 넘어 수십 세기째 계속된다. 왜 그럴까? 하나님이 설교를 독특하게 창조하여 그분의 말씀을 구현하도록 기름 부으셨기 때문이다. 설교로 그분의 영광과 가치를 설명하고 높이도록 정하셨기 때문이다.

주께서 오늘 당신 곁에 서신다

하나님이 당신을 설교자로 부르셨다면 이는 인간적으로 불가능한 직무다. 설교는 예배이며, 또한 예배를 깨우는 것이다. 그런데 예배도 예배를 깨우는 일도 단지 의지가 아니라 기적이다. 우리의 의지대로 감동할 수 없듯이 예배도 우리 의지대로 되지 않는다. 이는 하나님이 하시는 일이다. 친히 우리의 눈을 뜨게 하여 최고의 감동을 보게 하셔야 한다. 당신을 부르신이는 미쁘시니 그분이 또한 이루신다. 최선의 때와 최악의 때를 지나온 내 40년의 말씀 사역을 통해 증언하거니와, 하나님은 그분의 영광과 청중의 거룩한 행복을 위해 예수의 피로 어떻게든 말씀을 밝히려는 설교자를 즐거이 도우신다. 그분이 당신을 도우신다.

"여호와의 친밀하심이 그를 경외하는 자들에게 있음이여 그의 언약을 그들에게 보이시리로다"(시 25:14). 이 소명을 받아들여 그분을 경외하고 신뢰하면 당신은 무엇과도 다른 친밀함을 알게 된다. 다른 무슨 수로도 보이지 않았을 것들을 그분이 친히 가르쳐 보여 주신다. 당신에게 기적을 베푸신다. 말씀 앞에 온종일 헛수고만 하여 밤늦게 무릎 꿇고 눈물 흘리며 애달파할 때, 한순간 섬광처럼 본문의 실체가 눈에 보인다. 본문의 조홧속이 순식간에 깨달아진다. 이는 선물이다. 그분이 당신에게 반드시 알려 주신다. 매번 수없이 그리하신다. 그분의 영광과 청중의 유익을 위해 예수의 이름으로 감당하는 당신의 수고는 결코 헛되지 않다.

이 순간, 이 큰 무리, 이 작은 모임, 이 껄끄러운 주제, 이 난해한 본문 앞에 나 역시 나의 부족함으로 떨었던 적이 얼마나 많은지 모른다. 그래도 그분의 말씀이 결코 헛되이 돌아오지 않을 줄을 믿고 담대히 나아가면 매번 그분이 내 곁에 함께 서 계셨다. 그분은 신실하시다. "주께서 내 곁에 서서 나에게 힘을 주심은 나로 말미암아 선포된 말씀이 온전히 전파되[게] ……하려 하심이니"(딤후 4:17).

당신에게도 똑같이 해 주실 것이다. 당신이 십자가를 확신하고 청중을 사랑하며 하나님의 가치와 아름다움을 자랑하는 가운데 그분을 신뢰하고 말씀에 철저히 몰입한다면 말이다.

위대하고도 위험한 직무

하나님의 부르심은 다 선하다. 물론 지극히 작은 일일지라도 어떤 소명에든 충실한 사람이 천국에서는 큰 자다. "누구든지 첫째가 되고자 하면 뭇사람의 끝이 되며 뭇사람을 섬기는 자가 되어야 하리라"(막 9:35). 그러나 수

많은 사람을 돕거나 해칠 수 있는 잠재력 때문에 특별히 더 위험하고 그만큼 더 영광스러운 소명이 있다. "내 형제들아 너희는 선생[또는 설교자] 된 우리가 더 큰 심판을 받을 줄 알고 선생[또는 설교자]이 많이 되지 말라"(약 3:1).

이 부르심을 듣고 받아들이면 당신은 위대하고도 위험한 직무에 돌입한다. 왕이 친히 보호하고 권한을 주지 않는 한 왕의 대사는 적의 영토에서 안전하지 못하다. 하지만 우리의 목표는 안전이 아니다. 우리 왕께서 뜻하신 기간 동안 우리를 지키시며 또한 쓰신다. 그거면 최적의 근무 연한이다. 페르시아 선교사 헨리 마틴(Henry Martyn)의 말대로 우리는 직무가 끝날 때까지 불멸이다. 물론 마틴도 동의하겠지만 직무가 끝나 이 땅을 떠난 후로도 우리는 불멸이다.

내 40년의 설교를 되돌아보며 증언하는데, 설교를 위한 모든 수고와 희생이 가치가 있었다. 이 책이 당신 곁에 머물며 수시로 강해의 희열에 성령의 불꽃을 피우는 불쏘시개 역할을 하기를 바라고 기도한다.

주

머리말

1. Martyn Lloyd-Jones, *Preaching and Preachers* (Grand Rapids, MI: Zondervan, 1971), 9. 마틴 로이드 존스, 《설교와 설교자》(복있는사람 역간).

2. 다음 책에 인용되어 있다. Christopher Catherwood, *Five Evangelical Leaders* (Wheaton, IL: Harold Shaw, 1985), 170. 크리스토퍼 캐서우드, 《5인의 복음주의 지도자들》(엠마오 역간).

1부

1. 우리는 왜 '예배'하는가

1. 호주 시드니의 무어신학교(Moore Theological College)에서 신약을 강의했던 데이비드 피터슨(David Peterson)은 이런 현실을 개탄했다. 그가 지적했듯이 예배라는 말이 삶 전체가 아니라 전례 행위만을 지칭하면서, 이런 왜곡에 대한 반작용으로 "많은 사람이 예배라는 말을 교회 생활에 아예 적용하지 않고 폐기한 것 같다. 그 여파로 교제와 상호 격려를 위한 모임이 강조된 반면, 함께 하나님을 만나려는 분명한 기대감은 거의 사라졌다." http://sydneyanglicans.net/blogs/ministrythinking/a_church_without_worship, 2017년 6월 23일 접속.

2. 다음 책을 참조하라. John Piper, *Let the Nations Be Glad: The Supremacy of God in Missions*, 제3판 (Grand Rapids, MI: Baker Academic, 2010), 7장 "전 세계에 미치는 예배의 내적 단순성과 외적 자유," 239-254. 존 파이퍼, 《열방을 향해 가라》(좋은씨앗 역간).

3. 앞의 2번 주석을 참고하라.

2. 우리는 왜 '모여서' 예배하는가

1. Justin Martyr, *The Apostolic Fathers with Justin Martyr and Irenaeus*, Alexander Roberts, James Donaldson, & A. Cleveland Coxe 편집, 제1권 The Ante-Nicene Fathers (Buffalo, NY: Christian Literature Co., 1885), 67장 "The First Apology of Justin," 185-186.

2부

3. 설교, 강해의 희열이다

1. John Stott, *Between Two Worlds: The Art of Preaching in the Twentieth Century* (Grand Rapids, MI: Eerdmans, 1982), 125-126, 강조 추가. 존 스토트, 《현대 교회와 설교》(생명의샘 역간).

2. ESV에는 유앙겔리조마이가 "전도하다"(행 5:42; 고전 9:18), "복음을 전하다"(눅 9:6; 롬 1:15), "기쁜 소식을 전하다"(행 8:12; 롬 10:15), "좋은 소식을 가져오다"(눅 1:19; 2:10) 등 다양한 문구로 번역되었다.

3. G. P. Hugenberger, *The International Standard Bible Encyclopedia*, 개정판, Geoffrey W. Bromiley 편집 (Grand Rapids, MI: Eerdmans, 1979-1988), "Preach," 941.

4. 같은 책, 942.

5. 이에 대한 훨씬 자세한 고찰은 다음 책을 참조하라. John Piper, *A Peculiar Glory: How the Christian Scriptures Reveal Their Complete Truthfulness* (Wheaton, IL: Crossway, 2016), 제2부 "우리가 믿는 성경은 어떤 책인가," 39-87. 존 파이퍼, 《존 파이퍼의 성경과 하나님의 영광》(두란노 역간).

6. 물론 목회서신에 목사가 교인에게 말하는 방식을 가르침 외에 다른 단어로도 표현했다. 목사는 권하고(딤전 5:1), 기억하게 하고(딤후 2:14), 권면하고(딛 2:15), 꾸짖고(딤전 5:20), 배우게 하고(딛 3:14), 그 밖에도 더 해야 한다. 나는 이를 축소하거나 무시해야 한다고 주장하는 게 아니다. 다른 성경적 권고가 중요하지 않다는 말이 아니라 설교의 중요성을 강조하는 것뿐이다. 그런 것들도 설교와 나란히 제 역할이 있으며, 설교의 일부이기도 하다.

7. "하나님과 그리스도 예수와 택하심을 받은 천사들 앞에서 내가 엄히 명하노니 너는 편견이 없이 이것들을 지켜 아무 일도 불공평하게 하지 말며"(딤전 5:21).

4. 설교, 예배를 깨우면서 그 자체로 예배다

1. Edwin Charles Dargan, *A History of Preaching*, 제1권 (New York: Hodder & Stoughton, 1905), 20-21. 에드윈 C. 다아간, 《설교의 역사》(솔로몬 역간).

2. 같은 책. 에드윈 C. 다아간, 《설교의 역사》(솔로몬 역간).

3. 3장 86-89쪽을 참조하라.

4. 요한복음 5장 35절에 대한 자세한 묵상과 특히 "켜서"와 "비추이는"이 설교에 시사하는 의미는 다음 책을 참조하라. Jonathan Edwards, *The Works of Jonathan Edwards*, Wilson H. Kimnach & Harry S. Stout 편집, 제25권 *Sermons and Discourses*, 1743-1758 (New Haven, CT: Yale University Press, 2006), "The True Excellency of a Minister of the Gospel," 82-102.

5. Richard N. Longenecker, *Galatians*, 제41권, Word Biblical Commentary (Dallas: Word, 1998), 101. 리처드 N. 롱에네커, 《갈라디아서: WBC 성경주석 41》(솔로몬 역간).

6. 바울은 그리스도의 얼굴에 있는 하나님의 영광을 말할 때도 있고(고후 4:6) 하나님의 형상이신 그리스도의 영광(고후 4:4)을 말할 때도 있다. 이 영광은 둘이 아니라 하나다. 우리도 때에 따라 하나님의 영광이라 칭할 수도 있고 그리스도의 영광이라 칭할 수도 있다.

5. 설교, '삼위일체 하나님'의 속성과 맞닿아 있다

1. Jonathan Edwards, *The Works of Jonathan Edwards*, Sang Hyun Lee & Harry S. Stout 편집, 제21권 *Writings on the Trinity, Grace, and Faith* (New Haven, CT: Yale University Press, 2003), "삼위일체론," 113-131. (이번 장에 나오는 에드워즈의 여러 인용문은 이 책을 편집한 이상현의 《삼위일체, 은혜 그리고 믿음》(대한기독교서회 출간)을 참조하고 일부 문구를 옮겨 왔다—옮긴이주.)

2. 같은 책, 131, 강조 추가.

3. 같은 책, 116.

4. 같은 책.

5. 같은 책, 117.

6. 같은 책, 121.

7. C. S. Lewis, *Beyond Personality* (New York: Macmillan, 1948), 21-22.

8. Jonathan Edwards, *The Works of Jonathan Edwards*, Thomas Schafer 편집, 제13권 The "Miscellanies" (New Haven, CT: Yale University Press, 1994), 495, Miscellany 448, 강조 추가. 아울러 Miscellany 87, pp. 251-252, Miscellany 332, p. 410, Miscellany 697(이 전집에는 없음)도 참조하라.

9. Jonathan Edwards, *The Works of Jonathan Edwards*, Harry S. Stout & C. C. Goen 편집, 개정판, 제4권 *The Great Awakening* (New Haven, CT: Yale University Press, 2009), 387. 조나단 에드워즈, 《부흥론》(부흥과개혁사 역간).

3부

6. 설교, 일상을 바꾸는 초자연적인 기적

1. 디모데후서 4장 2절의 문맥을 자세히 다룬 이 책 3장의 83-86쪽을 참조하라.

7. 설교, 성령 안에서 믿음으로만 할 수 있다

1. John Piper, *Reading the Bible Supernaturally: Seeing and Savoring the Glory of God in Scripture* (Wheaton, IL: Crossway, 2017), 179-390. 존 파이퍼, 《존 파이퍼의 초자연적 성경 읽기》(두란노 역간).

2. C. H. Spurgeon, *The Metropolitan Tabernacle Pulpit Sermons*, 제9권 (London: Passmore & Alabaster, 1863), "The Rainbow," 364.

3. 한 집회 전체에서 이 역설만 집중 조명한 후 묶어 낸 짤막한 책이 있다. John Piper & David Mathis 편집, *Acting the Miracle: God's Work and Ours in the Mystery of Sanctification* (Wheaton, IL: Crossway, 2013).

4. Jonathan Edwards, *The Works of Jonathan Edwards*, Sang Hyun Lee & Harry S. Stout 편집, 제21권 *Writings on the Trinity, Grace, and Faith* (New Haven, CT: Yale University Press, 2003), 251, 강조 추가.

4부

8. '명쾌한 사고'와 '논리적 일관성'을 갖추라

1. 교육받을 기회가 없는 사람도 세상에 무수히 많고 글을 깨치지 못한 사람도 많다. 그런 정황에서 강해의 희열에 임할 때는 조정이 필요하지만 그래도 성경 강해는 가능하다. 다만 이번 장에서는 읽고 쓰는 기초 능력과 정신 기능을 전제로 했다. 청중 가운데 지적 장애가 있는 사람이 있을 경우 목사는 이를 인지하고 그들의 유익을 위해 조정해야 할 수도 있다. 그러나 어린아이나 지적 장애가 있는 사람이라 해서 강해의 희열에서 유익을 얻지 못하리라고 성급히 단정해서는 안 될 것이다.

2. 그리스도를 섬기는 인간 사고의 본질과 성경적 기초와 목표를 다음 책에서 깊이 고찰했다. John Piper, *Think: The Life of the Mind and the Love of God* (Wheaton, IL: Crossway, 2010). 존 파이퍼, 《존 파이퍼의 생각하라》(IVP 역간).

3. 인간의 노력과 하나님의 선물에 대해서는 다음 책에 더 자세히 논했다. John Piper, *Reading the Bible Supernaturally: Seeing and Savoring the Glory of God in Scripture* (Wheaton, IL: Crossway, 2017). 존 파이퍼, 《존 파이퍼의 초자연적 성경 읽기》(두란노 역간). 그 책의 사상을 여기에 일부 차용했다.

4. Benjamin Warfield, "The Religious Life of Theological Students," 출전: *The Princeton Theology*, Mark Noll 편집 (Grand Rapids, MI: Baker, 1983), 263.

5. Daniel Taylor, *Death Comes for the Deconstructionist* (Eugene, OR: Wipf & Stock, 2015). 이 책에 대한 나의 본격 비평을 다음 웹사이트에서 볼 수 있다. http://www.desiringgod.org/articles/who-killed-postmodernism.

6. 같은 책.

7. 다음 책의 한 장에 이 주제를 다루었다. Piper, *Think*, 3장 "생각하기란 무엇인가?" 41-56. 존 파이퍼, 《존 파이퍼의 생각하라》(IVP 역간).

8. 불합리한 추론(non sequitur; 라틴어로 "귀결되지 않는다"라는 뜻)은 전제나 증거에서 귀결되지 않는 결론을 가리킨다. 가장 명백한 부류는 다음과 같이 순전히 논리상의 불합리한 추론이다. "모든 말은 다리가 넷이다. 개도 다리가 넷이다. 그러므로 개는 말이다." 그러나 신중하고 겸손한 리더십과 설교를 위협하는 다른 부류가 실용부터 신학에 이르기까지 무수히 많다. "올해는 크리스마스가 일요일이다. 그러므로 아침 예배를 드릴 필요가 없다." "인간의 모든 행동을 하나님이 주관하신다. 그래서 인간은 책임이 없다." "인간은 책임지는 존재다. 그러므로 하나님이 인간의 모든 행동을 결정적으로 주관하실 수 없다." "하나님은 매사에 친절하시다. 그러므로 진노의 하나님이 아니다." "구원은 은혜로 받는다. 그래서 행위에 따른 심판은 있을 수 없다." "성경에 일부다처가 허용되어 있다. 그러므로 오늘의 교회에도 허용되어야 한다." "하나님은 우리의 모든 필요를 채우기로 약속하셨다. 그러므로 신자는 절대로 굶을 일이 없다." "그리스도인은 명령대로 늘 기뻐해야 한다. 그러므로 잃어버린 영혼 때문에 슬퍼하는 것은 죄다." "하나님은 자비로우신 분이다. 그러므로 내 아이를 데려가실 수 없다." "예수께서 다른 뺨도 돌려 대라고 하셨다. 그러므로 자녀에게 회초리를 드는 것은 잘못이다." "파이퍼는 논리적 일관성을 중시한다. 그러므로 설교를 지성의 일로만 생각하는 게 틀림없다." 예를 들자면 한이 없다. 그중 어떤 추론도 논리적으로 귀결되지 않으며 전부 불합리한 추론이다. 설교자가 "불합리한 추론 사절!"이라는 요건에 겸손히 순응하여 거기서 해방된다면 회중에게 얼마나 큰 복이 될까!

9. 성경 본문의 논증을 어떻게 따라갈 것인지에 대한 내 생각을 다음 책에 밝혔다. Piper, *Reading the Bible Supernaturally*, 25-29장, 350-390. 존 파이퍼, 《존 파이퍼의 초자연적 성경 읽기》(두란노 역간).

9. '창의적 언변'에 힘쓰라

1. Benjamin B. Warfield, "Calvin and the Bible," 출전: *Selected Shorter Writings of Benjamin B. Warfield*, 제1권, John E. Meeter 편집 (Phillipsburg, NJ: Presbyterian & Reformed, 1970). 다음 잡지에 처음 발표된 글이다. *The Presbyterian*, 1909년 6월 30일, 7-8.

2. John Donne, *The Sermons of John Donne*, George R. Potter & Evelyn M. Simpson 편집 (Berkeley, CA: University of California Press, 1953-1962), 6:55.

3. Martin Luther, *A Commentary on St. Paul's Epistle to the Galatians* (Westwood, NJ: Revell, 1953), 369-370.

4. Harry Stout, *The Divine Dramatist* (Grand Rapids, MI: Eerdmans, 1991), 104, 강조 추가.

5. Jonathan Edwards, *The Works of Jonathan Edwards*, 제2권 (Edinburgh: Banner of Truth Trust, 1974), 1:cxc.

6. 다음 책에 인용되어 있다. John Stott, *Between Two Worlds: The Art of Preaching in the Twentieth Century* (Grand Rapids, MI: Eerdmans, 1982), 325. 존 스토트, 《현대 교회와 설교》(생명의샘 역간).

7. Denis Donoghue, *On Eloquence* (New Haven, CT: Yale University Press, 2008), 3.

8. 같은 책, 148.

9. 같은 책, 136, 강조 추가.

10. "내가 알기로 웅변을 가장 강력하게 거부한 말은 '사탄아, 내 뒤로 물러가라'라는 그리스도의 말이다." 같은 책, 143.

11. John Wilson, "Stranger in a Strange Land: On Eloquence," www.christianitytoday. com/bc/2008/001/9.9.html, 2008년 9월 29일 접속.

12. "양갓집 출신의 똑똑한 권력 계층에서 전형적으로 출현한 소피스트들은 수사학을 중시하는 정예주의 교육 제도를 통해 그 계층을 영구화했다. 자랑을 일삼는 게 소피스트 운동의 큰 죄였기에 …… 바울은 지혜와 지위와 공적을 자랑하지 말라던 예레미야의 말을 주요 본문으로 삼아 이처럼 고린도의 소피스트 운동을 비판했다." Bruce Winter, *Philo and Paul among the Sophists: Alexandrian and Corinthian Responses to a Julio-Claudian Movement*, 재판 (Grand Rapids, MI: Eerdmans, 2002), 253-254.

13. 예컨대 고린도전서 1장 25절은 "하나님의 어리석음"과 "하나님의 약하심"을 긍정적으로 언급했기 때문에 의도적인 충격 효과 면에서 좋은 언변이다.

14. "필로는 '소피스트'(소피스테스)만 42회, 파생어를 52회 언급하면서 소피스트 운동에 대해 아주 많은 말을 했다." Winter, *Philo and Paul*, 7. "의심의 여지없이 …… 소피스트들과 그 문하생들이 고린도에서 두각을 드러내며 그 도시의 삶에 중요한 역할을 했다." 같은 책, 140.

15. 고린도에 소피스트 운동이 있었음을 알려 주는 여섯 가지 문헌이 윈터의 책에 나와 있다. Winter, *Philo and Paul*, 7-9.

16. 같은 책, 141.

17. 같은 책, 144 주16.

18. 같은 책, 253.

19. "자랑을 일삼는 게 소피스트 운동의 큰 죄였다." 같은 책.

20. 다음 책에 인용되어 있다. Stott, *Between Two Worlds*, 325.

21. Stout, *The Divine Dramatist*, 228.

22. 같은 책.

23. C. S. Lewis, *Letters to Children*, 1956년 6월 26일자 편지, 3-7문단, 64. C. S. 루이스, 《루이스가 나니아의 아이들에게》(홍성사 역간). 다음 책에 인용되어 있다. Wayne Martindale & Jerry Root, *The Quotable Lewis* (Wheaton, IL: Tyndale, 1989), 623.

24. 같은 책, 623-624.

25. 그 강연은 "그리스도인의 언변은 존재하는가? 명쾌한 말과 십자가의 경이"라는 제목으로 다음 책에 처음 수록되었다. John Piper & Justin Taylor 편집, *The Power of Words and the Wonder of God* (Wheaton, IL: Crossway, 2009), 65-80. 존 파이퍼, 《당신의 입을 거룩하게 하라》(두란노 역간). 이번 장은 그 강연을 다듬은 것이다.

5부

10. 본문에 심긴 '실체' 속으로 뚫고 들어가라

1. 이 내용은 다음 책에 자세히 설명하고 논증했다. John Piper, *Reading the Bible Supernaturally: Seeing and Savoring the Glory of God in Scripture* (Wheaton, IL: Crossway, 2017), 제1부. 존 파이퍼, 《존 파이퍼의 초자연적 성경 읽기》(두란노 역간).

2. 3장을 참조하라.

3. 성경신학 애호가는 여기서 비판당하는 기분이 들 수 있는데 그럴 필요 없다. 성경의 의미를 찾아내 기술하려는 모든 크고 작은 방법(내가 쓰는 방법까지 포함해서)에 비해 성경신학 분야가 이 문제에 더 취약할 것도 없고 덜 취약할 것도 없다. 내가 강조하려는 바는 "사랑, 하나님 나라, 언약, 성전, 영광, 하나님" 같은 단어나 개념이 작게는 구문에 들어맞음을 깨달을 때 크게는 성경신학의 흐름에 들어맞음을 깨달을 때 지적인 쾌감이 찾아올 수 있으나 그 쾌감이 곧 "사랑, 하나님 나라, 언약, 성전, 영광, 하나님"의 실체에 대한 영적인 깨달음은 아닐 수도 있다는 것이다.

4. 다음 책에 인용되어 있다. Douglas Sweeney, *Edwards the Exegete: Biblical Interpretation and Anglo-Protestant Culture on the Edge of the Enlightenment* (New York: Oxford University Press, 2016), 193-194, 강조 추가. (마스트리히트의 이 설교론은 《개혁주의 표준 설교법》으로 기독교문서선교회에서 출간되었다―옮긴이주.)

11. 실체가 어떻게 본문 속에 빛나는지 '보여 주라'

1. William Bradbury, "My Hope Is Built: The Solid Rock," 1836년, http://cyberhymnal. org/htm/m/y/myhopeis.htm. 우리말 찬송가 〈이 몸에 소망 무엔가〉 3절.

2. 성경이 완전한 진리임을 어떻게 알 수 있는지 다음 책에 설명했다. John Piper, *A Peculiar Glory: How the Christian Scriptures Reveal Their Complete Truthfulness* (Wheaton, IL: Crossway, 2016). 존 파이퍼, 《존 파이퍼의 성경과 하나님의 영광》(두란노 역간).

3. W. A. Criswell, *Why I Preach That the Bible Is Literally True*, Library of Baptist Classics (Nashville, TN: B&H, 1995).

6부

12. 성경 기자의 포괄적 실체관에 입각해 본문을 보라

1. 성경이 하나님의 감동으로 기록되었다는 사실이 그런 통일성을 암시한다. 내가 이렇게 믿는 기초에 대해서는 다음 책을 참조하라. John Piper, *A Peculiar Glory: How the Christian Scriptures Reveal Their Complete Truthfulness* (Wheaton, IL: Crossway, 2016). 존 파이퍼, 《존 파이퍼의 성경과 하나님의 영광》(두란노 역간).

2. 기자의 의미 중 "필연적 함의"도 그의 의도에 포함되는데, 이를 다룬 논의는 다음 책을 참조하라. John Piper, *Reading the Bible Supernaturally: Seeing and Savoring the Glory of God in Scripture* (Wheaton, IL: Crossway, 2017), 318-319. 해당 단락의 제목은 "기자의 의미는 그가 의식한 것 이상일 수 있을까?"이다. 존 파이퍼, 《존 파이퍼의 초자연적 성경 읽기》(두란노 역간).

3. Owen Barfield, "Preface," 출전: *The Taste of the Pineapple*, Bruce L. Edwards 편집 (Bowling Green, OH: Popular Press, 1988), 2.

13. '하나님의 영광'을 설교하라

1. Jonathan Edwards, *The Works of Jonathan Edwards*, Paul Ramsey 편집, 제8권 *The Dissertation Concerning the End for Which God Created the World* (New Haven, CT: Yale University Press, 1989), 526, 531. 조나단 에드워즈, 《조나단 에드워즈가 본 천지 창조의 목적》 (솔로몬 역간).

2. 4장에 이미 이 점을 논증했다. 더 자세한 설명과 변호는 다음 여러 책에 나온다. John Piper, *Desiring God: Meditations of a Christian Hedonist*, 개정판 (Sisters, OR: Multnomah, 2011). 존 파이퍼, 《하나님을 기뻐하라》(생명의말씀사 역간). *When I Don't Desire God: How to Fight for Joy*, 개정판 (Wheaton, IL: Crossway, 2013). 존 파이퍼, 《하나님을 기뻐할 수 없을 때》 (IVP 역간). *God Is the Gospel: Meditations on God's Love as the Gift of Himself*, 개정판 (Wheaton, IL: Crossway, 2005). 존 파이퍼, 《하나님이 복음이다》(IVP 역간). *God's Passion for His Glory: Living the Vision of Jonathan Edwards* (Wheaton, IL: Crossway, 2006). 존 파이퍼, 《하나님의 영광을 위한 하나님의 열심》(부흥과개혁사 역간).

3. Jonathan Edwards, *The Works of Jonathan Edwards*, Thomas Schafer 편집, 제13권 The "Miscellanies" (New Haven, CT: Yale University Press, 1994), Miscellany #448, 495, 강조 추가, 아울러 Miscellany 87, pp. 251-252, Miscellany 332, p. 410, Miscellany 697도 참조 하라.

14. 그분의 영광을 명확히 보고 사랑하게 설교하라

1. John Piper, *Reading the Bible Supernaturally: Seeing and Savoring the Glory of God in Scripture* (Wheaton, IL: Crossway, 2017), 65-97. 존 파이퍼, 《존 파이퍼의 초자연적 성경 읽기》(두란노 역간).

2. 4장 113-115쪽을 참조하라. 고린도후서 3장 18절을 다루면서 4장 5절에 설교가 내포되어 있음 을 함께 보았다.

15. '십자가의 그리스도'를 설교하라

1. 86-89쪽을 참조하라.

2. John Flavel, *The Works of John Flavel*, 제6권 (Edinburgh: Banner of Truth; 중판, 1988), 418. 바 로 앞의 여러 문단은 다음 책 8장의 일부를 다듬은 것이다. John Piper, *Future Grace: The Purifying Power of the Promises of God* (Colorado Springs, CO: Multnomah, 2012), 109-116. 존 파이퍼, 《장래의 은혜》(좋은씨앗 역간).

16. 십자가가 삶의 현장으로 이어지게 설교하라

1. "크리스천 조지(Christian George)를 비롯한 대학의 한 팀도 여름에 적잖은 시간을 바쳐 이 인용 문의 출처를 찾으려 했으나 결국 성과가 없었다. 그들이 찾지 못하는데 누군들 찾을 수 있을지 의문이다." Joel Littlefield, "I Cant't Believe Spurgeon Didn't Say That," The Blazing Center 웹사이트, https://theblazingcenter.com/2016/08/i-cant-believe-spurgeon-didnt-say-that.html, 2017년 3월 14일 접속.

2. John Piper, *God Is the Gospel: Meditations on God's Love as the Gift of Himself* (Wheaton, IL: Crossway, 2005). 존 파이퍼, 《하나님이 복음이다》(IVP 역간).

17. '믿음의 순종'을 설교하라

1. 다음 책을 참조하라. John Piper, *Future Grace: The Purifying Power of the Promises of God* (Colorado Springs, CO: Multnomah, 2012). 존 파이퍼, 《장래의 은혜》(좋은씨앗 역간).

2. 다음 책을 참조하라. John Piper & David Mathis, *Acting the Miracle: God's Work and Ours in the Mystery of Sanctification* (Wheaton, IL: Crossway, 2013).

18. 기쁨과 사랑과 영생을 추구하게 설교하라

1. Jonathan Edwards, *The Works of Jonathan Edwards*, Norman Pettit 편집, 제7권 *The Life of David Brainerd* (New Haven, CT: Yale University Press, 1985), 310, 강조 추가. 조나단 에드워즈, 《데이비드 브레이너드 생애와 일기》.

2. 같은 책, 307. 조나단 에드워즈, 《데이비드 브레이너드 생애와 일기》.

3. 같은 책, 342, 강조 추가. 조나단 에드워즈, 《데이비드 브레이너드 생애와 일기》.

·

7부

19. 모든 구약 본문으로 '하나님의 영광' 설교하기

1. 1. Jonathan Edwards, *The Works of Jonathan Edwards*, Paul Ramsey 편집, 제8권 *The Dissertation Concerning the End for Which God Created the World* (New Haven, CT: Yale University Press, 1989), 526, 531. 조나단 에드워즈, 《조나단 에드워즈가 본 천지 창조의 목적》(솔로몬 역간).

2. Greg Beale, *The Temple and the Church's Mission: A Biblical Theology of the Dwelling Place of God*, New Studies in Biblical Theology (Downers Grove, IL: InterVarsity Press, 2004), 82. 그레고리 K. 빌, 《성전 신학》(새물결플러스 역간).

3. James M. Hamilton Jr., *God's Glory in Salvation through Judgment: A Biblical Theology* (Wheaton, IL: Crossway, 2010), 53, 원문의 강조.

4. 같은 책, 48-49.

5. 같은 책, 560.

20. 모든 구약 본문으로 '십자가의 그리스도' 설교하기

1. 구약이 (이방인을 포함한) 그리스도인에게 무엇을 제시하는가의 문제로 더 깊이 들어가지는 않겠다. 대신 다음 책을 추천한다. Jason DeRouchie, *Understanding and Applying the Old Testament: 12 Steps from Exegesis to Theology* (Phillipsburg, NJ: P&R, 2017), 특히 12장(pp. 396-469). 구약의 난해한 본문을 우리 시대에 적용하는 원칙을 몇 가지 예로 제시한다.

2. Henry Alford, *Alford's Greek Testament: An Exegetical and Critical Commentary*, 제1권 (Grand Rapids, MI: Guardian Press, 1976), 225.

21. 모든 구약 본문으로 '믿음의 순종' 설교하기

1. 믿음이 어떻게 바라는 것들의 실상이면서 또한 확신인지에 대해서는(히 11:1) 18장을 참조하라.

2. John Sailhamer, *The Pentateuch as Narrative: A Biblical Theological Commentary* (Grand Rapids, MI: Zondervan, 1992), 61. 존 H. 세일해머, 《서술로서의 모세오경》(크리스챤서적 역간).